M. Lattard

Reihe *Historische Perspektiven* 9

Herausgegeben von
Bernd Martin, Hans-Jürgen Puhle,
Wolfgang Schieder, Gottfried Schramm
und Heinrich August Winkler

Dörte Winkler

Frauenarbeit im »Dritten Reich«

Hoffmann und Campe

Für meine Mutter

1. Auflage 1977
© Hoffmann und Campe Verlag, Hamburg 1977
Umschlag Jan Buchholz und Reni Hinsch
Gesetzt aus der Borgis Garamond-Antiqua
Gesamtherstellung Süddeutsche Verlagsanstalt, Ludwigsburg
ISBN 3-455-09218-7 · Printed in Germany

Inhalt

Vorwort

Die vorliegende Studie wurde im Sommersemester 1976 vom Fachbereich III der Universität Trier als Dissertation angenommen.

An dieser Stelle möchte ich dem Bundesarchiv und seinen Mitarbeitern in Koblenz und Freiburg sowie den Firmenarchiven danken, die mir Zugang zu ihren Materialien gewährt haben. Mein Antrag auf Benutzung der Bestände des Deutschen Staatsarchivs Potsdam wurde ohne Angabe von Gründen abgelehnt.

Mein Dank gilt vor allem Herrn Prof. Dr. Wolfgang Schieder, der meine Arbeit betreut hat und dem ich für Rat und Kritik gleichermaßen verpflichtet bin. Danken möchte ich auch den Herausgebern der »Historischen Perspektiven« deren kritische Hinweise der Druckfassung dieser Arbeit zugute gekommen sind.

Stegen-Eschbach, im Sommer 1977   Dörte Winkler

Einleitung

Um die Stellung der Frau und die Frauenarbeit im »Dritten Reich« haben sich im Laufe der Zeit zahlreiche Legenden gewoben und sind viele Halbwahrheiten verbreitet worden. Anfangs stand nur ein kleiner Ausschnitt dieses Themenkomplexes im Vordergrund des Interesses, nämlich die ideologischen Vorstellungen und die Postulate der nationalsozialistischen Propaganda in bezug auf Frau und Familie. Sexualpsychologen wie Familiensoziologen[1] beschäftigten sich mit der politisch-repressiven Funktion von sexualfeindlicher Fruchtbarkeitsideologie und autoritärer Familienstruktur. Andere Autoren versuchten mit einem soziopsychologischen Ansatz die Zusammenhänge zwischen der antifeministischen Familienideologie der Nationalsozialisten und dem Aufstieg der NSDAP als Massenbewegung aufzuzeigen. Ebenso wurde das Sexualverhalten führender Nationalsozialisten analysiert, um dadurch ihre Politik zu erklären[2].

Als erster Nachkriegsautor behandelte dann Jürgen Kuczynski[3] das Thema Frauenarbeit im Nationalsozialismus im Rahmen von »Studien zur Geschichte der Lage der Arbeiterin in Deutschland von 1700 bis zur Gegenwart«. Dabei wird die dünne Basis gedruckter Quellen sehr strapaziert, um den konstruierten Beweis für die marxistische These zu erbringen, daß der Faschismus ein Extremfall des Kapitalismus sei und demzufolge auch den Höhepunkt der Unterdrückung der Frauen »aller Klassen und Schichten« mit sich gebracht habe. Zwar wird nur das Beispiel der Industriearbeit untersucht, doch werden die Folgerungen pauschal auf »die Frauen im Faschismus« angewandt.

David Schoenbaum[4], der die erste – und bislang einzige – umfassende Sozialgeschichte des »Dritten Reiches« von 1933 bis 1939 schrieb, widmet ein Kapitel auch der Stellung der Frau in Ideologie, Gesellschaft und Berufsleben. Jill Stephenson[5] hat unlängst eine Monographie über »Women in German Society 1930–1940« veröffentlicht, eine ausführliche Analyse der Rolle der Frauen in der nationalsozialistischen Weltanschauung und in der sozialen und politischen Wirklichkeit des »Dritten Reiches«. Eine besonders fühlbare Forschungslücke füllte Timothy W. Masons umfangreiche und brillant kommentierte Dokumentation über die sich wandelnde Lage der Arbeiterklasse im »Dritten Reich« und die Arbeiterpolitik des Regimes bis zum Kriegsbeginn[6]. Fast gleichzeitig erschien ein Aufsatz Masons zur »Lage der Frauen in Deutschland 1930 bis 1940: Wohlfahrt, Arbeit und Familie«[7], in dem er den »Charakter und die politische Funktion des Antifeminismus im nationalsozialistischen Deutschland«, die »Formen und Konsequenzen der anti-emanzipatorischen Wohlfahrtspolitik des Regimes«, die »Rolle der Frau und Familie im politisch-ökonomischen System des deutschen Imperialismus bis 1945« und die »soziale Basis der nationalsozialistischen Herrschaft nach 1933/34« untersucht. Leider beruht der Aufsatz – ganz im Gegensatz zur außergewöhnlichen Dichte des Aktenmaterials im Hauptwerk – hauptsächlich auf gedruckten Quellen, so daß, wie der Verfasser selbst einräumt, die Beweisführung mitunter nicht schlüssig erscheint.

Alle bisher genannten Publikationen behandeln nicht die Zeit des Zweiten Weltkrieges. Bis jetzt liegt über die Arbeitskräfte- und Sozialpolitik des Regimes, den Arbeitsalltag, die Stimmung und das Verhalten der erwerbstätigen Bevölkerung während des Krieges keine wissenschaftlich befriedigende Untersuchung vor[8]. Das engere Gebiet des Wehrmachts- und »Kriegsdienstes« der Frauen im Ersten und Zweiten Weltkrieg in Deutschland und anderen Staaten ist Gegenstand eines Dokumentenbandes Ursula v. Gersdorffs[9], die in der Einführung trotz des militärgeschichtlichen Auswahlkriteriums der Quellen auch kurz auf die Mobilisierung von weiblichen Arbeitskräften eingeht.

Eine Monographie über die Frauenarbeit von 1933–1945 fehlt also. Die vorliegende Arbeit untersucht einmal unter dem Aspekt der Frauenarbeit die Probleme der Arbeitslosigkeit, der Vollbeschäftigung und später des Arbeitskräftemangels im Krieg sowie die »Arbeitseinsatz«[10]-Politik, die Lohn- und Sozialpolitik, mit der das nationalsozialistische Regime diesen Problemen zu begegnen suchte. Zum anderen befaßt sich die Studie mit der Resonanz der Bevölkerung auf innenpolitische Maßnahmen, auf den Krieg mit seinen Härten, auf Forderungen an die Opferbereitschaft und auf die Propaganda. Mit Hilfe eines historischen Exkurses werden ferner im ersten Kapitel Kontinuitäten und Veränderungen in Ausmaß, Struktur und Arbeitsbedingungen der weiblichen Erwerbstätigkeit in Deutschland dargestellt. Dabei steht die Frage im Vordergrund, welche Bedeutung der Phase der nationalsozialistischen Herrschaft in dieser Entwicklung zukommt. In diesem Zusammenhang werden nicht nur die Industriearbeiterinnen, sondern auch – soweit es Quellenmaterial und Raum zulassen – Land- und Heimarbeiterinnen, Hausangestellte, mithelfende weibliche Familienangehörige in Landwirtschaft, Handel und Gewerbe, Beamtinnen und weibliche Angestellte berücksichtigt. Gelegentliche Vergleiche mit anderen Industriestaaten sollen klären helfen, welche Phänomene in der Politik und Praxis der Regierungen, der Unternehmer oder der Gewerkschaften in Hinblick auf die Frauenarbeit international waren – primär bestimmt von Industrialisierung und kapitalistischer Wirtschaftsordnung – oder etwa spezifisch deutschen bzw. im »Dritten Reich« nationalsozialistischen Charakter besaßen.

Die vorliegende Arbeit will dazu beitragen, eine der zahlreichen Lücken in der sozialgeschichtlichen Erforschung des nationalsozialistischen Deutschlands zu schließen. Die Frauenarbeit erweist sich aber zugleich auch als Modellfall, an dem strittige und bisher unzulänglich belegte Thesen überprüft werden können. Der Zusammenhang zwischen der speziellen Frage der Frauenarbeit und allgemeinen Problemen der nationalsozialistischen Herrschaft wird in fünffacher Hinsicht erörtert:

1. Anhand der Frauenarbeit läßt sich sehr gut untersuchen, welchen Stellenwert die Ideologie in der Politik und den Zielvorstellungen der führenden Nationalsozialisten einnahm. Es ist immer noch umstritten, ob die Ideologie einer opportunistischen politischen Führung zur bloßen Verschleierung machtegoistischer Interessen diente oder ob die führenden Nationalsozialisten – vor allem Hitler – trotz Zugeständnissen an momentane, kurzfristige Prioritäten nicht doch in wesentlichen Punkten Dogmatiker blieben, die ihre langfristigen Ziele nicht aus den Augen verloren.

2. Eng verknüpft hiermit ist die These vom »Sozialimperialismus«, welche die nationalsozialistische Expansionspolitik lediglich von dem innenpolitischen Motiv geleitet sieht, von sozialen inneren Konflikten mit Eroberungskriegen abzulenken und damit die deutsche Volkswirtschaft zu sanieren. Das im Expansionismus enthaltene Element des Rassenkampfes wird von den Anhängern dieser These als rein oder doch überwiegend instrumental eingestuft.

3. Die Kontroverse um die Frage, wem der Primat im »Dritten Reich« zuzubilligen sei – der Politik oder der Wirtschaft –, dauert immer noch an. Am Gegenstand der Frauenarbeit soll aufgezeigt werden, wieweit die Unternehmer den staatlichen Direktiven nachkamen und die offizielle Politik unterstützten, wenn diese ihren Interessen zuwiderlief. Der Machtkampf zwischen der Deutschen Arbeitsfront und den Firmenleitungen ist in diesem Zusammenhang besonders aufschlußreich.

4. Umstritten ist nach wie vor, ob das »Dritte Reich« eine traditionelle Klassengesellschaft blieb oder zu einer – wenigstens bewußtseinsmäßig – egalitären »Volksgemeinschaft« wurde. Die Befunde dieser Arbeit ermöglichen zumindest eine teilweise Antwort auf diese Streitfrage.

5. Im gleichen Zusammenhang ist auch noch nicht hinreichend überprüft, wie es tatsächlich mit der vertikalen sozialen Mobilität im »Dritten Reich« bestellt war und welche sozialen Veränderungen die durch die forcierte Aufrüstung verstärkte Industrialisierung bewirkt hat. Da die Frauen über die Hälfte der deutschen Gesamtbevölkerung und ein Drittel der Erwerbstätigen ausmachten, erlaubt eine Untersuchung dieser sozialen Gruppe relevante Schlußfolgerungen.

Kapitel I

Voraussetzungen nationalsozialistischer Frauenpolitik

1. Frauenarbeit im Kaiserreich: Abriß der sozioökonomischen Lage der Frauen nach 1850

Frauenarbeit und Industrialisierung in Deutschland

Die sekundären Folgen der spät einsetzenden, aber durchgreifenden Industrialisierung – nämlich soziale, kulturelle und politische Veränderungen – erfaßten bis zum Ende der wilhelminischen Ära unmittelbar nur die Arbeiterschaft der industriellen Ballungszentren (und dort wiederum die »neuen« Branchen stärker als die »alten« wie den Bergbau), kaum oder gar nicht aber die bäuerliche Bevölkerung und die bürgerlichen Gesellschaftsschichten in Stadt und Land. Im ländlichen und kleinstädtischen Milieu blieben die tradierten religiösen, politischen und sittlichen Normen verbindlich. Die liberalen Ideen der Revolution von 1848 hatten die hierarchischen Strukturen von Staat, Gesellschaft und Kirche nicht verändern können; regionale und berufsständische Bräuche wurden nach wie vor gepflegt.

Ein anderes vorindustrielles Relikt – die patriarchalische Unterordnung von Frau und Kindern unter die Autorität des Mannes – blieb ebenfalls bis zum Ende des Ersten Weltkrieges unverändert erhalten. Die Rolle der Ehefrau und der heranwachsenden Tochter war traditionell beschränkt auf Funktionen innerhalb des privaten Bereiches von Haushalt und Familie, so daß sie keine öffentliche, sondern nur eine private und mittelbare Stellung in der Gesellschaft einnahmen. Neben der Funktion der biologischen Reproduktion und der Haushaltsführung erfüllten viele Frauen mit ihrer Mitarbeit in Familienbetrieben der Landwirtschaft, des Handwerks, des Gaststättengewerbes, des Einzelhandels und der Heimindustrie wichtige produktive Aufgaben. Diese Form der Frauenarbeit hat ihren Ursprung schon in der primitiven Arbeitsteilung archaischer Agrargesellschaften, und ihre Bedeutung hat sich bis heute in den von der Industrialisierung wenig beeinflußten Produktionsweisen in der Landwirtschaft und den Familienbetrieben der genannten Gewerbezweige behauptet. Diese spezifisch weibliche Erwerbstätigkeit mit ihren Merkmalen der Unterordnung und Unselbständigkeit, der nicht geregelten überlangen Arbeitszeiten und körperlichen Schwerarbeit war durch historische Tradition zur »natürlichen« Aufgabe der Frauen geworden, untrennbar von den übrigen Familienpflichten. Doch vor allem war die Mitarbeit von Ehefrauen und

Töchtern für die Existenz von Landwirtschafts-, Handwerks- und Einzelhandelsbetrieben lebenswichtig geworden, seit ihnen durch die Fabriken die Arbeitskräfte entzogen wurden. Diese Betriebe konnten sich wegen des gleichzeitig erhöhten Lohnniveaus und der relativ besseren Arbeitsbedingungen in der Industrie immer weniger fremde Arbeitskräfte leisten. Die Frauen der durch Bildung und Besitz privilegierten Gesellschaftsschichten[1] – akademische Berufsgruppen, Selbständige, höhere und mittlere Angestellte und Beamte, Offiziere, Großgrundbesitzer, Unternehmer und wohlhabende Kaufleute – besaßen hingegen kaum die Möglichkeiten einer praktischen Betätigung. Der vorindustrielle Haushalt als Produktionsstätte von Bekleidung, Nahrungsmitteln, Haushaltsgegenständen, der den weiblichen Familienmitgliedern ausreichend Arbeit gab, war gerade in diesen Schichten völlig verschwunden. Die Kindererziehung und die Hausarbeit wurden vom Dienstpersonal übernommen; für eine aktive intellektuelle Betätigung fehlte den Frauen aufgrund der bürgerlichen Mädchenerziehung, die für die »höhere Tochter« hauptsächlich Literatur, Malen, Musizieren und Sticken vorsah, die Ausbildung. So konnten sich die Frauen der oberen sozialen Schichten neben diesen Tätigkeiten höchstens am karitativen Werk kirchlicher Organisationen beteiligen. Die Wohlfahrt war das einzige ihnen zugestandene öffentliche Gebiet. Eine Berufstätigkeit, die in der Regel schon an der mangelnden Ausbildung scheitern mußte, verstieß gegen das bürgerliche Dogma, welches der Frau die Rolle der Mutter und Hausfrau zuwies[2]. Auch das junge Mädchen hatte bis zu seiner Verheiratung und der damit erlangten Versorgung in der Privatheit des väterlichen Haushaltes zu verharren. Für unverheiratet bleibende Frauen waren wohl die einzig möglichen Berufe Krankenschwester, Gouvernante oder Lehrerin. Gemeinsam waren der überwältigenden Mehrheit der Frauen aus den gehobenen Gesellschaftsschichten und den Frauen aus Kreisen der Landwirtschaft und des gewerblichen Mittelstandes die Beschränkung auf den Familienkreis und die völlige wirtschaftliche Abhängigkeit vom Vater oder Ehemann, zumal letzterem die Verfügungsgewalt über das in die Ehe eingebrachte Vermögen der Frau zufiel.

Junge Frauen aus den pauperisierten unteren Mittelschichten versuchten nach 1850, ihren Broterwerb in niedrig bezahlter, oft schamvoll verborgener Heimarbeit wie Weißnähen und Sticken zu finden, oder sie suchten Stellen in Läden und Kontoren, wo die Nachfrage nach Angestellten in Handel und Verkauf im Zuge der allmählichen Ausweitung des »tertiären Sektors« größer wurde. Doch die Bemühungen der weiblichen kaufmännischen Angestellten und Handwerkerinnen um eine gleichberechtigte Berufsausbildung und um Aufnahme in Berufsorganisationen wurden bis 1914 vom Deutschnationalen Handlungsgehilfenverband und den Handwerkerinnungen – übrigens mit Unterstützung der rheinisch-westfälischen Großindustrie – erfolgreich bekämpft[3].

In den Familien der Arbeiterschaft, die Land- und Industriearbeiter sowie Dienstboten umfaßte, gingen die meisten verheirateten Frauen und die Töchter einer Lohnarbeit außerhalb des Hauses nach, wodurch sie einerseits wie die Männer als Arbeitskraft ins öffentliche Wirtschaftsleben integriert waren, andererseits aber noch zusätzlich die Hausarbeit zu bewältigen hatten.

Bei den Landarbeitern, vor allem den festen Deputatarbeitern, war die Mitarbeit der Ehefrau in den landwirtschaftlichen Groß- und Mittelbetrieben zumindest saisonal gebräuchlich und oft Vertragsbedingung[4]. Die Töchter arbeiteten ebenfalls in der Landwirtschaft, oder sie verdingten sich als Dienstboten. Die weiblichen Dienstboten rekrutierten sich hauptsächlich aus Töchtern von Landarbeitern, von kinderreichen Familien der Kleinbauern oder Kleingewerbetreibenden, nicht jedoch aus Industriearbeiterkreisen. Für die Mädchen vom Lande bildete das Dienstmädchendasein in der Stadt oft nur eine Durchgangsstation zur finanziell attraktiveren Fabrikarbeit. Die Dienstbotenarbeit war für die Töchter ländlicher Familien schon in präindustrieller Zeit gebräuchlich, und die Hausarbeit entsprach gewohnten Tätigkeiten, ebenso wie die Art des Arbeitsplatzes im Privathaushalt des Arbeitgebers es den Mädchen weiterhin ermöglichte, in einer von der Öffentlichkeit abgeschirmten Familiensphäre zu arbeiten. Die Abhängigkeit von der eigenen Familie blieb stark, der Lohn wurde, genau wie von den noch zu Hause wohnenden Töchtern, teils an die Familie abgegeben, teils für eine Aussteuer gespart[5].

Für die Töchter der Industriearbeiterfamilien galt die gleiche enge Verbundenheit mit der Familie. Auch wenn sie einer Lohnarbeit außerhalb des Hauses in den Fabriken nachgingen, wohnten sie bis zur Verheiratung bei den Eltern und steuerten meist den ganzen Lohn zum Familienhaushalt bei. Die meisten verheirateten Arbeiterfrauen mit Kindern gingen keiner ständigen Fabrikarbeit mehr nach. Statt dessen verdienten sie mit stückweise bezahlter Heimarbeit oder mit Waschen und Bügeln Geld hinzu. Allerdings wurde den Fabrikarbeiterinnen selbst das Recht auf ihre schwere Arbeit nicht als selbstverständlich zugebilligt. Gerade unter den Arbeitern fanden sich viele Gegner der Frauenarbeit in Fabriken. Die Arbeiter drängten sogar auf ein gesetzliches Verbot, da sie einerseits die Konkurrenz der Frauenarbeit fürchteten, andererseits die drohende Zerstörung der vorindustriellen Familienhierarchie verhindern wollten[6]. Dieser »proletarische Antifeminismus« wurde mit zunehmender Organisierung der Arbeiter nach 1870 schwächer.

Auch in der Land- und Industriearbeiterschaft war die Familienstruktur patriarchalisch. Die Frauen, denen die Hausarbeit allein oblag neben der Fabrikarbeit, erhielten in den städtischen Arbeiterfamilien dennoch die kleinsten Essenrationen. Gelegentliche Prostitution von Müttern und Töchtern war ein häufiges Mittel zur Erhaltung der Familie. Eine Berufsausbildung und damit die Chance des intergenerationären Aufstiegs erhielten, gemäß patriarchalischer Grundsätze, nur die Söhne, während die Töchter mit ihrem Lohn die Familienexistenz sichern mußten[7].

Eine Gemeinsamkeit in der Lage der Frauen aller Schichten ist offenkundig: Sie waren in eine traditionell patriarchalische Familie integriert und von dieser völlig abhängig. Im gehobenen Bürgertum, in der Landwirtschaft sowie im gewerblichen Mittelstand war diese Abhängigkeit ökonomisch bedingt. Die Frauen hatten entweder nicht die Möglichkeit oder Fähigkeit, einen Beruf auszuüben, oder ihre Erwerbstätigkeit hing von ihrem Familienbetrieb ab, erbrachte ihnen kein eigenes Geld und unterlag keinerlei gesetzlichen Bestimmungen.

In den Arbeiterschichten waren die Abhängigkeit von der Familie und die Unterordnung unter das patriarchalische System für verheiratete und unverheiratete Frauen weiterhin gültig. Die Industriearbeiter waren zwar am unmittelbarsten den Begleiterscheinungen des Industrialisierungsprozesses ausgesetzt, doch hieß das noch keineswegs, daß sich ihr von vorindustriellen Mustern geprägtes Bewußtsein und Verhalten entsprechend verändert hätte. Die Arbeiterinnen traten zwar auf dem öffentlichen Arbeitsmarkt als familienunabhängige Arbeitskraft auf und verdienten ihren eigenen Lohn. Aus diesem Faktum folgte aber weder ihre familiäre noch ihre soziale Emanzipation.

Die Frauenarbeit im Ersten Weltkrieg[8]

Der erste große, primär von der Rüstungsindustrie abhängige Materialkrieg erzeugte in allen kriegführenden Ländern einen Arbeitskräftemangel, dem man überall mit der Heranziehung von Frauen zur Arbeit zu begegnen suchte. Mit der Fortdauer des Krieges arbeiteten auch in Deutschland immer mehr Frauen – unter ihnen viele, die noch nie erwerbstätig gewesen waren – in der Landwirtschaft, in den Büros und Fabriken. Ganze Branchen, wie die Metall- und chemische Industrie, in denen bisher keine oder nur wenige Frauen beschäftigt gewesen waren, wurden von der Frauenarbeit abhängig. In der gesamten Wirtschaft waren mehr Frauen als Männer tätig.

Das erstemal standen während des Krieges Frauen an Arbeitsplätzen, die bisher Männer innegehabt hatten. Erstmals wurde damit auch ein Vergleich zwischen männlicher und weiblicher Arbeitseffizienz möglich. Nach offiziellen Berichten konnten nach einer Einarbeitungszeit die Frauen meistens nicht nur Männer ersetzen, sondern sie erbrachten oft sogar größere Produktionsleistungen. Doch wurde zugleich ein empfindlicher Mangel an Facharbeitern und ausgebildetem Personal offenbar, da, abgesehen von den völlig arbeitsunerfahrenen Frauen, auch die schon länger berufstätigen Frauen meist keine Berufsausbildung hatten[9].

Die Zunahme von Frauenarbeit zwang die Behörden, sich nunmehr mit allen die weibliche Erwerbstätigkeit begleitenden Problemen auseinanderzusetzen, die bis dahin ignoriert worden waren. Da jedoch keine kompetenten Fachkräfte für diese Aufgaben vorhanden waren, sah sich das Kriegsministerium 1916 genötigt, sich der Mitarbeit der in der sozialen Frauenarbeit erfahrenen Frauenorganisationen zu versichern. Der politisch neutrale und überkonfessionelle Bund deutscher Frauenvereine, der Katholische Frauenbund und der Deutsch-Evangelische Frauenbund hatten schon mit dem Nationalen Frauendienst eine Kriegsfürsorge für arbeitende Frauen und ihre Kinder eingerichtet. Dies geschah aus humanitären und religiösen ebenso wie aus patriotischen Motiven, wobei man gleichzeitig die Gelegenheit wahrnahm, die unentbehrliche Mitwirkung der Frauen für den Sieg unter Beweis zu stellen. Vom Oktober 1916 bis zum Mai 1918 wurde dann Dr. Marie-Elisabeth Lüders, die sich sowohl in der Frauenbewegung als auch in der Sozialarbeit hervorgetan hatte, die Leitung einer Abteilung für die gesamte Frauenarbeit im

Kriegsministerium übertragen.

Erst jetzt wurde auch eine systematische Arbeitsvermittlung geschaffen. Da Soldatenfrauen keine ausreichenden Unterstützungen erhielten, gab es teilweise ein Überangebot von Arbeitskräften; andererseits war die Fluktuation der Arbeiterinnen groß und wurde verstärkt durch den Zustrom von Landarbeiterinnen in die attraktivere Industriearbeit. Ein intensiver Arbeits- und Mutterschutz, ebenso Säuglingsheime und Kindergärten waren notwendig. Doch hier machte sich der Mangel an qualifizierten, ausgebildeten weiblichen Fachkräften wie Fabrikinspektorinnen, Gemeinde- und Fabrikfürsorgerinnen, Kindergärtnerinnen und Säuglingsschwestern bemerkbar – von Ärztinnen ganz zu schweigen. Die wenigen vorhandenen »Sozialen Frauenschulen« oder Wohlfahrtsschulen waren im Rahmen der Frauenbewegung von Alice Salomon und Helene Weber gegründet worden. Die für die Betreuung der arbeitenden Frauen erforderlichen Kräfte, so auch die Fabrikpflegerinnen, die ab 1917 auf Befehl des Kriegsamts in der Kriegsindustrie eingestellt wurden, mußten in Schnellkursen ausgebildet werden. Solche Kurse führten die Frauenreferate der einzelnen Kriegsamtsstellen mit ständiger Unterstützung der Frauenorganisationen durch. Selbstverständlich konnten längst nicht alle Mißstände in der Beschäftigung von Frauen beseitigt werden. Viele Frauen und Kinder erlitten bleibende Schäden durch Unterernährung, Überschreitung des Maximalarbeitstages, Bleivergiftungen und dadurch, daß die Behörden ständig Ausnahmen vom gesetzlichen Sonderschutz für Frauen und Jugendliche bewilligten.

Auf dem völlig unvorbereiteten Gebiet des Frauenkriegseinsatzes leisteten M. E. Lüders und die Frauenverbände dennoch Erstaunliches: Sie organisierten die Vermittlung und Werbung von Arbeitskräften sowie das Wohlfahrtswesen trotz aller Improvisation auf wirksame Weise, und zwar oft gegen den Widerstand von Bürokraten, Militärs und Industriellen.

Für die Frauenarbeit brachte der Erste Weltkrieg langfristig mithin einige relative Fortschritte, die nicht völlig rückgängig gemacht werden konnten. Den Frauen hatten sich nicht nur zahlenmäßig, sondern auch qualitativ neue Arbeitsplätze, vor allem in der Metallindustrie, geöffnet, auf denen sie die Arbeit von Männern gleichwertig verrichteten, und sie konnten Berufserfahrung und Selbstvertrauen gewinnen. Wenn sie auch keineswegs für gleiche Arbeit den gleichen Lohn wie die Männer erhielten, so stiegen doch die Frauenlöhne von durchschnittlich etwa 47 % der Männerlöhne auf ein Niveau von durchschnittlich 53 %[10].

2. Abstrakte Gleichberechtigung: Die Frauenarbeit in der Weimarer Republik[11]

Schon im letzten Kriegsjahr verursachte der Rückgang der Produktion für militärische Zwecke Arbeitslosigkeit. Sie wurde nach dem Ende des Krieges durch die ins Reich zurückströmenden Soldaten verstärkt. Das im November 1918 eingerichtete Demobilmachungsamt hatte die vornehmliche Aufgabe, die entlassenen Soldaten wieder in den Produktionsprozeß einzugliedern, wodurch Arbeitslosigkeit und revolutionäre Tendenzen gleichzeitig abgebaut werden sollten. Von den Demobilmachungsverordnungen, die die Arbeitgeber zwangen, nicht unbedingt von Erwerbsarbeit abhängige Arbeitnehmer zu entlassen, waren vor allem die Frauen betroffen. So sollten nach den Verordnungen vom 28. März 1919 und 25. Januar 1920 die Frauen in folgender Reihenfolge entlassen werden: 1. Frauen, deren Männer verdienten, 2. alleinstehende Mädchen und Frauen, 3. Frauen, die nur eine oder zwei Personen zu versorgen hatten, 4. alle übrigen Mädchen und Frauen[12]. Dahinter stand der eindeutige Grundsatz, daß Soldaten, ob verheiratet oder alleinstehend, Recht auf einen Arbeitsplatz hatten, während Frauen, seien sie verheiratet oder ledig, wirtschaftlich versorgt oder nicht, ein solcher Anspruch nicht zugestanden wurde.

Das prinzipielle Recht der Frau auf Arbeit, das wenigstens von den Sozialdemokraten seit 1894 anerkannt worden war, wurde in der Praxis wieder verneint. Die SPD und die Gewerkschaften, die an der Demobilmachung beteiligt waren, unterstützten die Entlassung vor allem der verheirateten Arbeiterinnen. In der Arbeiterschaft, auch unter den organisierten Arbeitern, verbreitete sich infolge der harten Konkurrenz um einen Arbeitsplatz bis mindestens 1923 wieder ein starker Antifeminismus – unter den Angestellten und Beamten hatte er nie aufgehört zu existieren. Zwar war es für viele verheiratete Frauen eine Erleichterung, wenn sie dem Mann wieder die Ernährung der Familie überlassen konnten, doch wurde unter dem Leitspruch, daß die Frau ins Haus gehöre, eine undifferenzierte Entlassung auch unversorgter Frauen gerechtfertigt. Sozialdemokratinnen beschwerten sich häufig, aber erfolglos, daß sich in den Betriebsräten Genossen bei den gegen Frauen gerichteten Entlassungskampagnen, die überdies oft gegen den Willen der Unternehmer durchgeführt wurden, aktiv beteiligten. Der »Ständige Ausschuß zur Förderung der Arbeiterinneninteressen« forderte in einer Eingabe an den Ausschuß der Nationalversammlung für das Betriebsrätegesetz vergeblich, daß weibliche Arbeitnehmer adäquat im Betriebsrat vertreten sein müßten und die Zugehörigkeit zum weiblichen Geschlecht kein Entlassungsgrund sein dürfe[13]. Doch noch 1923 geschah es, daß verheiratete Textilarbeiterinnen auf Betreiben des Betriebsrates ihren Arbeitsplatz aufgeben mußten.

Weder die Verwilderung in der Demobilmachungspraxis noch die neuerwachte Animosität gegenüber der Frauenarbeit waren im Sinne der Führungen von SPD und Gewerkschaften. Unter dem Druck der Arbeitslosigkeit erwiesen sich aber beide nicht als fähig, die Interessen weiblicher Mitglieder zu verteidigen. Sozialdemokratie und Gewerkschaften nahmen notgedrungen in Kauf, daß ihre Praxis von der sozialistischen Theorie der Frauenemanzipation, wie sie von Engels und Zetkin entwickelt worden war, nicht nur abwich, sondern dieser strikt widersprach.

Die Demobilisierungsmaßnahmen, die gegen Arbeiterinnen, Angestellte und Beamtinnen durchgeführt wurden, hatten insofern Erfolg, als sie die weibliche Erwerbstätigkeit wieder auf den Vorkriegsstand zurückschraubten. 1924 waren von den 1,2 Millionen Empfängern von Arbeitslosenunterstützung die Hälfte Frauen, obwohl die Frauen nur knapp ein Drittel der Erwerbstätigen stellten. Die weiblichen Arbeiter waren zudem von der hauptsächlich in der Kleidungs-, Textil- und Tabakindustrie durchgeführten Kurzarbeit am meisten betroffen[14].

Die Inflation erhöhte noch das Angebot weiblicher Arbeitskräfte um die Gruppe von Ehefrauen und Töchtern aus Familien der mittleren Gesellschaftsschichten, deren ökonomische Verhältnisse durch den Krieg und die Geldentwertung zerrüttet waren. Das Mitverdienen bisher nicht erwerbstätiger weiblicher Familienmitglieder, von denen die wenigsten eine Berufsausbildung hatten, wurde vielfach zu einer unbedingten Notwendigkeit. Zahlenmäßig lassen sich diese Frauen nicht erfassen, da sie sich meist nicht an die Arbeitsvermittlung wandten und so nicht in den Arbeitsamts-, geschweige denn in den Unterstützungsstatistiken erschienen. Viele dieser Frauen schämten sich überhaupt, öffentlich eine bezahlte Arbeit anzunehmen, und vermehrten das Heer der Heimarbeiterinnen, deren Zahl, Arbeits- und Lohnbedingungen die Behörden nie hatten überschauen können[15]. Die Ausführung des Heimarbeitergesetzes vom Juni 1923, das Sozial- und Krankenpflichtversicherung und tarifliche Minimallöhne für die sich hauptsächlich aus Frauen rekrutierenden Heimarbeiter vorsah, konnte von den Unternehmern weitgehend sabotiert werden[16].

Doch brachte die Einführung des Achtstundentages in der Demobilmachungsverordnung vom November 1918 den Frauen wie den Männern immerhin eine Erleichterung ihrer Berufsarbeit.

Die gleiche Entlohnung von Männern und Frauen, anerkannter Programmpunkt der Arbeiterbewegung vor dem Krieg, wurde auch in der revolutionären Stimmung von 1918/19 gefordert. Die Festlegung von Löhnen war aber nicht Gegenstand der Gesetzgebung, sondern wurde in Tarifverträgen ausgehandelt. Die Gewerkschaften waren in den Inflationsjahren nahezu ausschließlich daran interessiert, die Reallöhne den steigenden Preisen anzupassen. Zudem waren auch viele Mitglieder und Funktionäre von Gewerkschaften und SPD schlechthin gegen eine gleiche Entlohnung der Frauen. Den Arbeitgebern lag ihrerseits nicht an einer Erhöhung der Lohnquote, die sich aber aus einer Angleichung der Frauen- an die Männerlöhne ergeben hätte[17]. Die Kommunisten, die das revolutionäre Potential durch die Arbeiterinnen konsequent verstärken wollten, kämpften weiter für die Gleichberechtigung der weiblichen Arbeiter, auch auf dem Gebiet der Löhne. Sie wurden in diesem Punkt, wenn auch aus anderen Motiven, nur vom Deutschnationalen Handlungsgehilfenverband unterstützt, der damit die unliebsame Konkurrenz durch weibliche Angestellte unterbinden wollte. Der Gewerkschaftsbund der Angestellten, der aus männlichen und weiblichen Mitgliedern bestand, erklärte sich 1926 ebenfalls gegen die Minderbezahlung der Frauen, die nur dazu führe, daß die Männer in den weiblichen Angestellten unbequeme Konkurrenten erblickten, die sie aus dem Beruf verdrängten[18].

Die allmähliche Verminderung der Differenz von Männer- und Frauenlöhnen, die tatsächlich bis 1925 stattfand, erreichte einen Stillstand, als die Frauenlöhne ein Niveau von 55 % bis 75 % der Männerlöhne erreicht hatten[19]. Abweichend von diesen Durchschnittswerten wurden in einigen Industrien gleiche Akkordsätze für gleiche Arbeit bezahlt, während in der Landwirtschaft die

Löhne der Landarbeiterinnen noch um vieles geringer waren als die an sich schon niedrigen Löhne der Landarbeiter. Diese Frauen erhielten ungefähr 40 % der Männerlöhne, wobei regionale Unterschiede sich in Schwankungen von 7,9 % bis 79 % bemerkbar machten[20]. Die höheren Industrielöhne verstärkten nach 1923 wieder die in den Nachkriegsjahren abgeebbte Wanderung der Landbevölkerung in die Stadt. Junge Frauen aus Bauernfamilien – eine Gruppe, die an der Landflucht in den Vorkriegsjahrzehnten nicht beteiligt und erst im Krieg in größerem Umfang vom Land in die Industrie geströmt war – zogen mit dem Beginn der Stabilisierung ab 1924 verstärkt aus den industriell unterentwickelten ländlichen Gebieten in die Städte. Sie wurden angezogen von höheren Löhnen, dem Achtstundentag und nicht zuletzt, weil sie sich vom Stadtleben mehr Amüsement versprachen als von dem in traditionellen Bahnen verlaufenden Leben auf dem Lande. So gingen nicht nur Landarbeiterinnen und Mägde in die Stadt, sondern auch viele Bauerntöchter, die das Helfen auf dem väterlichen Hof und die Aussicht, nach der eigenen Verheiratung mit einem Bauern den Vierzehn- bis Sechzehnstundentag einer Bauersfrau zu absolvieren, nicht mehr als einzige Existenzmöglichkeit akzeptierten[21]. Die Statistiken von 1895 bis 1933 zeigen eine ständige Abnahme der männlichen werktätigen Bevölkerung in der Landwirtschaft, während die Zahl der arbeitenden Frauen hier bis 1925 anstieg, dann aber bis 1933 deutlich absank[22].

Stabilisierung und Rationalisierung

Die absolute Zahl der weiblichen Erwerbstätigen belief sich zwischen Kriegsende und 1933 unverändert auf etwa 11,5 Millionen, wohingegen der Anteil der Frauen an der Gesamtbeschäftigungszahl stetig wuchs. Die Struktur der Frauenarbeit veränderte sich jedoch in den zwanziger Jahren wesentlich. Während vor dieser Zeit die in Hauswirtschaft und Textil- und Bekleidungsgewerbe arbeitenden Frauen das Gros der weiblichen Arbeitskräfte ausmachten, waren bis 1933 in den Städten weibliche Arbeitnehmer hauptsächlich als Angestellte tätig[23]. Der Anteil der weiblichen Angestellten stieg von 1926 bis 1930 um 11 %, der der weiblichen Arbeitnehmer nur um 6,3 %, und 1930 waren von den gesamten Angestellten 37,1 % Frauen, dagegen von den Arbeitern nur 23,3 %[24]. Die Umschichtung in der weiblichen Erwerbsstruktur entsprang der um 1924 verstärkt einsetzenden Rationalisierung, die durch quasi-bürokratische, rationellere Verwaltungsmethoden eine Leistungssteigerung der industriellen Großbetriebe und insbesondere der sich immer häufiger bildenden Trusts ermöglichte. Das Tätigkeitsfeld des einzelnen Angestellten wurde verengt durch vermehrte Arbeitsteilung und mechanisiert durch Schreibmaschinen, Buchhaltungs- und Kalkulationsmaschinen, so daß diese Arbeit nur noch eine relativ kurze Anlernzeit erforderte. Außer in den Büros begann man ab 1925 auch in Laboratorien, z. B. bei IG-Farben, Frauen für technisch assistierende Tätigkeiten anzulernen[25].
Damit war der Weg bereitet für einen starken Zustrom von Frauen in die Angestelltenberufe. Die Ausweitung des Konsumsektors nach 1924 und die

rasche Verbreitung von Warenhäusern erhöhten den Bedarf an Verkäuferinnen. Von den Arbeitgebern wurden Frauen bevorzugt, weil die Gehälter der weiblichen Angestellten traditionell niedriger lagen als die ihrer männlichen Kollegen. Die Differenz war aber geringer als bei den Löhnen männlicher und weiblicher Arbeiter: Nach einer Erhebung, die Susanne Suhr im Auftrag des Zentralverbands der Angestellten durchführte, erhielten 10 % der 1,4 Millionen weiblichen Angestellten die gleichen Löhne wie die Männer, 9 % der Frauen erhielten bis zu 10 % weniger Geld, 65 % erhielten genau 10 % weniger, die restlichen Frauen, 16 %, wurden untertariflich bezahlt. Damit erhielten die weiblichen Angestellten also durchschnittlich 90 % der Männergehälter[26].

Die neuen Berufsmöglichkeiten bedeuteten für einen Teil der weiblichen Bevölkerung, vor allem für junge Frauen, erhöhte wirtschaftliche Chancen und auch unter dem beruflichen Aspekt verbesserte Möglichkeiten sozialen Aufstiegs. Es wurde jetzt jungen Arbeiterinnen möglich, von manueller Fabrikarbeit zur Bürotätigkeit zu wechseln, und Arbeitertöchter konnten jetzt auch ohne Lehre Angestellte werden. Für Frauen aus verarmten Familien der Mittelschichten ließ sich der Angestelltenberuf gerade noch vereinbaren mit dem subjektiven sozialen Status. Jedoch gingen auch junge Mädchen aus besser situierten Familien in Angestelltenberufe.

Die Situation und die Verteilung der Arbeiterinnen auf die einzelnen Industriezweige veränderte sich seit 1925 ebenfalls durch Rationalisierung und Automatisierung des Produktionsablaufes entscheidend. Grundsätzlich hatte die erhöhte Mechanisierung und Standardisierung in der Industrie die Entlassung von Männern genauso wie von Frauen zur Folge, doch setzten sich die Rationalisierungsmethoden in den einzelnen Industriezweigen verschieden schnell und intensiv durch[27]. Dementsprechend ließ sich auch in den Industrien, die Getränke, Nahrungsmittel, Textilien und Papier erzeugten und typisch für Frauenarbeit waren, eine leichte Abnahme der Zahl der Arbeiterinnen feststellen. In den Branchen aber, in denen die technisch fortschrittlichen Methoden rascher durchgeführt wurden, in der Schuhindustrie, in der Elektro-, Eisen- und Metallindustrie, wurden im mechanisierten, vereinfachten Produktionsprozeß zunehmend Frauen auf bisher Männern vorbehaltenen Arbeitsplätzen eingesetzt, so daß hier die Zahl der Arbeiterinnen anstieg. In der Metallindustrie zum Beispiel, die nach dem Krieg wieder fast nur Männer beschäftigte, ersetzten angelernte Arbeiterinnen zunehmend gelernte Mechaniker, und die Nachfrage nach Frauenarbeit war so groß, daß noch auf dem Höhepunkt der Depression Anfang 1933 die Metallindustrie nur für 0,8 % der arbeitsuchenden Männer, aber für 4,2 % der Frauen einen freien Arbeitsplatz hatte. Daß über 50 % der Metallarbeiterinnen in Betrieben mit über 1 000 Beschäftigten arbeiteten, zeigt darüber hinaus den engen Zusammenhang von den gerade in Großbetrieben angewandten Rationalisierungsmethoden und der Ausweitung der Frauenarbeit. Die Frauen ihrerseits zogen Großbetriebe mit versachlichter Betriebsführung der patriarchalischen Atmosphäre altmodischer Kleinbetriebe vor[28].

Die Rationalisierung machte die Ausweitung der industriellen Frauenarbeit nur möglich, jedoch nicht notwendig, und der Beweggrund in der unternehmerischen Kalkulation für die bevorzugte Beschäftigung von weiblichen Arbeitern war, genau wie bei den Angestellten, der niedrige Frauenlohn. Die Ausbeutung der Arbeiterinnen ging so weit, daß bei nicht nur geringerem Stundenlohn, sondern auch geringerem Stücklohn – in der Metallindustrie erhielt eine Facharbeiterin oft 30 % weniger Stücklohn als ein ungelernter Arbeiter – die Arbeiterinnen mit vermehrter Anstrengung höhere Stückzahlen als die Männer produzieren mußten, um so den geringeren Lohn auszugleichen. Den üblichen hohen Krankenstand der Arbeiterinnen ließen jetzt zunehmende Herz- und Nervenleiden emporschnellen. So wurden, genau wie durch das hohe Fließbandtempo, die Nervenkräfte der Frauen durch die Mechanisierung ständig überlastet, wenn auch die physische Anstrengung reduziert wurde[29].

Als begleitende Maßnahme zu den technologischen Veränderungen der Rationalisierung wurde von der Großindustrie eine Ideologie entwickelt, die die Arbeiter von dem zunehmenden Stumpfsinn ihrer Fließbandarbeit ablenken und von der politischen Organisierung abhalten sollte. Man versuchte, auf den einzelnen Arbeiter am Arbeitsplatz einzuwirken, damit er ein Zugehörigkeitsgefühl zu der »Werksgemeinschaft« spüre und sich mit seiner »Firma« solidarisch fühle. Die großen Betriebe vor allem der Branchen, die von der Stabilisierung und Rationalisierung profitierten, praktizierten eine großzügige innerbetriebliche Sozialpolitik, mit der sie die Arbeiter gegen sozialistische Einflüsse zu immunisieren versuchten. Mit freiwilligen sozial- und lohnpolitischen Leistungen erbrachte man nicht nur ein Übersoll in der Erfüllung der bis zum Ende der Weimarer Republik nicht sehr weit fortgeschrittenen Sozialgesetzgebung, sondern man nahm auch den gewerkschaftlichen Forderungen die Spitze, indem man sie übertraf. Die großen Firmen bauten Kinder- und Erholungsheime, Arbeitersiedlungen und Sportanlagen, sie zahlten Prämien und sicherten die Altersversorgung. Es wurden Werkkantinen und -büchereien sowie eine Werkfürsorge eingerichtet. Die für die Betreuung nur der Arbeiterinnen eingestellten Werkfürsorgerinnen des Ersten Weltkrieges waren nach Kriegsende entlassen worden, doch wurden in den zwanziger Jahren wieder Betriebspflegerinnen engagiert, denen die Fürsorge für die gesamte Belegschaft und deren Familien oblag. Außerdem erbrachten die Betriebe, deren Profitrate es erlaubte, Leistungen für den Mutterschutz[30].

Eines der wenigen neuen Gesetze für den Frauenarbeitsschutz während der Weimarer Republik war das Gesetz über die Beschäftigung vor und nach der Niederkunft vom Juli 1927[31]. Hiernach konnten die Frauen sechs Wochen vor und mußten sechs Wochen nach der Niederkunft die Arbeit aufgeben. In dieser Zeit erhielten die Krankenversicherten drei Viertel des Grundlohnes. Arbeitete eine schwangere Frau bis zur Niederkunft, erhielt sie neben dem Lohn die Hälfte des Grundlohnes von der Krankenkasse, also 150 %. Da bei vielen Arbeiterinnen der Lohn das Existenzminimum kaum überschritt, bestand für die meisten ein wirtschaftlicher Zwang, bis zur Entbindung zu arbeiten. Aus demselben Grunde machten die wenigsten Mütter von der gesetzlich garantierten, jedoch unbezahlten Stillstunde Gebrauch. Das deutsche Mutterschutzgesetz war zwar, gemessen am internationalen Maßstab, relativ fortschrittlich, doch hatte es das Manko, daß es weder für die Frauen in der Landwirtschaft und Hauswirtschaft noch für Heimarbeiterinnen und mithelfende Familienangehörige galt.

Depression

Die Weltwirtschaftskrise von 1929 verursachte in allen betroffenen Industrieländern Europas und in den USA hohe Arbeitslosigkeit. Wenn auch die Methoden, mit denen man die Arbeitslosenzahl zu verringern suchte, in den verschiedenen Ländern variierten, so war doch fast allen Regierungen gemeinsam, daß sie die Frauenarbeit einzuschränken suchten. In Deutschland weisen die Statistiken für die Jahre der Depression tatsächlich nach, daß der Prozentsatz der arbeitslosen Frauen niedriger war als der der arbeitslosen Männer. Nicht erst die Nationalsozialisten, sondern schon die Präsidialregierungen der Jahre vor 1933 zogen hieraus den irrigen Schluß, daß die billige Frauenarbeit insgesamt eine volkswirtschaftlich »ungesunde« Überbeschäftigung auf der Seite der Frauen hervorgerufen und so die Krise mitverursacht habe. Aber der Schein der Arbeitslosenstatistiken trog, denn sie unterschieden fast nie zwischen voller Beschäftigung und Kurzarbeit. Diese Differenzierung ist jedoch wichtig, weil Kurzarbeit gerade für die Industriezweige typisch war, die überwiegend Frauen beschäftigten. Außerdem waren Frauen, vor allem verheiratete, mehr als Männer bereit, Kurzarbeit mit einem unter dem Existenzminimum liegenden Lohn der Arbeitslosigkeit vorzuziehen. Nach der Gewerkschaftsstatistik waren 1932 33,6 % der organisierten Arbeiter und 34,5 % der organisierten Arbeiterinnen voll beschäftigt, jedoch hatten nur 20,8 % der männlichen Gewerkschaftsmitglieder gegenüber 32,8 % der weiblichen eine Kurzarbeit[32]. Für die Aussage über diese Tendenz in der Frauenarbeit ist die Gewerkschaftsstatistik zwar relativ brauchbar, doch nützt sie wenig für die Analyse der tatsächlichen Arbeitslosigkeit der Frauen. Frauen waren gewerkschaftlich stets geringer organisiert als die Männer, und sie traten bei längerer Arbeitslosigkeit, schon um die Beiträge zu sparen, schneller wieder aus der Gewerkschaft aus[33]. Genaue Angaben darüber, ob sich die Zahl der beschäftigten Frauen zwischen den Jahren 1925 bis 1933 veränderte, lassen sich auch heute nicht machen, da die einzigen Quellen, die laufenden Statistiken der Arbeitsämter und Krankenversicherungen, weder mithelfende Familienangehörige in Landwirtschaft, Handel und Gewerbe noch Selbständige, größtenteils auch nicht die Heimarbeiter einschlossen und so einen großen Teil der weiblichen Beschäftigten außer acht ließen. Die angeführten Gruppen werden jedoch in den im »Statistischen Jahrbuch des Deutschen Reiches« veröffentlichten Volks- und Berufszählungen, die 1925 und 1933 durchgeführt wurden, berücksichtigt. Danach waren 1925 11,5 Millionen Frauen und 20,5 Millionen Männer erwerbstätig, 1933 waren es 11,5 Millionen Frauen und 20,8 Millionen Männer.
Rein quantitativ läßt sich also nicht feststellen, daß die Frauen die Männer vom Arbeitsmarkt verdrängten. Dennoch machten sich mit steigender Arbeitslosigkeit Ressentiments gegen die Frauenarbeit verstärkt bemerkbar, und zwar

sowohl in der Arbeiterschaft als auch bei Angestellten und Beamten. Besonders in der Angestelltenschaft hatten sich die Frauen in den zwanziger Jahren infolge des technologischen Fortschritts, sozialer Veränderungen und der ungleichen Entlohnung zu einer ernsten Konkurrenz der Männer entwickelt. Diese Konkurrenzsituation verschärfte sich bis 1933 noch erheblich. Nicht zuletzt dieser Aspekt mag erklären, warum viele Angestellte aus tiefer Existenz- und Statusangst für eine rückwärtsgewandte Ideologie anfällig wurden, die jede Form von Emanzipation, darunter auch die Frauenarbeit, zu bekämpfen versprach.

Kaum hatte die Wirtschaftskrise begonnen, wurden schon wieder die Forderungen der Nachkriegsjahre laut: »Kampf dem Doppelverdienertum!« und »Die Frau gehört ins Haus!« Mit den sogenannten Doppelverdienern waren sowohl Personen mit Doppel- oder Nebenverdienst gemeint als auch zweifach verdienende Ehepaare, doch richteten sich praktisch solche Forderungen fast nur gegen erwerbstätige Ehefrauen. Die Gewerkschaften unterstützten laut Beschluß des ADGB-Vorstandes vom 26. März 1929 den Abbau des Doppelverdienertums, da es sich bei »großer und langandauernder Arbeitslosigkeit nicht umgehen« ließe, das nach der Verfassung gewährleistete Recht auf Arbeit insofern einzuschränken, als die Arbeitsplätze, die von nicht unbedingt auf Arbeitsverdienst angewiesenen Personen besetzt seien, für solche Arbeitslose frei gemacht werden sollten, die Erwerbsarbeit zur Deckung ihres Lebensunterhalts brauchten[34]. Die SPD hingegen verkündete in Resolutionen der Parteitage von 1929 und 1931, daß sie »aufs schärfste die Hetze gegen die arbeitende Frau – gleichviel ob sie verheiratet oder ledig ist«, ablehne, da dies nur ein Ablenkungsmanöver von »Unternehmertum und Reaktion« sei, um die wahren, im kapitalistischen System liegenden Ursachen der Arbeitslosigkeit zu verschleiern und statt dessen »einen Kampf der Arbeiter untereinander« zu inszenieren[35]. Doch hatten derartige Proteste keinen Einfluß auf die wirtschaftliche und politische Entwicklung.

Die Zentrumspartei unterstützte jeden Versuch, das »Doppelverdienertum« und damit die Frauenarbeit zu unterbinden, und handelte damit im Sinne der katholischen Kirche, die jede Form der Frauenemanzipation bekämpfte, um die patriarchalisch-hierarchischen Sozialstrukturen zu bewahren. Dementsprechend verlangte Papst Pius XI. 1931 ausdrücklich, daß jegliche Berufstätigkeit von Hausfrauen und Müttern eingestellt werden müsse[36]. Im gleichen Jahr forderte der Reichsarbeitsminister Stegerwald (Zentrum) die Arbeitgeberverbände auf, dafür zu sorgen, daß bei Entlassungen oder Einstellungen im Falle gleicher Eignung der Arbeitskräfte die sozialen Verhältnisse ausschlaggebend berücksichtigt werden sollten. Die Belegschaften sollten daraufhin überprüft werden, ob Arbeitnehmer mit einem anderweitig gesicherten Einkommen vorhanden seien und ohne Verletzung der Betriebsinteressen ersetzt werden könnten[37]. Dank dieser vagen Formulierung konnte man die Richtlinien einerseits so interpretieren, daß in jedem Fall ein arbeitsloser Ehemann mehr Anspruch auf einen Arbeitsplatz hatte als ein junges Mädchen oder eine verheiratete Frau, deren Vater oder Ehemann nicht arbeitslos war. Ein Unternehmer andererseits konnte weiterhin die billigeren weiblichen Arbeitskräfte vorziehen und dies mit dem Betriebsinteresse und der notwendigen Erhaltung der Konkurrenzfähigkeit begründen[38].

Die Initiative des Arbeitsministers blieb also praktisch folgenlos. Erst im Mai 1932 wurde, noch unter Brüning, das einzige Gesetz der Weimarer Republik verabschiedet, das die Arbeit der verheirateten Frauen reduzieren helfen sollte. Bezeichnenderweise dienten als Zielgruppe nur verheiratete Beamtinnen, die unter den berufstätigen Frauen eine kleine, untypische Randgruppe in qualifizierten, relativ gutbezahlten Positionen darstellten. Das Gesetz über die »Rechtsstellung der weiblichen Beamten«[39] wurde durch die Zentrumspartei stark unterstützt, von der DNVP im Reichstag eingebracht und mehrheitlich, auch von der SPD und der NSDAP, angenommen[40]. Demnach konnten nun laut § 1 weibliche Reichsbeamte entlassen werden, wenn die Versorgung nach der Höhe des Familieneinkommens dauernd gesichert erschien. Während der Weimarer Republik erlangte dieses Gesetz nur noch praktische Bedeutung für die Reichspostbeamtinnen. Es war jedoch eindeutig ein Verstoß gegen die Reichsverfassung, die in Artikel 128, II alle Ausnahmebestimmungen gegen weibliche Beamte untersagte. Als Maßnahme zur Arbeitsbeschaffung war das Gesetz völlig irrelevant, doch hob es das seit 1919 wenigstens theoretisch vorhandene Recht der Frauen auf gleiche Berufschancen auf. Offensichtlich hatte die Regierung keinerlei klare Vorstellungen darüber, wie viele Frauen tatsächlich ohne wirtschaftliche und soziale Härte vom Arbeitsplatz hätten entfernt werden können[41].

1925 waren 11,48 Millionen Frauen erwerbstätig, davon waren 7,8 Millionen alleinstehend und vom eigenen Verdienst abhängig. 3,65 Millionen Frauen waren verheiratet, doch 75 % von ihnen als mithelfende Familienangehörige beschäftigt. Weitere 309 000 waren selbständige Erwerbstätige. Es blieben 835 600 verheiratete Frauen, von denen noch über 44 000 als Hausangestellte tätig waren. Letztere waren praktisch ebensowenig wie Krankenschwestern, Kindergärtnerinnen, Modistinnen, Schneiderinnen durch männliche Arbeitskräfte ersetzbar. Zudem hatten verschiedene Rundfragen ergeben, daß 80 % der erwerbstätigen verheirateten Frauen aus wirtschaftlicher Notlage heraus arbeiteten[42].

Das Resultat einer Beschränkung der Frauenarbeit war jedoch nicht nur rechnerisch unbefriedigend, es war auch volkswirtschaftlich ineffektiv. Wenn man weibliche Arbeitskräfte durch männliche ersetzte, wurden keine neuen Arbeitsplätze geschaffen und damit das Arbeitsvolumen und die Konsumentenzahl vergrößert, sondern man verlagerte lediglich die vorhandene Arbeit von einer Bevölkerungsgruppe auf die andere. Dennoch bezeichnete die Regierung diese Arbeitsumschichtung als »Arbeitsbeschaffung« nicht nur der Bevölkerung gegenüber, sondern betrachtete sie wohl wirklich als solche. Unverändert hofften die Regierungen auch anderer Staaten vom Beginn der Depression bis zum Konjunkturaufschwung, die Arbeitslosigkeit unter anderem zu verringern, indem sie die Frauenarbeit einzuschränken suchten. In dieser Ignoranz und Hilflosigkeit gegenüber den tieferen ökonomischen Ursachen der Wirtschaftsschrumpfung unterschied Deutschland sich kaum von anderen Industrieländern.

3. Beschränkungen der Frauenarbeit in der Weltwirtschaftskrise: Ein internationaler Vergleich

In allen Ländern wurde bei steigender Arbeitslosigkeit zuerst die Erwerbstätigkeit der verheirateten Frauen im öffentlichen Dienst eingeschränkt. In Großbritannien war es seit langem üblich, Frauen bei der Verehelichung aus dem Staatsdienst zu entlassen. In den Niederlanden wurde 1924 ein entsprechendes Gesetz verabschiedet. In den dreißiger Jahren gingen viele Staaten in dieser Richtung noch weiter. In Österreich verloren alle Beamtinnen und Angestellten im Staatsdienst, deren Ehemänner ebenfalls vom Staat angestellt waren, gemäß Gesetz vom 15. 12. 1933 ihre Stellen[43]. In Großbritannien und Schweden fanden Ende 1933 Massendemonstrationen statt gegen die krisenbedingte Entfernung von Frauen vom Arbeitsplatz. Auf der Stockholmer Tagung über »Frauen und Weltkrise« wurden heftige Beschwerden über den Widerstand gegen die Erwerbstätigkeit vor allem verheirateter Frauen geführt[44]. 1930 verabschiedete die Jahreskonferenz der britischen Gewerkschaft der Lehrerinnen Protestresolutionen gegen die Entlassung von verheirateten Lehrerinnen und gegen die allgemeine Minderbezahlung[45]. Das faschistische Italien ermächtigte die Behörden im November 1933, bei der Bewerbung um freie Arbeitsplätze Frauen auszuschließen. Am 11. Oktober 1934 einigten sich dann die Faschistische Industriekonföderation und die Faschistische Industriearbeiterkonföderation in einem Abkommen unter anderem darauf, daß in der Privatindustrie weibliche Arbeitskräfte durch Männer ersetzt werden sollten, und dies nicht nur bei Schwerarbeiten, sondern auch bei üblicherweise von Frauen verrichteten Arbeiten[46]. In Luxemburg erforderte seit April 1934 jede Einstellung weiblicher Angestellten in öffentlichen und privaten Betrieben die Erlaubnis des Ministers für Arbeit und Wohlfahrt. Wohl am weitesten ging Belgien, wo ein Gesetz vom Februar 1934 die Frauenarbeit in Fabriken, Büros und Handwerksbetrieben begrenzte. Im April 1934 ließ die Regierung alle Stellen in der öffentlichen Verwaltung, einschließlich der Stenotypistenarbeit, für Männer reservieren. Im Dezember desselben Jahres wurde der Arbeitsminister autorisiert, die Anzahl der verheirateten und ledigen erwerbstätigen Frauen auf einen beliebigen Prozentsatz festzulegen.

Auch in den USA waren in vielen Gewerbezweigen die Frauen von der Arbeitslosigkeit stärker betroffen als die Männer. Die Lohnreduzierungen waren bei den niedrigen Frauenlöhnen empfindlicher zu spüren, und allgemein waren die weiblichen Arbeiter der größten Ausbeutung ausgesetzt, da sie in ihrer verzweifelten Lage am ehesten dazu neigten, Jobs in sogenannten »sweat shops« mit den schlechtesten Arbeitsbedingungen, dem geringsten Lohn und der längsten Arbeitszeit anzunehmen[47]. Nach einer Umfrage in 1500 Städten stellten 1930/31 77 % dieser Gemeinden keine verheirateten Lehrerinnen mehr ein, und 50 % der Städte entließen Lehrerinnen nach ihrer Verehelichung. 1931 verloren alle Frauen, die bei der New England Telephone and Telegraph Company und der Northern Pacific Railway beschäftigt waren, ihre Posten. Die National Recovery Administration (NRA), eine New-Deal-Behörde, mußte 1934 öffentlich zugeben, daß gewisse Ministerien es mit

Mißfallen betrachteten, wenn zwei Personen aus der gleichen Familie erwerbstätig seien, und diese Ansicht werde auch von der Relief Administration geteilt. Es sei zwar verschiedentlich von der NRA verlangt worden, eine Politik unter dem Motto durchzuführen, daß es in keiner amerikanischen Familie zwei Jobs geben dürfe, solange nicht in jeder Familie mindestens ein Job vorhanden sei. Doch diese Vorschläge seien als undurchführbar, wenn nicht sogar ungesetzlich, betrachtet worden[48]. In der Praxis jedoch wurde die Entlassung von Frauen von der US-Regierung geduldet und sogar selbst geübt. 1933 entließ das Washingtoner Kriegsministerium die verheirateten Beamtinnen[49]. Der »Economy Act« der NRA sah dann schließlich auch vor, daß, wenn beide Eheleute arbeiteten, einer von ihnen bei Betriebseinschränkungen zuerst entlassen werden solle. Tatsächlich betroffen waren von dieser Bestimmung die Ehefrauen. Daran änderten auch die Proteste der amerikanischen Frauenorganisationen wenig[50].

Die deutschen Regierungen vor 1933 wurden mithin in ihren Bemühungen um eine Restriktion der Frauenarbeit von anderen Staaten, ob faschistisch oder demokratisch, noch weit übertroffen.

Die Tatsache, daß man das Recht auf Arbeit bei den Frauen beschneiden wollte, war weder das Resultat der Wirtschaftskrise von 1929 noch ein typisches Phänomen der vom steigenden rechtsradikalen Einfluß geprägten Endphase der Weimarer Republik. Eine Untersuchung der Entwicklung der Frauenarbeit in Deutschland zeigt, daß die Industrialisierung im 19. Jahrhundert die Frauenarbeit aus der Land- und Hauswirtschaft und Heimarbeit zunehmend in die Fabriken verlagerte, was sofort eine Gegenreaktion, nämlich Animosität gegen die neuen Konkurrentinnen auf dem überfüllten Arbeitsmarkt, unter den Industriearbeitern hervorrief[51]. Der Antifeminismus unter den Arbeitern wurde zwar durch den Konjunkturaufschwung und die Verbreitung der sozialistischen Theorie, die das Recht der Frau auf Arbeit verkündete, weitgehend abgebaut. Doch wieweit die Verinnerlichung und Praktizierung der sozialistischen Emanzipationstheorie für die meisten Arbeiter abhängig von der jeweiligen Situation des Arbeitsmarktes war, zeigen die Ereignisse in den Jahren der Demobilisierung und Depression. Die prompt wieder auftauchende Forderung nach Abbau der Frauenarbeit während der Wirtschaftskrise erscheint schon fast als gesetzmäßige Begleiterscheinung der Arbeitslosigkeit. In den Nachkriegsjahren war indessen noch eine echte zahlenmäßige Einschränkung der Frauenarbeit in Industrie und Verwaltung möglich gewesen, unter anderem weil viele Soldatenfrauen nur während des Militärdienstes des Mannes hatten arbeiten müssen, die von der Landwirtschaft in die Industrie geströmten Frauen wieder auf das Land zurückgingen, und schließlich, weil die Demobilmachungsverordnungen von der SPD, den Gewerkschaften, den Volksbeauftragten und den Betriebsräten aktiv mitgetragen wurden. Bekanntlich veränderten sich die politischen Machtverhältnisse bis 1929 wesentlich, so daß in der Depression weder Regierung noch Gewerkschaften, geschweige denn die Masse der männlichen Arbeitnehmer, irgendwelche Machtmittel besaßen, um die Unternehmer zu veranlassen, ihr Profitinteresse hintanzustellen und die geringer bezahlten weiblichen Arbeiter und Angestellten durch Männer zu ersetzen.

Der schon seit dem 19. Jahrhundert von den Sozialdemokraten verfochtene Grundsatz »gleicher Lohn für gleiche Arbeit« hätte, wenn überhaupt, 1918/19 eine Chance gesetzlicher Verwirklichung gehabt. Allerdings zeigt das Beispiel der USA, daß die gesetzliche Vorschrift allein nicht die Aufhebung geschlechtsbedingter Lohndifferenzen garantierte. Die Regierung F. D. Roosevelts sah im »National Recovery Act« zwar gleichen Lohn für gleiche Leistung vor, und in den meisten bis 1934 angenommenen Lohnordnungen wurden gleiche Mindestlöhne für Männer und Frauen festgesetzt, doch in der Praxis wurden diese Bestimmungen mißachtet[52].

4. Die Frau in der nationalsozialistischen Ideologie

Eine einheitliche, klar umrissene Frauen- oder Familienideologie der NSDAP hat es nie gegeben. Sie läßt sich auch nicht eindeutig aus den entsprechenden Äußerungen führender Nationalsozialisten rekonstruieren. Noch 1934 mußte Goebbels in einer Rede vor der NS-Frauenschaft zugeben, daß zum »neuen Frauen- und Familienideal noch keine endgültigen Meinungen« existierten. »Es gibt nur Variationen über ein Thema, persönliche Ansichten, vermischt mit gesundem Menschenverstand und Erfahrungen aus dem täglichen Leben.«[53] Die Rolle der Frau in einem »Dritten Reich« wurde in der Tat von der »Kampfzeit« bis zum Zusammenbruch offiziell immer nur vage umrissen. Es verhielt sich mit der Frauenideologie wie mit der gesamten NS-Ideologie, die sich – nach einem Ausspruch des Reichsjustizministers Frank[54] – in fast so viele Nationalsozialismen spaltete, wie es Nationalsozialisten gab. Eine Präzisierung konnte nicht im machtpolitischen Interesse der NSDAP liegen. Je ungenauer und ambivalenter formuliert wurde, desto mehr Wählergruppen wurden angesprochen, und um so flexibler blieb die Partei im Hinblick auf zukünftige Entwicklungen[55]. Die nationalsozialistischen Ansichten über die Stellung der Frau lassen die drei wesentlichen Gestaltungselemente der NS-Ideologie – konservative, völkischnationale und neuartige faschistische Ideen – erkennen. Welches Element aber überwog, hing jeweils von einzelnen Exponenten ab.

In der Weimarer Republik erschien eine Fülle von Schriften – ob von Deutschnationalen, Völkischen oder von Autoren der »Konservativen Revolution« verfaßt –, die Rassenreinheit und angesichts der für Deutschland bedrohlich sinkenden Geburtenrate Kinderreichtum propagierten. Die Funktion der Frau als Gebärerin und Hüterin der Rasse war damit festgelegt[56]. Gezielt an die Frauen wandte sich das Blatt »Die deutsche Frau«, herausgegeben von der deutschnationalen Frauenorganisation der DNVP unter der Leitung Käthe Schirrmachers, einer ehemaligen Feministin. In den Artikeln dieser Zeitschrift wurden etwa die Heldentaten der kaiserlichen Flotte verherrlicht, für die Rassereinheit der Nation geworben und die Erwerbsarbeit der Frau bekämpft, die wieder ihrer natürlichen Bestimmung, der Hausarbeit, zugeführt werden sollte. Kurios war die Mischung aus feministischem und völkischem Gedankengut in den Büchern Sophie Rogge-Börners, die dann ab 1933 die Frauenzeitschrift »Die Deutsche Kämpferin« herausgab[57].

Die konservativen, deutschnationalen und völkischen Geistesströmungen, die die Nationalsozialisten in ihre Weltanschauung aufnahmen[58], sind in dem von der NSDAP kreierten Frauenideal besonders leicht zu entdecken.

Im Rahmen unseres Themas interessieren in ideologischer Hinsicht zwei Fragen. Erstens: Welchen Platz wiesen die Nationalsozialisten bis 1933 den Frauen und insbesondere den erwerbstätigen Frauen in ihrer »Weltanschauung« zu? Zweitens: Wieweit griffen sie dabei auf bereits vorhandene Denk- und Verhaltensmuster zurück?

Bis 1933 lag den Deutschen an NS-Publikationen, in denen sie etwas über die Rolle der Frau in einem nationalsozialistischen Staat erfahren konnten, nur Adolf Hitlers »Mein Kampf« und Alfred Rosenbergs »Mythus des 20. Jahrhunderts« vor[59]. Wie wir heute wissen, fand Hitlers Buch erst nach der Machtergreifung einen breiteren Leserkreis, und auch Rosenbergs »Mythus« ist wohl öfter zitiert als gelesen worden. Hitlers Einfluß in der NSDAP, der sich nicht selten in einer Schiedsrichterfunktion zwischen divergierenden Meinungen manifestierte, blieb für die politisch-taktische und ideologische Ausrichtung immer entscheidend. Deshalb ist es notwendig, die Ansichten des Parteiführers über die gesellschaftliche Stellung der Frau zu erörtern.

Zum Vergleich und zur Illustration werden die Äußerungen Rosenbergs herangezogen, der während der Kampfzeit in Sachen Ideologie eine gewisse offiziöse Funktion hatte. Hitler stufte in »Mein Kampf« den Wert der Frauen für den »völkischen Staat« allein unter dem Aspekt der Gebärleistung ein. Das Frauenideal war nicht die »tugendsame alte Jungfer«, sondern »Weiber, die wieder Männer zur Welt zu bringen vermögen«. So sollte auch das Ziel der Mädchenerziehung »unverrückbar die kommende Mutter« sein, wobei das »Hauptgewicht vor allem auf die körperliche Ausbildung zu legen« sei, »erst dann auf die Förderung der seelischen und zuletzt der geistigen Werte«[60]. So durfte denn auch nicht die Ehe als Selbstzweck angesehen werden, sondern allein als Mittel zur »Vermehrung und Erhaltung der Art und Rasse«. Besonders verwerflich mußte es darum sein, mit gewollter Kinderlosigkeit »gesunde Kinder der Nation vorzuenthalten«. Eine junge Ehe war besonders begrüßenswert, da noch am meisten »Kraft für gesunden und widerstandsfähigen Nachwuchs« vorhanden war[61]. Das Individuum als solches war für »Volk«, »Rasse« oder »Nation« wertlos; erst durch seine Funktionen erhielt es Bedeutung. Die Ehe wurde eine reine Produktionsgemeinschaft, die Ehepartner zeugende und gebärende Produktionsmittel, deren Produktionsleistung nicht nur quantitativ, sondern auch qualitativ zu werten war. Die Betonung, die Hitler auf Gesundheit und physische Widerstandskraft legte, zeigt auch hier die zentrale rassenbiologische, sozialdarwinistische Komponente seiner Weltanschauung. Rosenberg drückte dasselbe lediglich etwas mystischer aus, wenn er schrieb, daß in einem männerbündischen Staate, dem Ideal der Nationalsozialisten, die Opferfähigkeit der Frau in den »Dienst eines züchtenden Systems« gezwungen werde[62].

Das Problem der weiblichen Erwerbstätigkeit existierte für Hitler, als er »Mein Kampf« schrieb, anscheinend nicht. Seine Geringschätzung der berufstätigen Frau verrät er lediglich an einer Stelle, wo er den – nie verwirklichten – Plan entwirft, den deutschen Mädchen nach der Geburt nur die Staatsangehörigkeit und erst nach der Heirat die volle Staatsbürgerschaft zu verleihen. Der ledigen Frau wird dabei zugestanden, unter Umständen auch im Erwerbsleben das Bürgerrecht erlangen zu können[63]. Spätere Äußerungen Hitlers zur Frauenrolle klingen nicht mehr so »sozialrevolutionär«, sondern passen völlig in das traditionelle Denkschema vom öffentlichen Charakter der Männerrolle und dem privaten Charakter der Frauenrolle: »Die Welt des Mannes ist der Staat«, »sein Ringen die Einsatzbereitschaft für die Gemeinschaft«, die Welt der Frau jedoch »ist ihr Mann, ihre Familie, ihre Kinder, ihr Haus«. Dies seien »von der Natur vorgezeichnete Aufgaben«, eine solche Ordnung sei von der »Vorsehung« sanktioniert[64]. In solchen Ansichten drückt sich ungebrochen Hitlers konservative und bürgerliche Herkunft aus. Dasselbe trifft zu auf Hitlers Geringschätzung des weiblichen Denkvermögens, ein sicher noch sehr häufiges Vorurteil unter seinen Zeitgenossen. »Tausendmal besser, die Frau beschäftigt sich mit Eifersüchteleien, als sie fängt mit metaphysischen Sachen an. Wenn eine Frau in Sachen des Daseins zu denken beginnt, das ist schlimm.«[65] Der beschränkte Verstand der Frau sei aber für bestimmte Aufgaben sehr nützlich. Frauen seien für Arbeiten ohne Abwechslung physisch und psychisch am besten geeignet, das sehe man schon an dem »ewig gleichen Kinderkriegen und -aufziehen«. So fänden sich auch weibliche Stenotypisten am besten mit der ständigen Wiederholung ihrer mechanischen Arbeit ab, und deshalb seien Frauen – natürlich unverheiratete – gerade gut als Grundschullehrerinnen für die stetige Wiederholung des Abc[66]. Aus einer derartigen weiblichen Geistesbeschaffenheit ergab sich für Hitler zudem, daß eine politische Betätigung für Frauen gefährlich sei, da sie »Verstand und Dinge des Gefühls« nicht auseinanderhalten könnten[67]. In der Öffentlichkeit erklärte Hitler etwas diplomatischer, daß die Politik für Frauen unwürdig sei, da das parlamentarische »Getriebe« die Frauen »schänden« würde[68]. Auch Goebbels fand, daß die »Politik und die Wehr«[69] Männerangelegenheiten seien, genau wie Rosenberg nur den Mann als »Richter, Soldat und Staatslenker« berufen sah[70]. Folgerichtig wurde schon 1921 in der Gründungsversammlung der NSDAP beschlossen, nie eine Frau in den Parteivorstand zu wählen[71].

Die primäre Funktion der Frau war also die Mutterschaft, der ihr geziemende Platz die Privatheit des Haushalts. In diesem Punkt waren sich Hitler und die anderen führenden Nationalsozialisten einig, so sehr die Meinungen in anderen Fragen auch auseinandergehen mochten. Hermann Esser, ein enger Vertrauter Hitlers in der Kampfzeit, erklärte zum Thema Frau kurz und bündig: »Die Frauen gehören heim in die Küche und Kammer, sie gehören heim und sollen ihre Kinder erziehen.«[72] Der Ästhet Goebbels hatte schon in seinem frühen Roman »Michael« einen ornithologischen Vergleich angestellt: »Die Frau hat die Aufgabe, schön zu sein und Kinder zur Welt zu bringen. Das ist gar nicht so roh und unmodern, wie sich das anhört. Die Vogelfrau putzt sich für den Mann und brütet für ihn die Eier aus. Dafür sorgt der Mann für die Nahrung.«[73] Gottfried Feder, der frühe Wirtschaftsideologe der Partei, forderte, da der Jude die Frau durch die Geschlechtsdemokratie gestohlen habe, daß das Heiligste in der Welt, nämlich die Frau als Magd und Dienerin, wieder erobert werden müsse[74]. Gregor Strasser vom linken Flügel der

NSDAP erwog sogar, die biologische Reproduktion dadurch zu fördern, daß man kinderreiche Frauen mit zusätzlichen Wahlstimmen auszeichnete und ihren beispielhaften Einsatz dem Militärdienst der Männer gleichsetzte[75].

Die übereinstimmenden Stellungnahmen der Nationalsozialisten zur Frauenfrage erschöpften sich also in banalen, konservativ oder völkisch gefärbten Gemeinplätzen. Sich intensiv und differenziert mit Frauenproblemen auseinanderzusetzen, war keiner der führenden Nationalsozialisten bereit. Die wenigen überlieferten, meist nebenbei eingestreuten Bruchstücke aus den Schriften und Reden führender Parteigenossen vor 1933 entsprangen wohl oft rein wahltaktischen Überlegungen. Dieselbe Motivation muß die Veranlassung gegeben haben, überhaupt, wenn auch sporadisch, etwas zum Problem der Frauenarbeit zu äußern[76]. Soweit bekannt, gibt es nur eine Tagebuchaufzeichnung Goebbels als Quellenbeleg darüber, daß sich die oberste Parteileitung – Hitler – spezielle Gedanken über die Behandlung der Frauenfrage im Wahlkampf machte. Am Abend des 29. März 1932, zu einer Zeit also, als die Partei noch an ihrer Niederlage der Präsidentschaftswahlen trug, entwickelte Hitler nach rückblickenden Monologen über die Parteientwicklung plötzlich – so Goebbels – »ganz neue Gedanken über unsere Stellung zur Frau. Die sind für den nächsten Wahlgang von eminenter Wichtigkeit; denn gerade auf diesem Gebiet sind wir bei der ersten Wahl hart angegriffen worden. Die Frau ist Geschlechts- und Arbeitsgenossin des Mannes. Sie ist das immer gewesen und wird das immer bleiben. Auch bei den heutigen wirtschaftlichen Verhältnissen muß sie das sein. Ehedem auf dem Felde, heute auf dem Büro. Der Mann ist Organisator des Lebens, die Frau seine Hilfe und sein Ausführungsorgan. Diese Auffassungen sind modern und heben uns turmhoch über alles deutsch-völkische Ressentiment«[77]. Die Nationalsozialisten hatten sich zweifellos in vorhergehenden Wahlkampagnen – wie auch die Völkischen und Deutschnationalen – gegen die weibliche Berufstätigkeit ausgesprochen. Die angeblich so neue, von Hitler wohl nur en passant formulierte Stellungnahme modifizierte den bisherigen Standpunkt nur äußerlich. Die primäre Frauenrolle blieb die Geschlechtsrolle, wobei in diesem Kontext natürlich nicht die Frau als Sexualpartner, sondern als Mutter gemeint war. Der Begriff »Arbeitsgenossin« blieb so vage, zudem noch ergänzt und eingeschränkt durch den Begriff der Hilfsfunktion, daß jeglichem Zuhörer individuelle Assoziationen offenblieben. Doch drängt sich unwillkürlich das Bild der mithelfenden weiblichen Familienangehörigen auf. Unmißverständlich festgelegt wurde lediglich der untergeordnete Status der Frau in Familie, Beruf und Gesellschaft.

In der Folgezeit hielten sich die öffentlichen Äußerungen führender Parteigenossen an diese Richtlinien. Hitler selbst verkündete: »Wir würden Narren sein, wenn wir daran dächten, die Frau aus der gemeinsamen Arbeit unserer Nation herauszunehmen.«[78] Propagandistische Raffinesse bewies Hitler in seinem Wahlaufruf im Juli 1932 mit dem Spruch: »Die Arbeit ehrt die Frau wie den Mann. Das Kind aber adelt die Mutter.«[79] Gregor Strasser erklärte 1932, daß in einem nationalsozialistischen Staat die berufstätige Frau den gleichen Schutz beanspruchen könne wie die Ehefrau und Mutter. Selbstverständlich dürfe Frauenarbeit nur »art- und naturgemäß« sein. Der gegenwärtige Zustand der weiblichen Erwerbstätigkeit müsse auf dieses Ideal hin verändert werden, jedoch allmählich, unter »Garantie der wirtschaftlichen Sicherung« für die betroffenen Frauen[80]. Rosenberg vertrat im »Mythus« eine ähnliche Meinung[81]. Zulässige Frauenberufe waren Strassers Ansicht nach etwa die Krankenschwester, Lehrerin, Sekretärin oder Fürsorgerin, jedoch auch nur in der besonderen, zeitbedingten Situation[82]. Goebbels war von Hitlers Idee, wie die Frauenfrage öffentlich zu behandeln sei, tief beeindruckt, wie seine Rede vom März 1933 zur Berliner Ausstellung »Die Frau« zeigt. Mit geschickter Ambivalenz lehnte Goebbels die Frauenarbeit zwar nicht völlig ab, betonte aber den Primat der Mutterschaft. Dabei versicherte Goebbels wie stets seinem Auditorium, daß die NSDAP nicht reaktionär, sondern modern sei. Sie wisse, »daß die moderne Zeit mit all ihren revolutionären Umwälzungen auch nicht spurlos an der Frau und ihrer Stellung im öffentlichen Leben vorbeigegangen« sei. »Niemand, der die moderne Zeit versteht, wird den aberwitzigen Gedanken fassen können, die Frauen aus dem öffentlichen Leben, aus Arbeit, Beruf und Broterwerb herausdrängen zu wollen.« Dem bedenklich zunehmenden Geburtenrückgang jedoch werde die »Regierung der nationalen Revolution« nicht tatenlos zusehen, sondern sie habe die »Pflicht«, »das Leben und Wirken der Frau so umzugestalten, daß es für das Volk wieder den höchsten nationalen Nutzen bringt«[83].

Die Gegner der Nationalsozialisten, vor allem Sozialdemokraten und Kommunisten, ließen sich nicht durch die taktischen Winkelzüge der NSDAP-Führer täuschen. Ab 1930 erschien eine Menge von anti-nationalsozialistischen Schriften, die sich gezielt an die Frauen, speziell die Erwerbstätigen unter ihnen, richteten. Die Titel waren oft gewollt provokativ: »Hunderttausend Kinder auf einen Hieb! Die Frau als Zuchtstute im Dritten Reich.«[84] »Ihr dummen Ziegen! Bilder vom Frauenparadies im Dritten Reich.«[85]

Als sich durch die Wirtschaftskrise ab 1929 wieder die Arbeitslosigkeit erhöhte, verschärften sich in der Bevölkerung die Ressentiments gegen weibliche Erwerbstätigkeit. Es ist anzunehmen, daß regionale und lokale Parteigliederungen sich eifrig an der Agitation gegen die berufstätigen Frauen beteiligten und damit das Vorgehen der Parteileitung, die wahltaktisch vorsichtige, ambivalente Erklärungen zur Frauenarbeit abgab, desavouierten[86].

Auch nationalsozialistische Frauen überboten Hitler, Goebbels, Strasser und die anderen NSDAP-Führer noch weit, wenn sie das Lob der opferbereiten, mütterlichen Frau anstimmten. Guida Diehl, die Gründerin und Führerin des Deutschen Frauenkampfbundes[87], einer der nationalsozialistischen Frauenverbände, rief dazu auf, für eine »Frauenerneuerung« eine »Neubelebung des Frauengefühls für Reinheit und Mutterwürde« zu kämpfen[88]. Die »naturgesetzliche Mutteraufgabe« sei »das Bestimmende für das gesamte Frauenleben«. Von dort aus müsse die »Ausbildung und die Betätigung der Frau im Volksganzen gesehen und bestimmt werden«. Diehl forderte eine »Mittelpunktstellung des Muttergeschlechts im Volksganzen«, wobei die Mütter immer an ihre »Verantwortung als Trägerin rassischen Erbgutes« denken sollten, und die berufstätige, unverheiratete Frau »muß mütterlichen Berufen zugeführt und zur Mutter im Volksganzen werden«[89]. »Mütterliche Berufe«

seien alle »haus-, garten- und landwirtschaftlichen, pflegerischen, erzieherischen, lehrenden, heilenden, künstlerischen und kunstgewerblichen Berufe«,
denn schließlich brauche die Nation die »Frauen nicht als tüchtige Leistungs-
menschen, die irgendeinen Beruf gerade so gut wie der Mann versehen,
sondern braucht die Mobilmachung aller besonderen Frauenkräfte«[90]. Lydia
Gottschewski, Führerin der nationalsozialistischen Deutschen Frauenfront
und vom April bis August 1933 Reichsleiterin der NS-Frauenschaft, vertrat die
Ansicht, daß die Familie durch eine Berufstätigkeit der verheirateten Frau
verhängnisvoll gefährdet sei. Eine verstärkte Erziehung der Frau zur
Mütterlichkeit müsse einsetzen, um die Kleinfamilie und gewollte Kinderlosigkeit zu bekämpfen[91]. So sei auch der »Wert eines Frauenberufes nicht nach
den persönlichen Entfaltungsmöglichkeiten, die er enthält, sondern nach dem
Maße seelischer Mütterlichkeit, das in diesem Beruf zur Auswirkung« gelange,
zu beurteilen. Die Berufe »des Hütens und Pflegens« seien deshalb für die Frau
bestimmt[92].

Alle nationalsozialistischen Äußerungen zur gesellschaftlichen Stellung der
Frau lassen sich – ungeachtet der taktischen Verpackung und einiger Nuancen
– unschwer auf einen Nenner bringen. Die Funktion der Frau war
ausschließlich die biologische Reproduktion[93]. Die Berufstätigkeit der Frau
sollte sich grundsätzlich auf subalterne Hilfstätigkeiten, möglichst auf
sozialem Gebiet, beschränken. In diesem engen Rahmen war den Frauen,
hauptsächlich den unverheirateten, ein Recht auf Arbeit zugestanden. Soweit
die simple Theorie der NSDAP zur Frauenarbeit in der »Kampfzeit«.

5. Zur Soziologie der Frauenarbeit
am Vorabend der nationalsozialistischen Machtergreifung

Bekanntlich haben viele deutsche Frauen die Absicht der Nationalsozialisten,
die Frauen wieder ihrer »natürlichen Berufung« als Hausfrau und Mutter oder
zumindest spezifisch »fraulichen« Berufen zuzuführen, offenbar nicht als
Provokation und Verrat an den Ideen liberaler Frauenemanzipation empfunden. Es ist wahrscheinlich, daß die charismatische Ausstrahlung Hitlers die
Frauen kaum so sehr verblendet hat, daß sie Errungenschaften, die sie als
positiv bewerteten, ohne weiteres aufgegeben hätten. Der Grund dafür, daß
der Nationalsozialismus auch zahlreiche arbeitende Frauen ansprach, muß
demnach anderswo gesucht werden. Die plausibelste Erklärung dürfte sein,
daß für die überwältigende Mehrheit der Frauen eine Emanzipation, definiert
als Befreiung aus einem Zustand der geistigen, sozialen und wirtschaftlichen
Abhängigkeit und Unterdrückung in Beruf und Familie, noch nicht einmal
ansatzweise stattgefunden hatte. Doch wir können uns mit dieser globalen
These nicht begnügen, sondern müssen nach sozialen Schichten differenzieren,
was die Nationalsozialisten, indem sie stets nur von den »deutschen Frauen«
sprachen, wohlweislich unterließen.

Für die verheirateten Frauen der Industriearbeiterschaft bedeuteten Fabrikarbeit und die Sorge für Haushalt und Familie eine lebenslange physische und
nervliche Überlastung. Viele Arbeiterinnen hatten einen Arbeitstag von 18

Stunden. Da die meisten schon in der Jugend Gesundheitsschäden durch ihre Arbeit erlitten, war unter den Arbeiterinnen die Krankheitsanfälligkeit größer, die Sterbeziffer höher, sie hatten mehr Fehlgeburten, und ihre Kinder starben öfter schon im Säuglingsalter, als dies bei den Frauen anderer Berufs- und Gesellschaftsschichten der Fall war. Die jungen Arbeiterinnen empfanden ihre Arbeit als ermüdend und monoton und fürchteten sich davor, nach ihrer Heirat das harte Los ihrer Mütter zu teilen[94]. Den Arbeiterfrauen also konnten Versprechungen, daß verheiratete Frauen in Zukunft zu Hause bleiben und junge Mädchen für Angestelltenberufe wie Kindergärtnerin oder Krankenschwester ausgebildet werden sollten, theoretisch verlockend erscheinen. Und den männlichen Arbeitern, soweit sie nicht bewußte Sozialisten waren, wird der propagierte Abbau der Frauenarbeit vor allem in den Wirtschaftszweigen, in denen die Frauen seit der Rationalisierung subjektiv als immer bedrohlichere Konkurrenz empfunden wurden, begrüßenswert gewesen sein.

Neben diesen ökonomischen und sozialen Fakten muß noch ein wesentliches sozialpsychologisches Phänomen gesehen werden: Die Struktur der meisten, auch der sozialdemokratischen Arbeiterfamilien war hierarchisch und patriarchalisch, wie wir es schon für das 19. Jahrhundert festgestellt haben, und die Ansichten über die Rolle der Frau waren immer noch stark an vorindustriellen Wertmaßstäben ausgerichtet. Denn obwohl die fortschreitende Industrialisierung die Lebensbedingungen der Arbeiter grundlegend verändert hatte und selbst die verheirateten Arbeiterinnen seit Beginn des 20. Jahrhunderts zunehmend außerhalb des Hauses erwerbstätig waren, wurden die Mädchen noch immer auf das primäre Ziel der Heirat und Haushaltsführung hin erzogen. So erhielten junge Arbeiterinnen meistens keine Berufsausbildung und interessierten sich kaum für die Gewerkschaften, da sie ihre eigene Erwerbstätigkeit als vorübergehend anzusehen lernten. Aber sie mußten andererseits schon früh im Haushalt helfen, da Haushalt und Kinder allein als Domäne der Frauen galten, ob sie berufstätig waren oder nicht. Objektiv unterschied sich diese proletarische Auffassung von der Funktion der Frau kaum von »bürgerlichen« Anschauungen.

Für die in der Landwirtschaft arbeitenden Frauen konnte eine Ideologie, die landwirtschaftliche Berufe als besonders für die Frau geeignet und als lebenswichtig für das gesamte Volk erklärte, nur als angenehme Bestätigung und Aufwertung ihrer harten Arbeit sein. Die Mehrarbeit, die infolge der krisenbedingten Entlassung von Arbeitskräften für Frauen und Töchter von Bauern anfiel, machte diese immer unzufriedener. Ein Zustrom von jungen weiblichen Hilfskräften, wie ihn die nationalsozialistische Propaganda versprach, war da eine willkommene Aussicht. Da sich in den ländlichen Gebieten außerdem die traditionelle Dorfgesellschaft und die patriarchalische Familienstruktur fast unverändert erhalten hatten, waren für die Frauen auf dem Lande die Vorrechte des Mannes viel zu selbstverständlich, als daß die einschlägigen Ansichten der NSDAP sie hätten befremden können. Den Bauern mußte die NS-Ideologie mit ihrer Großstadtfeindschaft[95] und ihrem traditionalistischen Frauen- und Familienbild aus naheliegenden Gründen zusagen. Das attraktivere, moderne Großstadtleben und der mit fortschreitender industrieller Entwicklung immer größere Bedarf der Industrie an weiblichen Arbeitskräften hatte seit 1925 eine steigende Landflucht von Mägden und Bauerntöchtern hervorgerufen[96]. Die Entscheidung vieler kleinerer und mittlerer Bauern, der permanenten Krise in der Landwirtschaft zu begegnen, indem sie ab 1930 durch Mechanisierung ihre Höfe zu reinen Familienbetrieben machten, hatte die totale Abhängigkeit von der Mitarbeit weiblicher Familienmitglieder zur Folge. So erscheint es auch unter diesem Aspekt ganz folgerichtig, daß die Bauern die NSDAP unterstützten, die konsequenter als irgendeine andere Partei die Gefahr der Landflucht zu bekämpfen und die Frauenarbeit wieder auf Berufe in Haus- und Landwirtschaft zu reduzieren versprach.

In einer ähnlichen Situation befand sich der gewerbliche Mittelstand. Auch seine Existenz wurde im Verlauf der Wirtschaftskrise immer abhängiger von der Mithilfe der Ehefrauen und Töchter in Werkstatt und Laden, in der Buchhaltung und beim Rechnungsschreiben. Denn viele der kleineren Betriebe konnten sich wegen gestiegener Löhne, Arbeitsschutz- und Arbeitszeitvorschriften kaum noch fremde Arbeitskräfte leisten. Diese kleinen Familienbetriebe sahen sich subjektiv gefährdet durch die Industrie- und Warenhauskonzerne, die ihnen die Kunden abwarben[97] und den Töchtern in Warenhäusern, Büros und Fabriken anziehendere und besser bezahlte Arbeitsplätze boten. In solchen neuen sozialen Chancen für ihre Töchter sahen die kleinen Laden- und Gaststättenbesitzer und Handwerker jedoch nicht nur eine akute wirtschaftliche Gefährdung, sondern auch eine Bedrohung ihres gesellschaftlichen Status überhaupt. Infolgedessen sympathisierte diese Bevölkerungsgruppe nicht nur mit der protektionistischen Mittelstandspropaganda der NSDAP, sondern auch mit dem Versprechen, die Frauen vom öffentlichen Arbeitsmarkt zurück an den heimischen Herd zu führen, was in diesem Fall gleichbedeutend mit Arbeit im Familienbetrieb war[98].

Anders verhielt es sich beim sogenannten »neuen Mittelstand«, den Angestellten und Beamten, sowie beim gebildeten und besitzenden Bürgertum im weitesten Sinne. Allerdings war auch hier der Grundsatz, daß die Frau ins Haus gehöre, unveränderlich gültig. Nur selten ging eine verheiratete Frau aus diesen Schichten einer außerhäuslichen Berufstätigkeit nach. Das Leitbild der jungen Mädchen war weiterhin das der Ehefrau, Hausfrau und Mutter. Eine richtiggehende Berufsausbildung erhielten nur wenige, und viele führten bis zur Heirat das Dasein einer »Haustochter«. Aber eine produktive ökonomische Funktion hatten die Frauen in den bürgerlichen Haushalten, seit die häusliche Produktion von Nahrungsmitteln, Kleidung und Wäsche von der Konsumgüterindustrie übernommen worden war, nicht mehr. Darin lag der wesentliche Unterschied zu den Frauen aus der Arbeiterschaft und aus dem alten Mittelstand und zu den Bauernfrauen. Denn diese trugen neben der häuslichen Tätigkeit auch mit Fabrik- oder Heimarbeit oder durch Mithilfe im Familienbetrieb zum Gesamteinkommen bei. Im bürgerlichen Milieu hingegen ernährte das männliche Oberhaupt mit seinem Einkommen Frau und Kinder, und eine bezahlte Berufstätigkeit der Frau wäre den meisten erschienen als Eingeständnis der Unfähigkeit, die eigene Familie allein zu unterhalten. Mithin erfüllte das tradierte Frauenideal hier keinen ökonomischen Zweck, sondern diente dazu, die materielle und geistige Abhängigkeit der Frauen und damit die herkömmliche Familienstruktur zu erhalten.

Weder achtzig Jahre industrieller Wirtschaftsentwicklung noch fünfzehn Jahre Demokratie hatten die hierarchisch-autoritären Strukturen der Gesellschaft einschneidend verändert. In allen sozialen Schichten blieben die traditionelle Familie und die entsprechenden Geschlechterrollen erhalten. Eine illiberale Feindseligkeit gegen die Emanzipation von diskriminierten Mehrheiten oder Minderheiten, ob Proletarier, Frauen oder Juden, blieb in der Weimarer Republik vorherrschend, und dies besonders im sogenannten Bildungs- und Besitzbürgertum. Doch hatte die Arbeiterschaft wenigstens den solidarisierenden Vorteil der gemeinsamen Klassenzugehörigkeit und der Organisationsmöglichkeit in Gewerkschaften und Parteien. Vergleichsweise läßt sich für die Juden sagen, daß wenigstens ein Teil von ihnen ein einigendes Band in Religion, Tradition und der Bewegung des Zionismus besaß. Die Frauen waren keine Klasse, sie gehörten allen Gesellschaftsschichten an – wie ja auch der Antifeminismus in allen Schichten verbreitet war. Weitere Hindernisse einer Solidarisierung waren unterschiedliche Konfessionen und Parteien. Entscheidend war indes, daß es den Frauen selbst nicht gelang, ihr anerzogenes Rollenbewußtsein zu überwinden und die von der Verfassung »diktierte« Gleichberechtigung zu verwirklichen. Die bürgerliche Frauenbewegung konnte zwar eine Million Frauen im Bund deutscher Frauenvereine organisieren, doch war dies nicht gleichbedeutend mit Mobilisierung und Politisierung. Von der Gründung bis zu ihrem Ende war die Frauenbewegung keine wirkliche »Bewegung«, da sie immer nur aus einer kleinen elitären Führerinnengruppe ohne Massenbasis bestand, und sie blieb undynamisch sowohl in der personellen Zusammensetzung als auch in ihrem theoretischen Programm. Zutiefst ihrer bürgerlichen Herkunft verhaftet, traten diese Frauenrechtlerinnen für mehr Rechte, aber nicht für eine demokratische Gleichberechtigung der Frauen ein. Die Sonderrolle der Frau in Beruf und öffentlichem Leben mit dem spezifisch weiblichen Tätigkeitsfeld, auf dem die Eigenschaft der Mütterlichkeit das Wesentliche war, blieb auch für die Führerinnen der Frauenbewegung – allesamt Akademikerinnen – selbstverständlich. Und so ist es nicht verwunderlich, wenn selbst demokratische Politiker in ihrer Partei, im Berufsleben und der Familie einerseits an die Frauen keine Machtpositionen verlieren wollten, andererseits den Frauen auch keine besondere Qualifikation zuerkannten. Diese Mischung aus traditionellen Vorurteilen und natürlichem Machtegoismus angesichts der drohenden Frauenemanzipation machte es sogar den männlichen Sozialdemokraten schwer, die in der Theorie zugestandenen gleichen Rechte den Genossinnen gegenüber zu praktizieren. Entscheidend ist jedoch, daß die ökonomische Emanzipation der Frauen, Voraussetzung für einen umfassenderen Befreiungsprozeß, nicht stattgefunden hat. Im Hinblick auf Berufschancen, Entlohnung und das Recht auf Arbeit wurde besonders deutlich, daß die Konkretisierung der abstrakten Gleichberechtigung völlig gescheitert war.

In der Depression nach 1929 war die Frauenemanzipation – die nie stattgefunden und doch angeblich die Frauenarbeit, die Zerrüttung von Familie und Gesellschaft und die Arbeitslosigkeit der Männer verursacht hatte – zu einem Popanz der öffentlichen Meinung geworden. Dieses Produkt aus konservativen Vorurteilen, Konkurrenzangst und verzweifelter Krisenstimmung wurde dann von den Nationalsozialisten aufgegriffen und als sehr wirksames Propagandamittel verwendet. Die NSDAP bediente sich mit ihrer Frauenideologie – wie in anderen Bereichen – ausschließlich einer in allen Bevölkerungsschichten traditionellen Überzeugung. Die Vorstellung der NSDAP von Rolle und Funktion der Frauen besaß *insoweit* nichts typisch Nationalsozialistisches. Der Vergleich mit anderen Staaten zeigt, daß Deutschland in bezug auf Praktizierung und Anerkennung der Gleichberechtigung von Frauen, vor allem im Beruf, kein Sonderfall war. Der Antifeminismus, in den sich alle Schichten vom Junkertum bis zur Arbeiterschaft teilten, ist also kein Beweis für die »Spießbürgerlichkeit«[99], sondern höchstens für den Konservativismus und das propagandistische Geschick der NSDAP. Die Frauenideologie der Nationalsozialisten hat sicher dazu beigetragen, männliche und weibliche Wähler aller Klassen zu gewinnen – sie hat kaum jemanden abgeschreckt.

Kapitel II

Frauen auf dem Arbeitsmarkt:
Von der Machtergreifung bis zum Kriegsbeginn

1. Die NS-Frauenschaft und ihre Bedeutung
für die berufstätigen Frauen

Die Gleichschaltung der deutschen Frauenorganisationen erfolgte aus innenpolitischen Rücksichten nur schrittweise, und sie wurde verzögert durch Kompetenzstreitigkeiten. Gleich nach der Machtergreifung ließ Reichsinnenminister Frick durch seine Referentin für Frauenfragen, Paula Siber von Grote, die nichtnationalsozialistischen Frauenverbände, die zum größten Teil dem ehemaligen Bund deutscher Frauenvereine angehört hatten, eine dem Reichsinnenministerium unterstellte »Reichsarbeitsgemeinschaft deutscher Frauenverbände« bilden. Vor allem im Hinblick auf die konfessionellen Frauenverbände erschien eine Übergangszeit bis zum Anschluß an die NS-Frauenschaft angebracht[1]. Auch mußte die NS-Frauenschaft selbst in Führung und Organisation einheitlich ausgerichtet werden, da sie in der Kampfzeit völlig vernachlässigt worden und nie über eine ungeordnete Hilfs- und Fürsorgeorganisation der Partei hinausgewachsen war[2].

Der erste Zusammenschluß von NSDAP-Anhängerinnen, der völkische Deutsche Frauenorden, entstand 1923 unter der Führung Elisabeth Zanders. Auch ältere, monarchistisch orientierte nationale Frauenverbände wie der Königin-Luise-Bund oder der Vaterländische Frauenverein vom Roten Kreuz wurden während der zwanziger Jahre für die Nationalsozialisten gewonnen. Parteigenossinnen waren die wenigsten dieser Frauen. Erst im Oktober 1931 wurde die NS-Frauenschaft gebildet: aus dem Deutschen Frauenorden, dem Deutschen Frauenkampfbund, gegründet von Guida Diehl, und anderen nationalen Frauengruppen[3].

Nach dem Januar 1933 begann zwischen den Staatsministerien und den Parteiführern ein Machtkampf, der sich an den ungeklärten Befehlshierarchien und Kompetenzbereichen entzündete. Frick entschied, daß Privatorganisationen, auch von Parteien, nicht mehr geduldet werden könnten und somit die NS-Frauenschaft mit der schon zentralisierten Reichsarbeitsgemeinschaft deutscher Frauenverbände unter Leitung von Paula Siber vereinigt und dem Innenministerium unterstellt werden müsse[4]. Damit wollte Frick den Plan des Stabsleiters der Obersten Leitung der Parteiorganisation und Führers der Deutschen Arbeitsfront, Robert Ley, boykottieren, der danach strebte, die deutschen Frauen unter seiner Ägide zusammenzufassen. Schließlich unterstand die NS-Frauenschaft als Parteigliederung schon Ley, seit er die Nachfolge Gregor Strassers im Dezember 1932 angetreten hatte. Ley tat sich mit dem Reichsleiter der Hitlerjugend (HJ), Baldur von Schirach, zusammen, entließ die altgediente Frauenschaftsführerin Zander und übertrug im April 1933 die Führung der NS-Frauenschaft an die 27jährige Leiterin des Bundes deutscher Mädel (BdM), Lydia Gottschewski[5]. Mit Hilfe von Gottschewski betrieb Ley nun die Bildung einer Deutschen Frauenfront aus der NS-Frauenschaft, in die allmählich auch die bislang nicht nationalsozialistische Reichsarbeitsgemeinschaft deutscher Frauenverbände eingegliedert werden sollte. Die Frauenfront wurde nach dem Muster der Deutschen Arbeitsfront (DAF) aufgebaut und unterstand wie diese allein Ley. Laut den Initiatoren der Frauenfront war eine vom »Reichsarbeitsminister statt von der Partei aufgezogene Arbeitsfront« ebenso undenkbar, wie wenn bei der Organisierung der Frauen statt »eines von der Bewegung getragenen, freiwilligen Zusammenschlusses der Bewegung die Zwangsorganisation eines Ministeriums treten würde«[6].

Nach wochenlangem Hin und Her brachte der Stellvertreter des Führers, Rudolf Heß, an den sich Frick zwecks Durchsetzung seiner Interessen gewandt hatte, im September eine Kompromißlösung zustande. Heß löste die Reichsarbeitsgemeinschaft deutscher Frauenverbände und die Frauenfront, soweit sie schon existierte, auf und vereinigte sie zum Deutschen Frauenwerk, welches zusammen mit der NS-Frauenschaft nun die endgültige Form der gleichgeschalteten Frauenorganisation darstellte. Gleichzeitig wurde Lydia Gottschewski verabschiedet, und Heß ernannte, angeblich mit Einverständnis Leys, den nationalsozialistischen Landrat Krummacher, der wohl nur eine Statistenfunktion hatte, zum Leiter der NS-Frauenschaft und des Deutschen Frauenwerks. Die Referentin für Frauenfragen des Reichsinnenministers erhielt lediglich die Stellvertretung[7]. Erst am 24. Februar 1934 übernahm die Leiterin des weiblichen Arbeitsdienstes, die 32jährige Gertrud Scholtz-Klink, die Leitung der NS-Frauenschaft und des Deutschen Frauenwerks. Damit hatte Frick den Streit um die Zuständigkeit für die Frauenorganisationen eindeutig verloren. Paula Siber war auf ihren Referentenposten zurückgedrängt. Doch Ley hatte nur einen Teilsieg errungen. Er hatte sich zwar gegen den Reichsinnenminister durchsetzen können, doch nicht gegen Rudolf Heß. Mit diesem war Ley in ständige Querelen um die Leitung der internen Parteiangelegenheiten verstrickt, die Hitler mit unklarer Kompetenzabgrenzung an beide delegiert hatte[8]. Mit der personellen Umbesetzung der NS-Frauenschaftsleitung – Scholtz-Klink war eine persönliche Protegé von Heß und Hilgenfeld, dem Leiter der NS-Volkswohlfahrt – und der im Dezember 1934 erfolgenden politischen Unterstellung einer Reihe von Parteihauptämtern, u. a. der NS-Frauenschaft, unter Heß war der politische Einfluß Leys auf die Organisation, obwohl ihm weiterhin vage verwaltungsmäßige, personaltechnische, organisatorische Belange blieben, weitgehend abgebaut. Auf einem Umweg, nämlich über das Frauenamt der DAF, konnte Ley dennoch die Kontrolle über einen großen Teil der weiblichen Bevölkerung, die erwerbstätigen Frauen, ausüben. Einen geschickten Schachzug tat dann der DAF-Führer, als er Scholtz-Klink im Juli 1934 in Personalunion mit der NS-Frauenschaftsführung die Leitung des DAF-Frauenamtes übertrug, in welcher Eigenschaft sie ihm eindeutig unterstellt war.

Bis zum Januar 1939 hatten die NS-Frauenschaft und das Deutsche Frauenwerk 3,3 Millionen Mitglieder[9]. Trotz dieser beachtlichen Bilanz besaß die Frauenorganisation weder Einfluß in Partei und Staat, noch wurden die Mitglieder zu glühenden Nationalsozialistinnen erzogen. Ein Großteil des Leiterinnenkorps gehörte nicht einmal offiziell der Partei an, noch weniger war dies bei den einfachen Mitgliedern der Fall. Die Gründe für die politische Bedeutungslosigkeit der riesigen Parteigliederung sind erstens in der Person Gertrud Scholtz-Klinks, zweitens in der engbegrenzten Funktion zu suchen, die die NSDAP den Frauen und damit auch ihrer Organisation zugestand.

Heß und seine Berater haben sicherlich mit Berechnung gerade eine Frau wie Scholtz-Klink zur Nachfolgerin der militanteren NS-Frauenschaftsführerinnen der »Kampfzeit« gemacht, da sie weder direkten Zugang zum Führer[10] noch eine »Hausmacht« in der NSDAP hatte. Zudem besaß sie keine eigenwilligen Ideen zur Frauenarbeit der Partei – ihre Reden und Schriften waren eine getreuliche Wiederholung von Parteipropaganda und Hitlerzitaten. Die Frauenschaftsführerin selbst war jedoch die beste Propaganda – mit der hochgeschlossenen Hemdbluse, der Haarkranzfrisur und ihren elf Kindern wurde sie zum Markenzeichen der »deutschen Frau und Mutter«.

Der innere Führungsstil Scholtz-Klinks erregte oft die Unzufriedenheit ihrer Mitarbeiterinnen, da die Reichsfrauenführerin sich nur wenig für die Frauenarbeit einsetzte und statt dessen Intrigen spann, offensichtlich stark an der Mehrung ihres persönlichen Wohlstands interessiert war und mitunter wochenlang ihrem Dienst fernblieb. Wiederholte Beschwerden von NS-Frauenschaftsunterführerinnen, die auf die Amtsenthebung ihrer Vorgesetzten abzielten, scheiterten an der persönlichen Protektion von Heß, später Bormann und vor allem Hilgenfeld[11]. Denn trotz ihres starken persönlichen Ehrgeizes besaß Scholtz-Klink nicht die Machtmittel, um die NS-Frauenschaft aus dem abhängigen Status einer Parteigliederung zu lösen und eine autonome, nur Hitler unterstellte Institution zu schaffen, wie es etwa Hierl mit dem Reichsarbeitsdienst, von Schirach mit der Hitlerjugend oder Ley mit der Deutschen Arbeitsfront gelungen war.

Der NS-Frauenschaft war ursprünglich die Funktion der nationalsozialistischen Schulung der deutschen Frauen und damit die politische Führung auch gegenüber dem Deutschen Frauenwerk zugedacht. Doch schon bald übernahm für Mädchen bis zu 21 Jahren der Bund deutscher Mädel (BdM) die politische Erziehung, und für die folgenden Jahrgänge wurde der Arbeitsdienst zuständig. Die berufstätigen Frauen wurden von der DAF erfaßt. Der NS-Frauenschaft und dem Frauenwerk, deren Tätigkeit in der Praxis verschmolz, blieben als Zielgruppen hauptsächlich die Hausfrauen und die Landfrauen.

Die Frauenorganisation machte sich mit Hilfe eines beachtlichen Funktionärsapparates daran, die deutschen Frauen durch unzählige, überwiegend unpolitische Aktionen und Lehrgänge in Atem zu halten. Es gab Lehrgänge des Reichsmütterdienstes, der Reichsbräuteschulen, des Frauenhilfsdienstes für Wohlfahrts- und Krankenpflege. Die Frauen sammelten Geld und alte Kleider für das Deutsche Rote Kreuz und das Winterhilfswerk; in speziellen Kursen lernten sie, fleischarme Gerichte zu kochen und Fett zu sparen. Ferner brachte man ihnen bei, beim Nähen synthetische Stoffe der Naturfaser vorzuziehen und Stoffreste zu verwerten.

Neben diesen Anstrengungen, die perfekte Ehefrau und Mutter und die autarkiebewußte Hausfrau zu bilden, gab es noch lokale Frauenschaftsversammlungen, in denen den Frauen des Ortes das »rechte« Bewußtsein vermittelt werden sollte. Auf dem Programm stand meist ein Vortrag etwa über das »Frauenbild der germanischen Frühzeit«, über Heimatdichter und manchmal auch über die Nürnberger Gesetze und deren Notwendigkeit zur Reinerhaltung der Rasse. Weiterhin wurden Volkslieder gesungen und Handarbeiten angefertigt, bevorzugt etwa Tischschmuck für das Julfest oder Stickereien mit bäuerlichen Mustern.

Die Frauenarbeit der Partei wurde also völlig auf Arterhaltung, Hauswirtschaft und Wohlfahrt beschränkt. Das intellektuelle Niveau wurde denkbar niedrig gehalten, und die politische Information ging gerade so weit, als es für diese weiblichen Bereiche notwendig schien. Es hat nicht den Anschein, als ob die Frauenorganisation der Partei ein Bewußtsein von »Volksgemeinschaft« herausgebildet hätte oder soziale Unterschiede durch die Integration der Frauen in die NS-Frauenschaft eliminiert worden wären. In den meisten lokalen Frauengruppen, gerade in ländlichen Gebieten, änderte sich inhaltlich gegenüber dem, was in Frauenverbänden vor 1933 üblich war, wohl sehr wenig. Die meisten Landfrauen- und Wohltätigkeitsvereine oder konfessionellen Verbände konnten nach der Gleichschaltung zum großen Teil unverändert weiterarbeiten, da sie schon vorher stark national oder völkisch, auf jeden Fall aber auf eine spezifische Weise unpolitisch gewesen waren. Deshalb kam es durchaus vor, daß die Vorsitzende des ehemaligen Landfrauenvereins oder Frauenklubs im Dorf, etwa die Frau des Pastors oder des Hauptlehrers, auch Ortsgruppenleiterin der NS-Frauenschaft wurde, ohne deswegen Parteimitglied sein zu müssen[11a]. In katholischen Gegenden blieb der Einfluß des Pfarrers auf die Frauen und damit auch auf die Frauenorganisation erhalten. In der Stadt waren es hauptsächlich die Frauen der Oberschicht, die sich erfolgreich der Erfassung durch die NS-Frauenschaft entzogen[12].

Gertrud Scholtz-Klink wurde nach dem Krieg wegen ihrer Position als Reichsfrauenführerin zwar formal als Hauptschuldige eingestuft, doch ergab das Gerichtsverfahren gegen sie, daß sie keine verbrecherischen Handlungen begangen hatte. Sie ging straffrei aus, während der HJ-Führer eine zwanzigjährige Zuchthausstrafe verbüßen mußte. So wurde post festum nochmals illustriert, welch unpolitischer und relativ unwichtiger Winkel der NS-Frauenschaft im Dritten Reich zugewiesen worden war. Aber auch aus einem weiteren Grunde kann die NS-Frauenschaft aus der weiteren Darstellung ausgeklammert werden: Es gab keine Verbindung zwischen der Frauenschaft und dem Berufsalltag der erwerbstätigen Frauen; die offizielle Frauenorganisation hatte keinerlei Einfluß auf die Gestaltung von Arbeitsbedingungen und Berufschancen. Die einzige effektive Leistung, die die NS-Frauenschaft für berufstätige Frauen erbrachte, war die »Flickbeutelaktion«, bei der man zerrissene Kleidungsstücke bei berufstätigen und kinderreichen Müttern

einsammelte und sie dann für diese stopfte, und zweitens die Nachbarschafts-
hilfe. Letzteres war eine freiwillige – nicht straff organisierte – Unterstützung
von berufstätigen Müttern durch Hausfrauen in der Nachbarschaft, die
gelegentlich das Einkaufen oder Kinderhüten übernahmen. Doch diese Form
der nachbarlichen Hilfe war bestimmt keine Erfindung der NS-Frauenschaft,
sondern wurde schon seit eh und je, vor allem in Arbeiterkreisen, praktiziert.
Weitaus bedeutender als die NS-Frauenschaft war das Frauenamt der DAF,
das sich intensiv mit den berufstätigen Frauen befaßte. Es soll in dieser
Untersuchung neben dem weiblichen Arbeitsdienst gebührend berücksichtigt
werden.

2. Abbau der Frauenarbeit? Die Phase der Arbeitsbeschaffung

In den ersten Monaten nach der Machtergreifung wandelte sich die Regierungspolitik gegenüber der Frauenarbeit kaum. Reichsarbeitsminister Seldte,
Stahlhelmführer und NSDAP-Mitglied, setzte bürokratisch die Maßnahmen
gegen das – weibliche – »Doppelverdienertum« fort, die er schon 1932 im
Kabinett Papen begonnen hatte. Im März 1933 wurde eine Synopse aller bis
dahin eingelaufenen Berichte der Landesarbeitsämter, die sich mit dem Abbau
des »Doppelverdienertums« befaßten, zusammengestellt. Als Resultat wurde
festgehalten, daß das sogenannte »Doppelverdienertum« im allgemeinen
»wesentlich« zurückgegangen sei. Doch – und jetzt folgten die weitgehenden
Einschränkungen – leider gäbe es noch immer vielfältige Widerstände, für die
nicht selten lohnpolitische Erwägungen ausschlaggebend seien, oder es
handele sich bei den Doppelverdienern um Personen, die für den Betrieb
außerordentlich wertvoll seien. Eine nennenswerte Zahl Doppelverdiener sei
noch im Einzelhandel beschäftigt, außerdem im Gaststättengewerbe, in der
Textil-, Kleineisen- und Tabakindustrie, bei Behörden (!) und öffentlich-
rechtlichen Körperschaften[13].
Der Bericht konnte nicht verschleiern, daß weder die Wirtschaft noch die
Behörden auf die billigeren weiblichen Arbeitskräfte, die zudem oft Facharbeiterinnen oder als Angestellte eingearbeitet waren, verzichten wollten. Die
Arbeitsämter waren nicht imstande, den ministeriellen Erlaß vom April 1932
durchzuführen. Sie konnten höchstens die eigenen Arbeitsvermittlungen
danach ausrichten, doch geschah auch dies unzureichend, da mangels genauer
Richtlinien jeder lokale Behördenvorsteher nach eigenem Gutdünken verfuhr.
Gegen die Arbeitgeber besaßen die Ämter keinerlei Druckmittel und mußten
sich auf moralische Appelle beschränken.
Die augenscheinliche Ineffizienz des Abbaus von »Doppelverdienern« veranlaßte den Reichsarbeitsminister zu einem eindringlichen Rundschreiben an die
obersten Reichsbehörden, in dem er diese aufforderte, mehr Strenge gegenüber
den »Doppelverdienern« walten zu lassen. Seldte fürchtete, falls die Tatsachen
publik würden, eine scharfe Reaktion der Bevölkerung[14], die auf die Einlösung
der nationalsozialistischen Versprechen zur Arbeitsbeschaffung wartete.
Im April 1933 reichte Seldte dem Kabinett ein Programm zur Arbeitsbeschaf-

fung ein, in dem das erstemal offen, nicht nur durch indirekte Maßnahmen, die Einschränkung der Frauenarbeit vorgeschlagen wurde – eine Restriktion, durch die sich auch das Problem der »Doppelverdiener« von selbst erledigen würde. Doch der schon bekannte Vorbehalt, daß Frauen für bestimmte Tätigkeiten besser geeignet seien als Männer und die Unternehmer wegen der höheren Männerlöhne einen Arbeitsplatztausch erschweren würden, fehlte auch hier nicht[15].

Den nächsten Schritt in der Politik des Reichsarbeitsministeriums, nämlich nicht nur eine Einschränkung, sondern auch eine Verlagerung der Frauenarbeit, erläuterte Seldte in einem Rundschreiben an die übrigen Reichsministerien vom Juni 1933. Gleichsam als Rechtfertigung diente die alte und, wie wir schon wissen, völlig falsche Behauptung, die gewaltige Zunahme der Erwerbstätigkeit der Frauen seit dem Kriege habe zu einer Vermehrung der Arbeitslosigkeit des Mannes beigetragen. Da dieses folgenschwere Vorurteil selbst im internen Regierungsschriftwechsel als Tatsache angeführt wurde, war es wohl nicht einfach eine Propagandalüge. So konnte Seldte aus »arbeitsmarktpolitischen«, »psychologischen« und »ethischen« Gründen die Forderung aufstellen, daß vor allem für eine Beschäftigung der Männer, insbesondere – nicht etwa ausschließlich! – der Familienväter gesorgt und daß die Frauen in solche Berufe übergeleitet werden müßten, für die sie besonders geeignet seien. Der Hausgehilfinnenberuf sei eines der wichtigsten weiblichen Arbeitsgebiete[16].

In einer Kabinettssitzung desselben Monats zum Thema »Doppelverdienertum und Frauenarbeit« war man übereinstimmend der Ansicht, daß erstens eine gesetzliche Regelung notwendig sei, die Vorschriften aber allgemein bleiben sollten, um die lokalen Stellen im einzelnen entscheiden zu lassen, daß zweitens die Einschränkung der Frauenarbeit dringend erwünscht sei, die Durchführung in der Privatwirtschaft jedoch schwierig sein würde, daß drittens ein »gesundes Verhältnis« von Männer- und Frauenlöhnen geschaffen werden müsse und daß viertens die Bevölkerung in einem Aufruf aufgeklärt werden müsse über den Zusammenhang zwischen dem Vorgehen der Regierung und der von ihr verfolgten Politik zur Erhaltung und Stärkung der Familie[16a].

Trotz dieser übereinstimmenden Bereitschaft der Regierungsvertreter, die Postulate der Parteipropaganda zu erfüllen, trat ein umfassendes Gesetz zur Einschränkung der Frauenarbeit, dessen Entwurf zu diesem Zeitpunkt schon vorlag, nie in Kraft. Die Parteispitze, die in den Monaten nach der Machtergreifung noch eine abwartende Politik betrieb, nahm von totalitären Mitteln zum Abbau der Frauenarbeit offenbar deswegen Abstand, weil sie weder den Unwillen der Unternehmer durch derartige Eingriffe in die Betriebe hervorrufen noch mit zu offensichtlichen Lenkungsmaßnahmen Widerstand in der Bevölkerung wecken wollte.

Einstweilen verließ sich die Parteiführung auf das Mittel der Umerziehung durch eine vom massenpsychologischen Effekt her sehr wichtige Propagandakampagne. In Reden und in einer Flut von Schriften mit dem immer gleichen Grundtenor, daß der Platz der Frau im Hause sei, wollte man die Frauen zur freiwilligen Räumung ihrer Arbeitsplätze bewegen. Kennzeichnend für das

Niveau dieser Appelle ist folgender Plakattext an Berliner Litfaßsäulen: »Nicht im Beruf kannst du glücklich sein, dein richtiger Wirkungskreis ist das Heim.«[17] Einer Arbeiterin gegenüber, die um sechs Uhr zur Frühschicht hetzte, nachdem sie ihre vier Kinder versorgt und schon das Mittagessen vorbereitet hatte, mußten derartige Knittelverse als glatter Hohn erscheinen. Denn, wie eine Erhebung des Gewerbeaufsichtsamtes über die »Beschäftigung verheirateter Arbeitnehmerinnen in Gewerbe und Handel« ergab, waren 80 % der Arbeiterinnen aus wirtschaftlicher Notwendigkeit gezwungen, Geld zu verdienen.

Im Gegensatz zur abwartenden Haltung von Partei und Regierungsspitze griffen die untergeordneten Dienststellen der NSDAP und der Verwaltung zu kräftigeren Mitteln, um der Forderung der Propaganda und des Reichsarbeits-ministeriums nach Einschränkung der Frauenarbeit Nachdruck zu verleihen. Da definitive Richtlinien und Prinzipien für die Formen einer solchen Aktion fehlten, ging jeder einzelne Ortsgruppen- oder Kreisleiter, Arbeitsamtsvorste-her und Bürgermeister unkoordiniert und nach eigenem Ermessen vor, und manchmal wurde auch gar nichts unternommen.

Von Arbeitsämtern oder den von vielen Gemeinden neueingerichteten Ämtern für Arbeitsbeschaffung wurden regional willkürliche Einkommensgrenzen festgelegt, die das Gesamteinkommen der Familie nicht übersteigen durfte. Teilweise wurde von Arbeitgebern gefordert, über sämtliche Arbeitnehmer Fragebogen auszufüllen. In anderen Orten hatten die Arbeitnehmer selbst Erklärungen über ihre Vermögens- und Familienverhältnisse als eidesstattliche Versicherungen abzugeben[18]. Mit diesen Eingriffen in Betriebe und Privat-sphäre, die jeglicher Legalität entbehrten, wollte man den »ungerechtfertigten Doppelverdienst«, nämlich die Mitarbeit von Ehefrauen, erwachsenen Söhnen und Töchtern, mit dem das Familieneinkommen »ungebührlich« erhöht wurde, »ausmerzen«. Derart übereifrige Dienststellen entließen natürlich vor allem die eigenen weiblichen Angestellten, die auf ihren Beruf nicht unbedingt angewiesen waren, insbesondere Töchter von Beamten und Eltern, die einen ausreichenden Verdienst hatten[19]. Die Motive für solche Übergriffe der unteren Bürokratie lagen wohl in dem Bemühen der betreffenden Beamten, ihre politische Loyalität gegenüber den neuen Machthabern zu demon-strieren.

Besonders ungeduldig warteten die Mitglieder der SA und der Nationalsozial-istischen Betriebszellenorganisation (NSBO), unter denen es viele Arbeitslose gab, darauf, nun endlich für ihre Kampfestreue mindestens einen Arbeitsplatz zu erhalten. Die hinhaltende Politik der Parteiführung, die stets anwies, auf die immer wieder hinausgeschobenen Gesetze gegen Doppelverdienertum und Frauenarbeit zu warten, veranlaßte lokale SA-Gruppen und Nationalsozial-istische Betriebszellen zu eigenmächtigem Vorgehen. Mit den Methoden der »Kampfzeit« versuchten sie, auf die Arbeitgeber Druck auszuüben, damit diese weibliche Arbeitskräfte entließen. Dabei ging es nicht nur um typische Männerberufe, wie das Beispiel der Lübecker SA zeigt, die Gastronomiebe-triebe zwang, statt Serviererinnen Kellner einzustellen[20]. Diese »wilden« Aktionen konnten die Zahl der weiblichen Erwerbstätigen nicht verringern, sondern hatten höchstens den psychologischen Effekt, daß die berufstätigen

Frauen verunsichert wurden. Auch Empörung in der Bevölkerung und Beschwerden, die bis zur Parteiführung und Regierung drangen, waren die Folge. Im September 1933 ließ Heß die Gauleiter dringend ermahnen, jegliches eigenmächtige Vorgehen gegen Doppelverdiener zu unterbinden[21]. Im November folgte eine Verfügung, der zufolge erwerbstätige Frauen nur durch Männer abgelöst werden durften, wenn jene nicht durch ihre Arbeit Kinder oder Verwandte ernährten. Außerdem sollten an die Stelle von Frauen nur Männer treten, die ihrerseits als Ernährer fungierten. Alles andere widerspräche, so Heß, »nationalsozialistischen Grundsätzen«[22]. Im selben Monat noch wurde, wie es durch Heß bereits für die Partei geschehen war, auch für den öffentlichen Dienst das Vorgehen gegen »Doppelverdiener« endgültig verboten. Göring als Ministerpräsident und Minister des Innern in Preußen richtete einen Runderlaß gegen die »Verkennung des Doppelverdienertums« an die untergeordneten Behörden. Ähnliche Richtlinien erließ das Reichspostministerium[23].

Entscheidend war dann die relativ kritische und differenzierte Denkschrift der Reichsminister für Arbeit und Wirtschaft über die Regelung des »Doppelverdienertums«[24]. Darin wurde eine grundlegende, drei Hauptpunkte umfassende Kritik an der Bekämpfung des »Doppelverdienertums« geübt. *Erstens* sei der Begriff Doppelverdienst völlig unbrauchbar, da ja nicht einmal definierbar sei, wieviel ein einfacher Verdienst ausmache. Dies könnte nur durch eine Einkommensordnung für jeden Menschen und jede Arbeiterkategorie geschehen, was aber völlig unsinnig sei. Beim folgenden *zweiten* Argument zeigte sich, daß man im Kampf gegen »Doppelverdiener« einen Widerspruch zum sozialdarwinistischen Leistungsprinzip des Nationalsozialismus bemerkt hatte: Eine grundsätzliche Bevorzugung von männlichen Arbeitskräften erlaubte keine natürliche Selektion des sozial Stärkeren mehr. Viele Familien, so die Denkschrift, könnten erst durch den Mitverdienst der Ehefrau gegründet werden. Ein höherer Lebensstandard und damit auch bessere Ausbildungschancen für die Kinder seien ebenfalls meist nur möglich, wenn die Frau mitverdiene. Ein Verbot des Doppelverdienertums würde solche leistungsfähigen Menschen und ihre Kinder in unsozialer Weise am sozialen Aufstieg hindern. Mit einem solchen Verbot dürfe man auch Töchtern ihre berufliche Zukunft nicht verbauen. *Drittens* untersagten die beiden Reichsminister jeglichen Eingriff dritter Stellen in die Befugnisse des Arbeitgebers, da dies unvereinbar mit den Grundsätzen des neuen Staates sei[25]. Die Entscheidung, ob ungerechtfertigter Doppelverdienst vorliege, habe in der Privatwirtschaft deshalb allein der Betriebsinhaber zu treffen. Aus den angeführten Gründen gab es dann weder ein Gesetz noch Anweisungen an die Verwaltung, um das »Doppelverdienertum« abzubauen.

Im Herbst 1933 war damit entschieden und unmißverständlich das jahrelang von der NSDAP propagierte Postulat, die Erwerbstätigkeit von Frauen, vor allem von Ehefrauen, einzuschränken, in der Praxis aufgehoben. In der Ideologie jedoch blieb diese Forderung weiter bestehen. Weite Bevölkerungskreise, die, wie im ersten Kapitel erläutert, die ablehnende Haltung der NSDAP gegenüber der Frauenarbeit begrüßt hatten, sahen sich getäuscht, soweit sie rigorose Änderungen erwartet hatten.

Die Tendenzänderung in der Haltung von Parteiführung und Regierung zur Frage der Erwerbstätigkeit vor allem verheirateter Frauen rührte wohl teilweise von der empörten Reaktion betroffener Frauen und ihrer Familien her. Hauptsächlich war es die Privatwirtschaft, die den Versuchen von Arbeitsämtern und Parteistellen, Vorschriften in der Personalpolitik zu machen, Widerstand entgegensetzte. Die Unternehmer waren in der Regel nicht gewillt, auf die billigere Arbeit von Arbeiterinnen und weiblichen Angestellten zu verzichten. Den Behörden gegenüber rechtfertigten sich die Unternehmer dafür mit dem Argument des volkswirtschaftlichen Nutzens, denn nur mit billigerer Frauenarbeit könnten sie auf dem internationalen Markt preislich konkurrenzfähig bleiben, ihre Gewinne steigern und so dem Schrumpfungsprozeß der deutschen Wirtschaft entgegenwirken[26]. In der Textil-, Bekleidungs- und papierverarbeitenden Industrie, in denen über die Hälfte der Arbeiter Frauen waren, und in der Elektro-, Nichteisenmetallwarenindustrie sowie in den Industrien für Feinmechanik und Optik, bei denen ein Drittel der Belegschaft weiblich war, hatte sich gerade aus den älteren, verheirateten Arbeiterinnen in den Betrieben ein eingearbeiteter Stamm von Facharbeiterinnen gebildet, der durch ungelernte oder branchenfremde männliche Arbeiter nicht zu ersetzen war. Berichte der Gewerbeaufsichtsbeamten bestätigten dies: In einer Hildesheimer Schraubenfabrik erreichte beim Ausschneiden der Schrauben und Muttern die männliche Arbeitsleistung bei weitem nicht die der Frauen, die ihren Arbeitsplatz auf behördliches Drängen hin hatten abgeben müssen. Und in einer sächsischen Flachsschwingerei brachten bei gleichen Akkordsätzen die Frauen es auf einen Wochenlohn von 17/18 RM, die Männer jedoch nur auf 13 RM[27].

Sicher ließen sich Unternehmer dazu bewegen, verheiratete Arbeiterinnen zu entlassen, doch handelte es sich bei solchen Industriellen wohl meist um die Inhaber kleiner Betriebe, die sich durch Drohungen lokaler Parteifunktionäre einschüchtern ließen. Die Zahl der Frauen, die so ihre Arbeitsplätze verloren, kann nicht sehr groß gewesen sein; zudem werden diese oft wieder neue Arbeit gefunden haben, allerdings meist mit noch niedrigerem Lohn, den Familienväter trotz Arbeitslosigkeit nicht mehr akzeptieren konnten[28].

Die Großbetriebe und Konzerne waren jedoch weniger geneigt, sich in ihrer Personalpolitik beeinflussen zu lassen. Als Beispiel hierfür kann der Siemenskonzern dienen, dessen Personalabteilung geschickt taktierend scheinbar bereit war, die nationalsozialistischen Grundsätze über Frauenarbeit zu akzeptieren, in der Praxis aber die weibliche Belegschaft ständig vergrößerte. Im August 1933 erging ein Rundschreiben an alle Werks- und Abteilungsleiter, Arbeiterinnen, deren Ehemänner über 125 RM verdienten, zum nächsten Termin zu kündigen. Soweit hielt man sich an die Weisung von Partei und Behörden. Doch dann folgten in dem weiteren Schreiben die Ausnahmebestimmungen, die vor einer Entlassung zu berücksichtigen seien. Dabei zeigte sich, daß die Firmenleitung den schwachen Punkt des immer noch gültigen Doppelverdienererlasses vom April 1932 erkannt hatte und entschlossen war, ihn auszunutzen. Vorsichtshalber wurde auch noch der Treuhänder der Arbeit für Großberlin zitiert: Bei der Kündigung von »Doppelverdienern« solle nicht schematisch verfahren werden. Im Einzelfalle aber sei aus betriebstechnischen oder persönlichen Gründen der Ersatz der doppelverdienenden Frau durch eine erwerbslose Kraft, so folgerte die Siemensleitung, nicht immer möglich[29]. Nachdem die Denkschrift der Reichsregierung zum »Doppelverdienertum« im November 1933 veröffentlicht war, erging prompt ein neues Firmenrundschreiben an die Werksleiter. Burhenne, der Personaldirektor, ließ die Denkschrift verschicken, zitierte in seinem Begleitschreiben jedoch nur die Absätze, die für die Firma wesentlich waren. Natürlich handelte es sich um den schon besprochenen Passus, daß die Entscheidung, ob Doppelverdienertum vorliege, in der Privatwirtschaft allein dem Arbeitgeber überlassen sei und Eingriffe dritter Stellen in dessen Befugnisse unzulässig seien. Falls dennoch von außen gegen diese Richtlinien verstoßen würde, erbat Burhenne sich sofortigen Bericht[30]. Das praktische Ergebnis dieser Personalpolitik bei Siemens zeigt am besten die Beschäftigungsstatistik[31]. Im Berliner Werk Siemens & Halske hatte sich die Zahl der männlichen Angestellten von 5042 im September 1932 auf 4760 im Dezember 1933 verringert. Im gleichen Zeitraum wurde die Zahl der weiblichen Angestellten lediglich von 1229 auf 1216 reduziert. Gleichzeitig stieg die Anzahl der männlichen Arbeiter um einiges, von 7165 auf 7682, die Zahl der Arbeiterinnen jedoch vergrößerte sich absolut noch mehr, nämlich von 4487 auf 5588. Von den weiblichen Beschäftigten waren rund 72 % der Arbeiterinnen und 77 % der Angestellten im Jahre 1934 über 25 Jahre alt, also wohl meistens verheiratet. Es läßt sich somit ableiten, daß in der Zeit der schärfsten Kampagne gegen »Doppelverdienertum« und Frauenarbeit die Firma Siemens nicht nur nicht die weibliche Belegschaft durch Männer ersetzte, sondern im Gegenteil bei den Angestellten nur Männer entließ und die Frauen behielt, bei den Arbeitern mehr als doppelt so viele Frauen wie Männer neu einstellte.

Der Siemenskonzern war keine Ausnahme und seine Personalpolitik symptomatisch für die gesamte Wirtschaft. Zwischen 1932 und 1934 wuchs die Zahl der weiblichen Arbeitnehmer in den Groß- und Mittelbetrieben ständig. Arbeiterinnen und Angestellte hatten daran gleichermaßen Anteil, wie die Gewerbeaufsichtsbehörde statistisch ermittelte[32]. Die seit 1933 von Jahr zu Jahr kontinuierlich steigende Zunahme von arbeitenden Frauen bestätigen sowohl die Ergebnisse der Industrieberichterstattung als auch die Mitgliederstatistik der Krankenkassen. Die krankenversicherten weiblichen Beschäftigten zählten 1932 4,6 Millionen, 1933 schon 4,75 Millionen und 1934 dann 5,05 Millionen[33]. Allein die Anzahl der Industriearbeiterinnen stieg von 1,2 Millionen im Jahre 1933 auf 1,4 Millionen[34].

Es kann also keine Rede davon sein, daß »die Arbeitsbeschaffung von 1933 zunächst mit der Verdrängung der Frauen vom Arbeitsmarkt« einherging[35]. Zwar ist diese Ansicht, in der wissenschaftlichen Literatur wie im allgemeinen Bewußtsein, noch heute immer wieder zu finden. Denn es hat den Anschein, als ob nicht nur die meisten Deutschen in den dreißiger Jahren den Versprechungen der NS-Propaganda Glauben schenkten, sondern daß die nationalsozialistischen Parolen auch bis heute für bare Münze genommen würden, soweit sie zum Bild der mit uneingeschränkten Zwangsmaßnahmen operierenden Diktatur passen. Ungeachtet des tatsächlichen Sachverhalts ließen die Nationalsozialisten keine Gelegenheit ungenützt, um von der erfolgreichen Rückführung der Frauen aus Büros und Fabriken in die Familie zu sprechen. Hitler verkündete immer wieder: »Durch besondere Maßnahmen ermöglichen wir durch Familiengründung das Ausscheiden von Mädchen aus der Produktion und das langsame Nachrücken von Männern.«[36] Doch wurde von Regierung und Partei jeglicher Zwang zur Einschränkung der Frauenarbeit vermieden, da man weder Unruhe in der Bevölkerung noch Widerstand der Unternehmer provozieren wollte.

In einer Rede auf der Gautagung der NS-Frauenschaft Groß-Berlin begründete Goebbels, der sich gern als »modern« denkend gerierte, diese Haltung öffentlich. Eine Verdrängung der Frauen aus dem Berufsleben lehnte er ausdrücklich ab, da dies »zu den katastrophalsten menschlichen und politischen Folgen führen« würde. »Wenn heute unmoderne, reaktionäre Menschen erklären, die Frau gehöre nicht in die Büros und in die Ämter und die sozialen Fürsorgestätten hinein, denn das sei ja auch früher nicht der Fall gewesen, so krankt diese Beweisführung an einem Irrtum. Es hat eben früher Büros und soziale Fürsorgestätten in diesem Sinne nicht gegeben.« Ebensogut könne man ja Männer mit demselben Argument von ihren neuentstandenen Arbeitsplätzen verdrängen. Doch wie sich die Arbeitsmethoden geändert hätten, müsse sich auch der Anteil der Frau an der Arbeit des Mannes ändern[36a]. Goebbels verteidigte mithin den mit der Industrialisierung einhergegangenen Wandel der Arbeits- und Gesellschaftsstruktur gegenüber jenen antimodernistischen Tendenzen in der Partei, deren Ideologen die Folgen der Industrialisierung verdammten und die Rückkehr zu einer vorindustriellen Gesellschaft erstrebten.

1933 wurden nur Gesetze verabschiedet, die die weibliche Erwerbstätigkeit zwar indirekt in Qualität und Quantität regulieren sollten, jedoch formal das Recht der Frauen auf Arbeit nicht antasteten. Zwei Gesetze vom Mai 1933 befreiten die Hausgehilfinnen von der Pflicht der Arbeitslosenversicherung und setzten ihre Beiträge zur Invalidenversicherung herab[37]. Damit sollte den jungen Mädchen der Hausgehilfinnenberuf attraktiver gemacht werden. Einkommenssteuerermäßigungen für die Arbeitgeber sollten noch mehr Haushalte veranlassen, Hausangestellte zu beschäftigen[38]. Insgesamt hoffte man, die weibliche Erwerbstätigkeit wieder auf die zugunsten der Industrie- und Büroarbeit von den Frauen gemiedene Hausarbeit zu verlagern.

Das »Gesetz zur Verminderung der Arbeitslosigkeit«[39] sah des weiteren in Abschnitt V die Förderung von Eheschließungen mit einem »Ehestandsdarlehen« vor. Dieses Darlehen von maximal 660 RM in Form von Gutscheinen wurde jedem arischen und erbgesunden Brautpaar gewährt unter der Bedingung, daß die Braut mindestens sechs Monate während der vorhergehenden zwei Jahre erwerbstätig war und diese Tätigkeit gleichzeitig mit der Eheschließung aufgab. Bei jeder Geburt eines Kindes sollte die Rückzahlung je eines Darlehensviertels erlassen werden, was einer Fruchtbarkeitsprämierung gleichkam. Vom Ehestandsdarlehen versprach man sich sowohl eine Steigerung der Geburtenrate als auch der Produktionsrate in den Industrien für Möbel und Hausrat. Zwischen 1933 und 1935, also den Jahren der noch relativ großen Arbeitslosigkeit, wurden 523 000 Darlehen ausgezahlt[40], doch sank nicht etwa die Zahl der berufstätigen Frauen in gleichem Maße. Denn erstens waren in der Bedingung des Darlehens, nämlich Erwerbsaufgabe der Ehefrau, mithelfende Familienangehörige und Heimarbeiterinnen nicht eingeschlossen. Zweitens erhielten auch arbeitslose Bräute das Darlehen, solange sie nur innerhalb der letzten zwei Jahre gearbeitet hatten. Zudem hätten wohl viele der Darlehensempfängerinnen ohnedies bald nach der Heirat ihre Arbeit aufgegeben. Auch gab es keineswegs eine Garantie dafür, daß die von den Frauen bei der Verheiratung aufgegebenen Arbeitsplätze wirklich mit Männern neu besetzt wurden und nicht wieder mit Frauen. Außerdem ist wesentlich, daß die am 1. Juni 1933 bereits verheirateten Frauen vom Ehestandsdarlehen keinen Gebrauch machen konnten und deshalb wohl auch kaum ihre Arbeit aufgaben.

Der Hauptintention des Darlehens, nämlich die Frauenarbeit zu reduzieren, war kein Erfolg beschieden. Doch der begleitende Zweck, die Deutschen zur Eheschließung und vermehrten Kinderproduktion zu ermutigen, wurde erfüllt und in den folgenden Jahren der schwindenden Arbeitslosigkeit zum Hauptziel des Ehestandsdarlehens. Die sinkende Geburtenrate in Deutschland seit Ende des 19. Jahrhunderts war schon vor dem Ersten Weltkrieg Anlaß gewesen für völkisch-nationale Publikationen, die das Aussterben des deutschen Volkes heraufbeschworen. Die NSDAP übernahm diese düsteren Prophezeiungen und machte sie zur Rechtfertigung einer aktiven Bevölkerungspolitik, die ganz darauf abzielte, »Menschenmaterial« für die Besiedlung des »Lebensraums« im Osten zu schaffen[41]. Allerdings war nicht allein das Ehestandsdarlehen mit seinen geburtenfreundlichen Bestimmungen für die seit 1933 in die Höhe schnellenden Geburtenziffern verantwortlich. Eine wichtige Rolle kam hier auf der einen Seite auch den verschärften Strafen für Abtreibungen und den verringerten Mitteln zur Geburtenkontrolle zu, auf der anderen Seite den verbesserten und erhöhten Kindergeldern und Beihilfen aller Art für kinderreiche Familien.

Eine einzige Gruppe berufstätiger Frauen, die Beamtinnen, war von einem Gesetz betroffen, das ihre Rechte und Berufschancen direkt und unverhüllt beschnitt. Die Grundlage war schon mit dem bereits erwähnten »Gesetz zur Rechtsstellung der weiblichen Beamten« vom 30. Mai 1932 gelegt. Die darin enthaltenen Entlassungsbestimmungen enthielten im »Gesetz zur Änderung von Vorschriften auf dem Gebiete des allgemeinen Beamten-, des Besoldungs- und des Versorgungsrechts«[42] vom 30. Juni 1933 endgültigen Charakter. Ferner wurde bestimmt, daß die Besoldung der weiblichen Beamten künftig abweichend von derjenigen der männlichen Beamten bemessen werden konnte und Frauen als planmäßige Reichsbeamtinnen erst nach vollendetem 35. Lebensjahr berufen werden sollten, weil von diesem Alter ab eine Heirat unwahrscheinlich erschien. Da die Beamtinnen nur 1,1 % der weiblichen Erwerbstätigen ausmachten, spricht alles dafür, daß ihre Diskriminierung primär der qualitativen Attraktivität der von ihnen besetzten Posten entsprang.

1933 waren 8,7 % der Beamtenschaft Frauen[43], die Frauen waren also, objektiv gesehen, in dieser Berufsgruppe stark unterrepräsentiert. Doch der Kampf gegen die Ernennung von Frauen zu Beamten von seiten der männlichen Kollegen begann schon vor dem Ersten Weltkrieg. Er war zunächst vor allem gegen die Lehrerinnen gerichtet und verschärfte sich in der Weimarer Republik mit der zunehmenden Zahl der Beamtinnen. Der Kampf war erfolgreich. Die Nationalsozialisten brauchten nach 1933 nur noch zu sanktionieren, was in den Jahren zuvor bereits – entgegen der Weimarer Verfassung – an praktischer Benachteiligung der Beamtinnen gang und gäbe war. Dazu gehörte eine Sperre für gehobene Positionen ebenso wie die Zahlung geringerer Gehälter. Von der Restriktionspolitik, die sich gegen die Beamtinnen richtete, waren hauptsächlich die Akademikerinnen betroffen. Auf dem akademischen Stellenmarkt herrschte mit der Zunahme der Studierenden und der durch die Wirtschaftskrise bedingten Arbeitslosigkeit ein solches Überangebot, daß 1931 schon auf jeden zweiten der etwa 300 000 berufstätigen Akademiker ein stellungsloser Akademiker mit Vollstudium kam[44]. Die daraus resultierende unerbittliche Konkurrenz unter den Akademikern steigerte die von Anbeginn vorhandenen Ressentiments gegen Akademikerinnen zu blinder Feindschaft. Es ist daher nicht verwunderlich, daß man in Behörden, Schulen und Akademikerverbänden das »Gesetz über die Rechtsstellung der weiblichen Beamten« zum Anlaß nahm, um die unerwünschte weibliche Konkurrenz endlich völlig aus dem Felde zu schlagen, ohne daß vorgesetzte Stellen eigens hätten drängen müssen.

Das neue Gesetz wurde aber von den Behörden so rigoros angewandt, daß Frick in einem Rundschreiben im November 1933 den Übereifer zu bremsen suchte[45]. »Es wird darauf hingewiesen, daß sich verschiedene Stellen bei ihrem Vorgehen anscheinend von der Anschauung leiten lassen, im nationalsozialistischen Staate seien weibliche Beamte und Angestellte grundsätzlich aus dem öffentlichen Dienst zu entfernen oder aus dem bisher innegehabten Amt in ein solches von geringerem Rang und Einkommen oder in eine Angestelltenstelle abzudrängen. Ich muß nachdrücklich darauf hinweisen, daß die Gesetzeslage zu einem derartigen allgemeinen Vorgehen gegen weibliche Lehrer und Beamte keine Handhabe bietet.« Darauf folgte sofort die Einschränkung, daß bei einer gleichen Eignung männlicher und weiblicher Bewerber dem Mann der Vorzug zu geben sei. Konzediert wurde, daß auf bestimmten Gebieten der Jugendfürsorge und -pflege, teilweise auch des Unterrichts, weibliche Kräfte erforderlich seien.

In der Praxis wurden im Unterrichts- und Erziehungswesen, in dem traditionell die meisten Beamtinnen beschäftigt waren und das auch nach Ansicht der Nationalsozialisten ein angemessenes weibliches Betätigungsfeld war, die Frauen aus allen leitenden Positionen verdrängt. Im Juli 1933 stellte die zuständige Behörde in Hamburg selbst die neun staatlichen Mädchenschulen unter männliche Leitung und enthob gleichzeitig die Direktorinnen und stellvertretenden Direktorinnen ihres Amtes. An den Volksschulen und Mädchenberufsschulen wurden gleichfalls sämtliche Leiterinnen durch Männer ersetzt. Lediglich hauswirtschaftliche Schulen blieben unter weiblicher Leitung. In der Schulverwaltung behielt keine Frau ihr Amt[46]. Die Behörden waren nicht nur bestrebt, Direktorinnen abzusetzen, sondern überhaupt die weiblichen Lehrer aus dem höheren Schuldienst, auch den Mädchenschulen, zu entfernen. Ein Erlaß des preußischen Kultusministers vom Juni 1934 bestimmte, daß weibliche Lehrer höherer Mädchenschulen an Volksschulen versetzt werden sollten, damit diese Stellungen für Männer frei würden. Das Zahlenverhältnis von Männern und Frauen im Lehrkörper wurde auf 3 : 2 festgelegt. Der Minister rechtfertigte diesen Erlaß mit zwingenden bevölkerungs- und staatspolitischen Erfordernissen[47].

Das relativ bescheidene Anliegen der bürgerlichen Frauenbewegung, wenigstens den Unterricht an Mädchenschulen an Frauen zu übertragen – ein Anliegen, das ebenso vom NS-Lehrerinnenbund verfolgt wurde –, war damit illusorisch geworden. Für die 26 000 Referendarinnen und Assessorinnen und die 3000 studierenden Lehramtskandidatinnen, die im Mai 1935 in Preußen Anwärterinnen auf eine Studienratsstelle waren, bestand keine Aussicht auf Anstellung. Es wurde ihnen geraten, einen Posten bei der NS-Frauenorganisation oder dem weiblichen Reichsarbeitsdienst zu suchen[48]. So wurde von 1933 bis Mai 1935 die Anzahl der Lehrerinnen an Mädchenschulen in ganz Deutschland von 11 370 auf 9941 reduziert[49]. Bei den Betroffenen handelte es sich keineswegs um Doppelverdiener, denn nach einer Fragebogenerhebung von 1932 leisteten von 4000 Lehrerinnen 83,9 % regelmäßige Unterhaltszahlungen an andere Personen. Als Volksschullehrerinnen duldete man die Frauen allerdings, da dieser Beruf nach Gehalt und Sozialprestige unter den akademischen Berufen die unterste Stufe einnahm. Hitler, der die Volksschullehrer sehr gering schätzte, hielt weibliche Lehrkräfte im Elementarunterricht für ideal, nur dürfe man sie »nicht durch eine übertriebene Ausbildung, also gleichsam übertriebene Gehirnmassage, blödsinnig machen«[50].

Im medizinischen Bereich, der ebenfalls dem theoretischen Anspruch an einen Frauenberuf mit der Aufgabe des Heilens und Pflegens völlig entsprach, wurden den weiblichen Ärzten, auch Kinder- und Frauenärzten, ähnliche Schwierigkeiten wie den Lehrerinnen bereitet. Für Ärztinnen gab es kaum freie Stellen, auf denen sie die obligatorische Assistenzzeit von drei Jahren ableisten konnten. Sie erhielten höchstens allgemein gemiedene Anstellungen in Altersheimen oder in Anstalten für Geisteskranke. Bewerbungen bei Krankenhäusern waren aussichtslos, da diese auf Anweisung der Behörden keine Medizinerinnen einstellten[51]. Der Reichsverband angestellter Ärzte und Apotheker beschloß, daß Ärztinnen und Apothekerinnen aus ihrem Verband auszuscheiden und sich dem Verband weiblicher Angestellter anzuschließen hätten[52]. Besonders deutlich wird der Eifer der Ärzte, die weibliche Konkurrenz möglichst vollständig aus dem Weg zu räumen, in der überspitzten, so extrem allerdings nie realisierten Forderung, daß nur 1 % aller Medizinstudenten Frauen sein dürften[53]. Die neue Zulassungsordnung für Kassenärzte von 1934 erschwerte die Berufssituation der Ärztinnen, von denen noch 1932 43 % als Kassenärztinnen tätig waren, ganz erheblich. Bei den Zulassungsbewilligungen sollte grundsätzlich der verheiratete Arzt jedem unverheirateten Kollegen vorgezogen werden, andererseits mußte die verheiratete Kassenärztin sogar einem ledigen Arzt ihren Platz überlassen, damit dieser seinerseits eine Familie gründen konnte[54].

Etwas später zwar, aber um so härter wurden auch die Juristinnen von dem Vorgehen gegen die Beamtinnen und Akademikerinnen betroffen. 1936 entschied Hitler persönlich, daß Frauen weder Richter – auch nicht Jugendrichter – noch Anwälte sein sollten. Die in der Ausbildung befindlichen

Assessorinnen wurden in die Verwaltung der NS-Frauenschaft oder in die Justizverwaltung abgeschoben[55].

Die Maßnahmen gegen Frauen in akademischen Berufen wurden »gekrönt« durch einen Numerus clausus von 10 % für Studentinnen aller Fachrichtungen, der mit dem »Reichsgesetz gegen die Überfüllung von deutschen Schulen und Hochschulen« von April 1933 in Kraft trat. Dadurch wurde der Anteil der Studentinnen an der gesamten Studentenschaft von 15,8 % im Jahre 1932 auf den Tiefststand von 11,2 % im Sommer 1939 gesenkt[56]. Das Vorgehen gegen Frauen in leitenden Stellungen wurde in einer Erklärung Hitlers vom September 1937, daß er grundsätzlich nur die Ernennung von Männern zu Beamten des höheren Dienstes wünsche, nachträglich noch unterstützt[57].

Die Beamtinnen und Akademikerinnen bildeten zwar nur einen sehr geringen Teil der weiblichen Bevölkerung und auch der berufstätigen Frauen. Sie waren weder von der qualifizierten Ausbildung noch vom Einkommen und Sozialstatus her repräsentativ für die Gesamtheit der erwerbstätigen Frauen, von denen der Hauptteil minderbezahlte, untergeordnete Berufe, meist ohne besondere Ausbildung, ausübte. Aber gerade die offene Diskriminierung dieser exponierten weiblichen Minderheit spiegelt die Einstellung und Politik der Nationalsozialisten gegenüber Frauen, speziell den deutschen Frauen, wie gegenüber anderen sozialen Gruppen mit den Merkmalen der sozio-ökonomischen Machtlosigkeit oder der unbequemen Minorität, besonders deutlich wider. Die vor und in den ersten beiden Jahren nach der Machtergreifung immer wieder geforderte Einschränkung der Frauenarbeit hatte, außer der psychologischen Verunsicherung der Frauen, keine Folgen, denn die Anzahl der Frauen in allen Berufssparten wuchs ständig. Konsequent wurde die Bekämpfung der Frauenarbeit lediglich durchgeführt, wenn es darum ging, Frauen aus attraktiven Stellungen zu verdrängen, die auch von Männern angestrebt wurden[58].

Es gibt in der Literatur die These, der Antifeminismus habe als Variante des Antisemitismus gedient, lediglich ohne tödliche Folgen[59], und die Auffassung von der Minderwertigkeit der Frau im »Dritten Reich« sei sekundär rassistisch gewesen[60]. Dies bedarf an Hand des Dargestellten einer differenzierenden Korrektur. Es hat niemals, auch nicht unter dem Nationalsozialismus, einen allgemeinen Frauenhaß gegeben, wie es einen Haß gegen die Juden gab. Im Gegenteil, die deutsche Hausfrau und Mutter erfuhr sogar eine nie dagewesene Aufwertung, die sich etwas später auch auf die werktätigen Frauen ausdehnte. Eine breite öffentliche Antipathie gegen berufstätige Frauen existierte nur in Zeiten der Arbeitslosigkeit und schwand, wenn die Frauen den Arbeitsmarkt verließen oder wenn das Arbeitsangebot stieg. Dabei waren die Motive wirtschaftlicher und sozialer Natur, ideologische Argumente dienten nur zu deren Verschleierung. Dagegen sollten beim Antisemitismus vorgeschobene wirtschaftliche Gründe gerade die entscheidende irrationale Motivation verbergen – jüdische Lumpensammler, Flickschuster oder Arbeitslose wurden ebenso verfolgt wie jüdische Bankiers und Professoren. Allein für das Jahr 1933 und nur zwischen den wenigen Frauen und Juden, die als Beamte und Akademiker in angesehenen, einflußreichen Positionen mit gutem Einkommen Neid erweckten und nach der Machtergreifung sofort ihres bevorzugten Sozialstatus beraubt wurden[61], läßt sich ein Vergleich in der Behandlung durch die Nationalsozialisten ziehen. In beiden Fällen wurde ein ideologischer Vorwand benutzt, um eine berufliche Konkurrenz auszuschalten und parteipolitischen Nutzen daraus zu ziehen. Doch der wesentliche Unterschied bleibt, daß die Frauen, die ihre früheren qualifizierten Stellungen aufgegeben hatten, im Gegensatz zu Juden keine weitere Verfolgung erlitten.

Die Flexibilität in der Anwendung der NS-Frauenideologie zeigt sich noch deutlicher, wenn die Aktion gegen Frauen in qualifizierten Berufen im Kontrast zur positiven Haltung gegenüber der Arbeit der Landfrauen gesehen wird. Wie schon erwähnt, ging es der Regierung schon 1933 mehr darum, die Frauenarbeit umzuschichten, als sie abzubauen. Hierfür boten sich an erster Stelle die traditionell Frauen beschäftigende Land- und Hauswirtschaft an, wo selbst während der Wirtschaftsdepression ein empfindlicher Mangel an brauchbaren Arbeitskräften herrschte. Für die Landwirtschaft, deren Sanierung im Zuge der Autarkiepolitik ein Hauptanliegen der NS-Wirtschaftspolitik bilden mußte, blieb die Abwanderung von Arbeitskräften, auch und gerade weiblichen, ein gravierendes Problem[62]. »Blut-und-Boden«-Ideologen wie Landwirtschaftsminister Darré waren diesem Sachverhalt gegenüber machtlos. Die Landwirtschaft war von Frauenarbeit abhängig – 1933 waren mehr als die Hälfte der Arbeitskräfte weiblich. $10^3/4$ Stunden betrug die durchschnittliche tägliche Arbeitszeit der Landarbeiterin, für die Bäuerin selbst waren 16 bis 18 Stunden Arbeitszeit keine Ausnahme[63]. Auf jeden Fall arbeiteten diese Frauen länger als die Industriearbeiter. Zu der Schwerarbeit kam oft noch die Verantwortung: 10 % aller landwirtschaftlichen Betriebe wurden schon vor 1933 von Frauen geleitet[64].

Dennoch erklärten die Nationalsozialisten die Landwirtschaft zum idealen weiblichen Betätigungsfeld. Nach ihrer Meinung sollten vor allem junge weibliche Arbeitslose auf dem Lande beschäftigt werden. Syrup empfahl in seiner Denkschrift an den Reichsarbeitsminister über die »Entlastung des Arbeitsmarktes im Winter 1933/34«, den weiblichen Reichsarbeitsdienst auszubauen und das Schwergewicht den »Bedürfnissen des Arbeitsmarktes« entsprechend mehr auf landwirtschaftliche Arbeiten zu verlagern. Eine beträchtliche Anzahl junger »Arbeitsmaiden« sei schon für den Magdberuf gewonnen worden[65]. Am 1. Januar 1934 trat die Neuordnung des 1931 gegründeten freiwilligen Frauenarbeitsdienstes in Kraft, wobei gleichzeitig das Aufgabengebiet in die Landwirtschaft verlagert wurde, während vor 1933 der weibliche Arbeitsdienst fast nur zur Familienhilfe in der Stadt eingesetzt worden war[66]. Das Ziel des Frauenarbeitsdienstes sollte es sein, die Mädchen zu Frauen und Müttern zu erziehen. »Um für die Erziehung der Mädchen von entscheidender Bedeutung zu sein«, sollte der Arbeitseinsatz »ein dem weiblichen Wesen entsprechender sein«[67].

Der Erfolg des weiblichen Arbeitsdienstes war in den Entstehungsjahren gering. Im Januar 1934 gab es 7347 »Arbeitsmaiden« – obwohl im März 1934 die Zahl der weiblichen Arbeitslosen noch 575 074 betrug –, dagegen zwischen 220 000 und 230 000 »Arbeitsmänner« im selben Jahr[68]. Der zögernde Zulauf lag an dem allgemein unpopulären Betätigungsfeld des weiblichen Arbeitsdienstes, der Landwirtschaft; die weiblichen Arbeitslosen zogen es vor, in den Städten Arbeit zu suchen. Hinzu kommt, daß die Leitung und Verwaltung des Frauenarbeitsdienstes bis Mitte 1935 einem ständigen Wechsel unterworfen und seine Finanzierung nie sichergestellt war[69]. Die Partei war offensichtlich desinteressiert, denn das Konzept der Arbeitsbeschaffung in den Jahren 1933 bis 1935/36 zielte darauf ab, hauptsächlich Stellen für männliche Arbeitslose zu schaffen. Der Versuch, die berufstätigen Frauen, auf jeden Fall aber die arbeitslosen Frauen, in Bausch und Bogen aufs Land abzuschieben, wurde von der Regierung unermüdlich weiterverfolgt. Im April 1934 erklärte der Staatssekretär im Finanzministerium, Reinhardt (NSDAP), anläßlich der Ausstellung »Deutsches Volk – Deutsche Arbeit«, daß die noch vorhandene halbe Million weiblicher Arbeitsloser »unter allen Umständen verschwinden« müßte, indem diese Frauen in Ehe, Haus- oder Landwirtschaft überführt würden. Es dürfe in keinem Fall mehr vorkommen, daß Unternehmer in Städten Frauen einstellten für Arbeiten, die auch von Männern ausgeführt werden könnten. Die Befolgung dieses Grundsatzes würde den Mangel an weiblichen Arbeitskräften in Land- und Hauswirtschaft bald beheben. Dann wurde das schon bekannte, keine Begründung erfordernde Axiom wiederholt, daß die »Bevorzugung von Männern bei der Besetzung nichthauswirtschaftlicher und nichtlandwirtschaftlicher Arbeitsplätze« in arbeitsmarktpolitischem, volkswirtschaftlichem und bevölkerungspolitischem »Interesse« liege[70].

Das Fazit, das die Arbeitsämter im Frühjahr 1934 zogen, zeigt, wie wirklichkeitsfremd solche Forderungen waren. Jüngere, gesunde Mädchen waren für eine Vermittlung in Haus- und Landwirtschaft nicht mehr vorhanden; die meisten waren im vorherigen Beruf rasch wieder untergekommen, da die Wirtschaft jüngere Kräfte bevorzugte. Es gab schon wieder einen Mangel an Stenotypistinnen[71]; die Verkäuferinnen bildeten nach wie vor in großen Zweigen des Einzelhandels eine eindeutige Mehrheit – etwaiger Ersatz durch männliche Verkäufer hatte sich nicht bewährt. Die Mehrzahl der durch die Arbeitsämter schwer zu vermittelnden arbeitslosen Frauen waren über dreißig Jahre alt, verheiratet, durch Kinder oder sonstige Angehörige gebunden oder aber vermindert leistungsfähig. Geringe Vermittlungschancen existierten außerdem für Kranken- und Wohlfahrtspflegerinnen, Kindergärtnerinnen, technische Assistentinnen und Angestellte mit vergleichbarem Ausbildungsniveau, von denen es erstaunlicherweise ein Überangebot gab[72].

Auf jeden Fall unternahmen die Arbeitsämter und die 1933 geschaffenen kommunalen Arbeitsbeschaffungsämter spätestens 1934 planmäßige Anstrengungen, Frauen, vorzugsweise sogar verheirateten Frauen, deren Männer schwer zu vermitteln waren, oder ledigen Müttern einen Arbeitsplatz nachzuweisen. Die Arbeitsplätze, die durch Notstandsarbeiten der Kommunen entstanden, wurden in gleicher Weise an Männer wie an Frauen verteilt[73].

3. Vierjahresplan und Vollbeschäftigung.
Die ökonomische Notwendigkeit der Frauenarbeit

Das schon 1933 auf die Aufrüstung ausgerichtete Wirtschaftskonzept der NSDAP, das mit Rüstungsaufträgen eine schnelle industrielle Expansion verursachte, ließ die Arbeitslosigkeit in Deutschland bald schwinden. Die von der Propaganda als wesentlich hervorgehobenen Maßnahmen zur »Arbeitsbeschaffung« hatten keine oder höchstens anfänglich eine flankierende Bedeutung. Die Arbeitslosenziffer sank bis zum Herbst 1936 auf 5 %, womit nach damaligen Begriffen faktisch die Vollbeschäftigung erreicht war[74]. Dabei war die absolute Zahl der weiblichen Erwerbstätigen, allen ideologischen Forderungen zum Trotz, ständig gestiegen, und nur der prozentuale Anteil der Frauen am Arbeitsmarkt war gesunken – 1932 stellten die Frauen 36,8 % der Arbeitskräfte, 1936 nur noch 30,9 %. Diese (irreführende) Anteilsverringerung war alles, was propagandistisch als »Erfolg« der Familienideologie ausgeschlachtet werden konnte.

Auch die Verlagerung der Frauenarbeit auf Angestelltenberufe und Industriearbeit hatte sich seit 1933 trotz aller Bekämpfungsversuche noch verstärkt fortgesetzt. Selbst Industriebetriebe, wie z. B. die BASF, die noch in den zwanziger Jahren die Verwaltungsarbeiten durch männliche Angestellte erledigen ließen, änderten ihre Personalstruktur in den dreißiger Jahren, indem sie die Verwaltung und den kaufmännischen Bereich zu einer Domäne der Frauenarbeit machten, allerdings in der mehr ausführenden als dispositiven Ebene[75]. Schon 1936 hatten die Frauen in einigen Industrie- und Gewerbezweigen auf bestimmten Tätigkeitsfeldern eine Majorität erreicht. In der Textil-, Leder- und Tabakindustrie, für die Frauenarbeit schon immer typisch war, machten die Frauen inzwischen $^2/_3$ bis $^3/_4$ der Belegschaft aus. In den Büros waren 95 % der Stenotypistinnen Frauen, und im Handel waren 77,9 % der Verkäufer weiblich. Doch waren die weiblichen Handels- und Büroangestellten fast durchweg im ausführenden Bereich tätig. Lediglich 1 % von ihnen beschäftigte man als Prokuristinnen oder Abteilungsleiterinnen und 3 % als Lagerverwalterinnen, dagegen waren 56 % in diesem Berufszweig Verkäuferinnen und 13 % Buchhalterinnen oder Kassiererinnen[76].

Der Realität entsprechend wurde 1936 in der Wirtschaftspresse schon offen zugegeben, daß eine Beschränkung der großen Zahl arbeitender Frauen auf »arteigene« Berufe nicht möglich sei[77]. Gleichzeitig äußerte Hitler wieder einmal, daß die Frau keine Arbeit machen solle, für die ein Mann geeignet sei; unverheiratete Frauen hätten zwar das Recht, sich ihren Lebensunterhalt zu verdienen, aber sie sollten sich der Sozialarbeit widmen[78]. Die Reichsfrauenführerin Scholtz-Klink verfehlte mit ihrer Feststellung, ein Beruf sei einer Frau nur gemäß, wenn sie ihn mit »ihren besonderen weiblichen Kräften durchdringen« könne, die tatsächliche Situation der berufstätigen Frauen noch mehr als Hitler[79]. Derartige Äußerungen, bei denen die Grenze zwischen naiver Ignoranz und schlichtem Zynismus schwer zu erkennen ist, waren jedoch im Laufe der Jahre immer weniger zu hören.

Mit der Verkündung des Vierjahresplanes wurde im Herbst 1936 auch die Arbeitseinsatzpolitik, für die bis dahin das Reichsarbeitsministerium zuständig gewesen war, der Vierjahresplanbehörde unterstellt[80]. Damit sollte eine für die Aufrüstungspolitik unerläßliche zentrale Lenkung der Arbeitskräfte erreicht werden. Die einzelnen Wirtschaftszweige entwickelten sich entsprechend ihrer rüstungspolitischen Relevanz sehr unterschiedlich. Ein Vergleich der Gesamtarbeitsleistung im Maschinenbau und in der Textilindustrie zeigt, daß die Textilindustrie das Arbeitsvolumen von 1928 im Jahre 1937 noch nicht wieder erreicht hatte – zu einem Zeitpunkt, als der Maschinenbau dieses Arbeitsvolumen bereits um 43 % überschritten hatte[81]. Der steigende Bedarf an Arbeitern, vor allem an Facharbeitern, in den Produktionsgüterindustrien wurde zunehmend damit gedeckt, daß fachfremde Arbeitskräfte aus der Konsumgüterindustrie umgeschult wurden. Die Arbeiter folgten nur zu gern der Werbung der Produktionsgüterindustrien, deren schon immer relativ hohe Löhne aufgrund des Wettbewerbs innerhalb der Rüstungsindustrie nun noch mehr in die Höhe kletterten. Die von dieser Abwanderung stark betroffenen Betriebe der Verbrauchsgüterindustrien versuchten, die entstehenden Lücken in der Belegschaft mit weiblichen Arbeitskräften aufzufüllen, auf die sie mehr denn je angewiesen waren. Aber auch die Frauen begannen, aus der Konjunktur Lohnvorteile zu ziehen. Obwohl es in der Land- und Hauswirtschaft und in Pflegeberufen bereits einen nicht mehr zu deckenden Bedarf an weiblichen Arbeitskräften gab, suchten sich immer mehr Frauen eine Arbeit in der gewerblichen Wirtschaft[82].

Die forcierte Rüstungskonjunktur löste eine Kettenreaktion von Veränderungen auf dem Arbeitsmarkt aus, die nicht mehr aufzuhalten war. Nachdem in den Rüstungsbetrieben männliche Arbeitskräfte knapp geworden waren, versuchte man als erstes, Arbeiterinnen aus der Konsumgüterindustrie anzuwerben. So verließen schon Anfang 1937 Textilarbeiterinnen in Berlin und Brandenburg wegen der niedrigen Löhne in der Textilindustrie ihre langjährigen Betriebe und gingen in Rüstungsindustrien. Der zweite Schritt war der Versuch der Industrie, dem weiter steigenden Mangel an weiblichen Arbeitskräften mit der Abwerbung von Hausgehilfinnen und Landarbeiterinnen abzuhelfen, wobei die höheren Löhne und besseren Arbeitsbedingungen ihre Wirkung nicht verfehlten. Das unterschiedliche Lohnniveau im Reich, das, grob gesprochen, vom Westen zum Osten hin abfiel, tat ein übriges. So wurde versucht, in den Großstädten die Hausangestellten, die in die Industrie gingen, durch Hausgehilfinnen aus Provinzen mit niedrigem Lohnniveau, etwa Schlesien, zu ersetzen[83].

Die Abwanderung der Hausmädchen erzeugte in Schlesien eine entsprechende Nachfrage, die wiederum zu Lohnerhöhungen in der Hauswirtschaft führte und damit die schlechtbezahlten schlesischen Landarbeiterinnen anlockte. Als dann Polen seinen Wanderarbeitern die Grenzscheine sperrte, trieb die schlesische Landwirtschaft, der schon im April 1937, also noch lange vor der Erntezeit, 2500 ständige Arbeiterinnen fehlten, einer Katastrophe zu. Die schleswig-holsteinische und mecklenburgische Landwirtschaft litt trotz der höheren Löhne ebenfalls existentiell unter der Landflucht. Die steigenden Löhne – der Tarif war schon um 25 % überschritten –, denen die Festpreise in der Landwirtschaft gegenüberstanden, konnten von den Bauern nicht mehr bezahlt werden. Viele sahen sich gezwungen, ihren Besitz zu verkleinern oder

ganz oder teilweise zu verpachten. Die Bauersfrauen waren völlig überlastet.
Zur Milderung ihrer Misere forderte die Landwirtschaft in allen Gebieten
Festsetzung von Höchstlöhnen und vor allem Einführung der landwirtschaft-
lichen Arbeitsdienstpflicht für Mädchen[84]. Die weibliche Arbeitsdienstpflicht
existierte zwar schon seit Juni 1935, konnte aber erst seit 1939 konsequent
durchgeführt werden, da ihre Organisation lange vernachlässigt worden war[85].
Von der Vollbeschäftigung und den Lohnsteigerungen profitierten sogar die
Heimarbeiterinnen, die traditionell von allen weiblichen Erwerbstätigen der
Ausbeutung am meisten ausgesetzt waren. Nicht nur, daß die Fabrikanten die
vorgeschriebenen Löhne nicht mehr so häufig unterschreiten konnten, die
Arbeiterinnen waren sogar in der Lage, zu niedrige Löhne abzulehnen, da die
Ehemänner gut verdienten[86].
Die dritte Stufe in der Arbeitsmarktentwicklung war das Bestreben, entgegen
allen ideologischen Postulaten die nicht erwerbstätigen Frauen, die einzige
noch vorhandene Arbeitsreserve, zur Aufnahme einer Arbeit zu veranlassen.
Daß die Wirtschaft die Arbeitskraft der verheirateten Frauen nicht mehr
entbehren konnte, wurde nun auch von der Regierung stillschweigend
eingestanden, indem ab Oktober 1937 das Beschäftigungsverbot für die
Ehefrau als Bedingung des Ehestandsdarlehens aufgehoben wurde[87]. In der
Landwirtschaft war das strikte Arbeitsverbot bereits 1936 so weit reduziert,
daß verheiratete Landarbeiterinnen die Erlaubnis zur Erntearbeit erhielten. In
ländlichen Gebieten richtete man verstärkt Appelle an verheiratete Frauen, um
sie wenigstens saisonal freiwillig zur Landarbeit zu bewegen. Man erreichte
jedoch kaum etwas, da die Landarbeit unbeliebt war und viele Frauen
außerdem fürchteten, zu »Sklaven des Arbeitsbuches« zu werden[88].
Die ideologischen Bedenken gegen die Frauenarbeit wurden zwar offiziell nie
widerrufen, aber auch nicht mehr geäußert. Plötzlich hieß es, man solle die
Aktionen gegen berufstätige Frauen nicht als grundsätzliche Stellungnahme
ansehen, da diese nur in einer bestimmten arbeitsmarkt- und bevölkerungspolitischen Situation begründet gewesen seien. »Die Stellungnahme von 1933 zur
Frauenarbeit ist, soweit sie arbeitsmarktpolitisch begründet war, heute . . .
gegenstandslos geworden. Die bevölkerungspolitischen Gesichtspunkte allerdings bleiben in gleicher Schärfe bestehen.«[89] Dabei wurde zunehmend
geradezu mit Triumph auf die steigende Geburtenrate trotz einer wachsenden
Anzahl von erwerbstätigen Ehefrauen hingewiesen: 1925 waren von 11,5 Millionen arbeitenden Frauen 3,6 Millionen verheiratet, 1938 waren von 11,6 Millionen in Industrie und Handel beschäftigten Frauen schon 4,6 Millionen
verheiratet[90]. Indirekt wollte man damit beweisen, daß die Frauenarbeit dem
Bevölkerungswachstum nicht im Wege stehe.
Die vierte Stufe in der Entwicklung von immer bedenklicheren Engpässen auf
dem weiblichen Arbeitsmarkt war erreicht, als Anfang 1938 die indirekten
Maßnahmen nicht mehr ausreichten. Die ständig wachsende Rüstungsproduktion machte jetzt gesetzliche Zwangsmaßnahmen zur umfassenden Mobilisierung und Lenkung der Arbeitskräfte erforderlich. Um den Mangel an
weiblichen Arbeitskräften in der Haus- und Landwirtschaft zu mindern, erließ
Göring am 15. Februar 1938 die Anordnung zur Durchführung des Vierjahresplanes über den verstärkten Einsatz von weiblichen Arbeitskräften in der

Land- und Hauswirtschaft. Danach mußten alle ledigen Arbeitskräfte unter 25 Jahren, die sich als Arbeiterinnen in der Textil-, Bekleidungs- und Tabakindustrie oder als Angestellte in allen öffentlichen und privaten Betrieben für kaufmännische und Büroarbeiten anstellen lassen wollten, ein Jahr Tätigkeit in der Haus- oder Landwirtschaft nachweisen. Dieses Pflichtjahr wurde am 23. Dezember 1938 obligatorisch für alle Arbeiterinnen und Angestellten in öffentlichen und privaten Betrieben[91]. Die Frauen sollten also von der Arbeit in wehrwirtschaftlich unwichtigeren Betrieben abgeschreckt und zur Tätigkeit in volkswirtschaftlich wichtigen, aber unpopulären und schlechtbezahlten Arbeitsbereichen gezwungen werden. In der offiziellen Begründung hieß es, das Pflichtjahr solle der ungesunden Entwicklung des weiblichen Arbeitsmarktes entgegenwirken und die weibliche Jugend wieder dem ihr gemäßen späteren Beruf als »Bauersfrau, Hausfrau und Mutter« zuführen. Zugleich wurde das Pflichtjahr für Mädchen als nur gerechtes Äquivalent zur männlichen Militärdienstpflicht bezeichnet[92].

Weite Bevölkerungskreise empfanden es jedoch als ungerecht, daß nur arbeitspflichtige Mädchen, nicht aber die »Töchter sogenannter besserer Familien« zum Pflichtjahr herangezogen wurden. Da im ersten Jahr der Durchführung das Pflichtjahr als freies Arbeitsverhältnis auch ohne Vermittlung des Arbeitsamtes abgeleistet werden konnte, scheinen nicht alle betreffenden Mädchen zum Einsatz auf dem Lande oder in kinderreichen Familien gekommen zu sein. Viele folgten nur zu gern den Zeitungsannoncen städtischer, oft kinderloser Haushaltungen, die auf diese Weise eine Hausgehilfin gegen geringes Entgelt erhalten konnten[93]. Doch für die überlasteten Bäuerinnen und kinderreichen Mütter, von denen viele im Familienbetrieb oder auch als Selbständige arbeiteten, war die Institution des Pflichtjahres eine echte Hilfe. Vom Februar bis zum Juli 1938 waren es 30 400 Mädchen, die in der Landwirtschaft und 47 000, die in der Hauswirtschaft – auch in ländlichen Haushaltungen – ihr Pflichtjahr abdienten. 1939 dienten im gleichen Zeitraum schon 217 000 »Pflichtjahrmädel«[93a].

Was jedoch dem einen Wirtschaftssektor nützen mochte, rief in einem anderen wieder untragbaren Mangel an Arbeitskräften hervor. Besonders hart wurde die Textilindustrie von den Auswirkungen des Pflichtjahres betroffen, und doppelt jene Betriebe, die sich mit Unternehmen der Metallindustrie am gleichen Ort befanden. Aus dem ganzen Reich, ob aus Südwestdeutschland, Rheinland, Mittelelbe oder Brandenburg, wurden ununterbrochen Klagen an das Reichsarbeitsministerium gemeldet. Angelockt von den höheren Löhnen, wanderten ständig männliche und weibliche Textilarbeiter in die Metallindustrie ab – und deren Arbeiterbedarf war unersättlich. Die Textilindustrie litt unter akutem Arbeitermangel ebenso wie unter dem Problem des Arbeiterinnennachwuchses, da durch das Pflichtjahr ganze Jahrgänge von Schulentlassenen fehlten. Manche Betriebsabteilungen kamen zum Erliegen. Überall forderten die Betriebe die Erlaubnis, höhere Lohnsätze zahlen zu dürfen, um konkurrenzfähig bleiben zu können[94].

Die Textilbetriebe konnten immer häufiger auch äußerst wichtige Wehrmachtsaufträge nicht fristgerecht erfüllen, da Arbeitskräfte fehlten. Deshalb wandte sich im September 1938 das Oberkommando des Heeres an den

Wehrwirtschaftsstab, der beim Präsidenten der RfAA, Syrup, eine Anweisung an die Arbeitsämter erwirken sollte, bei Wehrmachtszulieferungsbetrieben von § 4 der Pflichtjahrsverordnung Gebrauch zu machen. Gemäß dieser Bestimmung konnten die Arbeitsämter »in besonders gelagerten Fällen« in der Durchführung der Verordnung Ausnahmen zulassen. Nach Ansicht des OKW war dieser Ausnahmefall für alle Firmen der verschiedenen Zweige der Textilindustrie gegeben, die für Wehrmachtslieferungen irgendwie in Betracht kamen. Deren Leistungsfähigkeit mußte auch für die Zukunft durch Heranbildung eines weiblichen Nachwuchses gesichert sein[95].

Die Krise auf dem Arbeitsmarkt wurde weiter verschärft, als mit der »Verordnung zur Sicherstellung des Kräftebedarfs für Aufgaben von besonderer staatspolitischer Bedeutung« die Teildienstverpflichtung für den Westwallbau im Juni 1938 eingeführt wurde[96]. Hinzu kamen immer häufiger Einberufungen erwerbstätiger Männer zu Militärübungen. Der einzige Ausweg bestand darin, die Arbeitskraftreserven verheirateter Frauen und Mütter noch weiter auszuschöpfen und die Arbeitszeit, auch für Frauen, drastisch zu verlängern. Frauen konnten jedoch nicht überall eingesetzt werden. Der Bauindustrie zum Beispiel half wegen der Arbeitsschutzgesetzgebung die Mobilisierung von Frauenarbeit nichts. Die Frauen, die jetzt noch für den Arbeitseinsatz gewonnen wurden, waren oft älter und durch jahrelanges Hausfrauendasein dem Berufsleben entfremdet. Andere hatten niemals eine Erwerbstätigkeit ausgeübt, viele waren nur ungelernte Arbeiterinnen gewesen. Arbeitsämter und Betriebe aller Branchen machten sich nun daran, diese Frauen wenigstens anzulernen. Oft wurden sie aber auch durch Intensivkurse in Lehrwerkstätten umgeschult. Die chemische Industrie versprach ungelernten und angelernten Arbeiterinnen sogar, sie weiter auszubilden und ihnen damit soziale Aufstiegsmöglichkeiten zu verschaffen[97].

Vor allem in der Metallindustrie hatte sich in einigen Betrieben die Einrichtung von Halbtagsschichten für verheiratete Arbeiterinnen bewährt. Wehrmacht, Reichsarbeitsministerium und DAF versuchten, die Unternehmer für Halbtagsbeschäftigung von Ehefrauen in größerem Umfang zu gewinnen. Der Reichsarbeitsminister forderte im Juni 1938 die Betriebe auf, sich besonders um die Heranziehung von Familienangehörigen der Belegschaft zu 4- oder 5-Stunden-Schichten zu bemühen. Zudem wurde für den Flugzeugbau die Ausbildung von Frauen zu Niet- und Schweißarbeiten dringend empfohlen. Das Luftfahrtministerium ersuchte den Reichsarbeitsminister, diese Verfügung auch auf die Ausbildung von Frauen als Fräserinnen, Hilfs- und Revolverdreherinnen, Rundschleiferinnen und für leichte Schlosser- und Mechanikerarbeiten auszudehnen[98].

Die Fluktuation der weiblichen Arbeitskräfte hielt an. Die als Regulierungsmaßnahme gedachte Einrichtung des Arbeitsbuches änderte daran wenig. Sogar Krankheitsfälle wurden von den Frauen ausgenutzt, um aus dem Betrieb auszuscheiden und nach der Genesung eine besser bezahlte Arbeit zu suchen. Andere Frauen forderten in ihren alten Betrieben höhere Löhne. Dies wurde meistens direkt verursacht durch die Werbung der Rüstungsindustrie. So wurden im nördlichen Schleswig-Holstein die Arbeiterinnen der Fischindustrie durch Werbezettel einer Waffenfabrik, die wesentlich höhere Frauenlöhne versprach, veranlaßt, höhere Stundenlöhne zu fordern. Diesem Verlangen wurde zwar nicht stattgegeben, doch zeigt das Verhalten der Arbeiterinnen, wie schnell innerhalb der wenigen Jahre der Konjunktur und Vollbeschäftigung ihr kollektives Selbstvertrauen gewachsen war.

Ab 1938 kamen zu den Klagen der Betriebe über die Abwanderung von Arbeitskräften an besser bezahlte Arbeitsplätze die Beschwerden über »Lockerung der Arbeitsdisziplin« gerade unter den Arbeiterinnen. Die Frauen kamen zu spät zur Arbeit oder fehlten häufig ganz ohne Entschuldigung. Die Krankmeldungen auf kurze Zeit häuften sich auffällig. Die Produktionsraten wurden durch steigenden Ausschuß gefährdet. In einem Betrieb der Metallindustrie fehlten sonnabends so viele Frauen, daß die Leitung sich entschließen mußte, die Arbeit am Sonnabend ganz ausfallen zu lassen. Die genannten Gründe für diese Zustände waren verschiedene: Überarbeitung durch 10-Stunden-Schichten, Unlust, mangelnder Anreiz durch ungenügende Bezahlung – letzteres spielte vor allem bei verheirateten Arbeiterinnen mit gut verdienenden Männern eine wichtige Rolle[99]. Die Arbeiterinnen und Angestellten handelten also trotz jahrelanger ideologischer Indoktrination nicht nach dem nationalsozialistischen Motto »Gemeinnutz vor Eigennutz«. Sie waren nicht im geringsten bereit, auf materiellen Vorteil zu verzichten oder persönliche Entbehrungen auf sich zu nehmen um der Größe einer imaginären »Volksgemeinschaft« willen. Die überwiegende Mehrheit der Arbeiterinnen und Angestellten ließ sich weder durch die Ideologie noch durch indirekten Druck der Partei oder Gesetze beeinflussen oder einschüchtern. Sie verhielten sich im totalitären »Dritten Reich« genau wie in den Jahrzehnten davor, nämlich als unselbständige Arbeitnehmer, die ihre Arbeitskraft auf dem Arbeitsmarkt eines kapitalistischen Wirtschaftssystems anbieten und diese ihre Ware an den jeweils meistbietenden Unternehmer verkaufen. Zu dem Zeitpunkt, als wegen übergroßer Nachfrage nach Arbeiskräften der Verlust des Arbeitsplatzes nicht mehr zu befürchten war, existierte keine freie Gewerkschaft mehr als Interessenvertretung, um Lohnerhöhungen und Arbeitszeitverkürzungen durchzusetzen, und wilde Streiks waren aussichtslos. Die Reaktion der Arbeiterinnen mag objektiv einer Art latenten Streiks ähnlich gewesen sein. Aber wenn auch das geschilderte negative Verhalten der Arbeiterinnen gegenüber ihrer Arbeit geeignet war, die Produktion langfristig erheblich zu beeinträchtigen, so entsprang dies tatsächlich doch mehr persönlichem Unbehagen an der Arbeitssituation als bewußtem politischem Widerstand.

Seit Beginn des Jahres 1939 wurde die Situation auf dem Arbeitsmarkt nur noch katastrophaler, und die Arbeitsmoral sank weiter. In der Wirtschaft setzte sich die wechselseitige Abwerbung von Arbeitern, Angestellten, Hausgehilfinnen fort. Die Löhne für Hausgehilfinnen wurden durch ständige Überbietungen weit über Tarifniveau hinausgetrieben. Die Hausangestellten wählten selbstverständlich jeweils die besten Lohn- und Arbeitsbedingungen, beispielsweise in kinderlosen Haushalten[100]. Der Mangel an Büroangestellten, vor allem Stenotypistinnen, vergrößerte sich ständig. Praktiken wie in der Berliner Stadtverwaltung, die Anfängerinnen, zum Teil Putzfrauen, als Stenotypistinnen anlernen mußte, damit die Dienststellen nicht funktionsunfähig wurden, waren kein Ausnahmefall. Um die Abwerbung durch »Lock-löhne« zu unterbinden, wurde in Brandenburg und anderen Gebieten von den Reichstreuhändern im April 1939 die Anordnung erlassen, daß Stenotypistinnen beim Eingehen eines neuen Arbeitsverhältnisses erst nach einem halben Jahr ein höheres Gehalt fordern dürften[101].

Formal war die offene Militarisierung des Arbeitsmarktes im Februar 1939 erreicht, als die Teildienstverpflichtung allgemein verbindlich wurde. Die Frauen waren darin eingeschlossen, doch war diese Art von Gleichstellung schon im »Deutschen Wehrgesetz« vom Mai 1935 angelegt, das im Krieg über die Wehrpflicht hinaus jeden Mann und jede Frau zur Dienstleistung für das Vaterland verpflichtete[102]. Die seltsamerweise erst im Juli 1938 erlassene Verfügung des OKW, daß die Ehefrauen von Berufssoldaten keine bezahlte Berufstätigkeit ausüben durften, wurde im April 1939 wieder aufgehoben[103]. Bis Kriegsbeginn wurden 50 000 Frauen dienstverpflichtet, die meisten jedoch nur kurzfristig[104]. Das ist eine relativ geringe Zahl, gemessen an dem katastrophalen Arbeitskräftemangel und der großen Zahl der Frauen, die nach der Volks- und Berufszählung von 1939 einsatzfähig gewesen wären. Nach dieser Statistik gab es immer noch 948 000 nichterwerbstätige, aber erwerbsfähige ledige Frauen und über 5,4 Millionen nichterwerbstätige, doch erwerbsfähige verheiratete Frauen ohne Kind, alle zwischen 15 bis 60 Jahren[105].

So war zwar theoretisch mit dem Dienstpflichtgesetz die Möglichkeit totaler Maßnahmen zum Frauenarbeitseinsatz gegeben, nur wurde diese praktisch nicht genutzt. Statt dessen verstärkten sich die Appelle der DAF an die Unternehmer, die Betriebe so zu rationalisieren, daß Frauen, auch schon länger berufstätige, in Halbtagsschichten arbeiten könnten und der Einsatz der Frauen an solchen Arbeitsplätzen und Maschinen möglich war, die keine körperliche Überlastung zur Folge hatten. Es sei die »völkische Pflicht« jedes Unternehmers, in den weiblichen Arbeitskräften die »biologische Volkskraft« nicht durch Überarbeitung zu schwächen. Die Mutterschaftsleistung der Frau sei primär zu werten und dürfe durch die Arbeitsleistung nicht gefährdet werden[106]. Beim deutschen Gemeindetag trafen Berichte von Bürgermeistern und Landräten ein, daß zunehmend Mütter mit mehreren Kindern unter vierzehn Jahren in Industriebetrieben zu arbeiten begännen, obwohl die Ehemänner ausreichend verdienten und viele zudem noch eine Siedlerstelle zu bewirtschaften hätten. Gemäß dem nationalsozialistischen Grundsatz der primären Mutterschaftsfunktion der Frau wurde sogar die Forderung laut, Müttern von minderjährigen Kindern die Arbeit in der Industrie zu verbieten. Obwohl sich derartige Klagen häuften, mußte der Präsident des Gemeindetags zugeben, daß gegen die Erwerbsarbeit kinderreicher Mütter wenig zu machen sei[107]. Vor einem stärkeren Fraueneinsatz warnte auch der Berliner Stadtpräsident, da dadurch die Familien gefährdet würden und die Geburtenzahl sänke. Außerdem hielt er es für bedenklich, schon im März 1939 alle Reserven der Frauenarbeit zu erschöpfen, die im Kriegsfall der Rüstungsindustrie äußerstenfalls zur Verfügung ständen. Denn schon zu diesem Zeitpunkt war die Belegschaft der Konsumgüterindustrien zu mehr als der Hälfte weiblich; auch in der Rüstungsindustrie waren Frauen stark vertreten, etwa in den Munitionsbetrieben zu 43,8 %[108].

Im März 1939 fand über ein ähnliches Thema, nämlich die Überbelastung weiblicher und männlicher Arbeitskräfte durch die schon ab Ende 1938 in der Produktionsgüterindustrie immer häufig werdenden Verlängerungen der Arbeitszeit, eine Besprechung zwischen dem Leiter der Reichsgruppe Industrie, Zangen, und dem Leiter des Arbeitskreises Gesundheitsführung in den Betrieben der Reichsgruppe Industrie, Seeliger, statt. Die Industrievertreter waren sich zwar bewußt, daß die auf neun und zehn Stunden täglich verlängerte Arbeitszeit die Erkrankungen und Unfälle zunehmen ließ – besonders häufig waren Frauen von Unfällen betroffen –, doch hielten sie Mehrarbeit für unumgänglich, da kaum noch Arbeitskraftreserven existierten. Andererseits erkannten sie die Notwendigkeit, bei erhöhter Beanspruchung auch verstärkte Betreuung leisten zu müssen und deshalb mit gesundheitlicher Betriebsbetreuung, Betriebssport, dem Ausbau der sozialen Betriebsarbeit, der Hebung der »Betriebsgerechtigkeit« und »Arbeitsfreude« die Arbeitsleistung zu sichern und zu steigern[109].

Das Reichsarbeitsministerium beabsichtigte keinesfalls, das Dienstpflichtgesetz rigoros anzuwenden, um die überarbeiteten weiblichen Arbeitskräfte zu entlasten. Dies stellte ein geheimes Rundschreiben des Reichsarbeitsministers an die Landesarbeitsämter vom Juli 1939 klar. Danach war es nur gestattet, ledige erwerbslose Frauen zu verpflichten. Es wurde jedoch verboten, nichterwerbstätige Ehefrauen zur Dienstpflicht heranzuziehen. Damit blieben die 5,4 Millionen kinderlosen, erwerbslosen Ehefrauen, ganz zu schweigen von den Müttern erwachsener Kinder, weiterhin vom Arbeitseinsatz verschont. Bereits dienstverpflichtete Ehefrauen mußten wieder entpflichtet werden. Frauen, auch kinderreiche Ehefrauen, die schon vorher berufstätig gewesen waren, mußten allerdings weiterhin arbeiten[110].

Selbst am Vorabend des Zweiten Weltkrieges, als schon die Rüstungsproduktion aus Mangel an Rohstoffen und Arbeitskräften erheblich beeinträchtigt wurde, konnte sich das Regime also nicht entschließen, die vorhandenen Instrumente der totalen Diktatur auch wirklich einzusetzen. Die Millionen Frauen, die dank dem reichlichen Einkommen und Vermögen von Eltern und Ehemännern niemals zu einer Erwerbstätigkeit gezwungen waren, ihre Zeit aber auch nicht mit Hausarbeit und Kinderbetreuung ausfüllten, also im nationalsozialistischen Sinne weder eine volkswirtschaftliche noch eine »volksbiologische« Funktion erfüllten, konnten ungehindert weiterhin ihr Privileg der Nichterwerbstätigkeit genießen. Diese objektiv bevorzugte Behandlung, die den Frauen der Mittel- und Oberschichten erlaubte, ungeachtet der wirtschaftlichen, innen- und außenpolitischen Entwicklungen in ihrer traditionellen privaten Sphäre zu verharren, entsprang allein ihrer Schichtenzugehörigkeit und nicht etwa einem besonderen nationalsozialistischen Engagement.

Diejenigen Frauen, die aus sozialen Schichten mit geringerem Einkommen und Vermögen stammten, waren als junge Mädchen darauf angewiesen, ihren Lebensunterhalt zu verdienen. Nach der Eheschließung mußten sie meistens weiterarbeiten, weil der Mann arbeitslos oder sein Verdienst zu gering war. Eine Umfrage der DAF im Jahre 1936 ergab, daß noch zu diesem Zeitpunkt viele kinderreiche Mütter die Familie ernähren mußten, da die Männer noch immer, seit 1929, keine Arbeit gefunden hatten. Unter einer unerträglichen Belastung durch Haushalt, Kinder und Erwerbsarbeit litten auch die vielen verwitweten, geschiedenen oder ledigen Frauen mit Kindern. Hinzu kamen die Frauen, die ihrer Unterhaltspflicht gegenüber – meist kranken – Eltern, Geschwistern und anderen Verwandten nachkommen mußten. Alle diese Frauen, Arbeiterinnen wie Angestellte, aber auch viele ledige Verkäuferinnen, gaben an, niemals Freizeit zu haben; selbst die Nachtruhe wurde von einem durchschnittlichen Arbeitstag von 16 bis 18 Stunden beeinträchtigt. So berichtete eine kaufmännische Angestellte, geschieden, mit drei Kindern, sie könne seit Jahren nur nachts ihre Wäsche waschen. Eine 52jährige Arbeiterin mit acht Kindern mußte ständig mitarbeiten, da ihr Mann zu wenig verdiente, um die Familie zu ernähren[111].

Als in den letzten beiden Jahren vor dem Zweiten Weltkrieg die meisten Ehemänner eine Arbeit hatten und gut verdienten, arbeiteten die Frauen fast durchweg weiter, wie die Statistiken zeigen. Viele nahmen sogar nach längerer Zeit erneut eine Arbeit auf. Diesmal wurde der Verdienst der Ehefrau benutzt, um alte Schulden abzutragen, notwendige Anschaffungen zu machen, den Kindern eine Berufsausbildung zu ermöglichen oder auch einfach, um nach langen Jahren der Entbehrung einen etwas höheren Lebensstandard zu genießen. So besserte sich zwar die wirtschaftliche Situation etwas, jedoch blieb die Doppelbelastung. Die Mütter, die keinen verdienenden Ehemann hatten, und die ledigen Frauen hatten überhaupt keine andere Wahl als zu arbeiten. Einigen brachten die letzten Friedensjahre mit Hochkonjunktur zwar bessere Verdienstmöglichkeiten, dafür aber längere Arbeitszeiten.

Nach Angaben des Statistischen Reichsamtes war die Anzahl der erwerbstätigen Frauen von 11,6 Millionen im Jahre 1933 auf 14,6 Millionen im Mai 1939 gestiegen[112]. Das erneute wirtschaftliche Wachstum bewirkte also, wie schon in den früheren Jahrzehnten, daß die weibliche Erwerbstätigkeit sich weiter ausdehnte. Die Nationalsozialisten waren gegen diese unvermeidliche Folgeerscheinung der Industrialisierung, die ihnen die Verwirklichung ihrer Frauen- und Familienideologie auf absehbare Zeit unmöglich machte, machtlos. Um die Diskrepanz zwischen Ideologie und Praxis etwas zu mildern, bemühte man sich, den Arbeits- und Mutterschutz zu verbessern.

Die absolute Zunahme der weiblichen Beschäftigten legt die Frage nahe, ob nicht gleichzeitig die beruflichen und damit sozialen Aufstiegschancen der Frauen sich verbesserten, kurz, die »ökonomische Emanzipation« der Frauen fortschritt. In der Literatur wird diese Frage gelegentlich bejaht. So meint David Schoenbaum (und Karl-Dietrich Bracher hat sich dieser These angeschlossen), daß die wirtschaftliche Stellung der deutschen Frauen sich bis 1939 positiv verändert und der Arbeitskräftemangel überall, auch in den akademischen Berufen, die Wettbewerbsfähigkeit der Frauen verbessert habe; etwaiger Statusverlust sei wettgemacht worden durch vermehrte Berufschancen und den Zugang zu akademischen Berufen. Alles in allem sei den Frauen ein neuer Status relativer Gleichberechtigung, wenn auch nicht im herkömmlichen Sinne, erwachsen[113].

Die These Schoenbaums läßt die Frage außer acht, auf welche Berufe und Wirtschaftszweige sich die Zunahme der Frauenarbeit verteilte und in welchen

Berufen eine Abnahme zu verzeichnen war. Die weiblichen Selbständigen und Beamten, also Berufssparten, die gemeinhin als qualifizierter angesehen werden, nahmen um je 14 % und 5,5 % ab. Die Zahl der Hausgehilfinnen vergrößerte sich um 7,4 %, die der Industriearbeiterinnen vermehrte sich um über 20 %. Dagegen verließen 7,7 % der Landarbeiterinnen die Landwirtschaft, und es ist anzunehmen, daß sie in die Hauswirtschaft und Industrie abwanderten. Die Zahl der mithelfenden weiblichen Familienangehörigen wuchs über 10 %, und dies gleicherweise in der Landwirtschaft, in Handel und Handwerk, während gleichzeitig überall die Zahl der männlichen mithelfenden Familienangehörigen beträchtlich abnahm. Die weiblichen Angestellten hatten einen Zuwachs von 18,9 % zu verzeichnen[114]. Der Prozentsatz der Studentinnen hatte sich kontinuierlich von 15,6 % im Sommer 1933 auf 11,2 % im Sommer 1939 verringert, der Numerus clausus von 10 % war also fast erreicht. Diese Zahlen erlauben nicht ohne weiteres, die Situation aller berufstätigen Frauen auf einen gemeinsamen Nenner mit der Wertung »positiv« oder »negativ« zu bringen.

Zweifellos hatte sich die Lage der weiblichen Selbständigen, Beamtinnen und Akademikerinnen verschlechtert. Viele von ihnen wurden entlassen, zahlreiche höhere Beamtinnen wurden zurückgestuft – dies kam auch öfter bei höheren weiblichen Angestellten, Prokuristinnen oder Abteilungsleiterinnen vor –, insgesamt wurde ihnen die Berufsausübung erschwert. Die Tatsache, daß gleichzeitig die Zahl der männlichen Beamten um 23,8 % zunahm, spricht für sich selbst. Die relativ starke Zunahme der weiblichen Angestellten bildete lediglich die kontinuierliche Fortsetzung der schon nach dem Ersten Weltkrieg einsetzenden Entwicklung der zunehmenden Beschäftigung von Frauen im tertiären Sektor. Die Zahl der Industriearbeiterinnen war sogar, prozentual und absolut, noch stärker gestiegen. Hier war es jedoch eine im Verhältnis zur vorhergehenden Entwicklung gegenläufige Tendenz: Die Zahl der Industriearbeiterinnen hatte zwischen 1925 und 1933 stark abgenommen. Die Abwanderung eines kleinen Prozentsatzes von Landarbeiterinnen bedeutete für diese auf jeden Fall eine Verbesserung ihrer Arbeitsbedingungen; dieser Trend war jedoch in viel größerem Ausmaß schon während der Weimarer Republik vorhanden. Viele Hausgehilfinnen hatten ab 1925 ihre Beschäftigung zugunsten besserer Verdienstmöglichkeiten aufgeben können, doch wurde ab 1933 diese Tendenz abgeblockt, und die Zahl der Hausgehilfinnen nahm wieder zu. Auch bei den weiblichen mithelfenden Familienangehörigen der Landwirtschaft, die bis 1933 in steigendem Maße die Chance genützt hatten, die Familienbetriebe zu verlassen und anderswo eine Arbeit aufzunehmen, wurde diese Entwicklung nach 1933 in ihr Gegenteil verkehrt, und die Zahl dieser abhängig vom Familienbetrieb arbeitenden Frauen erreichte einen seit Jahrzehnten nicht mehr dagewesenen Höchststand. Die männlichen mithelfenden Familienangehörigen nahmen dagegen vor und nach 1933 stark ab. Wenn von einer Verbesserung oder Verschlechterung der Situation der erwerbstätigen Frauen im »Dritten Reich« gesprochen wird, ist es immer eine relative Wertung, die nur orientiert sein kann an der Lage dieser Frauen vor 1933 und an der Situation der männlichen Berufstätigen.

Den Frauen in der Land- und Hauswirtschaft, die die untersten Ränge in der

Berufsskala nach den Kriterien Lohn, Sozialstatus und Arbeitsbedingungen einnahmen, boten sich in der Weimarer Republik sehr viel mehr Chancen, eine Stufe in dieser Berufsskala hinaufzusteigen. Eine noch wichtigere Voraussetzung für den langfristigen ökonomischen Emanzipationsprozeß der Frauen war, daß ihnen, ungeachtet aller Formen von praktischem Boykott, in sämtlichen Berufen prinzipiell unbegrenzte Aufstiegsmöglichkeiten offenstanden. Trotz der Hindernisse, die den beruflich emporstrebenden Frauen zwischen 1918 und 1933 in den Weg gelegt wurden und die auch die allgemeine Emanzipation der Frauen nur langsam fortschreiten ließen, wuchs die Zahl der Studentinnen mit jedem Jahr. Es gab höhere Beamtinnen, ob sie Ministerialrätinnen, Richterinnen oder Professorinnen waren. Die Weimarer Republik bot also Voraussetzungen für die Emanzipation der Frauen – Voraussetzungen, die sich von denen vergleichbarer Gesellschaften nicht negativ unterschieden. Das nationalsozialistische Regime dagegen *verbot* auf »legale« Weise den Frauen jeglichen Aufstieg oder Zugang zu höheren Positionen mit leitenden, verantwortlichen Funktionen. Dieses Faktum darf in seiner retardierenden Bedeutung für die Durchsetzung demokratischer Chancengleichheit und ökonomischer Emanzipation der Frauen in Deutschland nicht unterschätzt werden.

Die rein quantitative Zunahme der Frauenarbeit war keine Kompensation für diesen Verlust an realen Emanzipationschancen. Die Zunahme verteilte sich, in absoluten Zahlen gemessen, am stärksten auf die Haus- und Landwirtschaft, also nichtindustrielle Wirtschaftsgebiete; das gleiche gilt für Handwerk, Gaststättengewerbe und pflegerische Berufe. Je mehr die Männer aus diesen Bereichen in die industriellen Bereiche strömten, desto mehr wurden die Frauen der industriellen Reservearmee als Ersatz in diese Wirtschaftsgebiete gelenkt. Daß arbeitswillige Frauen, die lange überhaupt keine Beschäftigung gefunden hatten, nun diese frei werdenden Arbeitsplätze in präindustriellen Wirtschaftssektoren mit entsprechenden Tätigkeitsmerkmalen einnehmen konnten, war zwar eine Folge der verstärkten Industrialisierung, aber kein Beitrag zur Modernisierung und nicht zur Steigerung der sozialen Mobilität[115].

Das Gewinninteresse der Unternehmer, die auf billige und effektive Frauenarbeit nicht verzichten wollten und sich seit 1925 unverändert um weibliche Arbeiter und Angestellte bemühten, verhinderte zwar, daß die Absicht der Nationalsozialisten, die Frauenarbeit wieder verstärkt auf vorindustrielle Wirtschaftssektoren umzuschichten, völlig verwirklicht wurde. Es ist aber anzunehmen, daß bei einem derartigen Konjunkturaufschwung, wie er nach 1933 durch die Rüstung angeheizt wurde, unter den politischen Bedingungen der Weimarer Republik noch sehr viel mehr Frauen in die Arbeiterinnen- und Angestelltenberufe der Industrie und Verwaltung geströmt wären, als es unter dem nationalsozialistischen Regime möglich war. Die Meinung Schoenbaums, der Nationalsozialismus habe die sozialen und ökonomischen Aufstiegschancen verbessert, läßt sich nicht halten. Von daher spricht aber auch vieles dafür, daß die generelle These vom Modernisierungseffekt des »Dritten Reiches« größerer Skepsis begegnen sollte, als das in einem Großteil der Literatur bisher üblich war.

Kapitel III

Löhne und Arbeitsbedingungen für Frauen
1933–1939

Die autoritäre preußische Staatsauffassung, nach der die Obrigkeit verpflichtet ist, für das Wohl der Untertanen – wenn auch in patriarchalischer Weise – zu sorgen, war in der Sozialpolitik des Kaiserreichs, der Weimarer Republik und des »Dritten Reiches« unverändert wirksam. Der liberale Kapitalismus hat sich in Deutschland nie so ungehemmt entfalten können wie etwa in England oder in den USA, da ihn die regulierenden Eingriffe des Staates unter anderem auch an der optimalen Ausbeutung der menschlichen Arbeitskraft hinderten. Neben der Tradition des Obrigkeitsstaates war es jedoch auch das Bemühen, der sozialistischen Bewegung den Wind aus den Segeln zu nehmen, das eine Art autoritären »Staatssozialismus« hervorbrachte[1].

Als nach der nationalsozialistischen Machtübernahme die Gewerkschaften gleichgeschaltet wurden, als Treuhänder der Arbeit[2] eingesetzt und damit die Tarifautonomie – für die Gewerkschaften ein wesentlicher Schritt zur Demokratisierung der Wirtschaft – beseitigt wurde, geschah dies im Sinn und Interesse der Arbeitgeber, deren Verbände zwar ebenfalls gleichgeschaltet wurden, sich aber eigenen Einfluß bewahren konnten. Der traditionelle Herr-im-Haus-Standpunkt der Unternehmer wurde im Januar 1934 durch das Gesetz zur Ordnung der nationalen Arbeit (AOG) noch verstärkt. Dem Betriebsinhaber oder -leiter, der jetzt den Titel »Betriebsführer« erhielt, wurde darin die uneingeschränkte Entscheidungsbefugnis im Betrieb bestätigt. Die Belegschaft, jetzt in »Gefolgschaft« umgetauft, war dem »Führer« des Unternehmens zum Gehorsam verpflichtet. Der Unternehmer seinerseits durfte nicht »böswillig« die Arbeitskraft des Arbeitnehmers ausnutzen, sondern es war seine »soziale Pflicht«, für das Wohl seiner »Gefolgschaft« zu sorgen. Über die Betriebsordnung, die alle Lohn- und Arbeitsbedingungen über das Gesetz hinaus regelte, hatte der Betriebsleiter allein zu entscheiden[3]. Die im Arbeitsordnungsgesetz garantierte Souveränität des Unternehmers innerhalb seines Betriebes wurde zum entscheidenden Argument der Industrievertreter, das sie den Anstrengungen der DAF, sämtliche betriebliche Sozialeinrichtungen ihrer Organisation einzuverleiben, entgegenhielten. Dem Reichsarbeitsministerium blieb die Kontrolle der Betriebe im Hinblick auf die Einhaltung der Sozialgesetzgebung und des Lohnstopps vorbehalten. Ausgeübt wurde diese Kontrolle von der Gewerbeaufsichtsbehörde und den Reichstreuhändern der Arbeit.

Die DAF war ursprünglich gedacht als Instrument der Partei, um die Arbeiter zu kontrollieren und deren für »marxistische« Parolen anfälliges Bewußtsein nationalsozialistisch umzuformen. Der Bevölkerung dagegen sollte sie als Vertreter der Arbeitnehmerinteressen erscheinen. Von Anfang an betrieb sie eine sehr selbständige Machtpolitik. Der DAF-Führer Ley, der nur Hitler verantwortlich war, versuchte, um seine Machtstellung innerhalb der Partei zu stärken, die Arbeiter mit progressiv klingenden Sozial- und Lohnforderungen für sich zu gewinnen. Mit dieser Politik provozierte die DAF ständig Konflikte und Kompetenzkollisionen sowohl mit dem Reichsarbeitsministerium als auch mit den Unternehmern. Das Gros der Arbeiter jedoch erkannte bald, daß die Triebkraft der DAF nicht soziales Engagement, sondern Machtstreben war, und verhielt sich der Organisation gegenüber gleichgültig oder abwehrend[4].

1. Arbeitsschutz[5]

Die Notwendigkeit eines besonderen Frauenarbeitsschutzes war in Deutschland weder von den verschiedenen politischen Parteien noch von Arbeitnehmer- oder Frauenorganisationen jemals in Frage gestellt worden. Die angelsächsisch-skandinavische »open door«-Bewegung, die jeglichen Sonderschutz als Hindernis auf dem Wege zur Gleichberechtigung der Frauen ablehnte, gewann hier nie Einfluß.

Bis 1939 wurden sämtliche zum Zeitpunkt der Machtergreifung bestehenden Arbeitsschutzgesetze für Frauen und Jugendliche regelmäßig bestätigt und bekräftigt. Gleichzeitig machte sich die neue Regierung daran, mit Gesetzen, die die Frauenarbeit für ganze Wirtschaftszweige verboten, und einer Fülle von Einzelverordnungen die Schutzbestimmungen zu erweitern. Bemerkenswert ist dabei, daß die meisten dieser Gesetze, von denen viele noch heute gültig sind, in den Jahren nach 1935 erlassen wurden, also in der Zeit des wachsenden Arbeitskräftebedarfs. Der Frauenarbeitsschutz sollte also nicht dazu dienen, die Frauen zugunsten arbeitsloser Männer von den Arbeitsplätzen zu vertreiben; die entsprechenden Maßnahmen sollten vielmehr die notwendig gewordenen weiblichen Arbeitskräfte wirklich schützen. Das Reichsarbeitsministerium versuchte, Gesundheitsschäden für die Arbeiterinnen durch einseitige und zu schwere Arbeiten[6] als auch durch übergroße Temperaturen, Luftdruck und chemische Giftstoffe zu unterbinden. Für schwangere und stillende Frauen waren stets besondere Bestimmungen vorgesehen.

Aus der Verordnungsfülle verdient hier das Verbot, Frauen an Maschinen mit Fußantrieb zu beschäftigen, hervorgehoben zu werden[7]. Diese Maschinen gab es in der Konserven-, Schuh- und Lederindustrie und in den Seifenfabriken, in denen 30 % bis 40 % der Arbeiter weiblich waren, besonders häufig. Die Bedienung des Fußhebels erforderte ein ständiges Stehen der Arbeiterinnen, belastete zu einseitig das Standbein, was zu Schäden der Wirbelsäule und des Beckenknochens führte, und erschütterte die Unterleibsorgane besonders schwer. Den meisten Betrieben wurde die Auflage gemacht, entweder andere Maschinen für ihre Arbeiterinnen anzuschaffen oder nur noch Männer an Maschinen mit Fußeinrückung einzusetzen. Daraus ergaben sich für Betriebe, die in einer Zeit der Arbeitskräfteknappheit auf Frauenarbeit nicht verzichten konnten, erhebliche Unkosten. In der keramischen Industrie, die zu 41 % Frauen beschäftigte, und in der Süßwarenindustrie, wo 80 % der Belegschaft weiblich waren, wurde eine Reihe von Tätigkeiten für Frauen untersagt[8]. Hier wie in der gesamten Wirtschaft wurde die Festlegung des Höchstgewichts, das Frauen noch heben oder transportieren durften, auf 15 kg eingeführt. Mit der Ziegeleiverordnung vom Juni 1937 wurde die Frauenarbeit in der Baustoff-produktion grundsätzlich verboten und nur ausnahmsweise bei Zahlung von Männerlöhnen erlaubt[9]. In der umfassenden neuen Arbeitszeitordnung, die 1938 herauskam, war noch einmal eine Liste aller Beschäftigungsverbote für Frauen zusammengestellt[10]. Zudem gab es einen Sonderparagraphen »zum Schutze der weiblichen Ehre«. Dieser sah Ordnungsstrafen durch das »soziale Ehrengericht« für solche Unternehmer vor, die ihre Machtstellung durch »unsittliche Zudringlichkeit gegenüber der weiblichen Gefolgschaft« miß-brauchten[11].

Im Oktober 1938 erließ der Reichsarbeitsminister »Richtlinien für Aufent-halts-, Speise- und Waschräume, Kleiderablagen und Aborte«, deren Hygiene- und Schutzvorschriften so wenig anfechtbar waren, daß der Erlaß noch heute in Kraft ist[11a]. Jedem, auch dem kleinsten Betrieb wurde es zur Pflicht gemacht, mindestens für eine ausreichende Anzahl und hygienisch einwandfreie Umkleide- und Waschgelegenheiten sowie Toiletten zu sorgen, und zwar jeweils für Männer und Frauen getrennt. Größeren Betrieben verlangte man noch mehr ab: Aufenthaltsräume mit Ruhegelegenheiten für die Arbeiterinnen etwa, Einrichtungen zum Aufwärmen der Mahlzeiten, ja sogar Duschen mit heißem Wasser.

Den kleineren Betrieben wurden nicht deswegen weniger Auflagen als den Großbetrieben gemacht, weil die mittelständischen Unternehmungen geför-dert werden sollten, sondern weil deren geringere finanzielle Belastbarkeit mit Sozialausgaben berücksichtigt werden mußte. Tatsächlich betraf der Erlaß vom Oktober 1938 gerade die kleineren Mittel- und die Kleinbetriebe ganz besonders. Die Berichte der Gewerbeaufsichtsbeamten aus den zwanziger und dreißiger Jahren enthalten viele geradezu haarsträubende Beispiele kleinerer Gewerbeunternehmen, in denen es überhaupt keine Toiletten gab, auch keinerlei Waschgelegenheiten oder höchstens eine Pumpe im Hinterhof. Das geforderte Mindestmaß an sanitären Anlagen und Umkleideräumen, das also kleineren Betrieben erhebliche Kosten verursachen mußte, war bei Großbe-trieben schon lange vor dem Ersten Weltkrieg erfüllt. Den Anstoß für den genannten Erlaß gab, wie der Reichsarbeitsminister im Vorwort betonte, die vermehrte Einstellung weiblicher Arbeitskräfte in gewerblichen Betrieben. Für die Unternehmer folgte daraus verstärkt die Pflicht zum besonderen Schutz der weiblichen Belegschaft.

Die Vollbeschäftigung und der folgende Mangel an Arbeitskräften brachten allerdings nicht nur einen Ausbau des Frauenarbeitsschutzes mit sich; gleichzeitig häuften sich bei den Gewerbeaufsichtsbeamten auch die Anträge der Betriebe, Ausnahmen von bestehenden Schutzbestimmungen zuzulassen. Schon Ende 1937, also wenige Monate nach Erlaß der Ziegeleiverordnung, erklärten die Reichstreuhänder der Arbeit, der Mangel an männlichen

Arbeitern, die in attraktivere Betriebe abwanderten, mache die Frauenarbeit in der Ziegelindustrie unvermeidlich. Anfang 1938 mußten die Gewerbeaufsichtsämter den meisten Anträgen auf Ausnahme von der Ziegeleiverordnung stattgeben[12]. Allerdings hatten die Antragsteller eine Bescheinigung des Arbeitsamtes vorzulegen, daß wirklich keine männlichen Arbeiter vorhanden waren. Es wurde ihnen zudem zur Auflage gemacht, die Mechanisierung der Betriebe voranzutreiben.

Auch die DAF forderte zur Abschaffung dieses Mißstandes die Rationalisierung und Mechanisierung der Ziegeleien. Die Ziegeleiverordnung war am schwierigsten in solchen Bezirken durchzuführen, in denen die Reichstreuhänder der Arbeit das Prinzip des gleichen Lohns für Ziegeleiarbeiterinnen noch nicht durchgesetzt hatten. Die DAF versprach deshalb, streng darüber zu wachen, daß keinesfalls wegen eines geringeren Lohnes für Arbeiterinnen erneut Frauen eingestellt würden[13]. Doch der Primat von rüstungswirtschaftlichen Zwängen erwies sich an dem Erlaß Seldtes vom Februar 1939, der die Gewerbeaufsichtsämter ausdrücklich ermächtigte, Ausnahmen vom Frauenarbeitsverbot in den Ziegeleien zu genehmigen. Gleichzeitig wurde auch die Genehmigung erteilt, daß Frauen mit dem Schälen von Stämmen beschäftigt werden dürften[14] – alles jedoch nur unter dem Vorbehalt, daß der Arbeitskräftemangel erwiesen und die Arbeitsweise unbedenklich sei. Es durften nur Arbeiterinnen mit einwandfreier Gesundheit eingesetzt werden und keinesfalls schwangere Frauen. Andere Branchen, vor allem kriegsunwichtige wie die Möbelindustrie, erhielten auf ihre Anträge auf Zulassung von Frauen zu körperlich anstrengenden Arbeiten abschlägige Antworten. Solange in der Land- und Hauswirtschaft und Textilindustrie, die sich für die weibliche Erwerbstätigkeit besonders eigneten, Mangel an Arbeiterinnen herrsche, könne man in Industrien, die sich für weibliche Kräfte wenig eigneten, die Frauenarbeit nicht erneut zulassen[15].

2. Achtstundentag und Vollbeschäftigung

Wie in anderen Bereichen der Sozialpolitik war Deutschland auch, was die Regelung der Arbeitszeit anging, ein – verglichen mit anderen Industriestaaten – relativ fortschrittliches Land. Während in Deutschland schon 1919 der Achtstundentag verbindlich geworden war, hatten von den 48 nordamerikanischen Staaten noch 1932 erst sechs die 48-Stunden-Woche in der Industrie eingeführt. Die meisten Staaten hatten einen Zehnstundentag, vier kannten überhaupt kein Gesetz zur Arbeitszeitregulierung für Frauen.

Im nationalsozialistischen Deutschland wurde im Juli 1934 eine neue Arbeitszeitordnung[16] erlassen, die den Achtstundentag, der bisher für gewerbliche Betriebe galt, auch auf öffentliche und private Dienstleistungs- und Verwaltungsbetriebe ausdehnte. Die Möglichkeit, Ausnahmegenehmigungen von dem Frauenarbeitsverbot in der Nachtschicht zu erhalten, bestand weiterhin für Betriebe mit Saisonarbeit und volkswirtschaftlich wichtigen Aufträgen. Doch waren derartige Anträge dem Gesetz gemäß von der Gewerbeaufsichtsbehörde und dem Reichsarbeitsministerium streng zu überprüfen. Die Praxis zeigte, daß sich, etwa in gemüse-, obst- und fischverarbeitenden Industrien oder in Betrieben mit termingebundenen Exportaufträgen, die Überschreitung des Achtstundentages und des Nachtarbeitsverbotes für Frauen nicht vermeiden ließ, da oft keine männlichen Arbeitskräfte mehr zur Verfügung standen und die Frauen allein schon deshalb unentbehrlich waren, weil sie eingearbeitet waren. Jedoch konnten die Behörden, wie schon in der Weimarer Republik, nicht immer sicher beurteilen, in welchen Fällen Ausnahmegenehmigungen tatsächlich notwendig oder vermeidbar waren. So waren weder in den zwanziger noch in den dreißiger Jahren alle Mißstände mit der relativ fortschrittlichen Gesetzgebung für die Frauenarbeitszeit ausgeräumt, wie die Jahresberichte der Gewerbeaufsichtsbeamten vor und nach der Machtergreifung – unverändert kritisch – festhielten[17].

Die Kritik an den immer noch unvollkommenen Verhältnissen bei der Durchführung des Frauenarbeitsschutzes übten nicht allein behördliche Stellen. Dieses Thema wurde auch in nationalsozialistischen Publikationen – nicht nur in DAF-Schriften – intensiv behandelt. Sogar wissenschaftliche Arbeiten, die Übelstände in der Praxis der Frauenarbeit analysierten, wurden veröffentlicht. Die klischeehafte Vorstellung, daß der Nationalsozialismus keinerlei Sozialkritik zuließ, ist demnach etwas zu modifizieren. Erst recht abwegig ist die Wertung des DDR-Historikers Kuczynski: Für ihn bildet die Tatsache, daß sogar unter dem nationalsozialistischen Regime Kritik an Mißständen der Frauenarbeit geübt wurde, eine besonders deutliche »Anklage gegen das faschistische System«[18]. In Wirklichkeit war eine bestimmte Form von Sozialkritik durchaus mit der Herrschaftspraxis des Nationalsozialismus zu vereinbaren; ja, sie konnte als Mittel zur Stabilisierung des Systems unter Umständen sogar erwünscht sein.

Die neue Arbeitszeitordnung vom April 1938, die ab Januar 1939 in Kraft trat[19], brachte, abgesehen vom erwähnten Ausbau des Arbeitsschutzes für Frauen, keine Veränderungen, sondern nur eine zusammenfassende Präzisierung der bestehenden Arbeitszeitregelung, deren Durchführung ab jetzt allein das Gewerbeaufsichtsamt zu überwachen hatte. Der Achtstundentag, die 48-Stunden-Woche und die gesetzlichen Ruhepausen hatten jedoch noch immer keine Geltung für die Hausgehilfinnen und Landarbeiterinnen, geschweige denn für mithelfende Familienangehörige.

Schon 1938 wurde es in den Betrieben mit Rüstungsaufträgen notwendig, die achtstündige Regelarbeitszeit zu überschreiten, wovon Frauen schon allein aus betriebstechnischen Gründen nicht ausgenommen wurden. Doch machten es sich die Gewerbeaufsichtsämter nicht so leicht, die wegen des Arbeitskräftenotstandes erforderlich gewordenen Genehmigungen für Mehr- und Nachtarbeit der Frauen nun automatisch zu verteilen. Der Reichsarbeitsminister wies schon im »Erlaß über die Verlängerung der Arbeitszeit zur Durchführung des Vierjahresplanes« darauf hin, daß der erhöhte Frauenschutz hiervon grundsätzlich unberührt bleibe. Im August 1939 ordnete Seldte erneut an, daß die Mehrarbeit von Frauen sich stets im Rahmen ihrer körperlichen und geistigen Belastbarkeit halten müsse und die erwerbstätigen Frauen keinesfalls in ihrem »natürlichen Mutterberuf« geschädigt werden dürften. Der Minister erinnerte dabei an die schweren Gesundheitsschäden, die Arbeiterinnen im Ersten

Weltkrieg erlitten hatten. Konkret sollte eine ausnahmsweise gestattete Arbeitszeit von 54 Stunden wöchentlich das Maximum für weibliche Beschäftigte sein, und auch dies nur bei leichter Arbeit, kurzem Weg zur Arbeit sowie ausreichenden Essens- und Ruhepausen. Nachtschichten für Frauen sollten möglichst gar nicht, auf jeden Fall nur nach strengsten Maßstäben gestattet sein[20]. Noch wenige Tage vor Kriegsbeginn ordnete der Reichsarbeitsminister an, die sich mehrenden Anträge von Industriebetrieben, weibliche Kranführer in der Nachtschicht zu beschäftigen, abschlägig zu bescheiden und ebensowenig die Nachtarbeit von Frauen in der Papierindustrie zu gestatten[21].

Die Bürokratie nahm also auch im »Dritten Reich« ihre Aufsichtspflicht über das gesundheitliche Wohl der erwerbstätigen Frauen durchaus ernst. Der Schutz von Arbeiterinnen und Angestellten wurde sogar noch erweitert, gemäß der nationalsozialistischen Ideologie, die die Frau als »Lebensquell der Nation« in den Vordergrund hob. Wenn die Arbeitszeit- und Arbeitsschutzgesetze nicht immer eingehalten wurden, wie dies auch in anderen Industrieländern und in der Weimarer Republik der Fall war, so lag das hauptsächlich an dem mangelnden sozialen Verantwortungsgefühl von Unternehmern, die sich mehr für die Gewinne aus der möglichst schnellen Erledigung von Produktionsaufträgen interessierten als für den langfristigen Gesundheitszustand ihrer Arbeitskräfte. Weder das Arbeitsministerium noch die DAF besaßen ausreichende Überwachungs- und Machtmittel, um eine völlige Einhaltung der Arbeitsschutzgesetze zu gewährleisten, denn das totalitäre Regime wollte vorerst die Souveränität der Unternehmer in ihren Betrieben sowenig wie möglich antasten. Die Mißachtung der Arbeitszeitordnung geschah meist nicht einmal gegen den Willen der weiblichen Arbeitskräfte, sondern sogar oft auf deren ausdrücklichen Wunsch hin, wie die DAF feststellen mußte. So begrüßten Hausfrauen und Mütter die Arbeit in der Nachtschicht, um tagsüber besser Haushalt und Kinder versorgen zu können, Arbeiterinnen verlangten eine Kürzung der vorgeschriebenen Pausen oder ließen sie ganz ausfallen, um früher nach Hause gehen zu können, andere begrüßten einen gesetzwidrigen Frühschichtbeginn um vier Uhr morgens, weil sie dadurch besser die gewohnte Zeit des Mittagessens einhalten konnten[22]. So stießen die Arbeitsbehörden und die DAF in ihrem Bemühen um eine Besserung des Gesundheitsschutzes für arbeitende Frauen also nicht nur auf unsoziales Verhalten der Arbeitgeber, sondern auch auf mangelndes Verständnis bei den Frauen selbst. Die DAF mußte ihre Erziehungskampagne also an einer doppelten Front, bei Unternehmern und Arbeiterschaft, durchführen.

3. Gleicher Lohn für gleiche Arbeit?

Zum Zeitpunkt der Machtergreifung war eine ungleiche Entlohnung von Männern und Frauen in Deutschland wie in anderen vergleichbaren Staaten schon eine langgeübte Tradition. Die Ursachen[23] sind in die vorindustrielle Zeit zurückzuverfolgen, in der Männern und Frauen in der Regel bereits verschiedene Tätigkeiten zugewiesen waren. Da für die Männerarbeit meist mehr Körperkraft, Geschicklichkeit und Ausbildung erforderlich waren, war auch der Männerlohn höher als der Frauenlohn, was zudem noch eine ideologische Rechtfertigung erhielt in der herkömmlichen Funktion des Mannes als Ernährer der Familie. Hinzu kam eine allgemeine Geringschätzung der weiblichen Arbeitskraft, die nicht in volkswirtschaftlichen Tatsachen, sondern in den Vorurteilen einer patriarchalischen Gesellschaft begründet lag. Dieser letzte Faktor verlor seinen Einfluß auf die Gestaltung der Differenz von Männer- und Frauenlöhnen auch nicht, als mit der Phase der Industrialisierung durch das Produktionsmittel Maschine in weiten Fertigungsbereichen besondere physische Kraft oder eine Ausbildung immer überflüssiger, Männer- und Frauenarbeit damit aber weitgehend vergleichbar wurden. Die ökonomische Ungerechtigkeit in der Gehaltsbemessung wird besonders deutlich bei dem rein geschlechtsbedingten Abzug vom Gehalt, den weibliche Angestellte im Gegensatz zu ihren männlichen Kollegen zu erdulden hatten und der sogar tariflich verankert war.

Das Lohnniveau ganzer Industriezweige wurde von den geringeren Frauenlöhnen mitgeprägt. In der Textil-, Bekleidungs- und Tabakindustrie etwa, sogenannten typischen Frauenindustrien, die schon von Anfang an überwiegend weibliche Arbeitskräfte beschäftigt hatten, wurden traditionell niedrigere Löhne gezahlt als in der überwiegend oder ausschließlich Männer beschäftigenden Metall- und Bauindustrie. Innerhalb der typischen Frauenindustrien war die Differenz zwischen den Stundenlöhnen von Männern und Frauen oft besonders hoch. Nur in einigen Textilzentren – so etwa am Niederrhein, wo es üblich war, daß gelernte Textilarbeiterinnen, meist Weberinnen, nach ihrer Heirat weiterarbeiteten, und damit eine Reserve an verheirateten Facharbeiterinnen nicht existierte – wurde schon in der Weimarer Republik der gleiche Akkordlohn für männliche und weibliche Weber festgelegt[24]. Doch war der Regelfall, daß Männer im Gegensatz zu den Frauen bei völlig identischer Arbeit eine nicht durch Leistung gerechtfertigte »Geschlechtszulage«[25] (Max Weber) forderten und auch erhielten. Die sowohl demokratischen als auch sozialistischen Prinzipien entsprechende Forderung »Gleicher Lohn für gleiche Arbeit« wurde bis 1933 nicht im mindesten erfüllt. Die Differenz von Männer- und Frauenlöhnen war auch von den Gewerkschaften in den Tarifverträgen stets aufs neue sanktioniert worden.

Entscheidend für das relativ niedrigere Niveau der Frauenlöhne war jedoch, daß meistens das qualitative Niveau der von weiblichen Arbeitskräften verrichteten Tätigkeiten ebenfalls niedriger war, weil Familien und auch die Betriebe es als unrentabel ansahen, in den weiblichen Nachwuchs eine Berufsausbildung oder Lehrgänge zu investieren. Ein offenbar schwer zu überwindender Mechanismus von traditionellen Vorurteilen, männlichem Egoismus und Profitinteresse der Unternehmer sorgte dafür, daß die Frauen weiterhin hauptsächlich auf typische Frauenarbeit in Industrie, Haus- und Landwirtschaft – als solche minderwertig eingestuft und entsprechend bezahlt – beschränkt blieben[26]. Auch als im Zuge der fortschreitenden Mechanisierung neue Arbeitsplätze entstanden, die besondere Fingerfertigkeit und Präzision verlangten – etwa in der Elektrobranche – und für die sich Frauen erwiesenermaßen besser als Männer eigneten, wurden gerade deshalb diese Tätigkeiten als Frauenarbeit automatisch disqualifiziert, was sich konkret in unangemessen niedriger Bezahlung äußerte.

In Deutschland waren wenigstens Minimallöhne in den Tarifverträgen festgelegt, die vor allem für die Frauen von Bedeutung waren. In anderen Industrieländern genossen die Arbeiterinnen nicht einmal diesen Mindestschutz vor allzu großer Ausbeutung. In den USA hatten zwar bis 1923 wenigstens fünfzehn Staaten Mindestlohngesetze für Frauen verabschiedet, doch verloren diese ihre Gültigkeit, als in jenem Jahr der Oberste Gerichtshof (Supreme Court) anläßlich eines Rechtsstreites im District of Columbia über deren Legalität zu befinden hatte. Der Supreme Court entschied, daß Mindestlohngesetze das Recht der Vertragsfreiheit verletzten und damit verfassungswidrig seien. Dieser Spruch wurde erst 1938 aufgehoben[27].

Die Nationalsozialisten hoben zwar die Gewerkschaften und somit das freie Aushandeln des Tarifvertrages auf, doch blieben die bei der Machtergreifung gültigen Tariflöhne in Kraft. Die Nominallöhne wurden damit während des »Dritten Reiches« auf dem Krisenniveau eingefroren, die Differenz zwischen den Männer- und Frauenlöhnen wurde grundsätzlich nicht verändert, wie die amtliche Tariflohnstatistik zeigt[28]. Im Januar 1933 machten die durchschnittlichen Frauenlöhne in sämtlichen Industrie- und Gewerbezweigen nur 75 % der Männerlöhne aus. Diese Lohnrelation entsprach durchaus dem internationalen Standard[29].

Grundsätzlich muß bei jeder Aussage über die Höhe der Frauenlöhne und deren Verhältnis zu den Männerlöhnen in Betracht gezogen werden, daß bei amtlichen Lohnstatistiken des Reiches und demzufolge auch in der Literatur in irgendeiner Form stets Durchschnittswerte vorliegen. Eine Statistik, die gleichzeitig die Lohnunterschiede zwischen den Regionen – am größten zwischen den Ostgebieten und dem Nordwesten –, den einzelnen Industrie- und Wirtschaftszweigen, den Ortsgrößenklassen, den Altersklassen, geschweige denn den Tariflöhnen und tatsächlichen Löhnen berücksichtigt, existiert nicht[30]. Einige Beispiele sollen die Differenz auch zwischen den Löhnen von Frauen in verschiedenen Regionen und Berufen demonstrieren. In der metallverarbeitenden Industrie betrug 1937 der Tariflohn für Arbeiterinnen 45,2 Rpf. Doch schon 1935 bezifferte sich im Reichsdurchschnitt der tatsächliche Lohn auf 50,4 Rpf., wobei noch unter der Berücksichtigung der acht Ortsgrößenklassen Unterschiede zwischen einem Stundenlohn von 58,5 Rpf. und 41,9 Rpf. auftraten[31]. Dagegen verdienten 1937 die Landarbeiterinnen in Schlesien 17 Rpf. pro Stunde[32]. Nach der Tarifordnung der Textilindustrie sollten Facharbeiterinnen in der Seidenweberei 51,3 Rpf. – männliche Hilfsarbeiter 54,4 Rpf. –, verdienen, in der Praxis erhielten sie jedoch schon im September 1933 im Reichsdurchschnitt 61,8 Rpf.[33]. Brandenburgische Heimarbeiterinnen in der Handhäkelei erreichten wiederum nur einen Stundenlohn von 25 Rpf., den abzulehnen sie sich allerdings angesichts der Vollbeschäftigung ab Ende 1937 leisten konnten. In Schlesien waren viele Textilarbeiterinnen noch im Sommer 1938 zur gewerbsmäßigen Prostitution gezwungen, da ihr durchschnittlicher Wochenlohn von 9 RM nicht zum Leben ausreichte[34]. Gleichzeitig konnten gelernte Friseusen, da in diesem Beruf große Nachfrage war und die Meister sich die Kräfte gegenseitig abwarben, schon 40 RM pro Woche verlangen – der tarifliche Wochenlohn lag bei 28 RM[35]. Ebenso wurde den inzwischen zur Mangelware gewordenen Hausgehilfinnen, auch auf dem Lande, neben freier Kost und Logis zwischen 50 bis 80 RM monatlich geboten[36]. Doch nicht nur die absolute Frauenlohnhöhe variierte in den einzelnen Berufszweigen, sondern auch die Spanne zwischen Männer- und Frauenlöhnen. In der Industrie lagen die tariflichen und die tatsächlichen Löhne der Facharbeiterinnen auch weiterhin unter denen der männlichen Hilfsarbeiter. Die Arbeiterinnen erhielten 60 % bis 80 % der Männerlöhne[37]. Einen weit geringeren Prozentsatz der Männerlöhne verdienten die meisten Landarbeiterinnen. Bei den Angestellten wiederum waren die Männer- und Frauenlöhne mehr angenähert, veränderten sich jedoch zwischen 1933 und 1939 nicht in ihrem Verhältnis zueinander. Im Bekleidungsgewerbe wurde den weiblichen Angestellten etwa 90 % der Gehälter ihrer männlichen Kollegen bezahlt, im Bankgewerbe waren es 90 % bis 100 %, im Großhandel 85 % bis 90 % und im Einzelhandel 82 % bis 93 %[38].

Änderte sich durch die nationalsozialistische Machtergreifung auch wenig an der Höhe der Tariflöhne, so wurde doch gesetzlich verankert, daß die Löhne und Arbeitsverhältnisse unter dem Aspekt der Leistung genormt werden sollten. Dies gab Anlaß zu der schwachen Hoffnung der DAF und der Frauen, aufgrund des Leistungsprinzips gerechtere Frauenlöhne zu erlangen[39]. Die Steigerung der Löhne über die Tarifordnungen hinaus konnten die Arbeitnehmer gemäß der nationalsozialistischen Leistungslohnpolitik nur durch Akkord- und Überstundenprämien erreichen. Die Betriebe gingen zunehmend zu Stücklohn über, damit die Rationalisierungsbestrebungen der zwanziger Jahre verstärkt fortführend, um einen der tatsächlichen Produktionsleistung des einzelnen Arbeiters angemessenen Lohn zu zahlen. Da die Stücklohnsätze oft noch heruntergeschraubt wurden, mußten die Arbeiter angestrengter und länger arbeiten, um die geringen Tariflöhne aufzubessern. Dabei waren die Frauen benachteiligt, denn ihre Physis und die Arbeitszeitordnung setzten ihnen Grenzen. So blieb die Stundenlohnrelation zwar gleich, doch der Unterschied zwischen den Wochenverdiensten von Männern und Frauen wurde mit wachsender Vollbeschäftigung größer[40].

Die Kampagne für eine gerechtere Frauenentlohnung, in der Weimarer Republik von Kommunisten, Frauenorganisationen und Gewerkschaftsfunktionärinnen geführt, wurde im »Dritten Reich« von der DAF betrieben. Die Arbeitsfront argumentierte erstens – sachlich vollkommen richtig, und wie es vorher auch schon Kommunisten und Sozialdemokraten getan hatten –, daß die niedrigen Frauenlöhne lediglich die Gewinne der Unternehmer steigerten. Zweitens forderte die DAF Löhne, also auch Frauenlöhne, auf »nationalsozialistischer Grundlage« nach dem Leistungsprinzip zu bemessen, also gleichen Lohn für gleiche Arbeit. Das dritte Argument war eine Mischung aus sozialem Engagement und bevölkerungspolitischem Bewußtsein. Da die geringeren Frauenlöhne die Hauptursache für die Beschäftigung von Frauen mit gesundheitsschädlicher und körperlich anstrengender Männerarbeit bildeten, gefährdeten diese indirekt den Nachwuchs und damit die gesamte »Volksgesundheit«[41].

Mit ihrem hartnäckigen Drängen erreichte die DAF tatsächlich, daß zusätzlich zur Textilindustrie in anderen Branchen für Frauen, die Männerarbeit verrichteten, auch die Löhne von Männern bezahlt wurden. Solche Bestimmungen wurden in die Tarifordnungen für die Hutindustrie[42], die Ziegelindustrie[43] und die sächsische Eisen-, Metall- und elektrotechnische Industrie[44] aufgenommen. In der Ziegelindustrie sollte mit der Gleichstellung von Männer- und Frauenlöhnen über die Beschäftigungsverbote der Ziegeleiverordnung von 1937 hinaus zusätzlich verhindert werden, daß Unternehmer aus Profitgründen billigere Frauenarbeit für schwere Arbeiten vorzogen. Als wegen des Arbeitermangels ab 1938 Ausnahmen von der Ziegeleiverordnung gebilligt werden mußten, erhielten diese gleichen Lohnsätze den Charakter echter Lohngerechtigkeit. Dieses Prinzip äußerte sich noch stärker in der Tarifordnung der Metallindustrie Sachsens vom Juni 1938. Danach sollten nicht nur Arbeiterinnen, die im allgemeinen von Männern verrichtete Schwerarbeiten leisteten, den Männerlohn erhalten, sondern dies sollte auch für Facharbeiterinnen gelten. Außerdem wurde Männern und Frauen der gleiche Akkordsatz im Gruppenakkord zugestanden.

Diese Neuregelungen feierte die DAF als ihre ureigenen Siege, was teilweise berechtigt war. Spätestens ab 1938 wurde dann aber das Problem einer gerechteren Frauenentlohnung nicht mehr aus bloßem Gerechtigkeitsempfinden heraus – ob echt oder vorgeschützt – erörtert. Denn als der Arbeitskräftemangel immer akuter wurde, waren Lohnverbesserungen das beste Mittel, um Arbeiterinnen auf den Arbeitsplätzen zu halten oder die letzte Reserve der nichterwerbstätigen Frauen anzuwerben. In dieser Zeit der großen Aufträge und Gewinne mit gleichzeitiger Arbeitskräfteknappheit waren die Unternehmer notfalls bereit, auf die Profite aus einer billigeren Frauenarbeit zu verzichten und die Löhne der Arbeiterinnen zu erhöhen. Die Anträge auf allgemeine Lohnerhöhungen und im besonderen auf Angleichung und Gleichstellung von Männer- und Frauenlöhnen häuften sich bei den Reichstreuhändern der Arbeit und im Arbeitsministerium[45].

Der Reichsarbeitsminister sah sich schließlich veranlaßt, diesen Trend, der die Lohnstabilität und damit das Wirtschaftskonzept des Vierjahresplanes gefährdete, zu bremsen. In seinem Erlaß vom Januar 1939 über die Frauenlohnfrage bezeichnete das Reichsarbeitsministerium den Grundsatz, Männern und Frauen für völlig gleichartige und gleichwertige Arbeit auch den gleichen Lohn zu zahlen, als berechtigt. Jedoch sei der Zeitpunkt denkbar ungeeignet, das bestehende Preisniveau, das sich auf Männer- und Frauenlöhnen in der bisherigen – sprich: ungleichen – Gestaltung aufbaue, zu verändern. »Höchst ungünstige psychologische Rückwirkungen« aber würde es haben, wenn man etwa in der Metallindustrie die Löhne von Frauen, die an Arbeitsplätzen von Männern stünden, den sehr hoch liegenden Männerlöhnen angliche. Denn Frauen, die in den gleichen Betrieben mit »in der Regel nur der Frau zukommenden Arbeiten« beschäftigt würden, müßten natürlich unzufrieden werden, wenn die in der Männerabteilung arbeitenden Frauen plötzlich ebensoviel wie die Männer verdienten. Erst recht würde in den Branchen mit niedrigeren Männerlöhnen, aber stärkerer körperlicher Beanspruchung der Männer, »Beunruhigung« aus einer »derartig hohen Bezahlung der Frau« entstehen. Allerdings war das Arbeitsministerium ebenso wie die DAF der Meinung, es müsse »mit allen Mitteln verhindert werden, hohe Unternehmergewinne entstehen« zu lassen, weil »Frauen die gleiche Arbeit wie Männer zu niedrigeren Löhnen als die Männer« verrichteten[46].

Selbstverständlich mußte eine solche Absichtserklärung ein frommer Wunsch bleiben, da in der nationalsozialistischen Wirtschaftspraxis weder die Möglichkeit noch das Anliegen bestand, Unternehmergewinne aus billigen Arbeitskräften zu unterbinden. Denn das übergeordnete Expansionsziel erforderte Investitionen und damit Produktionssteigerungen der Industrie sowie möglichst hohe Steuerabgaben, was sich jedoch nur mit niedrigen Löhnen und hohen Unternehmergewinnen verwirklichen ließ. Die Preisstabilität war also nicht der primäre Grund für die Beibehaltung der niedrigen Frauenlöhne, wie das Reichsarbeitsministerium, ob wissentlich oder nicht, fälschlich behauptete[47]. Seldte erwies sich mit seinem Erlaß erneut als gehorsames Ausführungsorgan der Politik Görings und dessen Vierjahresplanapparats. Gerade deshalb erscheint es fast sensationell, daß er Männern und Frauen bei gleicher Leistung auch gleichen Lohn zubilligte, da es doch nicht einmal in der Weimarer Demokratie zu der Billigung dieses Grundsatzes in einer offiziellen Stellungnahme gekommen war. Theoretisch war damit durchaus ein Fortschritt in der Gleichberechtigung der erwerbstätigen Frau gemacht. Daran änderte auch nichts, daß Seldte sich, wie schon im Doppelverdienererlaß vom Herbst 1933, am sozialdarwinistischen Leistungsprinzip und nicht am demokratischen Gleichheitsprinzip orientierte. Denn Reichsinnenminister Fricks Äußerung zum gleichen Problem beweist, daß man sich bequemer, obwohl auch ideologiegetreu, aus der Affäre ziehen konnte. Frick war gegen eine Angleichung der Frauenlöhne an die Männerlöhne, da die »Mehrung der Bevölkerung primär« zu werten sei und deshalb nicht »lohneinkommensmäßig ein Werbeeffekt ausgelöst« werden solle, der »die Frau ihrer Mutterschaftsaufgabe entfremden« würde[48]. Der Innenminister setzte sich also gar nicht erst inhaltlich mit der Frage der ungleichen Frauenentlohnung auseinander. Er löste das Problem wie Alexander den gordischen Knoten, indem er die erheblich wachsende Anzahl der erwerbstätigen Frauen, deren Arbeit für die aggressive Aufrüstungspolitik von existentieller Bedeutung war, ignorierte, Frauenarbeit als unerwünscht und so daraus resultierende Schwierigkeiten für irrelevant erklärte.

Doch auch die Einsicht des Arbeitsministeriums, daß die Frauenlohnbemessung reformbedürftig sei, führte praktisch zu keinem Ergebnis, da die Wirtschaftspolitik unter der Ägide Görings die Aufrüstung primär setzte, hinter der lohn- und sozialpolitische Verbesserungen für die breite Schicht der Arbeitnehmer zurückstehen mußten. Zudem hätten die Unternehmer höhere Frauenlöhne und damit steigende Lohnkosten sicher nicht widerstandslos hingenommen. 1939 mußten sie ihre Kalkulationen zwar nicht mehr so sehr an den Weltmarktpreisen, die von der international üblichen billigeren Frauenarbeit mitgeprägt waren, orientieren. Dafür hatten sie sich weitgehend nach der vorgeschriebenen Preisregulierung zu richten, die nicht erlaubte, erhöhte Lohnkosten völlig auf die Preisgestaltung abzuwälzen. Aus diesem Grund weigerten sich die Unternehmer mit Hilfe der Reichsgruppe Industrie auch, für die immer häufiger werdende neunte und zehnte Arbeitsstunde Überstundenlöhne zu zahlen[49]. Eine Erhöhung der Frauenlöhne wäre ebenso erfolgreich unterbunden worden. Die Haltung der Wirtschaftsvertreter zur Frauenlohnfrage blieb in allen Staaten die gleiche. Doch die DAF im nationalsozialistischen Deutschland setzte sich stark für eine gerechtere Bemessung der Frauenlöhne ein und unterschied sich in diesem Punkt sehr von der ausgesprochen frauenfeindlichen Politik der Gewerkschaften in den USA und Großbritannien. Selbst das deutsche Arbeitsministerium engagierte sich – zumindest verbal – hier mehr, als es das englische Ministry of Labour tat[50], ganz zu schweigen von den übrigen europäischen Staaten.

4. Soziales Engagement der Betriebe und der DAF

Bei einer Untersuchung freiwilliger sozialer Betriebsleistungen muß grundsätzlich zwischen großen und kleinen Firmen unterschieden werden. Hatten die meisten Großbetriebe schon im Kaiserreich genügend Gewinn, um mit einem breiten Sozialprogramm die Forderungen der Regierung und später oft auch der Gewerkschaften zu übertreffen, so bereitete es den kleineren Unternehmern in Industrie und Handwerk oft Mühe, die arbeits- und sozialrechtlichen Vorschriften annähernd zu erfüllen. Dies änderte sich auch im »Dritten Reich« nicht, so daß für eine Analyse der betrieblichen Sozialeinrichtungen hauptsächlich die Großunternehmen in Betracht kommen[51]. Zudem waren es ja gerade die Großbetriebe – ausgenommen die Schwerindustrie –, denen es gelungen war, mit Rationalisierungsmethoden vermehrt Frauen einzustellen. So begann sich hier schon in den zwanziger Jahren der Schwerpunkt der Werksfürsorge auf die Betreuung der weiblichen Belegschaft zu verlagern. Die Rüstungskonjunktur und die zunehmende Frauenarbeit verstärkten diesen Trend weiterhin in den dreißiger Jahren, und daran war nicht zuletzt die DAF beteiligt. Aus machtpolitischem Kalkül warf die DAF sich zum Anwalt schutzbedürftiger Arbeiter und Angestellter auf, wobei sie sich speziell auf die schwächste Gruppe, die Frauen, konzentrierte. Formal geschah dies im bevölkerungspolitischen Interesse, tatsächlich jedoch sah man in den Frauen nur besonders wehrlose, leicht zu beeinflussende Objekte und potentielle Anhängerinnen. Die Politik Leys und seiner führenden Funktionäre war zweifelsohne von persönlichem und institutionellem Machtinteresse diktiert, doch gab es in den unteren Rängen der DAF-Hierarchie auch idealistischere, dafür um so einflußlosere Mitarbeiter. Gerade im Frauenamt der DAF setzten sich viele Funktionärinnen mit oft selbstloser, echter sozialer Überzeugung für die arbeitenden Frauen ein. Gertrud Scholtz-Klink, die Leiterin des Frauenamtes, teilte dieses uneigennützige soziale Engagement nicht, auch besaß sie keinen Einfluß auf die DAF-Politik zur Frauenarbeit. In Rede und Verhandlungen war ihr stets nur die Rolle des ausführenden Organs der DAF-Leitung ohne Handlungsspielraum zugewiesen.

In großen Firmen gab es schon seit Jahrzehnten werkeigene Kantinen, Büchereien, Tuberkuloseheilstätten und Altersversorgung, die der gesamten Belegschaft zugute kamen. Ab 1935 wurden Haushaltungsschulen mit Koch- und Nähkursen eingerichtet, die von der DAF und dem Reichsmütterdienst geleitet wurden[52]. Viele Betriebe konnten es sich durch den Konjunkturaufschwung leisten, ihren Arbeiterinnen in den letzten Wochen der Schwangerschaft die Differenz zwischen dem gesetzlichen Wochengeld der Krankenkassen und dem regulären Lohn zu erstatten, so daß die Frauen nicht mehr aus Geldnot gezwungen waren, bis zum letzten Tag vor der Entbindung zu arbeiten. Der Siemenskonzern stellte den entbindenden Betriebsangehörigen darüber hinaus kostenlos Hebamme, ärztliche Behandlung und Medikamente, zahlte eine einmalige Entbindungsprämie von 20 RM und für stillende Arbeitnehmerinnen ein halbes Jahr lang ein tägliches »Stillgeld« von 50 Rpf.[53]. Die Zahlung eines zusätzlichen Wochengeldes für weibliche Angestellte wurde 1938 auch im öffentlichen Dienst eingeführt[54]. Alle größeren Firmen, die viele Frauen beschäftigten, richteten Säuglingskrippen und Stillstuben ein, damit die Mütter während der Arbeitstage ihre Kinder nähren konnten[55]. Sämtlichen betrieblichen Sozialleistungen lag die eindeutige Intention zugrunde, in einer Zeit der Hochkonjunktur die Arbeitskräfte zu halten. Deshalb bemühte man sich besonders um die Frauen, da diese erfahrungsgemäß dazu neigten, nach der Familiengründung die Arbeit aufzugeben. Die Leistungen der größeren Betriebe waren also insoweit freiwillig, als sie in ihrem eigenen Interesse lagen. Dabei wurden Anregungen und Mithilfe der DAF in der Sozialfürsorge – mehr oder weniger gern – in Kauf genommen. Entscheidend war den Unternehmern letztlich, und darüber wachten sie streng und eifrig, daß unter ihren Arbeitskräften das Bewußtsein herrschte, die Sonderleistungen dem Betrieb und nicht der DAF zu verdanken. Dabei kam es selbstverständlich zu Interessenkollisionen mit der DAF, die das entgegengesetzte Ziel verfolgte.

Die DAF führte einen zähen Kampf gegen soziale Mißstände vor allem in der Frauenarbeit, der sowohl moralisch als auch ideologisch gerechtfertigt war und mit lautstarker Propaganda für die Arbeitsfront begleitet wurde. Das Frauenamt der DAF diente als stets williges, teilweise sehr effizientes Instrument. Besonders trat die DAF auf mit Kampagnen gegen ungleiche Frauenlöhne, Beschäftigung von Frauen an Maschinen mit Fußantrieben, Frauenarbeit in Ziegeleien und für Zahlung eines Wochengeldes der Betriebe an Arbeiterinnen oder auch für die Anschaffung von ausreichenden Sitzgelegenheiten in Läden und Fabriken. Unbestritten hatte die DAF an den Reformen und Verbesserungen des Arbeitsministeriums und der Betriebe ihren Verdienst. Der Hauptgegenstand der sozialen Bemühungen der DAF um die arbeitenden Frauen war jedoch stets, die unternehmenseigene Werkfürsorge an sich zu reißen und den Kreis der zu Betreuenden von sämtlichen Werksangehörigen mit ihren Familien auf die weibliche Belegschaft einzuengen.

Die Anfänge der betriebsinternen Werkfürsorge reichen in die Zeit vor 1933 zurück. In den zwanziger Jahren war in der Bielefelder Industrie von zwei Sozialfürsorgerinnen, unterstützt von sozial ambitionierten Industriellen (Oetker), ein neues Modell der Werkfürsorge entwickelt worden. Die wesentlichen neuen Merkmale der »Sozialen Betriebsarbeiterin« (diese Bezeichnung tritt hier erstmalig auf) waren, daß sie neben der sozialfürsorgerischen Ausbildung eine längere Berufspraxis als einfache Arbeiterin zu absolvieren hatte und sich danach ausschließlich um die arbeitenden Frauen eines Betriebes kümmerte. Trotz der freigewerkschaftlichen Vergangenheit der beiden Initiatorinnen wurden diese 1934 mitsamt ihrer Idee der Sozialen Betriebsarbeit vom Frauenamt der DAF übernommen[56]. Das Frauenamt sollte die weltanschauliche und berufliche Schulung der Sozialen Betriebsarbeiterinnen überwachen, die wiederum beauftragt waren, »die in der Wirtschaft stehenden Frauen im nationalsozialistischen Geist zu erziehen«. Dies aber war nach Ansicht der DAF nur durch eine »zentralgesteuerte Organisation« – nämlich die Arbeitsfront – zu koordinieren, die allein befugt sein sollte, die Sozialen Betriebsarbeiterinnen nach der Ausbildung in den Betrieben einzusetzen, ihnen Anweisungen zu geben und von ihnen Berichte zu erhalten[57]. Selbstverständlich widersetzten sich die Industriellen dem Plan der DAF, die bisherigen privat engagierten Werkfürsorgerinnen durch Vertreterinnen der DAF zu ersetzen und damit die betriebliche Sozialarbeit unter ihre alleinige Kontrolle zu stellen. Noch im Oktober 1934 warnte Personaldirektor Burhenne vom Siemens-Konzern – einem Unternehmen, das auf eine Tradition der Werk- und Familienfürsorge seit 1912 zurückblicken konnte – in einem Schreiben an den Reichsstand der Deutschen Industrie vor dieser »bestimmenden Einflußnahme auf die betriebliche Arbeitsgestaltung von außen her«, vor der »einseitigen Ausrichtung der sozialen Betriebsarbeit auf die Belange der Arbeiter und Angestellten« und der »weitgehenden Inanspruchnahme der Sozialarbeiterin durch betriebsfremde Aufgaben«[58]. Die Bemühungen der DAF, ihr Sozialarbeitskonzept in Verhandlungen mit den Interessenvertretungen der Industrie durchzudrücken, begegneten mißtrauischer Zurückhaltung. So gründeten Manager und Unternehmer im Spätsommer 1935 in der Reichsgruppe Industrie einen Arbeitskreis »Soziale Betriebsarbeit«, der sich bis zum Herbst 1944 ständig mit Übergriffen der DAF auf soziale, innerbetriebliche Kompetenzbereiche der Unternehmer auseinandersetzte. Es kam zwar Ende 1935 zu einer Vereinbarung zwischen dem Frauenamt der DAF und der Reichsgruppe Industrie, nach der das dem Unternehmer im Arbeitsordnungsgesetz verbriefte Recht der inneren Betriebsführung nicht angetastet wurde. Die Soziale Betriebsarbeiterin sollte von der DAF nunmehr vorgeschlagen werden; das Recht der Einstellung mit einem Arbeitsvertrag blieb beim Betriebsleiter, der auch allein weisungsbefugt war. Dafür übernahm die DAF die »ständige weltanschauliche Ausrichtung und arbeitspädagogische Schulung«[59].

Im Mai 1936 betonte Scholtz-Klink in einer Rede vor einem Ausschuß der Reichsgruppe Industrie unmißverständlich, daß die Frauen im Betrieb nicht nur sozial betreut werden sollten, sondern daß es der einzige Sinn der Sozialen Betriebsarbeit sei, die Arbeiterinnen binnen kürzester Zeit zum Nationalsozialismus zu bekehren. Es müßte der »Hetze der katholischen Kirche« unter den Arbeiterinnen begegnet und den Frauen das Gesetz zur Verhütung erbkranken Nachwuchses eingehämmert werden. Auch die vom Ausland gesteuerte kommunistische Propaganda, die sich gezielt an die werktätigen Frauen richte, sei noch immer eine Gefahr[60]. Scholtz-Klink gab also offen zu, daß das soziale Engagement der DAF lediglich als Mittel zur ideologischen Beeinflussung diente. In dieser politisch erziehenden Rolle wollte sich die

DAF der Partei und Hitler gegenüber legitimieren und sich unentbehrlich machen. Den Unternehmern wie auch den Arbeitern gegenüber versuchte die DAF ihre letztlich egoistischen Machtinteressen zu verschleiern. Doch trotz der ideologischen Appelle der DAF betrachteten die Unternehmer die Sozialarbeit der DAF weiterhin als »Störung der Werksgemeinschaft«, da die Fürsorge nicht mehr als Organ der Betriebsleitung erscheinen würde, sondern als »Exponent einer außen liegenden Stelle, welche (im Sinne einer Gewerkschaft) die Arbeiterschaft gegen die Betriebsleitung in Schutz« nehme[61]. Andererseits dachte auch die DAF nicht daran, den mit der Reichsgruppe Industrie vereinbarten Verzicht auf die Monopolstellung in der Werkfürsorge einzuhalten. So mehrten sich in den folgenden Jahren nur die Briefe von Unternehmern aus dem ganzen Reich an die Reichsgruppe Industrie, die sich über Drohungen und Übergriffe von regionalen DAF-Stellen auf betriebliche Kompetenzbereiche beschwerten[62]. Doch blieb dieser zähe Kleinkrieg zwischen den Industrievertretern und der Arbeitsfront unentschieden.

Die berufstätigen Frauen waren für die Partei sehr viel leichter zu erfassen als die nichtarbeitenden, da jene durch ihre Erwerbstätigkeit aus der Privatsphäre des Haushalts in die Öffentlichkeit getreten waren. Die Furcht vor der kommunistischen Unterwanderung auch der weiblichen – angeblich doch wesensgemäß unpolitischen – Arbeiter war in der NSDAP ständig latent vorhanden. So hielt man die politische Indoktrination der Frauen für unerläßlich, um das System zu festigen. Die DAF nutzte also politisch die Notlage der arbeitenden Frauen aus, die auf den guten Willen von Partei und Regierung angewiesen waren, wenn sie ihre Arbeitsbedingungen verbessern wollten. Die Betriebe ihrerseits hatten gegen eine ideologische Beeinflussung der Arbeiterinnen am Arbeitsplatz nichts einzuwenden, solange ihre eigenen Interessen nicht berührt wurden. Dabei wurden hauptsächlich die Frauen unterer und mittlerer sozialer Schichten erfaßt. Die nichterwerbstätigen Frauen der oberen Gesellschaftsschichten konnten sich dem Parteizugriff besser entziehen. Allerdings distanzierten sich auch viele arbeitende Frauen von den Aktivitäten der DAF. So lehnten nach einer Umfrage 81 % der befragten Frauen es ab, sich die private Freizeit durch das DAF-Amt »Kraft durch Freude« gestalten zu lassen[63].

Insgesamt hatte die offizielle Politik im Hinblick auf die Frauenarbeit protektionistischen Charakter. Dahinter stand die überlieferte Überzeugung, daß die Frauen hilfloser, körperlich und geistig schwächer als die Männer und deshalb schutzbedürftiger seien. Der Frauenarbeitsschutz wurde mit vermehrter Frauenarbeit nur noch intensiviert, oft sogar gegen den Widerstand und die Interessen von Unternehmern. Die ideologische Forderung, daß die Frau als Erhalterin der Nation besonders zu schützen sei, wurde von Hitler sehr ernstgenommen, und entsprechend versuchte das Arbeitsministerium, diesem Axiom nachzukommen. Die Arbeitsschutzgesetzgebung hatte – vor wie nach 1933 – überdurchschnittlichen internationalen Standard. Daran änderte auch die relative Lockerung der Schutzbestimmungen im letzten Jahr vor dem Krieg, die aus dem Arbeitskräftemangel erwuchs, nichts. Denn die meisten Verbesserungen der Arbeitsbedingungen für Frauen behielten ihre Wirkung. Dafür hatten die Versuche der DAF und – etwas zurückhaltender – des

Arbeitsministeriums, das Frauenlohnniveau zu heben, gegenüber den Interessen der Industriellen und der Vierjahresplaner zurückzustehen. Jedoch läßt sich bis 1939 im Hinblick auf die arbeitenden Frauen nicht von einer größeren Ausbeutung oder von verstärktem Zwang für die arbeitenden Frauen sprechen, sondern im Gegenteil von einer gewissen Verbesserung ihrer Arbeitsbedingungen.

Kapitel IV

Blitzkriegsstrategie und Frauenarbeit

1. Vorkriegsplanung für den Fraueneinsatz im Krieg

Aus den Erfahrungen mit dem Fraueneinsatz im Ersten Weltkrieg hatten alle kriegführenden Staaten ihre Lehren gezogen. Einerseits hatten die Frauen auf vielen Arbeitsplätzen bewiesen, daß sie in weitem Umfang die Männer ersetzen konnten. Andererseits hatten die Regierungen erfahren, daß es sich weder kurz- noch langfristig auszahlte, die arbeitenden Frauen im Kriegsfall mit einem Übermaß an Schwerarbeit und Überstunden zu erschöpfen. In England, den USA und Deutschland erschien während des Ersten Weltkriegs und danach eine Flut von Veröffentlichungen über den Fraueneinsatz im Krieg. Die Verfasser waren oft Frauen, die den Arbeitseinsatz mitorganisiert hatten und den Erfolg der Frauenarbeit im Krieg als beste Propaganda für die soziale Emanzipation der Frau werteten. So fehlte es bei den Vorbereitungen, die für den Fall eines zukünftigen Krieges getroffen wurden, auch nicht an Überlegungen, wie die Frauen optimal einzusetzen seien.

Im Zeichen von Vollbeschäftigung und Rüstungswirtschaft erlebte Deutschland ganz folgerichtig auch eine Renaissance von Publikationen und Plänen über den Kriegseinsatz der Frau. So wurde 1936 Marie Elisabeth Lüders' kurz nach dem Krieg erschienenes Buch »Das unbekannte Heer« neu aufgelegt, und ein Jahr später erschien ihr »Volksdienst der Frau«. Beides waren sachliche Berichte über die Leistung der Frauen im Krieg. In der neuen – unter der Schirmherrschaft der Wehrmacht erschienenen – Schrift ging es Lüders jedoch darum, daß aus den negativen Erfahrungen des Ersten Weltkrieges gelernt und ein Fraueneinsatz im Krieg schon im Frieden vorbereitet werden müsse. Die Frauen sollten für eine etwaige Dienstpflicht in Land- und Hauswirtschaft, sozialer Arbeit, vor allem aber Industriearbeit geschult werden, und zwar alles im Rahmen einer auch für Frauen geltenden Wehrpflicht[1]. Für Lüders wie für die meisten bürgerlichen Frauenrechtlerinnen war ein solcher gleichberechtigter Kriegseinsatz ein notwendiger Schritt vorwärts zur generellen Gleichberechtigung der Frauen.

1936 erschien ein Artikel in der »Deutschen Volkswirtschaft«, der darauf hinwies, daß es für einen Kriegsfall nicht ausreiche, wenn man nur auf die bereits in Industriebetrieben tätigen oder tätig gewesenen Arbeiterinnen zurückgreifen könne. Im Krieg seien nur dann genügend Facharbeiter vorhanden, wenn alle arbeitsfähigen Frauen schon vorher zu regelmäßigen Übungen in Rüstungsbetrieben eingezogen würden. Die ideologische Begründung für einen solchen Schritt lautete: »Ein kommender Krieg muß als totaler Krieg gesehen werden, der totale Einsatzbereitschaft fordert.« Da die »Volksgemeinschaft« eine »Wehrgemeinschaft« sei, müsse auch die letzte Frau wissen, auf welchen Platz die Pflicht im Krieg sie rufe[2].

Für die Folgezeit läßt sich eine zunehmende Aktivität von Partei, Wehrmacht und Bürokratie feststellen, um den Arbeitseinsatz der Frauen in einem zukünftigen Krieg zu planen. Ende November 1936 hielt der Chef des Wirtschaftsstabes im Wehrmachtsamt des Reichskriegsministeriums, Thomas, eine Rede in der Reichsarbeitskammer über die notwendige »wehrpolitische Erziehung der schaffenden Bevölkerung« und insbesondere den Fraueneinsatz im Krieg. Thomas hielt für einen kommenden Krieg eine umfassende Beschäftigung der Frauen in Rüstungsfabriken – auch als Facharbeiterinnen – für unerläßlich und forderte, die Frauen schon im Frieden darauf vorzubereiten. Prompt wurden für diese Fragen, nach Rücksprache mit Reichsorganisationsleiter Ley, Arbeitsgemeinschaften in der Reichsarbeitskammer eingerichtet[3]. Im Frühjahr desselben Jahres bemerkte die Reichsanstalt für Arbeitsvermittlung und Arbeitslosenversicherung, als Geschäftsverteilungspläne für den Mobilmachungsfall – kurz Mob.-Fall – aufgestellt wurden, daß keine »Kriegsbeorderungen« für das den Fraueneinsatz bearbeitende Referat vorlagen. Dies nachzuholen sei dringend notwendig, da im »Mob.-Falle« die Frauenarbeit sowohl umgeleitet als auch verstärkt eingesetzt werden müsse[4]. Die NS-Frauenschaft besaß schon so allgemeine Richtlinien für ihre Aufgaben im Kriegsfall, wie z. B. bei dem »Einsatz der Frau in der Kriegs- und Landwirtschaft«, mitzuwirken und die »werktätigen Frauen« »seelisch, sittlich und gesundheitlich« zu betreuen[5].

Bis zum Herbst 1937 hatte der Wirtschaftsstab der Wehrmacht unter strengster Geheimhaltung Akten und Berichte über den Fraueneinsatz im Ersten Weltkrieg ausgewertet und Vorschläge zusammengestellt, wie die Frauenarbeit für einen künftigen Krieg vorzubereiten sei. Diese Wehrwirtschaftsplanung betrachtete es als unerläßlich, in einem »Nationalregister« alle einsatzfähigen Frauen zu erfassen, wollte aber von einer »zwangsweisen Rekrutierung für den Kriegsfall« absehen. Besondere Meldestellen für Frauen bei den Arbeitsämtern wurden als unnötig erachtet, da der Arbeitseinsatz durch die Reichsanstalt für Arbeitslosenvermittlung und Arbeitslosenversicherung schon zentralisiert sei und für den Kriegsfall ausreiche. Die Rüstungsbetriebe hatten drei wesentliche, vorbereitende Aufgaben zu erfüllen. Erstens sollten die Betriebe die Art und Möglichkeit eines verstärkten Fraueneinsatzes überprüfen und den entsprechenden Bedarf in die obligatorischen »Mob.-Betriebskalender« eintragen. Zweitens forderte man von den Unternehmern, für Aufenthaltsräume zu sorgen und den Unfallschutz auszubauen. Vor allem aber sahen die Rüstungsplaner der Wehrmacht die Notwendigkeit, die Betriebe noch energischer als bisher zu rationalisieren und zu mechanisieren, um die Frauenarbeit ausbauen zu können. Die Produktionsprozesse sollten in noch einfachere Einzelabschnitte zerlegt werden. Physische Anstrengungen der Arbeitskräfte waren etwa durch weitere Hebe- und Transportvorrichtungen oder Maschinen, die im Sitzen bedient werden konnten, zu reduzieren. Auch für das Problem der unzulänglichen Ausbildung der erwerbstätigen Frauen, das sich im Ersten Weltkrieg verhängnisvoll ausgewirkt hatte, sahen die Militärs eine Lösung. Eine Anzahl sozialpflegerisch ausgebildeter Frauen sollte als »industrielles Reservekorps« einige Jahre lang in der Industrie geschult werden. Im Kriegsfall konnten sie dann die dienstverpflichteten Frauen anlernen und beraten. Hinter der gesamten Planung stand die ausdrückliche Bereitschaft, die Grenzen der körperlichen und psychischen Belastbarkeit der arbeitenden Frauen nicht zu überschreiten, sondern sie und ihre Kinder im Kriegsfall mit Hilfe von Fabrikpflegerinnen verstärkt zu betreuen[6].

Vom Reichsarbeitsministerium ergingen im September 1938 geheime, detaillierte »Richtlinien für die Beschäftigung von Frauen im Mobfall« an Verwaltung und Wirtschaft. Das Wesentlichste war eine lange Liste von Tätigkeiten, für die Frauen nicht oder nur unter besonderen Vorkehrungen verwendet werden durften. Danach sollten die Rüstungsbetriebe ihren Bedarf an weiblichem Personal für den »Mobfall« errechnen. Abgesehen davon, daß – wie ja auch schon im neuen Arbeitsordnungsgesetz vorgesehen – die Arbeitszeit der Frauen im Krieg bis zu zehn Stunden betragen konnte, zeugten die mannigfachen Arbeitsbeschränkungen und Schutzvorschriften von der Absicht der politischen Führung, ideologischen Forderungen in bezug auf die Frauen gerecht zu werden. Konnte man für die Reichsverteidigung auch nicht auf einen Arbeitseinsatz der Frauen verzichten, so mußten doch Gesundheitsschäden, die die Mutterschaft und damit den »Lebensquell der Nation« gefährdeten, vermieden werden. Die schon ein Jahr vorher von der Wehrmacht vertretene Forderung nach Mechanisierung und Automatisierung der Betriebe für den Fraueneinsatz wurde in den Richlinien des Arbeitsministeriums wiederholt[7].

Ab Spätherbst 1938 befaßte sich der neugegründete Reichsverteidigungsrat unter dem Vorsitz des Generalbevollmächtigten des Vierjahresplanes, Göring, intensiv mit Problemen der Rüstungsproduktion und des Arbeitskräftebedarfs im Krieg. In der ersten Sitzung im November kritisierte Göring den bisherigen »Menscheneinsatz«, der organisatorisch noch keinesfalls den »Mobanforderungen« entspreche. Er forderte, die Aufstellung »einer Volkskartei« zu beschleunigen, da ihm – trotz der offensichtlich gegenteiligen Meinung Syrups, des Staatssekretärs im Arbeitsministerium – eine totale »Erfassung«, »Schichtung und Kartisierung der deutschen Menschen« eminent wichtig erschien. Mit Hilfe der Volkskartei sollten die Arbeitsämter den Arbeitseinsatz durchführen. Damit unterstand die Gesamtorganisation Syrup, dem Präsidenten der Reichsanstalt für A. V. und A. V. im Arbeitsministerium. Die Arbeitsbehörde hatte zudem die Querverbindungen zwischen Arbeitsämtern, Betrieben, DAF und Wehrmacht zu koordinieren. Göring verlangte eine bis ins kleinste Detail vorprogrammierte Planung der Kriegsvorbereitungen, da das einzige, was die Deutschen den wirtschaftlich »enormen Reserven« der Gegner gegenüberstellen könnten, ihre überlegene Organisationsfähigkeit sei. »Wir müssen das so organisieren, daß alles bis ins letzte klar ist, daß man nur auf einen Knopf zu drücken braucht, und dann muß das runterlaufen, das muß ein Wunder darstellen!« Das bedeute: »Jeder deutsche Mensch, Mann und Frau zwischen 14 und 65 Jahren, muß eigentlich eine Mobilmachungsorder in der Tasche haben, muß wissen, wo er hin soll.«[8]

Ein derartiger Anspruch eines perfekten Organisationsplans für den Arbeitseinsatz im Krieg deckte sich nicht im geringsten mit dem tatsächlichen Stand der Vorbereitungen. Als vorbereitende Programmnotiz zur Sitzung des Reichsverteidigungsausschusses, der die Forderungen Görings in die Tat umsetzen sollte, wurde vom Wirtschaftsstab des OKW eine verzweifelte Situation konstatiert. Die »Menschenverteilung« sei das wichtigste, schwierigste und am wenigsten gelöste Problem. Der Mensch sei »wichtigster Sparstoff« – mit anderen Worten: noch knapper als Rohstoffe. In der straff koordinierten Verteilung der Gesamtbevölkerung und im Arbeitseinsatz habe sich »trotz langjähriger Vorarbeiten kein brauchbares Ergebnis« gezeigt; ein solches sei aber »unter schärfster Beschränkung aller Anforderungen auf das kriegsnotwendige Maß nunmehr dringend erforderlich«[9].

Im Februar und März 1939 traten die Dienstpflichtverordnungen Görings in Kraft, die den Arbeitseinsatz der Deutschen beiderlei Geschlechts in Zeiten des Krieges oder sonstigen Notstandes sichern sollten[10]. Jetzt sah auch Reichsarbeitsführer Konstantin Hierl angesichts der allgemeinen Vorbereitungen für den Mobilisierungsfall den Zeitpunkt gekommen, um seine Organisation auszubauen. Der männliche Arbeitsdienst hatte mit der sinkenden Arbeitslosigkeit schon lange an Bedeutung verloren. Der weibliche Arbeitsdienst war zwar schon seit September 1936 theoretisch Pflicht für alle ledigen Frauen zwischen 18 und 26 Jahren geworden. Doch es gab noch lange zu wenig ausgebildete RAD-Führerinnen und unzureichende Geldmittel, so daß im April 1939 erst eine Höchstzahl von 30 000 »Arbeitsmaiden« ihren Dienst ableisteten[11]. Hierl legte nun einen Gesetzesentwurf vor, der für den Kriegsfall eine umfassende Einziehung der dienstpflichtigen Jahrgänge in den weiblichen Arbeitsdienst vorsah. Die Erfassung und den Einsatz der Mädchen wollte die RAD-Zentrale vornehmen, die Arbeitsmaiden sollten in Lagern untergebracht werden und fast ausschließlich in der Landwirtschaft arbeiten – nicht zuletzt, um die Bauernschaft auch »seelisch« zu unterstützen. Ein solcher Plan rief sofort den Widerspruch des OKW hervor, dem sich der Generalbevollmächtigte der Wirtschaft, Funk, anschloß: mit den Gegenargumenten, daß es für den »Mob.-Fall« schon genug Gesetze gebe, durch den landwirtschaftlichen Einsatz des Arbeitsdienstes der Rüstungsindustrie unentbehrliche Arbeitskräfte entzogen würden und schließlich die Arbeitsämter als erprobte Behörden am besten geeignet seien, auch im Kriegsfalle den Arbeitseinsatz zentral zu lenken[12]. Die Debatte um das RAD-Gesetz zog sich bis zum Kriegsausbruch hin, ohne daß eine Entscheidung erfolgte.

Anfang 1939 erschien ein bald vielzitiertes Buch des Kapitänleutnants Sonnemann über die »Frau in der Landesverteidigung« aus der Sicht der Militär- und Wirtschaftsplanung. Hierin wurde ein Fraueneinsatz folgendermaßen gerechtfertigt: »Schließlich ist die Frau nicht mehr Mittelpunkt der Familie als der Mann, der ihr Ernährer ist, und wenn wir es als selbstverständlich ansehen, daß Familienväter dem Vaterlande unter Einsatz ihres Lebens dienen, dann kann billigerweise von der Frau wenigstens der Einsatz ihrer Arbeitskraft gefordert werden.«[13] Ideologische Bedenken stammten aus der »Großväterzeit« und seien den ökonomischen Verhältnissen nicht angepaßt.

Gefordert wurde eine »friedensmäßige Ausbildung« in Lehrwerkstätten der Rüstungsindustrien. Es müsse erreicht werden, daß »im Augenblick einer Mobilmachung der Ersatz der Rüstungswirtschaft auch an Wehrarbeiterinnen mit derselben automatischen Selbstverständlichkeit bei ihren Betrieben eintrifft wie die wehrpflichtigen Männer bei ihrem Truppenteil, ohne daß etwa noch zeitraubende Aushebungsarbeiten, Tauglichkeitsprüfungen oder gar eine nach friedensmäßigen Gesichtspunkten ablaufende Vermittlungstätigkeit der Arbeitsämter erforderlich würden«[14]. Sonnemanns Schätzung, die auf umfangreichem statistischem Material basierte, ergab, daß mindestens noch 5 Millionen nichtberufstätige Frauen im Kriegsfall einsatzfähig waren[15].

Die Reaktion auf derartige Ausführungen war sehr unterschiedlich. Das OKW empfahl den Wehrmachtsteilen und den Leitern von Rüstungsbetrieben dringend die Lektüre des Sonnemannschen Werkes, und der »Völkische Beobachter« erwähnte es sehr positiv in einem Leitartikel[16]. Die DAF-Presse verhielt sich ambivalent. Einerseits wurden die Zahlen über die angeblichen Reserven an weiblichen Arbeitskräften als zu hoch bezeichnet und zudem bemängelt, daß die Mutterschaftsaufgabe zu wenig berücksichtigt werde. Andererseits hob das DAF-Frauenamt zustimmend hervor, daß Sonnemann aus Gründen der kriegswirtschaftlichen Effektivität bessere berufliche Chancen für die Frauen in der Wehrwirtschaft befürwortete[17]. Hitler selbst soll durch die Schrift Sonnemanns stark gegen eine Arbeitsverpflichtung von Frauen im Krieg beeinflußt worden sein[18].

Göring teilte diese Ansicht seines Führers durchaus nicht, wie seine Richtlinien zur »Menschenverteilung« auf der zweiten Sitzung des Reichsverteidigungsrats im Juni 1939 beweisen. Er befahl, den Ersatz der wehrpflichtigen Arbeiter »durch eine erweiterte Zahl eingewiesener Frauen« vorzubereiten. Die weibliche Arbeitspflicht im Krieg sei von entscheidender Bedeutung, und deshalb müßten die Frauen »im ganz großen Maße« in kriegswichtigen Arbeiten ausgebildet werden. Zugleich stellte Göring für den Krieg auch Kriegsgefangene und »Hunderttausende von Protektoratsangehörigen« für den Arbeitseinsatz in Aussicht[19]. Auf derselben Sitzung trug Staatssekretär Syrup eine Berechnung des Reichsarbeitsministeriums vor, nach der außer den bereits beschäftigten 13,8 Millionen Frauen noch weitere 3,5 Millionen einsatzfähig waren. Außerdem sollten im »Mobfalle« 2 Millionen Arbeiterinnen und weibliche Angestellte aus der Textil- und Bekleidungsindustrie, dem Groß- und Einzelhandel, dem Versicherungs- und Bankgewerbe und den Privathaushalten »umgeschichtet« werden in die Landwirtschaft sowie in die Metallindustrie und chemische Industrie. Darüber hinaus schlug Syrup vor, Familienunterhalt im Krieg nur dann zu zahlen, wenn die Ehefrauen der Wehrmachtsangehörigen auch zur Arbeit bereit seien[20].

Bürokratie, Militär und Wirtschaftsplanung – mit Göring an der Spitze – waren sich also relativ lange vor Kriegsbeginn gemeinsam darüber im klaren, daß im Falle eines Krieges eine umfassende Ausnutzung aller weiblichen Arbeitskräfte erforderlich sei und ein solcher Einsatz optimal geplant und vorbereitet werden müsse. Trotz der von Göring geforderten totalen Organisation des Krieges schon im Frieden wartete das Reichsarbeitsministerium noch im August 1939 auf die Volkskartei vom Ministerium des Innern[21], diesem unentbehrlichen Mittel zur Erfassung aller nichtberufstätigen Frauen. Doch die mit viel Vorschußlorbeeren bedachte Kartei war zu Kriegsbeginn nicht fertig und wurde später nicht mehr erwähnt. Allerdings existierte bei Kriegsausbruch ein Gesetzesapparat, der – wenigstens theoretisch – eine umfassende Dienstverpflichtung von deutschen Frauen zwischen 14 und 60 Jahren erlaubte.

2. Umstellung auf die Kriegswirtschaft

Zu Kriegsbeginn nahmen die Staats- und Parteiführung entschieden Abstand von einer Totalisierung des Krieges. Der ursprüngliche Plan, die Kriegswirtschaft mittels des Generalbevollmächtigten für die Wirtschaft, Funk, zentral zu lenken, wurde fallengelassen. Im Dezember 1939 übernahm Göring diese Aufgabe; gleichzeitig wurde ein Generalrat der Wirtschaft geschaffen. Reichswirtschaftsminister Funk erklärte, die vorher festgelegten Pläne seien geändert worden, weil »das wirtschaftliche Leben nicht in dem vollen Umfange umgestellt zu werden braucht, wie dies die Mobilmachungspläne vorsahen«[22]. Dahinter stand die Entscheidung Hitlers vom 2. September 1939, die umfassend geplante Mobilisierung nur sehr beschränkt auszuführen. Hitler war überzeugt, daß der Krieg nur ein kurzer »Blitzkrieg« sein würde, und sein Befehl machte die jahrelang auf Betreiben der Bürokratie, des OKW und Görings vorbereiteten Mobilisierungspläne zum größten Teil gegenstandslos[23].

Die Lage des Arbeitsmarktes im September 1939 unterschied sich fundamental von der zum Zeitpunkt des Kriegsausbruchs 1914, als die Arbeitslosenziffer bedenklich in die Höhe geschnellt war. Diesmal war Deutschland das einzige der am Krieg beteiligten Länder, in dem dank der forcierten Aufrüstung zum Zeitpunkt der Mobilisierung Vollbeschäftigung herrschte – in England gab es noch im Frühjahr 1940 eine Million Arbeitslose[24]. Im Reich verringerte sich durch die Einberufungen zur Wehrmacht die Zahl der männlichen Arbeitskräfte erheblich. Der Fluktuation der verbleibenden Arbeiter versuchte man mit der »Verordnung über die Beschränkung des Arbeitsplatzwechsels« zu steuern[25]. Sodann mußten die freigewordenen Arbeitsplätze, vor allem in der Rüstungsindustrie und der Landwirtschaft, neu besetzt werden. Theoretisch boten sich dafür zwei Möglichkeiten an. Erstens konnten weibliche Arbeitskräfte dienstverpflichtet werden, wie es das Gesetz und die Pläne der Wehrmacht und der gewerblichen Wirtschaft vorsahen, zweitens konnten – entweder alternativ oder ergänzend – Kriegsgefangene eingesetzt werden. Damit wurde bereits Monate vor dem Überfall auf Polen fest gerechnet, wie Göring im Reichsverteidigungsrat erklärte. Den Arbeitsämtern wurden für die dringenden Erntearbeiten schon in den ersten Kriegstagen polnische Kriegsgefangene zugesichert, die aber »infolge unvorhergesehener, unabwendbarer Ereignisse ... trotz aller Vorbereitungen« noch Mitte Oktober 1939 nicht eingetroffen waren[26]. Auf der anderen Seite sah das Arbeitsministerium keinen Anlaß, bisher nichterwerbstätige, aber einsatzfähige Frauen, von denen es nach amtlichen Berechnungen einige Millionen gab, zur Dienstpflicht heranzuziehen. In diesem Sinn wurden Anfang September die Landesarbeitsämter in einer geheimen Verfügung ausdrücklich instruiert[27].

Nach Kriegsbeginn wurden kriegsunwichtige Wirtschaftszweige wie u. a. das Textil- und Bekleidungsgewerbe, die Papier- und Lederindustrie, der Einzelhandel und die private Bauindustrie eingeschränkt. Diese Branchen führten Kurzarbeit ein und entließen Arbeitskräfte. Dabei handelte es sich hauptsächlich um Frauen, die den Großteil der Beschäftigten in der Konsumgüterindustrie ausmachten[28]. Die Arbeiterinnen und weiblichen Angestellten, die durch die reduzierte Konsum- und Exportgüterproduktion arbeitslos wurden, konnten meistens sofort von den Arbeitsämtern wieder in die Rüstungsindustrie und in die Land- und Hauswirtschaft vermittelt werden. In den land- und hauswirtschaftlichen Berufen hatte sich die chronische Mangellage noch mehr zugespitzt. Viele Hausgehilfinnen meldeten sich zur besser bezahlten Arbeit in Rüstungsbetrieben; Bauern und Landarbeiter wurden zum Militär einberufen, und der Einsatz einiger arbeitsloser Industriearbeiterinnen konnte die Situation nicht entspannen. In den ersten Kriegswochen konnte also in den Ballungszentren der Rüstungsindustrie und der Landwirtschaft der Arbeitskräftebedarf schon nicht mehr gedeckt werden, während es in Grenzgebieten und den Textilzentren Arbeitslosigkeit gab. Die Beschäftigungslosen, die nicht sogleich einen neuen Arbeitsplatz fanden, waren meistens Frauen, die, wie es im Amtsdeutsch hieß, nicht »voll einsatz- und ausgleichsfähig« waren. Unter diesen Begriff fielen sowohl Frauen, die aus Gesundheitsgründen nicht für alle Arbeiten in Frage kamen, als auch Frauen mit Kindern oder pflegebedürftigen Angehörigen, die meist nur halbtags arbeiteten, denen auf keinen Fall aber ein langer Weg zum Arbeitsplatz oder gar ein Wohnortwechsel zugemutet werden konnte. So waren dem überbezirklichen Arbeitskräfteausgleich innerhalb des Reiches Grenzen gesetzt. Die überregionale Vermittlung scheiterte allerdings auch oft daran, daß die Betriebe für die Arbeiterinnen keine Wohnmöglichkeiten nachweisen konnten.

Mit dem Beginn des Krieges erschien außerdem eine neue Gruppe von Frauen auf dem Arbeitsmarkt, die ihre Arbeitskraft nicht aus ökonomischen Gründen, sondern aus idealistisch-ideologischen Motiven heraus anboten. Diese weiblichen Freiwilligen waren fast alle niemals berufstätig gewesen und auch nur beschränkt einsatzfähig. Formal wurden sie zwar als Arbeitssuchende geführt, doch ergab sich meist keine Gelegenheit des Einsatzes, da die Arbeitsämter – was propagandistisch gebührend hervorgehoben wurde – bedürftige »Volksgenossinnen« zuerst vermittelten. Ein gewisses Gegengewicht zu den freiwilligen Meldungen bildeten die Frauen, die ihre Arbeit aufgaben, nachdem die Ehemänner eingezogen worden waren.

Ende September 1939 wies das Arbeitsministerium die Arbeitsämter noch einmal genau an, in welcher Reihenfolge der Fraueneinsatz erfolgen solle. Zuerst waren Arbeitslose zu vermitteln, erst dann freiwillige Arbeitskräfte. Dienstverpflichtungen durften nur ausgesprochen werden, wenn wirklich auf andere Weise keine Arbeitskräfte mehr zu beschaffen waren und die Produktion gefährdet wurde. Als erste sollten Frauen aus wehrwirtschaftlich unwichtigen Betrieben für die Rüstungsindustrie verpflichtet werden. Wenn dies nicht reichte, kamen noch ledige, nichtberufstätige Frauen in Betracht, jedoch nur, wenn sie weder für Kinder noch andere Angehörige sorgten, keine mithelfenden Familienangehörigen oder Hausgehilfinnen waren und nicht in der Berufsausbildung standen. Zudem sollten die Dienstverpflichtungen stets zeitlich begrenzt bleiben[29]. Diese Ausführungsbestimmungen erscheinen erstaunlich zurückhaltend, gemessen an dem Anspruch eines umfassenden Fraueneinsatzes, wie er in der Vorkriegsplanung dominiert hatte. So wurden bis zum Juni 1940 nur 250 000 Frauen dienstverpflichtet; vielen von ihnen wurde dabei lediglich ein neuer Arbeitsplatz zugewiesen, fast alle jedoch gehörten zu der Gruppe der Arbeitsbuchpflichtigen[30]. Auf keinen Fall aber zwang man verheiratete Frauen, die nicht erwerbstätig waren, zur Arbeit. Damit wurden die ideologischen Forderungen der NSDAP zur Frauenarbeit weitgehend berücksichtigt. Doch die Richtlinien des Reichsarbeitsministers implizierten zugleich eine sozial unterschiedliche Behandlung der Frauen. Denn die Frauen, die nach 1935 als Arbeiterinnen oder Angestellte tätig waren und damit arbeitsbuchpflichtig, waren meistens auf den Verdienst angewiesen.

Das einzige sofort nach Kriegsbeginn erlassene Gesetz, das auch (oder sogar hauptsächlich) Frauen aus den wirtschaftlich besser gestellten sozialen Schichten zum Arbeitseinsatz erfaßte, war die Verordnung zur Reichsarbeitsdienstpflicht der weiblichen Jugend vom 4. September 1939. Die Zielgruppe waren Ledige zwischen 17 und 25 Jahren, und zwar solche, die weder in der Ausbildung noch mithelfende Familienangehörige waren, die vor allem aber auch nicht zu den erwerbstätigen Arbeitsbuchpflichtigen gehörten. Diese Mädchen unterlagen der Meldepflicht beim RAD und konnten einberufen werden, damit die festgelegte Zahl von 100 000 »Arbeitsmaiden« erreicht wurde[31]. Das RAD-Gesetz klammerte die berufstätigen Mädchen jedoch nicht etwa deswegen aus, weil es soziale Gerechtigkeit üben wollte. Der Grund dafür waren, wie ein RAD-Funktionär dem OKW gegenüber zugab, die früher geäußerten Bedenken von seiten der Wehrmacht und einiger Ministerien, daß das unterschiedslose Einziehen eines ganzen Jahrgangs – der vorerst betroffene Jahrgang 1920/21 umfaßte 600 000 Mädchen – die Rüstungsindustrie empfindlich treffen würde. Deshalb wurde den Arbeitsbehörden auch eingeräumt, die Musterung der »Arbeitsmaiden« zu überprüfen. Doch trotz dieser Zugeständnisse konnte Hierl seinen Gesetzesentwurf nur deshalb durchbringen, weil Göring ihn dabei unterstützte. Göring hoffte nämlich, daß die auch politisch geschulten »Arbeitsmaiden« in kinderreichen Landhaushalten die Stimmung der Bevölkerung heben würden[32]. Bei der Durchführung der RAD-Verordnung kam es zwar noch zu Querelen mit dem RAD-Führer, weil das Arbeitsministerium in Bezirken mit vielen Rüstungsbetrieben eine Musterung von »Arbeitsmaiden« völlig ausschloß[33]. Die Arbeitsbehörden stellten aber andererseits mit Genugtuung fest, daß hauptsächlich »berufslose Haustöchter« oder nur gelegentlich in der Haus- und Landwirtschaft helfende weibliche Familienmitglieder vom RAD einberufen wurden[34]. Das Tätigkeitsfeld des weiblichen Arbeitsdienstes, der die Mädchen zum »Hausfrauen- und Mutterberuf« erziehen sollte, wurde im Krieg noch mehr in die Landwirtschaft verlagert. Im August waren die »Arbeitsmaiden« zu 90,6 % in der Landwirtschaft, zu 2 % in Stadthaushalten und zu 1,8 % in Kindergärten eingesetzt[35].

Die Hilfe des RAD war für die berufstätigen Mütter und die überfüllten Kindergärten in den Städten zwar genauso notwendig wie für die Bauersfrauen. Doch wenn am Ziel der Agrarautarkie festgehalten werden sollte, war die Konzentration des RAD auf das Land, wo die Mädchen nicht nur im Haushalt, sondern auch im Stall und auf dem Feld mitarbeiteten, unter volkswirtschaftlichen und militärischen Gesichtspunkten wichtiger denn je. Gleichzeitig blieb das Pflichtjahr für Schulabgängerinnen, die Angestellte oder Industriearbeiterinnen werden wollten, weiterhin obligatorisch. Die Zahl dieser »Pflichtjahrmädel« – 1940 waren es 335 972 – war wesentlich höher als die der weiblichen Angehörigen des RAD[36].

Spätestens zwei Monate nach Kriegsbeginn bildeten die Arbeitskräfte, die durch die kriegsbedingte Umstellung der Wirtschaft vorübergehend freigeworden waren, keine Reserve mehr. Demgegenüber stiegen jedoch die Anforderungen von Arbeitern, die die Rüstungsbetriebe an die Behörden richteten, ständig. Männliche Arbeitskräfte waren nicht mehr verfügbar. So forderte z. B. die Wuppertaler Kunstfaserfirma Bemberg AG Ende November eine zusätzliche Zuweisung von 1000 weiblichen Arbeitskräften, um die Wehrmachtsaufträge zu erfüllen. Vierzehn Tage später war der Bedarf schon auf 1600 Arbeiterinnen gestiegen. Dabei standen nur für einen Bruchteil auswärtiger Arbeiterinnen Unterkünfte bereit[37].

Neben diesem immer schwerer zu deckenden Bedarf ergaben sich auch bei dem Einsatz der arbeitenden Frauen in der Kriegswirtschaft ständig wachsende Probleme. Gleich zu Kriegsbeginn trat nämlich eine Verordnung in Kraft, die Ausnahmen von den geltenden Arbeitsschutz- und -zeitgesetzen ermöglichte. Die Arbeitszeit von Frauen konnte danach bis zu 10 Stunden täglich – jedoch wöchentlich nicht mehr als 56 Stunden – betragen. Die Ruhepausen durften verkürzt werden, und Nachtarbeit für Frauen war jetzt ebenfalls erlaubt. Allerdings mußten Betriebe, die von diesen Ausnahmeregelungen Gebrauch machen wollten, dies erst bei den zuständigen Regierungspräsidenten beantragen[38]. Außerdem hob die Kriegswirtschaftsverordnung den tariflichen Urlaubsanspruch der Arbeitnehmer auf.

Am internationalen Maßstab gemessen, waren diese Maßnahmen nicht übertrieben drakonisch. In Frankreich z. B. wurde schon im April 1939 in den Rüstungsbetrieben Nachtarbeit für Frauen eingeführt. Im September dann wurde die 60-Stunden-Woche zur normalen Kriegsarbeitszeit für Frauen erklärt. Erst darüber hinaus erforderten weitere Überstunden eine besondere Erlaubnis der Arbeitsinspektoren[39].

In Deutschland zeigte sich jedenfalls sehr schnell, daß der Verzicht der politischen Führung auf eine umfassende Dienstverpflichtung von nichterwerbstätigen Frauen zusammen mit dem gelockerten Arbeitsschutz auf Kosten der arbeitenden Frauen ging. Die Berichte von Arbeits- und Gesundheitsämtern, von Wehrwirtschaftsinspektionen und Reichssicherheitsdienst aus allen Teilen des Reiches konstatierten einstimmig, daß die Arbeitszeiten von neun bis zehn Stunden für Frauen zu lang seien. Denn verbunden mit dem Weg zur Arbeitsstätte, der wegen verschlechterter Verkehrsbedingungen zwei bis drei Stunden, manchmal bis zu fünf Stunden dauerte, ergab sich, daß Frauen im Tagesdurchschnitt elf bis zwölf Stunden außer Hauses verbrachten. Wenn jedoch Munitionsbetriebe wegen der militärischen Sicherheit weit von größeren Orten entfernt lagen, waren selbst 15 Stunden keine Seltenheit. Bei den Arbeiterinnen, die Nachtschichten ableisteten, begann man ernste Gesundheitsschäden zu befürchten[40]. Besonders überlastet waren die Frauen, die noch einen Haushalt, Kinder und andere Angehörige, oft auch noch ihre schwerarbeitenden, vom Militär freigestellten Männer zu versorgen hatten. Zu dem überlangen Arbeitstag kam, durch die kriegsbedingte Rationierung der Grundnahrungsmittel und die Knappheit vieler Waren, nun ein zeitraubendes Schlangestehen in den Läden. Schmackhafte Mahlzeiten mit ausreichendem Nährwert zu kochen, wurde mühsamer. Die Folge war, daß viele Frauen bald unter physischer und psychischer Erschöpfung und nervösen Depressionen litten.

Zudem stellte sich heraus, daß einige lokale Arbeitseinsatzbehörden – entgegen der grundsätzlich anderslautenden Anweisung des Arbeitsministeriums – doch verschiedentlich Frauen dienstverpflichteten, die zu Kriegsbeginn nicht erwerbstätig gewesen waren[41]. Gerade diese Frauen trugen dazu bei, die Stimmung unter den Arbeiterinnen zu verschlechtern. Denn wenn gleichzeitig in den Zeitungen Interviews mit der Reichsfrauenführerin erschienen, die den Arbeitseinsatz der deutschen Frauen als völlig freiwillig bezeichneten, oder der Artikel eines Beamten des Reichsarbeitsministeriums, worin eine Verpflichtung der Millionen nichterwerbstätiger Frauen als überflüssig erklärt wurde, mußte das den Unwillen der Dienstverpflichteten erregen[42]. Auch war es nur zu offensichtlich, daß es noch genug Frauen gab, die sich wegen eines Übermaßes an Freizeit langweilten. Bei den Arbeitsämtern gingen immer wieder empörte Briefe ein, die sich auf Zeitungsannoncen bezogen, in denen verheiratete jüngere Frauen »gleichgesinnte Damen« mit viel freier Zeit suchten, um mit ihnen zu musizieren oder Schach zu spielen[43].

Nach zwei Monaten intensiven Kriegseinsatzes kamen die Bürokraten von den kommunalen und lokalen Verwaltungen bis hin zu den Ministerien, genauso wie die Sachbearbeiter der Wehrmacht und des SS-Sicherheitsdienstes zu dem Schluß, daß die tägliche Arbeitszeit der arbeitenden Frauen wieder auf ein Maximum von acht Stunden zu beschränken sei. Die Verkehrsbedingungen sollten für die Arbeiterinnen verbessert werden, und bei überlangen Wegen zur Arbeit wurde die Arbeitszeit verkürzt. Verheirateten Frauen war möglichst nur noch eine Halbtagsarbeit von sechs Stunden zuzuweisen[44]. Schon vor diesen Empfehlungen des Reichsarbeitsministeriums hatte die Wehrmacht in einer Reihe von Rüstungsbetrieben die Nachtschichten für Frauen wieder einstellen lassen[45]. Bis zum Dezember 1939 setzte das Arbeitsministerium die gerade gelockerten Arbeitszeitbestimmungen wieder gesetzlich in Kraft. Das Urlaubsrecht wurde erneut gültig und die Überstunden gerade der weiblichen Arbeitskräfte strenger geregelt. Hausfrauen erhielten das Recht, einen Arbeitstag im Monat als sogenannten »Waschtag« für Hausarbeiten freizunehmen[46].

In seiner Reichstagsrede zu Kriegsbeginn hatte Hitler einen appellierenden Satz auch an die Frauen gerichtet: »Ich erwarte auch von der deutschen Frau, daß sie sich in eiserner Disziplin vorbildlich in die große Kampfgemeinschaft einfügt.«[47] Die Praxis machte diesen martialischen Topos, der von der

Reichsfrauenführerin eifrig aufgegriffen und wiederholt wurde[48], jedoch zur Phrase. Denn das Vertrauen in die Opferbereitschaft der Frauen für Führer und Volk erwies sich auf seiten der Bürokratie, der Wehrmacht und des Sicherheitsdienstes, der es schließlich am besten wissen mußte, als sehr gering. Das innenpolitisch motivierte Interesse an der Stimmung der weiblichen Bevölkerung war mindestens genauso wie die ideologisch bedingte Sorge um die Gesundheit der Frauen und Mütter ausschlaggebend dafür, daß die Opferwilligkeit der arbeitenden Frauen nicht zu sehr strapaziert wurde.

3. Arbeitsmoral und Arbeitsdisziplin der Frauen

Am Ende des Jahres 1939 zeichneten sich die Hauptprobleme der Frauenarbeit, die für die ganze Kriegszeit bestimmend blieben, schon deutlich ab. Einerseits gaben ständig Ehefrauen die Erwerbstätigkeit auf, und die effektive Arbeitsleistung der Frauen wurde geringer. Demgegenüber stieg der Bedarf der Wehrmacht an Soldaten und Rüstungsmaterial.

Allein vom Oktober bis einschließlich Dezember 1939 sank die Beschäftigungsziffer der Frauen um fast 300 000[49]. Bei den Frauen, die nach Kriegsbeginn so plötzlich zu Hause blieben, obwohl sie vorher jahre- oder sogar jahrzehntelang berufstätig gewesen waren, handelte es sich fast durchwegs um Ehefrauen, deren Männer zur Wehrmacht eingezogen worden waren. Den Familien von Soldaten wurde eine relativ großzügige Unterstützung gezahlt. Die Ehefrauen erhielten bis zu 85 % vom Einkommen ihres Mannes, hinzu kamen noch Sozialleistungen wie Krankenkassenbeiträge oder Mietzuschüsse. Arbeiteten diese Frauen weiter, wurde ihnen der größte Teil ihres Verdienstes von der staatlichen Familienbeihilfe abgezogen[50]. Die Folge war unweigerlich, daß viele Soldatenfrauen, ob sie Kinder hatten oder nicht, es angenehmer und günstiger fanden, ihre Arbeit aufzugeben. Denn der geringe Mehrverdienst, den diese Frauen beim Weiterarbeiten zu verzeichnen hatten, nützte ihnen wenig. Die Konsumgüterproduktion war gedrosselt, Lebensmittel – und seit November 1939 auch Textilien und Schuhwaren – waren rationiert. Außerdem verbrauchten die Frauen bei der Arbeit wesentlich mehr Kalorien und verschlissen ihre Schuhe und Kleider; Arbeitskleidung wurde meist nicht vom Betrieb gestellt. Die Zahl der unterstützungsberechtigten Ehefrauen vermehrte sich zudem noch durch die bei Kriegsbeginn schlagartig verstärkten sogenannten Kriegsheiraten. Die Beobachter von Wehrmacht und Bürokratie argwöhnten sogar, daß viele junge Mädchen nur heirateten, um in den Genuß des Familienunterhalts zu gelangen[51].

Die Partei ihrerseits versuchte mit gezielter Propaganda, die Heirats- und Zeugungsfreudigkeit zu steigern. Denn aus dem Ersten Weltkrieg hatte man gelernt, daß in Kriegsjahren die Geburtenrate sank und diese geburtenschwachen Jahrgänge später das militärische und volkswirtschaftliche Kräftepotential empfindlich minderten. Wohl am wenigsten verblümt sprachen sich Himmler und Heß zur Sache aus. Himmler machte es allen SS-Männern zur »heiligen Verpflichtung«, ein Kind zu zeugen, bevor sie ins Feld zögen. Den deutschen Mädchen »guten Blutes« wurde versichert, daß es auch außerhalb der Ehe »eine hohe Aufgabe« sei, Mutter zu werden[52]. Heß erklärte gar alle ledigen Frauen, die nicht bereit seien, dem »Dritten Reich« Kinder zu schenken, zu »Fahnenflüchtigen und Landesverrätern«[53]. Der Sozialdarwinismus der Nationalsozialisten – auf die rassisch-nationale Ebene übertragen – verlangte also gerade wegen des militaristisch-expansiven Charakters des Regimes während des Krieges eine qualitativ und quantitativ besonders intensive Reproduktion der deutschen Bevölkerung. Was immer die propagandistischen Bemühungen der Partei damit zu tun haben mögen: Die ersten Kriegsjahre 1939/40 brachten einen »Babyboom«, der noch über der Geburtenrate der Jahre 1934 bis 1938 lag, und die Eheschließungen erreichten in den ersten Kriegsmonaten einen seit Jahrzehnten nicht mehr dagewesenen Höchststand[54]. Doch war dieses im ideologischen Interesse liegende Resultat für die Kriegswirtschaft negativ, da immer mehr Frauen wegen Heirat, Schwangerschaft – ob ehelich oder nicht – und der Wartung von Kleinkindern für den Arbeitsmarkt ausfielen. Die langfristigen ideologischen Ziele und kurzfristigere Forderungen der praktischen Kriegsführung schienen unvereinbar zu sein.

Die Meldungen über den Mob-Verlauf, die von den Rüstungsinspektionen der Wehrkreise seit Kriegsbeginn wöchentlich an das OKW geschickt werden mußten[55], stellten mindestens seit der Jahreswende 1939/40 ein monotones Klagelied über die Frauenarbeit dar. Unter den unterstützungsberechtigten Ehefrauen von Wehrmachtsangehörigen breitete sich geradezu eine »Rentenmoral« aus. Von diesen bisher erwerbstätigen und damit arbeitsbuchpflichtigen Frauen benutzten viele die Gelegenheit, den Arbeitsmarkt völlig zu verlassen, wenn sie wegen Einschränkung ihrer Betriebe entlassen wurden. Andere blieben anfangs wegen vorgeschützter oder wirklicher Krankheit zu Hause, um dann nicht wieder zur Arbeit zu erscheinen. Oft gaben Frauen jedoch auch ohne jede Erklärung ihre Arbeit auf, meist nach Weihnachten, um noch die Weihnachtsgratifikation zu erhalten. Es kam aber genauso vor, daß Unterstützungsempfängerinnen vorschriftsmäßig einen Antrag auf Schließung ihres Arbeitsbuches stellten[56]. Die Wirtschaftsexperten der Rüstungsinspektionen, die ihre Beobachtungen an der Basis, nämlich in den Rüstungsbetrieben machten, wobei sie Berichte und Vorschläge der Betriebsleitungen berücksichtigten, forderten angesichts dieser Mißstände vom OKW unisono drastische Maßnahmen. Einerseits wurde dringend empfohlen, eine Unterstützungszahlung an Soldatenfrauen von deren Arbeitseinsatz abhängig zu machen, andererseits sollte der Arbeitsverdienst gar nicht mehr oder nur zu einem geringen Teil auf den Familienunterhalt angerechnet werden, um den Frauen so einen stärkeren finanziellen Anreiz zum Arbeiten zu geben. Darüber hinaus wurde gefordert, die allgemeine Dienstpflicht, für die ja die gesetzlichen Voraussetzungen vorlagen und die nur durch einen Erlaß Seldtes vorerst aufgeschoben war, wenigstens für kinderlose verheiratete und ledige Frauen durchzuführen[57]. Diese Dienstpflicht hatten schon regionale Arbeitsbehörden vom Reichsarbeitsminister verlangt, und sie wurde auch in den SD-Meldungen als unumgänglich betrachtet[58].

Im Frühjahr 1940 wurde dann die Frage der stärkeren Dienstverpflichtung von Ehefrauen, die Familienunterhalt bekamen, und solchen, die bisher nicht erwerbstätig waren, im Reichsarbeitsministerium geprüft. Die zuständigen Dienststellen von Staat, Partei und Wehrmacht waren beteiligt[59]. Das Problem der Dienstverpflichtung wurde monatelang diskutiert; die Betriebe und unteren Dienststellen, denen der Arbeitskräftemangel immer mehr unter den Nägeln brannte, erhielten indes hinhaltende, aber positive Bescheide. Das Ergebnis dieser ganzen Planungen und Beratungen war letztlich gleich Null[60]. Es wurde weder eine allgemeine Dienstpflicht für einsatzfähige Frauen eingeführt, noch wurde arbeitsunwilligen Soldatenfrauen der Familienunterhalt gesperrt. Lediglich in der Frage der Anrechnung der Unterhaltszahlung auf den Lohn der arbeitenden Ehefrauen wurde etwas getan. Im Mai 1940 wurden zwei Drittel des Nettolohnes der Unterstützungsberechtigten als anrechnungsfrei erklärt[61]. Jedoch konnte dies allein den Arbeitseifer der erwerbstätigen Frauen nicht beflügeln. Schließlich waren sich nicht einmal die zuständigen Behörden völlig im klaren darüber, ob die Frauen einfach keine Lust zum Arbeiten hatten und mehr verdienen wollten, oder ob die veränderten Lebensbedingungen und die erschwerte Haushaltsführung im Krieg die Einsatzfähigkeit der Frauen nicht wirklich vermindert hatten. So mußte das Arbeitsamt Berlin 1940 bei einer Überprüfung von 1000 Metallarbeiterinnen, die seit Kriegsbeginn nicht mehr arbeiteten, feststellen, daß in 95 % der Fälle die Frauen ihre Arbeit aus triftigen Gründen niedergelegt hatten[62].

Da mit dem Jahr 1940 der Arbeitskräftebedarf der Rüstungsindustrie noch wuchs, jedoch die allgemeine weibliche Dienstpflicht nicht durchgeführt wurde, Freiwillige sich kaum meldeten und der erwartete Strom von Kriegsgefangenen und Fremdarbeitern bislang noch spärlich floß, blieb nur eine praktische Konsequenz: Der arbeitenden Bevölkerung wurde ein Übermaß an Arbeit aufgebürdet. Hiervon waren auch die erwerbstätigen Frauen, die in vielen Rüstungsbetrieben die Mehrheit, in Munitionsanstalten oft die ganze Belegschaft bildeten, nicht ausgenommen. Bei den Frauen, die 1940 noch in der Kriegswirtschaft beschäftigt waren, handelte es sich hauptsächlich um Mädchen und ledige Frauen, die ihren Unterhalt selbst verdienen mußten, um Ehefrauen, deren Männer als Rüstungsarbeiter nicht einberufen wurden, und die selbst, wie schon vor dem Krieg, aus finanziellen Gründen mitarbeiteten. Auch Soldatenfrauen arbeiteten weiter, wenn der Vorkriegslohn des Ehemannes, nach dem der Familienunterhalt bemessen wurde, zu niedrig gewesen war. Oder sie wurden einfach mit psychologischen Druckmitteln von Arbeitsämtern und Parteifunktionären eingeschüchtert – was sich allerdings aus offiziellen Quellen als zu individuell und unwägbar kaum verifizieren läßt. Und außerdem gab es noch die bis Mitte 1940 dienstverpflichteten 133 000 Frauen[63]. Diese »wirtschaftlichen Gestellungsbefehle« mußten bei aller grundsätzlichen Zurückhaltung der Arbeitsämter angesichts lokaler und regionaler Engpässe in der Rüstungsfertigung immer wieder ausgesprochen werden. Die Betroffenen waren Beschäftigte in der Konsumgüterindustrie, die bei »Auskämmaktionen« durch Dienstverpflichtung in kriegswichtige Betriebe »umgeschichtet« wurden oder verheiratete Frauen, die zwar nicht mehr arbeiteten, aber anhand der Arbeitsbuchkartei ermittelt und verpflichtet wurden. Denn alle Dienstverpflichteten mußten, gemäß den Erlassen Seldtes vom Juni und September 1939, arbeitsbuchpflichtig sein.

Insgesamt gehörten die Frauen in der Kriegswirtschaft zu dem Kreise der Arbeitsbuchpflichtigen. Der überwiegende Teil stammte aus der Arbeiterschaft oder der Gruppe der unteren Angestellten und kleinen Handwerker; fast alle waren zeitweise oder immer auf den Verdienst aus eigener Arbeit angewiesen[64]. Viele der Frauen waren schon vor dem Krieg durch die doppelte Belastung von Haushalt und Erwerbstätigkeit erschöpft. Schon 1938 hatten die verlängerten Arbeitszeiten zu Krankmeldungen, unentschuldigtem Fehlen und anderen Formen der offenen Arbeitsunlust vor allem unter den Frauen geführt. Jetzt im Krieg kamen noch mehr Schwierigkeiten im privaten und beruflichen Alltag hinzu. Die Ehemänner waren zur Dienstpflicht oder zur Wehrmacht einberufen worden, die Ernährung und Kleidung verursachte Schwierigkeiten. Die begehrten und rationierten Waren waren ausverkauft, wenn die Frauen kurz vor Ladenschluß von der Arbeit zum Einkaufen hetzten. Andererseits fehlte ihnen die Zeit, um, wie die Nur-Hausfrauen, in langen Käuferschlangen nach knappen Artikeln anzustehen[65]. Bei den Müttern kam zu den Haushaltssorgen noch die Schwierigkeit hinzu, ihre Kinder in Säuglingskrippen und Kindergärten unterzubringen, die oft überfüllt waren oder zu weit entfernt von Wohnung und Arbeitsplatz lagen[66]. Außerdem waren die Arbeiterinnen unzufrieden mit den Kriegslöhnen; wenn sie infolge von »Auskämmaktionen« den Arbeitsplatz wechseln mußten, verschlechterte sich der Verdienst noch mehr[67]. Die Arbeitszeit erwies sich weiterhin als zu lang, auch wenn der Erlaß Seldtes vom Dezember 1939 eine exzessive Ausdehnung verhinderte. Alle diese Faktoren minderten die Fähigkeit und Bereitschaft zur Arbeitsleistung sehr, was wiederum die Produktion und damit letztlich den Kriegserfolg gefährdete. Es ist nie errechnet worden, wie viele Arbeitsstunden insgesamt verlorengingen und wieviel Produktionsausfall entstand durch die »Disziplinlosigkeit« der arbeitenden Frauen. So können hier nur Beispiele angeführt werden[68], die aber die existentielle Bedeutung des Problems für die Kriegswirtschaft ermessen lassen.

Allgemein verbreitet in allen Rüstungsbetrieben war vor allem unter der weiblichen Belegschaft das unentschuldigte Fehlen, bevorzugt an Samstagen und Montagen. Die Krankmeldungen schnellten ebenfalls in die Höhe. Die Kassenärzte, die den kranken Frauen Atteste ausstellten, wurden von den Firmen beschuldigt, sie täten dies allzu leichtfertig und berücksichtigten nicht die »Notwendigkeit des Arbeitseinsatzes« und unterstützten damit nur die »Arbeitsflucht«[69]. Als Konsequenz forderten Wehrmacht und Wirtschaft Betriebsärzte. Außerdem verlangten sie eine Ahndung »nicht pflichtbewußter Gutachten« durch die Reichsärztekammer[69]. Da viele Frauen übermüdet waren, verlangsamte sich das Arbeitstempo, und es entstand mehr Ausschuß in der Fertigung. Kam zu der Müdigkeit noch eine psychisch bedingte Unlust hinzu, sank die Arbeitsleistung noch mehr. Dieses Phänomen taucht unter dem negativen Begriff »Bummelschichten« in allen offiziellen Berichten auf.

Alle diese Erscheinungen führten in Rüstungsbetrieben mit überwiegender weiblicher Belegschaft dazu, daß nur 75 % des Produktionssolls erfüllt wurden. Ein Werk mußte sogar, um die gleiche Leistung zu erhalten, statt den bisherigen 172 Frauen 217 beschäftigen[70]. Eine westfälische Firma meldete das regelmäßige Fehlen von 400 Frauen zum Wochenbeginn[71]. In vielen Rüstungsbetrieben fehlten täglich zwischen 20 % und 25 % der weiblichen Arbeitskräfte. In einem Mannheimer Wehrmachtsbetrieb blieben sonnabends 45 % der Frauen zu Hause. Ein Sprengstoffwerk mußte täglich sogar auf 50 % der Arbeiterinnen verzichten. Der allgemeine Verlust an Arbeitszeit war beträchtlich; denn wenn z. B. ein Betrieb mit 845 beschäftigten Frauen einen täglichen Fehlbestand von 22 % zu verzeichnen hatte, gingen ihm bei einer wöchentlichen Arbeitszeit von 54 Stunden insgesamt 10 000 Arbeitsstunden verloren[72]. Aus den gleichen Gründen sah sich die zweitgrößte Fabrik für Erntebindegarn, der ständig 25 % der Arbeiterinnen fehlten, zum Erntebeginn nicht in der Lage, das Produktionssoll abzuliefern. Eine Produktionsleistung von über 100 Arbeitstagen fehlte[73]. Neben den Produktionsverlusten wurden auch die Produktionskosten gesteigert, wenn durch die ständige Fluktuation der weiblichen Belegschaft die Zahl der männlichen Arbeiter erhöht werden mußte. So entstanden einem Munitionsbetrieb innerhalb von drei Monaten 20 000 RM mehr Lohnkosten, weil eine außerplanmäßige Anzahl von männlichen Fach- und angelernten Arbeitern die Arbeit von fernbleibenden, geringer bezahlten Frauen übernehmen mußte. Die Produktionsaufträge konnten dennoch nicht erfüllt werden[74].

Aus den Berichten der Betriebe und Wehrwirtschaftsoffiziere, denen sich der SD inhaltlich anschloß, geht hervor, daß das Problem des Arbeitskräftemangels einerseits und der Arbeitsdisziplin andererseits sich weitaus stärker auf das Plansoll der Rüstungsfertigung auswirkte als der Rohstoffmangel. Dem Klischee der Polizeidiktatur, die vor keinem Mittel zurückschreckte, um die Bevölkerung zu »geschlechtslosen Einsatzträgern«[75] zu formen, hätte es entsprochen, wenn das Regime diejenigen Arbeiter, die den »Endsieg« vermeintlich sabotierten, mit Terror und Strafen zur Arbeit gezwungen hätte. Es sollte sich jedoch zeigen, daß dieser totalitäre Anspruch selbst im Krieg nicht verwirklicht wurde. Vor allem die Frauen erfuhren eine besonders rücksichtsvolle Behandlung. Die Gründe, weshalb dem so war, werden uns im folgenden eingehend beschäftigen.

4. Gestapo und Gerichte: Bestrafung arbeitsunwilliger Frauen

Die Gruppen der arbeitenden deutschen Bevölkerung, die sich im Krieg durch besondere Disziplinlosigkeit und Arbeitsunlust auszeichneten, waren Dienstverpflichtete, Jugendliche, weibliche Arbeitskräfte und »asoziale, hoffnungslose Elemente«[76]. Die Arbeitsdisziplin hatte sich schon seit 1938, wie berichtet, durch Vollbeschäftigung und längere Arbeitszeit spürbar gelockert. Mit den Dienstverpflichtungen für den Westwallbau und anderen für die Kriegsvorbereitungen wichtigen Aufgaben, von denen hauptsächlich Männer betroffen waren, nahmen 1939 die Arbeitsleistungen noch mehr ab, und die Arbeitsverweigerungen mehrten sich. Bis Kriegsbeginn waren es anscheinend nur Männer, die offen die Arbeit verweigerten – wobei wohl bei einigen von ihnen mehr oder minder politische Motive eine Rolle spielten[77]. Ab September 1939 muß sich die durchschnittliche Haltung der Arbeiter »gebessert« haben, Disziplinschwierigkeiten gab es jedoch verstärkt bei den Frauen und Jugendlichen. Diese beiden Gruppen hoben sich ausgesprochen negativ von »gut gesinnten, zuverlässigen Stammbelegschaften« ab[78]. Am Anfang des Krieges schien es sich bei den Verstößen gegen die Arbeitsdisziplin noch um »Einzelauswüchse« zu handeln, die sich »im Keime ersticken« ließen. Doch im Laufe der Monate griff die Arbeitsunlust weiter um sich. Die Nürnberger Rüstungsinspektion konstatierte sogar »Anzeichen einer beginnenden Massenpsychose«, die immer schwieriger zu bekämpfen sei[79].

Die Firmenleitungen besaßen keine Machtmittel, um unbotmäßige Arbeitskräfte zu bestrafen; denn schriftliche und mündliche Vorhaltungen des Personalbüros, Ermahnungen bei den Betriebsappellen wie kleinere Geldbußen blieben wirkungslos. Vor allem gegen die unerlaubte Aufgabe des Arbeitsplatzes, den sogenannten »Arbeitsvertragsbruch«, der bei den Frauen so häufig vorkam, waren die Betriebe machtlos. Deshalb wandten sich die Betriebsleiter an die zuständigen Stellen, die im System des »Dritten Reiches« die Arbeitskräfte zu pazifizieren und zu disziplinieren hatten. Da jedoch auch hier keine eindeutigen Kompetenzen festgelegt waren, forderten die Betriebe die Arbeitsämter, Reichstreuhänder der Arbeit, Rüstungsinspektionen und -kommandos, DAF, Gestapo, ja sogar die Abwehr auf, energisch einzugreifen. Aus der Flut der Beschwerdebriefe der Unternehmer und den äußerst pessimistischen Berichten der Rüstungsinspektionen geht aber eindeutig hervor, daß die Dienststellen der Partei und des Staates keine Abhilfe schufen.

Die Arbeitsämter entsprachen sogar meistens den Kündigungsanträgen verheirateter Frauen und verfolgten die ihnen gemeldeten Fälle, in denen Dienstverpflichtete die Arbeit einfach verweigerten, oft überhaupt nicht. Denn die einschränkenden Erlasse und Rundbriefe des Reichsarbeitsministers, mit denen die grundsätzliche Gesetzgebung für einen Fraueneinsatz wieder eingeschränkt und gemildert wurde, ließen den Arbeitsämtern keine Handhabe gegen arbeitsunwillige Frauen[80]. Entschloß sich dennoch einmal ein Arbeitsamt, exemplarisch gegen Frauen, die trotz Dienstverpflichtung die Arbeit verweigerten, vorzugehen und Strafanzeige zu erstatten, konnte es geschehen, daß das vorgesetzte Landesarbeitsamt die Anzeigen zurückzog und die Dienstverpflichtungen aufhob[81]. Die Reichstreuhänder der Arbeit erhielten nach Kriegsbeginn das Ordnungsstrafrecht, das aber letztlich nur Verwarnungen und Geldstrafen umfaßte[82]. Die Anträge auf Bestrafung von arbeitsvertragsbrüchigen und undisziplinierten Arbeitskräften wurden bürokratisch und langwierig – oft monatelang – überprüft. Die verhängten Strafen – bei Frauen meist nur Verwarnungen – wurden von Wehrmacht und Unternehmerschaft als zu milde betrachtet, denn der abschreckende Effekt der Maßregeln blieb völlig aus[83].

Am offenkundigsten scheiterte die DAF mit ihrer Aufgabe, den »Arbeitsfrieden« zu erhalten und die Leistungen zu fördern. Schon in den letzten Vorkriegsjahren war die nie sehr große Popularität der DAF bei der überlasteten, lustlosen Arbeiterschaft stark gesunken – und dies trotz Lohnzulagen und sozialer Leistungen[84]. Im Krieg wurde die Stellung der

DAF, die keine materiellen Köder mehr auslegen konnte und an deren Versprechungen niemand mehr glaubte, prekär. Von seiten der Wirtschaft, der Rüstungsinspektionen und des Sicherheitsdienstes hagelte es Vorwürfe. Die DAF sei nicht in der Lage, die arbeitsmüden Frauen wirksam zu beeinflussen, vor allem die unteren Funktionäre arbeiteten ungeschickt, das Vorgehen bei Disziplinschwierigkeiten sei insgesamt unbefriedigend[85]. Die DAF-Obleute genossen nicht das Vertrauen der Belegschaft, und da die moralischen und propagandistischen Einflußmöglichkeiten nicht mehr ausreichten, erkannten viele von ihnen die innere Schwäche ihrer Position, die durch tatsächliche Macht von außen nicht gestützt wurde[86].

Einigen Unternehmern, denen die innerbetrieblichen Disziplinprobleme und die daraus resultierenden Produktionsrückstände und Gewinnverluste über den Kopf wuchsen, riß der Geduldsfaden; von den zuständigen Stellen immer nur vertröstet, wandten sie sich an die Gestapo oder die Gerichte. Insgesamt blieb jedoch die Zahl der Fälle, in denen gerichtliche Strafen verhängt oder die Gestapo eingeschaltet wurde, relativ gering, wenn man damit die vielen Fälle von »Arbeitssabotage« und schweren Brüchen des Arbeitsvertrages vergleicht. Überdies wurden die Einzelfälle, in denen drastische Zwangsmaßnahmen angewandt wurden, regional unterschiedlich gehandhabt; denn es gab weder reichseinheitliche Richtlinien über die Bemessung des Strafmaßes noch darüber, wann überhaupt drakonisch einzugreifen war. Bei der Gestapo verließ man sich wohl primär darauf, daß der abschreckende Effekt demonstrativer Auftritte in einem Betrieb bereits genüge, die Belegschaft zu disziplinieren. Diese Wirkung wurde durch Drohungen, etwa mit dem Konzentrationslager, ergänzt. Eine beliebte Gestapo-Praxis war es, besonders »widerspenstige« Arbeiter von Samstag mittag bis Sonntag abend in Haft zu nehmen[87]. Äußerst hartnäckige Arbeitsverweigerer im Gebiet Bremen wurden für einige Wochen in spezielle Arbeitslager eingewiesen[88]. Doch scheint, soweit aus den Quellen hervorgeht, die Gestapo wenig mit der Disziplinierung arbeitsunwilliger Frauen befaßt worden zu sein[89]. Außerdem konnte auch die Gestapo nicht völlig unbehindert arbeiten. In Bayern etwa untersagte der Reichstreuhänder bisher wirksame Haftstrafen von ein, zwei Tagen. Ab Frühjahr 1940 lehnte es die Gestapo ganz ab, noch in Fällen von Disziplinlosigkeit bei der Arbeit einzuschreiten, und zwar auf Anordnung Himmlers persönlich[90].

Dafür verhängten die Gerichte in einzelnen Fällen durchaus Haftstrafen über Arbeiterinnen. So verurteilte das Amtsgericht Lübeck einige Frauen zu mehreren Monaten Gefängnis wegen »unzulässigen Fernbleibens von der Arbeit«[91]. Eine brandenburgische Landarbeiterin, die gut verpflegt wurde, ausreichenden Lohn und freie Wohnung erhielt, blieb unerlaubt erst 14 Tage, dann völlig von ihrer Arbeitsstelle fern. Nach einigen Monaten wieder im Betrieb aufgenommen, entfernte sie sich wieder ohne Urlaub von ihrer Arbeit. Diese Arbeiterin erhielt eine Gefängnisstrafe von sechs Wochen[92]. Ein Wuppertaler Gericht dagegen verurteilte eine verheiratete, »an sich arbeitswillige Frau« zu drei Monaten Gefängnis, weil sie wochenlang ihren Arbeitsplatz vorzeitig verließ. Dies Urteil wurde vom Sicherheitsdienst als entschieden zu hart kritisiert. Es diene nur dazu, Unwillen in der Bevölkerung zu erregen und

Erörterungen über das unterschiedliche Heranziehen der Frauen zum Arbeitseinsatz anzufachen[93]. Dies letzte Argument war der Hauptgrund für die in vielen offiziellen Stellungnahmen beklagte Tatsache, daß Frauen trotz extremer Disziplinlosigkeiten kaum bestraft wurden. In den wenigen Fällen aber, in denen Gefängnisstrafen verhängt wurden, betrugen diese nur einen Bruchteil der Strafe, die Männer für das gleiche Vergehen erhielten. Die Regel war jedoch, daß Frauen trotz Verweigerung der Dienstpflicht und Bruch des Arbeitsvertrages – entgegen allen gesetzlichen Bestimmungen – straffrei blieben[94]. Diese nachgiebige Haltung der Behörden und der DAF bemerkten die Frauen sehr schnell und verließen sich – oft mit einer erstaunlichen Unverfrorenheit – darauf.

Eine kinderlose, verheiratete Arbeiterin eines Speyrer Metallbetriebs erhielt Familienunterhalt, da ihr Mann einberufen war. Seitdem fehlte sie häufig unentschuldigt. Im November 1939 informierte sie ihren Arbeitgeber, sie werde erst wieder im Frühjahr arbeiten, da sie »gegen Erkältung empfindlich« sei. Obwohl sie völlig arbeitsfähig war und wochenlang ihren im Rheinland stationierten Ehemann besuchte, geschah nichts[95]. Eine ledige Dienstverpflichtete einer mitteldeutschen Munitionsfirma blieb nach den Weihnachtsfeiertagen ohne Erlaubnis drei Wochen der Arbeit fern, um entferntere Verwandte in Schlesien und Berlin zu besuchen. Sehr häufig verließen junge, unverheiratete Arbeiterinnen den Betrieb, für den sie dienstverpflichtet wurden, ohne Kündigungsantrag. Entweder wollten sie in ihren alten Betrieb zurück, der inzwischen auch Wehrmachtsaufträge ausführte, oder sie suchten einen neuen Arbeitsplatz mit höherem Lohn. Auf Vorhaltungen der Betriebsleitung kam, mit kleinen Variationen, meist die gleiche Antwort: »Und wenn Sie mich bestrafen, ich fahre doch. Es sind ja schon so viele fort, und niemandem ist was passiert«[96]. Trotz der katastrophalen Folgen für die Rüstungsproduktion und der unaufhörlichen Forderung der ratlosen Unternehmer nach drastischem Eingreifen von Partei und Staat zögerten diese auch weiterhin. Entscheidend war, wie im Reichsarbeitsministerium festgestellt wurde, »die Befürchtung, durch allzu scharfe Behandlung arbeitsunwilliger Frauen eine ungünstige Beeinflussung der Volksstimmung herbeizuführen«[97].

So ist es nicht verwunderlich, daß einige Betriebe es ablehnten, Frauen zu beschäftigen[98]. Da vor allem mit Dienstverpflichteten schlechte Erfahrungen gemacht wurden und die behördlichen Maßnahmen nicht ausreichten, veranlaßte das Wirtschafts- und Rüstungsamt schon im April 1940 die Reichsgruppe Industrie, die Unternehmer zur Selbsthilfe aufzurufen. Die »Betriebsführer« sollten sich nur noch auf die eigene Initiative verlassen, die Frauen freiwillig zur Arbeit gewinnen und mit allen möglichen Sozialleistungen und Zugeständnissen anwerben[99]. In Einzelbetrieben war der Erfolg dieser Aktion überraschend groß, vor allem soweit es darum ging, Ehefrauen von Werksangehörigen einzustellen. Diese Frauen zeichneten sich dann durch »erhöhte Arbeitsfreudigkeit und Anhänglichkeit an das Werk« aus[100]. Doch in anderen Fällen, wo Firmen ehemalige Arbeiterinnen, vor allem die knappen Facharbeiterinnen, wiedereinzustellen suchten, war das Ergebnis meist enttäuschend[101]. Erst im November 1941 erfolgte eine reichseinheitliche

Regelung mit dem Erlaß des Reichsarbeitsministers zur »Bekämpfung der Disziplinlosigkeiten in den Betrieben«, der auf einer Anweisung Görings beruhte. Die Arbeitsämter und Reichstreuhänder sollten primär die Firmenleitungen »anhalten, zunächst in den Betrieben selbst für eine geordnete Arbeitsdisziplin zu sorgen«, und zwar mit den Mitteln, die sich schon über zwei Kriegsjahre lang als nutzlos erwiesen hatten: Verwarnungen in Gegenwart des DAF-Betriebsobmannes und Geldbußen gemäß § 28 des Arbeitsordnungsgesetzes (AOG) von 1934. Erst wenn alle Maßnahmen auf der Betriebsebene erfolglos blieben, sollten die Reichstreuhänder der Arbeit eingreifen, um eine »angemessene Ordnungsstrafe auszuwerfen«, die bis zu 100 RM betragen konnte. In Fällen von wiederholten schweren Vergehen gegen die Arbeitsdisziplin konnte der Reichstreuhänder den »Täter bei Bejahung der Schuldfrage« mit Hilfe der Polizei in ein »Arbeitserziehungslager« einweisen. Frauen jedoch sollten nur dann für kürzere Zeit in ein solches Lager kommen, wenn Geldstrafen und alle sonstigen Mittel der Erziehung versagt hatten[102]. Damit blieb es also auch weiterhin dem unterschiedlichen Ermessen nachgeordneter Instanzen überlassen, Art und Höhe des Strafmaßes zu bestimmen. In der Praxis scheint der Erlaß wenig an dem »weichen Kurs« der Behörden gegenüber arbeitsunwilligen Frauen geändert zu haben[103]. Wesentlich ist aber, daß die Unternehmer, die bei der Übernahme der Macht durch die NSDAP gehofft haben mögen, daß der Staat nun die Disziplinierung der Arbeiterschaft übernehme, enttäuscht wurden. Staat und Partei erklärten sich nur zu einer Hilfestellung bereit, die – wie bereits erörtert – letztlich ineffektiv blieb. Das von der Unternehmerschaft 1934 begrüßte Arbeitsordnungsgesetz, das ihnen das alleinige Hausrecht und das Recht der »Menschenführung« im Betrieb garantierte, entpuppte sich jetzt als Danaergeschenk – das Recht wurde zur unerfüllbaren Pflicht. So kommentierte auch der Geschäftsführer der Industrie- und Handelskammer Hamburg in einer Sitzung vor seinen Amtskollegen den Erlaß Görings und Seldtes folgendermaßen: Die Betriebsleiter müßten lernen, »daß ihre eigentliche Aufgabe die Sorge um den Arbeitseinsatz und die Arbeitsdisziplin sei und daß es sich in sehr starkem Maße um die Frage der richtigen Menschenführung handle«[104].

Tatsächlich bedeutete dies, daß die Betriebe auch weiterhin die Produktionsverluste, die aus der mangelnden Arbeitsbereitschaft der Frauen entstanden, hinnehmen mußten. Denn die Hauptgründe, die Arbeitsunlust erzeugten, wie die niedrigen Kriegstariflöhne gegenüber hohen Familienunterhaltszahlungen, die mangelnde Ernährung und Kleidung, die Trennung vom Ehemann und die Sorge um unzureichend betreute Kinder, Luftangriffe, schlechte Verkehrsbedingungen, psychische und physische Erschöpfung, vor allem aber das sozial unterschiedliche und ungerechte Vorgehen beim weiblichen Arbeitseinsatz, waren außerhalb des Betriebs liegende Faktoren, auf welche die Unternehmer keinen Einfluß hatten. Die »Betriebsführer« und die erwerbstätigen Frauen waren also aus plausiblen, wenn auch sehr unterschiedlichen Motiven heraus äußerst unzufrieden mit Partei und Staat, die in einer ihnen unverständlichen, inkonsequenten und scheinbar unlogischen Weise die allgemeine weibliche Dienstpflicht hinauszögerten. Dies wirft die Frage auf, weshalb die Verantwortlichen der Partei, der Wehrmacht und der Bürokratie, die doch an einer optimalen Effizienz der Kriegswirtschaft interessiert waren, derartige Fehlentscheidungen auf dem Arbeitssektor trafen.

Kapitel V

Das Regime in der Sackgasse: Zwischen Zwängen der Kriegswirtschaft, der Ideologie und der öffentlichen Meinung

1. Die Diskussion um die Einführung der allgemeinen Dienstpflicht für Frauen

Im Ersten Weltkrieg hatte es die Kampfmoral der Frontsoldaten und noch mehr der zurückbleibenden Frauen sehr beeinträchtigt, daß die Unterstützungszahlungen an die Angehörigen der Soldaten weit unter dem Existenzminimum lagen. Daraus zogen Wehrmacht und Bürokratie im »Dritten Reich« die Lehre, rechtzeitig vor dem Krieg ein Gesetz zu verabschieden, das eine großzügige Familienunterstützung vorsah. Das Einkommen von Ehefrauen wurde nicht auf die Unterstützung angerechnet, solange es ein Drittel dieses Satzes nicht überstieg. Der Gefahr, daß Frauen zu arbeiten aufhörten, wenn sie in den Genuß der Unterhaltszahlung kamen, wurde durch einen Sonderparagraphen vorgebeugt. Danach mußten die Unterstützungsberechtigten mit eigener Arbeit zu ihrem Lebensunterhalt beitragen, bevor sie Familienunterhalt beanspruchen konnten. Die gleichzeitige Meldepflicht beim Arbeitsamt sollte zur Überprüfung des Arbeitseinsatzes dienen[1]. Doch diese Sicherheitsvorkehrungen wurden gleich nach Kriegsbeginn wieder aufgehoben durch einen Erlaß des Reichsarbeitsministers, dem zufolge die Unterstützungsempfängerinnen sich nicht beim Arbeitsamt zu melden brauchten[2]. Die neue Regelung vom Herbst 1939 veranlaßte langjährige Ehefrauen ebenso wie die durch Kriegstrauungen unterstützungsberechtigten Frauen, ihre Arbeit aufzugeben oder weniger zu arbeiten. Denn bei gewöhnlich relativ niedrigem Einkommen fanden viele Frauen von Arbeitern und kleinen Angestellten die staatliche Unterstützung für ihren Lebensunterhalt ausreichend[3]. Gerade aus diesen Kreisen stammten die Frauen, die das Gros der Familienunterhaltsempfängerinnen ausmachten. Gleichzeitig waren es auch die Frauen, die vor und meist noch nach der Heirat erwerbstätig, also arbeitsbuchpflichtig waren. Die Familien von einberufenen Beamten erhielten keinen Familienunterhalt, sondern weiterhin das volle Beamtengehalt, während für Ehefrauen von Offizieren und Unteroffizieren der Wehrmachtssold ihrer Ehemänner zum Leben ausreichte[4]. Frauen aus dem gewerblichen Mittelstand waren, genau wie Bauernfrauen, nicht auf den Familienunterhalt angewiesen, wenn sie die Werkstätten, Läden, Gaststätten und Höfe ihrer einberufenen Männer weiterführten oder notfalls auf Ersparnisse zurückgriffen. Die Last der Arbeit und der Verantwortung vergrößerte sich jedoch für die Bäuerinnen und die Frauen in Mittelstandsbetrieben im Krieg beträchtlich, da sie wegen Landflucht, Einberufungen und »Auskämmaktionen« immer mehr Arbeitskräfte in eigener Person ersetzen mußten.

Allein vom Oktober bis Dezember 1939 verließen 300 000 Frauen den Arbeitsmarkt, im Mai 1941 waren es schon fast eine halbe Million weniger als im Mai 1939[5]. Hitler und Göring hatten befohlen, die Arbeitskräfte auf dem Wege der regulären – also »friedensmäßigen« – Arbeitsvermittlung zu gewinnen und Dienstverpflichtungen in möglichst beschränktem Umfang vorzunehmen[6]. Demgegenüber stand im Februar 1940 die Führerweisung, neben dem Westen nun auch die Länder im Norden anzugreifen. Die Wehrmacht rechnete daher für die folgenden Monate schon mit einem ungedeckten Bedarf von 250 000 Arbeitern für die wichtigste Wehrmachtsfertigung, den die Arbeitsämter nicht mehr vermitteln konnten. General Thomas, Chef des Wehrwirtschafts- und Rüstungsamtes im OKW, versprach sich nur zahlenmäßig unbedeutende Ergebnisse von den »Auskämmaktionen«, die Arbeitskräfte aus kriegsunwichtigen Branchen und Mittelstandsbetrieben für die Rüstungsindustrie gewinnen sollten. Er forderte erstens erneut die »energische Drosselung aller nichtkriegswichtigen Wirtschaftszweige einschließlich der Bauwirtschaft«[7] – eine von der Wehrmacht schon jahrelang vertretene Lösung. Doch scheiterte diese militärisch konsequente Maßnahme an der innenpolitisch motivierten Hemmung der Partei – vor allem Hitlers und der Gauleiter –, der Bevölkerung einen unpopulären Konsumverzicht aufzuzwingen. Zweitens hielt Thomas es im Februar 1940 für unerläßlich, im Hinblick auf die zu erwartende Entwicklung des Krieges endlich alles daranzusetzen, um die gesamte Reserve an weiblichen Arbeitskräften erfassen und zur gegebenen Zeit einsetzen zu können. Die Wehrmacht beteiligte sich trotz dieser umfassenden Forderung an dem Versuch des Reichsarbeitsministeriums, wenigstens die Frauen zur Arbeit heranzuziehen, die Familienunterstützung erhielten. Doch ließ das OKW keinen Zweifel daran, daß es diese Bemühung allein als völlig ungenügend betrachtete[8].

Noch im Februar kam es zu einer Beratung im Reichsarbeitsministerium mit Vertretern des Innenministeriums, der NSDAP, Himmlers und des OKW darüber, wie die Ehefrauen der zum Wehrdienst Einberufenen in den Arbeitsprozeß eingegliedert werden könnten. Einstimmig wurde beschlossen, für diese Frauen, soweit sie Unterstützung erhielten, die gleichzeitige Meldepflicht beim Arbeitsamt wiedereinzuführen. In erster Linie sollten diejenigen Frauen dann zur Arbeit herangezogen werden, die bereits berufstätig und damit arbeitsbuchpflichtig waren. Im Fall der Arbeitsverweigerung beabsichtigte man, den Familienunterhalt empfindlich zu kürzen. Außerdem sollten von den Parteidienststellen unter der Ägide des Stellvertreters des Führers, Heß, in einer parallelen Aktion alle Frauen, die überhaupt für einen Arbeitseinsatz geeignet waren, freiwillig geworben werden. Einig war man sich, daß Dienstverpflichtungen möglichst sparsam auszusprechen seien[9]. Denn die ausdrückliche Weisung Görings an Seldte, verheiratete Frauen nur in »seltenen Ausnahmefällen« dienstzuverpflichten, mußte weiterhin berücksichtigt werden[10]. Im Reichsarbeitsministerium wurde wochenlang mit Parteifunktionären und Wehrmachtsoffizieren die Werbeaktion der NSDAP vorbereitet, die von einer Pressekampagne begleitet werden sollte. Die

Einzelheiten waren bald geklärt: Alle einsatzfähigen Frauen zwischen 18 und 45 Jahren sollten erfaßt werden, jedoch war vorerst für den Einsatz noch das Prinzip der Freiwilligkeit entscheidend. Eine enge Zusammenarbeit von Arbeitsämtern und Kreisleitungen der NSDAP war notwendig. Erst wenn die Zahl der freiwilligen Meldungen nicht ausreichte, wollte man die übrigen arbeitsfähigen Frauen heranziehen. Allerdings war noch Ende März 1940 unklar, wann diese Planung in die Tat umgesetzt werden würde; denn Heß konnte sich noch immer nicht entschließen, die Mitarbeit der Partei definitiv zuzusagen[11]. So blieb ebenfalls der schon im Februar beschlossene Einsatz von unterstützungsberechtigten Soldatenfrauen vorerst auf dem Papier. Dies veranlaßte Innenminister Frick zu einer äußerst ungehaltenen Anfrage an das Reichsarbeitsministerium. Im Innenministerium hielt man eine weitere Verzögerung nicht mehr für vertretbar. Daß die »Pflicht zur Arbeit hinter dem Recht auf Familienunterhalt« zurücktrete, lähme immer mehr den »Willen der Bevölkerung zur Selbsthilfe«[12].

Vorübergehend hatte es den Anschein, als ob Göring den Bestrebungen des Reichsarbeitsministers zum Durchbruch verhelfen würde. Vor Kriegsbeginn war er für eine rigorose Frauendienstpflicht eingetreten, sprach sich unter dem Einfluß Hitlers nach dem September 1939 genauso entschieden dagegen aus und gab nun im April 1940 dem Reichsarbeitsminister seine volle Unterstützung bei der Absicht, eine »Verordnung über den verstärkten Einsatz von Frauen für Aufgaben der Reichsverteidigung« vorzulegen. Endlich konnte – so schien es – Staatssekretär Syrup nun seinen Vorkriegsplan für den »Mobfall« verwirklichen, die große Reserve der nicht erwerbstätigen Frauen – nach seiner Rechnung vier Millionen – zu mobilisieren. Die Verordnung sah eine Meldepflicht aller Frauen im Alter zwischen 15 und 40 Jahren bei den Arbeitsämtern vor, die die Einsatzfähigkeit zu prüfen hatten. Bei der erstmaligen Meldung zum 20. Mai sollten – noch – Frauen ausgespart werden, die Familienangehörige versorgen mußten oder bereits, mit Arbeitsbuch, berufstätig waren. Zudem stellte die Verordnung in ihrer geplanten Form gleichzeitig eine Vollmacht für den Reichsarbeitsminister dar, alle erforderlichen Maßnahmen, einschließlich Strafvorschriften, zu erlassen[13]. Der Verordnungsentwurf ging an sämtliche Mitglieder des Ministerrates für die Reichsverteidigung – Göring, Lammers, Heß, Funk, Frick, Keitel – zur Unterschrift. Goebbels telegraphierte einzeilig lapidar, er habe keine Bedenken[14]. Funk stimmte dem Entwurf zu und forderte, daß keine Maßnahme ohne sein Einvernehmen erfolgen sollte[15]. Auch das Reichsinnenministerium war unter der gleichen Bedingung mit der geplanten Verordnung einverstanden. Diese prinzipielle Zustimmung wurde von Staatssekretär Stuckart jedoch in seitenlange Ausführungen verpackt, die ein Paradebeispiel bilden für den taktischen »Eiertanz«, den die Vertreter der Bürokratie zwischen den Zwängen der Kriegswirtschaft und innenpolitischen Rücksichten aufführen mußten. Die Arbeitsmarktlage erforderte unbestritten einen zwangsweisen Einsatz von Frauen. Andererseits könnten sich »Mißgriffe« auf die »Stimmung in der Heimat wie auf die an der Front gefährlich auswirken«. Das deutsche Volk solle erkennen, daß nur die bisher unproduktiven Kräfte – »diese aber ohne Ansehung der Person« – herangezogen würden. Es ginge aber auch nicht an, alle verheirateten Frauen mit Familienangehörigen von der Meldepflicht auszunehmen. Diejenigen verheirateten Frauen mit Kindern, die vor dem Krieg gearbeitet hätten und nur aufgrund des Familienunterhalts jetzt zu Hause blieben, müßten unbedingt wieder zur Arbeit gebracht werden. Aber wiederum dürfe – aus psychologischen Gründen – auf keinen Fall der Eindruck entstehen, als ob der Bezug von Familienunterhalt ausschlaggebend sei für die »Pflichtarbeit«[16]. Der Gauleiter und Regierungspräsident von Sachsen, zugleich Reichsverteidigungskommissar des Wehrkreises IV, Mutschmann, hatte dagegen keine Skrupel, auf die Meldepflicht und den Arbeitseinsatz auch der verheirateten Frauen zu drängen, da nur noch diese eine wesentliche Reserve darstellten[17]. Auch das OKW war mit der Verordnung einverstanden und trat sogar noch für eine Verschärfung ein. Es sollten alle Frauen in die Meldepflicht einbezogen werden, die erst nach Kriegsbeginn ihre Arbeit aufgegeben hatten[18].

Ende Mai schien der Verordnung nichts mehr im Wege zu stehen. Alle Mitglieder des Ministerrats für die Reichsverteidigung hatten ihre Zustimmung erklärt. Der stellvertretende Vorsitzende und Chef der Reichskanzlei, Lammers, erhielt die Anweisung aus dem Stabe Görings, »alles Weitere zu veranlassen«[19]. Anfang Juni jedoch weigerte sich Göring, die Verordnung zu unterschreiben, da diese »zurzeit eine allzu große Beunruhigung in die Bevölkerung hineintragen« würde. Außerdem könnten die nötigen Arbeitskräfte von den Kriegsgefangenen gestellt werden[20]. Auf eine drängende Anfrage Keitels, des Chefs des OKW, ließ Göring diese lapidare Begründung noch einmal näher erläutern. Demnach war er tatsächlich seit Anfang 1940 einer Frauendienstpflicht nicht abgeneigt, konnte sich aber Ende Mai dann aufgrund der Kriegslage nicht mehr zur Unterschrift entschließen. Göring verließ sich jetzt auf den Import von Kriegsgefangenen und zivilen Arbeitskräften aus den Gebieten Nord- und Westeuropas. Außerdem war er eher bereit, Facharbeiter von der Wehrmacht beurlauben zu lassen und das Fertigungsprogramm der Rüstungswirtschaft nach den vorhandenen Arbeitskräften auszurichten, als zum politisch und psychologisch bedenklichen Mittel des Arbeitszwangs für Frauen zu greifen[21].

Diese erneute Kursänderung in der Arbeitskräftepolitik der Parteispitze war durchaus nicht im Sinne von Bürokratie und Wehrmacht, die für das Funktionieren der Kriegswirtschaft verantwortlich zeichneten. Aber verhindern konnten sie die Durchkreuzung ihrer Absicht nicht. Die Konstellation der widerstreitenden Interessen, die in Fragen der Arbeitskräftepolitik besonders klar hervortritt, blieb im wesentlichen den ganzen Krieg hindurch unverändert. Sie entsprang zwangsläufig einem grundlegenden Gegensatz. Bürokraten, Militärs und Technokraten, die begrenzte, kurzfristigere Ziele im Auge hatten, sollten rein sachliche Aufgaben möglichst rational und optimal erfüllen. Die politische Führung der Partei betrachtete dagegen diese kurzfristigen Ziele nur funktional als einzelne Stufen zu ideologischen – letztlich utopischen – Fernzielen[22] und mußte unterdes noch darauf achten, daß das deutsche Volk nicht des opfervollen Weges zu einem imaginären »Endsieg« vorzeitig überdrüssig wurde. So blieb General Thomas lediglich übrig, vom kriegswirtschaftlichen Standpunkt aus die Ablehnung der Frauendienstpflicht zu bedauern. Er wußte, daß es dem OKW nicht möglich war, »die Entscheidung der für die Widerstandsfähigkeit der inneren Front verantwortlichen politischen Führung zu beschleunigen«[23].

Seldte und Syrup versuchten, nachdem die geplante Verordnung über die umfassende Dienstverpflichtung gescheitert war, nun wenigstens die schon im Februar beschlossene Meldepflicht für Unterstützungsempfängerinnen wiedereinzuführen. Doch aus dem Reichsministerium des Innern kam die Antwort, eine Sondermeldepflicht nur für Soldatenfrauen sei aus »psychologischen Gründen« nicht tragbar. Schon für eine Weisung an die Stadt- und Landkreise, den Arbeitsämtern Familienunterhalt beziehende, arbeitsfähige Frauen namhaft zu machen, sei die Zustimmung von Heß nur mit großer Mühe erlangt worden[24]. Wohl oder übel mußte sich das Arbeitsministerium diesem Bescheid fügen. Als einziges Gesetz ging aus langwierigen Planungen schließlich eine Regelung hervor, die kein Ersatz für die nicht eingeführte Meldepflicht von Soldatenfrauen war. Den Empfängerinnen von Familienunterstützung wurden zwei Drittel ihres Nettolohnes nicht mehr auf die Unterstützung angerechnet. Damit sollte den Frauen ein materieller Anreiz geboten werden, freiwillig eine Arbeit aufzunehmen[25]. Allerdings versprachen sich Fachleute von einer derart isolierten Maßnahme nur wenig Erfolg[26].

Die Frage der allgemeinen Frauendienstpflicht hatte mithin schon nach den ersten Kriegsmonaten in der Führungsspitze gegensätzliche Antworten gefunden. Die Gegner der allgemeinen Frauendienstpflicht waren Anhänger des Blitzkriegs; die Befürworter traten für den totalen Krieg ein. Die Bürokratie, die Wehrmacht – sowohl Keitel als auch Thomas –, die Interessenvertreter der Wirtschaft und Propagandaminister Goebbels hielten schon vor dem Kriegsausbruch totale Kriegsmaßnahmen für notwendig – und das galt während des Krieges erst recht. Sie glaubten, den Krieg nur gewinnen zu können, wenn der Bevölkerung schärfster Konsumverzicht und Leistungszwang auferlegt würden. Hitler konnte und wollte nur eine Blitzkriegsstrategie gelten lassen, die der Zivilbevölkerung sowenig Opfer wie möglich abverlangte[27]. Göring nahm zwischen diesen Gruppen eine taktische Zwischenstellung ein. Er scheint seine Entscheidungen unter den ihm jeweils relevant erscheinenden volkswirtschaftlichen, innenpolitischen oder militärischen Aspekten gefällt zu haben. So gesehen sind Görings Meinungsänderungen, die mehr dem Opportunitätsdenken als der Ideologie entsprangen, kaum erstaunlich. Auf keinen Fall betrachteten Bürokratie, Wehrmacht oder Wirtschaftsvertreter den Einsatz von Fremdarbeitern und Kriegsgefangenen als Alternative zur Frauendienstpflicht, wie es Göring ab Juni 1940 aufgrund des wachsenden Expansionserfolges tat. Sicher war den Technokraten eine gewisse Anzahl ausländischer Arbeiter vor allem für Schwerarbeiten in der Landwirtschaft, der Bau- und der Montanindustrie willkommen. Aber in den meisten Industriezweigen konnte der Einsatz von Ausländern nur als zweitbeste Lösung betrachtet werden[28], denn die Arbeitsleistung und Disziplin der deportierten Arbeitskräfte aus den westlichen und östlichen Staaten war noch weit geringer als die der deutschen Frauen und Jugendlichen. Trotzdem mußten die Arbeitsbehörden ab Mitte des Jahres 1940 immer mehr Fremdarbeiter, die bis dahin fast nur in der Landwirtschaft eingesetzt wurden, auch in die Industrie vermitteln[29]. Das Reichsarbeitsministerium indessen betonte immer wieder, daß ausländische Arbeiter nur angeworben wurden, weil deutsche Frauen für einen Arbeitseinsatz nicht gewonnen werden konnten[30].

2. Der freiwillige »Ehrendienst« deutscher Frauen in den Rüstungs-betrieben

Die Arbeitsämter hatten schon während der Verhandlungen über die Dienstpflicht begonnen, mit Propaganda und Zeitungsannoncen für die freiwillige Meldung von Frauen zum Arbeitseinsatz zu werben. Von vornherein versprachen sich weder Arbeitsministerium noch Wehrmacht allzuviel Leistung von den auf Zeit im »Ehrendienst« tätigen Frauen[31]. Überhaupt war es mit der freiwilligen Opferbereitschaft schlecht bestellt, wie sich 1940 zeigte. Denn diejenigen Patriotinnen und Nationalsozialistinnen, die mit ihrer Arbeitskraft zum »Endsieg« beitragen wollten, hatten sich gleich bei Kriegsausbruch zur Verfügung gestellt. Arbeitsämter und Betriebe verbuchten bei ihren Bemühungen daher nur spärliche Erfolge. Selbst mehr oder weniger versteckte Andeutungen, bei mangelnder Freiwilligkeit würden Dienstver-pflichtungen ausgesprochen, fruchteten nichts[32]. Im Bezirk des Landesarbeits-amtes Mitteldeutschland etwa, einem industriellen Ballungsgebiet, waren von 8000 befragten Frauen nur 8 zur Arbeit bereit[33].

Mitte April 1940 wies Heß die NS-Frauenschaft nach langem Zögern an, bei ihren Veranstaltungen unter den Frauen für eine freiwillige Arbeitsaufnahme zu werben. Die Arbeitsämter wurden von ihrem Ministerium ermahnt, nicht nur mit der NS-Frauenschaft, sondern mit allen Stellen zusammenzuarbeiten, die irgendwie helfen könnten, die nichtarbeitsbuchpflichtigen Frauen bei Werbeaktionen zu erfassen[34]. Der Werbekampagne war ursprünglich nur eine begleitende Funktion zur allgemeinen Dienst- und Meldepflicht zugedacht, doch letztlich blieb sie die einzige und dazu noch vergebliche Maßnahme. Presse, Partei, Arbeitsämter, Wehrmacht und Industrie bemühten sich in regionalen und lokalen Einzelaktionen, wahlweise zusammen oder im Alleingang, in den Frauen Arbeitslust zu erwecken. Die SD-Berichterstattung kritisierte die gesamte Freiwilligenwerbung wegen mangelnder Koordinierung und unzulänglicher Anweisungen der zuständigen obersten Dienststellen. Die Mittel- und Unterinstanzen legten die allgemein gehaltenen Richtlinien völlig unterschiedlich aus. Schon allein auf Parteiebene gab es einen Wirrwarr von sich überschneidenden Kampagnen und Kompetenzen. Die staatlichen Stellen, die Arbeitsämter oder Kreis- und Kommunalverwaltungen, gingen ebenfalls getrennt vor[35]. Auch die Presse schien in ihrer Propaganda nicht immer zufriedenstellend zu sein. Die Firmenleitung der Robert Bosch A. G. beschwerte sich über Propagandabilder von Rüstungsarbeiterinnen, die mit verschmierten Gesichtern, in schmutziger Kleidung – sogar in Hosen – an riesigen Maschinen stehend abgebildet worden seien. Dies habe eher abschrek-kend gewirkt und alte, aus dem Ersten Weltkrieg stammende Vorurteile gegen die Beschäftigung von Rüstungsarbeiterinnen wiederbelebt[36]. Das Arbeitsministerium wiederum wollte das Betriebsklima in den Rüstungsfabriken dadurch attraktiver für Freiwillige gestalten, daß es befahl, Prostituierte und vorbestrafte Frauen aus den Betrieben zu entfernen. Außerdem sollten amtliche Stellen Frauen, die sich »unbotmäßig« verhielten, nicht mehr mit der Drohung einer möglichen Dienstverpflichtung in der Rüstungsindustrie einschüchtern. Damit würde das Ansehen der Rüstungsarbeit herabgesetzt und erschiene als Strafe, während doch der Charakter eines »Ehrendienstes« betont werden solle[37].

Der zahlenmäßige Erfolg der Freiwilligenwerbung war mager, und die Lage auf dem Arbeitsmarkt blieb angespannt[38]. Daran änderten die Kriegsgefangenen und die Zivilarbeiter, die aus den besetzten Gebieten Nord- und Westeuropas und auch aus neutralen Staaten ins Reich kamen, nichts. Als Ersatz für die nicht gebilligte allgemeine Dienstpflicht wurden deshalb die Arbeitsstunden verlängert, wovon männliche wie weibliche Arbeitskräfte betroffen waren[39]. Die Unternehmer forderten alternativ entweder die Meldepflicht für alle Frauen oder Anpassung des Arbeitsvolumens an die Zahl der tatsächlichen Arbeitskräfte. Die öffentlichen Stellen schränkten ihre Aufträge auch wirklich ein, vorrangig in der Munitionsfertigung, in der die meisten Frauen beschäftigt wurden[40]. Außerdem sahen sich die örtlichen Arbeitsämter nach wie vor gezwungen, Frauen dienstzuverpflichten, was bei ledigen, arbeitsbuchpflichtigen Frauen, solange es in vorsichtiger Weise geschah, vom Reichsarbeitsministerium gebilligt wurde. Ab Juni 1940 mehrten sich die Dienstverpflichtungen auch für verheiratete Frauen. Die Verpflichtung von Müttern mit kleinen Kindern aber wurde, selbst wenn sie von übereifrigen Unterinstanzen vorgenommen wurde, von den vorgesetzten Behörden nicht geduldet[41]. Die katastrophale Lage in der Landwirtschaft dagegen verbot so viele Skrupel. Im Frühjahr forderte das Reichsarbeitsministerium die Arbeitsämter auf, zusammen mit den Dienststellen des Reichsnährstandes alle auf dem Lande oder in Kleinstädten lebenden Frauen, die nicht erwerbstätig seien, in der Landwirtschaft einzusetzen. Für Frauen mit Kindern müßte die Versorgung der Kinder in Kindergärten oder durch Nachbarn, notfalls eine stundenweise Arbeit, erwogen werden. Frauen, die ohne triftigen Grund die Arbeit ablehnten, konnten dienstverpflichtet werden[42].

Zur Jahreswende 1940/41 erschien den Verantwortlichen die Entwicklung des Arbeitsmarktes in noch düstererem Licht. Am 31. März 1941 endete der Arbeitsurlaub der von der Wehrmacht freigestellten Arbeitskräfte, verstärkte Einberufungen standen bevor – Jugoslawien und Griechenland sollten erobert werden, der Überfall auf die Sowjetunion war befohlen. Deshalb entschloß sich die NSDAP im März 1941 zu einer großangelegten Werbewoche unter dem Motto »Frauen helfen siegen« – allerdings ganz auf der Basis der Freiwilligkeit. Denn in der grundsätzlichen Frage, wie weibliche Arbeitskräfte zu gewinnen seien, habe sich der Führer – so erklärte Heß den Gauleitern – gegen jegliche Zwangsmaßnahmen und für absolute Freiwilligkeit entschieden. So schärfte Heß den Unterführern der Partei ein, keinen Zwang auf die Frauen auszuüben, sondern »einen starken Appell an die Ehre« zu richten. Er selbst hielt in einem großen Industriebetrieb eine Rede an die deutschen

Frauen, die im Rundfunk übertragen und in den Zeitungen abgedruckt wurde. Des weiteren sollten Plakate und Propagandaversammlungen Frauen und Mädchen über 16 Jahren veranlassen, sich auf den Parteibüros in die Meldelisten einzutragen[43]. Sowohl die Partei als auch das Arbeitsministerium hofften, mit den zu erwartenden freiwilligen Arbeitskräften überlastete Ehefrauen und Mütter sowie längerfristig Dienstverpflichtete ablösen zu können[44]. Viel versprach man sich von einer Reichstagsrede Hitlers Anfang Mai 1941, in der er die deutschen Frauen zur Arbeit aufrief. Diese im offiziellen Schriftverkehr vielzitierte Rede verrät jedoch eindeutig, wie wenig Hitler an dem Problem des Frauenarbeitseinsatzes interessiert war. In seiner Rede widmete er den arbeitenden Frauen in Fabriken, Büros und auf dem Felde zwei Sätze und meinte dann lediglich, es sei nicht unrecht, zu verlangen, daß »diese Millionen deutsche schaffende Volksgenossinnen« noch vielen Hunderttausenden anderen als Vorbild dienen sollten. Göring als Reichstagspräsident antwortete Hitler auf seine Rede, er wisse, daß im gleichen Augenblick, da der Führer seinen Appell ausspreche, »auch schon die Bereitschaft in allen Schichten des deutschen Volkes eine Selbstverständlichkeit« sei[45].

Die Ereignisse sollten Görings im Brustton der Überzeugung vorgebrachte Schmeichelei Lügen strafen. In den folgenden Monaten traf bei Arbeitsministerium und OKW gleichbleibend die negative Meldung ein, daß der Aufruf Hitlers an die nichterwerbstätigen Frauen – leider – keinen Widerhall gefunden habe[46]. Göring selbst hat, so scheint es, von Anfang an kein allzu großes Vertrauen in die Opferbereitschaft der deutschen Frauen gesetzt. Bereits sieben Wochen nach der Hitlerrede, im Juni 1941, zwei Tage vor dem Überfall auf die UdSSR, erging ein geheimer Erlaß Görings an die Ministerien, alle unterhaltsberechtigten Frauen, die nach Kriegsbeginn ihre Berufstätigkeit aufgegeben hatten, wieder zur Arbeit heranzuziehen. Ausgenommen waren nur Frauen, die nach dem September 1939 schwanger geworden waren, für pflegebedürftige Angehörige zu sorgen hatten oder selbst krank waren. Frauen, die die Arbeit verweigerten, konnte der Familienunterhalt gekürzt werden. Vorher sollten sie aber in »freundlicher Weise« auf ihre »vaterländische Pflicht« hingewiesen werden. Als Anreiz zur Arbeit war eine neue Regelung gedacht, nach der der Verdienst nicht mehr auf die Unterstützung angerechnet wurde. Handelte es sich jedoch um Frauen, die keinen Familienunterhalt bezogen, aber nach dem September 1939 ohne Grund ihre Arbeit niedergelegt hatten, konnten die Arbeitsämter zum Mittel der Dienstpflicht greifen[47]. Die folgenden Monate zeigten, daß auch durch den Göring-Erlaß kaum neue weibliche Arbeitskräfte gewonnen wurden. Nur knapp ein Fünftel der in Betracht kommenden Frauen nahm wieder eine Arbeit auf. Andererseits waren Frauen, die mit der Heirat Namen und Wohnung gewechselt hatten, nicht mehr mit der Arbeitsbuchkartei zu erfassen. Die meisten der vorgeladenen Frauen hinderten aber stichhaltige familiäre und gesundheitliche Gründe an einem Arbeitseinsatz[48].

So brachte der interne Erlaß zwar keine Entspannung für den Arbeitsmarkt, sondern nur – wie der Arbeitsminister Göring zum wiederholten Male mitteilte – Mißstimmung darüber, daß allein Frauen, die schon erwerbstätig waren, zur Arbeit verpflichtet wurden, während Frauen, die im Frieden nicht hatten arbeiten müssen, auch jetzt verschont blieben[49]. Von einer umfassenden Dienstpflicht wurde jedoch Abstand genommen, obwohl nur eine solche Maßnahme noch wesentliche Reserven an weiblichen Arbeitskräften mobilisiert hätte. Theoretisch blieb also weiterhin das Prinzip der Freiwilligkeit beim Fraueneinsatz gültig. Nur stellte sich immer mehr heraus, daß diese grundsätzlich freie Entscheidung in der Praxis nur für Frauen aus wirtschaftlich privilegierten Gesellschaftsschichten existierte. Dies blieb dem breiten Kreis von arbeitsbuchpflichtigen und unterhaltsbeziehenden Frauen, die aus materieller Notwendigkeit oder unter dem Druck der Behörden arbeiten mußten, nicht verborgen[50].

3. Volkes Stimme

Die Arbeitseinsatzpolitik für Frauen im Krieg war von 1939 bis Ende 1942 entscheidend geprägt von sozialer Diskriminierung. Dem offiziel verkündeten Prinzip der Freiwilligkeit standen die internen Anweisungen gegenüber, die in Ausnahmefällen Dienstverpflichtungen zuließen. Der größte Teil der in der Kriegswirtschaft tätigen Frauen, vor allem der dienstverpflichteten, stammte, wie schon vor Kriegsbeginn, aus der Arbeiterschaft und der Schicht der kleinen Angestellten. Diese Frauen allein hatten die Mehrbelastung, die der erwerbstätigen Bevölkerung im Krieg zugemutet wurde, zu tragen, und sie gaben sich keine Mühe, ihren Unwillen darüber zu verbergen. Der Verdacht, daß nur die »ärmeren Bevölkerungskreise« zur Arbeit herangezogen würden, war bereits früh vorhanden und bestätigte sich nach wenigen Kriegsmonaten[51]. Es war das Bewußtsein einer sozial unterschiedlichen, ungerechten Behandlung, das Gefühl, daß »der Angeschmierte immer der einfache Volksgenosse« sei, das die arbeitenden Frauen und ihre Familien mehr erbitterte als die geforderten Opfer an sich[52].

Dieser Tatbestand wird in den Berichten des Sicherheitsdienstes, der die Stimmung der Bevölkerung mit oszillographischer Genauigkeit festhielt und der Reaktion zur Frauenarbeitspolitik besondere Aufmerksamkeit einräumte, ausführlich dokumentiert. Frauen, die sich über ihre Dienstverpflichtung beschwerten oder sich um eine Genehmigung ihres Kündigungsantrages bemühten, taten dies meist mit empörten Hinweisen auf die Frauen aus »besseren Kreisen«, die noch immer ein oder mehrere Dienstmädchen hätten und, »buntbemalt von den Fußnägeln bis zum Gesicht, unbeeindruckt von den Geschehnissen des Krieges«, ihre Zeit in Cafés, Strandbädern oder auf Tennisplätzen totschlügen[53].

Görings Erlaß vom Juni 1941 – er betraf nur arbeitsbuchpflichtige Frauen, die nach Kriegsbeginn aus dem Erwerbsleben ausgeschieden waren – brachte die Volkswut noch mehr zum Kochen. Die Arbeitsmoral und Leistung der berufstätigen Frauen verschlechterte sich, soweit dies überhaupt ging, noch weiter. Die von den Arbeitsbehörden im ganzen Reich vorgeladenen Frauen ließen in stets gleichen, signifikanten Äußerungen unverhohlen erkennen, daß ihnen die Diskrepanz zwischen der propagierten Ideologie und der Wirklichkeit vollkommen bewußt war: »Wir sehen ein, daß es notwendig ist, daß wir wieder zur Arbeit gehen. Es bringt für uns zwar manche Unannehmlichkeiten mit sich, aber es ist nun einmal Krieg und da wollen wir auch mit zupacken. Warum zieht man aber Frau Direktor S. mit ihrer Hausangestellten nicht ein? Ihr vierjähriges Söhnchen könnte sie doch, genau wie wir es machen, tagsüber in den NSV-Kindergarten geben. Im übrigen würde sie die leichten Handgriffe in der Fabrik genauso schnell erlernen wie wir. Wo bleibt hier die gleiche Behandlung aller Volksgenossen?« Stets werde nur auf die Frauen der Arbeiter und »kleinen Leute« zurückgegriffen, weil diese weder Ausreden noch Beziehungen hätten. »Es ist dringend erforderlich, endlich einmal auf die Frauen zurückzugreifen, die für die Volksgemeinschaft noch nichts getan haben und die aufgrund ihrer günstigen finanziellen Verhältnisse nicht wissen, wie sie die Zeit totschlagen sollen. Das Wort Volksgemeinschaft ist sehr schön, deshalb erscheint es angebracht, daß die behördlichen Stellen die Volksgemeinschaft auch in der Front der Arbeit auf alle Kreise erstrecken . . . Man könne wohl kaum sagen, daß hier der Fraueneinsatz nach nationalsozialistischen Grundsätzen geregelt sei.«

Es gab auch arbeitsunwillige Frauen, die damit drohten, »krank zu feiern«, solange die »wohlhabenden Dämchen« von der Arbeit verschont blieben[54]. Auch bei den Werbeaktionen um einen freiwilligen Einsatz wandten sich die Arbeitsämter und Parteidienststellen vorrangig an Frauen aus der Arbeiterschaft, was deren Urteil über die soziale Ungerechtigkeit der Maßnahmen nur bestärkte. Kinderlose Ehefrauen von kleinen Beamten und Handwerkern verweigerten die Arbeit mit dem Hinweis, daß auch die Frau des Bürovorstehers oder Prokuristen nicht arbeitete[55].

Hauptsächlich waren es jedoch nicht die betroffenen Frauen selbst, sondern deren Ehemänner oder auch Väter, die ihren Angehörigen einen Arbeitseinsatz regelrecht verboten und sich energisch bei den Behörden beschwerten. In der Art der Reaktion gab es noch gewisse schichtspezifische Unterschiede. Ehemänner aus »bessergestellten« Kreisen – also wahrscheinlich höhere Angestellte und Beamte, Selbständige, Offiziere –, deren bisher nicht erwerbstätige Frauen zum Arbeitseinsatz vorgesehen waren, lehnten dieses Ansinnen ab mit traditionellen Begründungen wie: »Das kommt für meine Frau überhaupt nicht in Frage!« oder »Meine Frau ernähre ich und da bestimme ich auch über sie!«[56]. Die empörtesten und deutlichsten Briefe an die Arbeitsämter kamen von Frontsoldaten, die es nicht dulden wollten, daß ihre Frauen zur Arbeit herangezogen würden; ihrer Ansicht nach war der Pflicht gegenüber dem Vaterland Genüge getan, wenn sie selbst ihr Leben einsetzten. Dabei verrieten die einen eine typische Mischung von kleinbürgerlichen Ressentiments und Landsermentalität, indem sie über die »Bürokraten« und Herren am »grünen Tisch« schimpften, die sicher nicht im Sinne des Führers handelten[57], während die Argumente anderer auf ein eher proletarisches Bewußtsein hindeuten. Letzteres gilt z. B. für folgende Briefstelle: »Ich lasse meine Frau nicht schikanieren, wenn ich im Felde bin. Ich habe ihr verboten, zu arbeiten, solange nicht die reichen Frauen und Mädchen auch zur Arbeitsleistung herangezogen werden. Ich kämpfe draußen nicht nur für meine Familie, sondern auch für diese. Wenn Opfer verlangt werden, dann sollen alle ohne Unterschied des Geldbeutels welche bringen. Eine Arbeiterfrau ist für den Staat genauso wertvoll wie eine Fabrikantenfrau. Das Kinderkriegen überlassen diese Damen ja so schon nur unseren Frauen«[58]. Die Frontsoldaten, die sich über Vorladungen und Dienstverpflichtungen ihrer Ehefrauen beschwerten, wurden in den meisten Fällen von ihren militärischen Einheitsführern unterstützt, die ihrerseits Protestbriefe an die Arbeitsämter schrieben[59]. Veranlaßt vom Reichsarbeitsministerium, versuchte das OKW, Truppenführer wie einfache Soldaten über die Notwendigkeit der Arbeit von Soldatenfrauen aufzuklären[60]. Die belehrenden Rundbriefe, Merkblätter und Artikel der Frontzeitungen hatten aber keine Wirkung. Die Frontsoldaten wandten sich nach wie vor gegen den Arbeitseinsatz ihrer Frauen[61].

Es waren nicht nur die unteren Bevölkerungsschichten, die sich über die soziale Ungerechtigkeit des unterschiedlichen Vorgehens beim Fraueneinsatz empörten. Auch Ärzte, hohe Beamte und Bürgermeister verurteilten die soziale Diskriminierung. So fand es ein bayerischer Bürgermeister unhaltbar, daß Frauen, die schon ihr ganzes Leben hart in Beruf und Haushalt gearbeitet hätten, »ewig dazu verdammt sein« sollten, »an der Maschine stehen zu müssen«, während andere Frauen, die nie gearbeitet hätten, weiterhin »so angenehm als möglich« lebten und noch Hausgehilfinnen beschäftigten[62]. Eine Betriebsärztin erklärte in ihrem Bericht über den schlechten Gesundheitszustand der Arbeiterinnen, es sei »für jeden nationalsozialistisch eingestellten Menschen unverständlich, warum lediglich von dem arbeitenden Menschen der völlige persönliche Einsatz erwartet« werde[63].

Von seiten der Wehrmacht und Bürokratie war, wie erwähnt, von Kriegsbeginn an mit steigender Dringlichkeit eine allgemeine, umfassende Dienstverpflichtung aller einsatzfähigen Frauen gefordert worden. Überwogen anfangs noch kriegswirtschaftliche Überlegungen, so wurde im Laufe der Zeit die latente innenpolitische Unruhe ebenfalls für diese Forderung bestimmend. Denn selbstverständlich war die Reaktion der Bevölkerung auf die ungerechte Frauenarbeitspolitik der Führung von Militär und Verwaltung bekannt, und zwar sowohl durch die laufenden Berichte der eigenen unteren Dienststellen als auch des Sicherheitsdienstes der SS. Genauso waren auch die Parteigrößen wie Göring, Goebbels, Himmler und Ley unterrichtet. Hitler selbst aber erwies sich, abgeschirmt von der Wirklichkeit, als nicht sehr informiert. Dabei ergänzten sich das opportunistische Bemühen der engsten Untergebenen, unangenehme Tatsachen von ihrem Führer fernzuhalten, und Hitlers Desinteresse an innenpolitischen Problemem gegenseitig. Hitler blockierte die Frauendienstpflicht mit seiner prinzipiellen Ablehnung, ohne daß ihm die Tragweite seiner Entscheidung bewuß gewesen zu sein scheint. Wenn er doch einmal mit Dingen des Volksalltags konfrontiert wurde, mußte sein Urteil deshalb wirklichkeitsfremd, ja naiv ausfallen. So beschwerte sich der Danziger Gauleiter im Juni 1942 im Verlauf eines Tischgesprächs, daß die Cafés der Stadt den ganzen Tag mit Frauen überfüllt seien, die wie »Püppchen« aufgemacht seien, dagegen müsse etwas getan werden. Hitler aber meinte, es handle sich sicher um »in den Arbeitsprozeß eingespannte Frauen oder schwer arbeitende Hausfrauen«, denen eine Abwechslung zu gönnen sei; und »nicht mit Bedrohung, sondern mit Aufklärung und Erziehung« sei das Volk zu gewinnen[64].

Diejenigen, denen die »Aufklärung« in erster Linie zufiel – die unteren Parteifunktionäre, die der Bevölkerung gegenüber die Entscheidungen der Führung vertreten mußten –, hatten einen immer schwereren Stand. Wenn DAF-Obleute bei den Betriebsversammlungen eine Rede halten wollten, kamen laufend Zwischenrufe von den versammelten Arbeitern, wann denn endlich auch andere zur Arbeit gezwungen würden; anderes wollten sie nicht hören. Die Vertreter von Partei und DAF aber konnten auf diese ständig gestellte »brennendste Frage« keine Antwort geben. Die Situation war um so schwieriger für die meisten von ihnen, als sie angesichts der völlig überlasteten Arbeiterinnen selbst von der Notwendigkeit der Frauendienstpflicht überzeugt waren. Das Ansehen der Partei erlitt irreparable Schäden[65]. Seit Frühjahr 1942 wurden NS-Frauenschaftsfunktionärinnen, die in Berliner Betrieben Reden halten sollten, so lange ausgepfiffen, daß sie nicht zum Sprechen kamen[66].

Die Propagandaleitung sah sich vor das unlösbare Problem gestellt, der arbeitenden Bevölkerung zu erklären, wieso trotz der angespannten kriegswirtschaftlichen Situation viele arbeitsfähige Frauen weiterhin von der Dienstpflicht verschont blieben. Die Entscheidungen Hitlers und auch Görings entzogen jeglicher Werbung und Propaganda für den Arbeitseinsatz die Grundlage, so daß die Propagandastellen oft keine andere Möglichkeit sahen, als monatelang zum Thema Frauenarbeit überhaupt nichts zu sagen. Dieses Schweigen wiederum erschien der arbeitenden Bevölkerung »äußerst verdächtig«[67]. Die Arbeiterschaft kam bald zu dem Schluß, daß die Führung in Sachen Arbeitspflicht versagt habe[68]. Der aufwendige Lebensstil von Parteigrößen tat ein übriges, um im Volk, das zunehmend unter den Rationierungen litt, Unwillen zu schüren. Wenn zum Beispiel Hermann Görings Frau 70 bis 80 Generalsgattinnen einlud und der Tisch mit Delikatessen überladen war, so machte eine solche Nachricht in allen Berliner Betrieben die Runde und verschlechterte die Stimmung der Frauen, die nach offiziellen Berichten unzureichend ernährt waren[69].

Bis Ende 1942 hatte sich die geschilderte innenpolitische Situation immer weiter zugespitzt. Die körperliche und psychische Konstitution der weiblichen Arbeitskräfte litt zusehends stärker unter der ständigen Überbeanspruchung. Der Einsatz von Fremdarbeitern brachte ihnen keine Entlastung. Die soziale Ungerechtigkeit, die sich im Arbeitseinsatz der Frauen niederschlug, steigerte die ablehnende Haltung gegenüber der Arbeit, dem Staats- und Parteiapparat und dem Krieg. Die Produktionsverluste wurden durch die Arbeitsunlust weiter vermehrt. Die »Arbeitsbummelei« nahm zu, doch Strafen gegen arbeitende Frauen und Drohungen wagten die Behörden kaum mehr auszusprechen, weil dies die Arbeiterschaft erfahrungsgemäß verbitterte und noch mehr beunruhigte[70]. Für die unteren Bevölkerungsschichten war es inzwischen schon lange klar – auch für solche, die vielleicht einmal daran gezweifelt hatten –, daß das »Dritte Reich mit zweierlei Maß« messe[71]. In der Empörung über die sozial diskriminierende Politik der politischen Führung trafen sich die alten Kämpfer aus den Reihen der NSBO oder SA, die sich in ihren sozialrevolutionären Hoffnungen mit den Jahren immer mehr getäuscht sahen, mit den Arbeitern aus dem Umkreis der SPD und KPD, die von

Anbeginn an in den Nationalsozialisten Feinde der Werktätigen gesehen hatten. Die große Masse der arbeitenden Bevölkerung hatte schon lange die Idee der »Volksgemeinschaft« als Phrase durchschaut. Doch erkannten darüber hinaus viele mehr oder weniger bewußt oder instinktiv die Schwäche des Regimes, die ja gerade in der immer weniger zu verschleiernden Diskrepanz zwischen Praxis und Ideologie lag – und eben daraus entsprang die ewige Furcht der Führung, der Unwille des Volkes könne eines Tages zu groß werden.

Je mehr die Arbeitnehmer die Funktion der Ideologie durchschauten, desto mehr nutzten sie gerade diese zur Verteidigung ihrer Interessen. Daß offener Streik oder gar Aufruhr, für den zudem die Anführer fehlten, in einer Polizeidiktatur sinnlos war, wußten die Arbeiter. So wurde die Idee der »Volksgemeinschaft«, gedacht als Ersatz für die fehlenden Veränderungen der Sozialstruktur, zu einer Waffe gegen die Erfinder der Parole. Die egalitären Grundsätze der NS-Ideologie, auf die die Vertreter des Regimes von den arbeitenden Frauen und ihren Ehemännern immer wieder hingewiesen wurden, verfehlten nie ihre Wirkung. Denn da ja vor allem Hitler selbst darauf drang, daß Ehefrauen und Mütter nicht zur Arbeit verpflichtet werden dürften und überhaupt jeder Zwang zu vermeiden sei, konnten die ausführenden Organe sich nicht offen über dies nationalsozialistische Axiom hinwegsetzen. Die innenpolitische Situation von 1942 war mithin geprägt von vielen Paradoxa. Die nationalsozialistische Diktatur, die jede offene politische Opposition mit blutigem Terror zu unterdrücken pflegte, horchte andererseits ängstlich auf jede unwillige Äußerung aus dem Volk. Ein Regime, das schon lange völlig unabhängig war von Wahlen und Parlament, wagte im Krieg entgegen dem Rat der Fachleute nicht, Maßnahmen zu treffen, die es, ob zu Recht oder nicht, für unpopulär hielt. Und wenn die Arbeiter soziale Gerechtigkeit verlangten, konnte man dies nicht überhören, da ideologische Versprechungen immer noch eine Art normativer Geltung hatten. Die Ideologie der »Volksgemeinschaft« jedoch hatte das Bewußtsein der arbeitenden Bevölkerung nicht verändert. Wenn auch die meisten die Hoffnung auf politische Freiheit aufgegeben hatten, so hatten sich die Ressentiments gegenüber den herrschenden und besitzenden Eliten so weit verschärft, daß viele Arbeitnehmer sich weniger gegen den Zwang als solchen auflehnten, sondern nur noch einen sozial gleichmäßig verteilten Zwang forderten[72].

4. Hitlers Stellungnahme zur Frauendienstpflicht

Die Wehrmachtsführung und das Arbeitsministerium lehnten sowohl aus innenpolitischen als auch aus kriegswirtschaftlichen Gründen die Arbeitskräftepolitik der Parteiführung entschieden ab. So räsonnierte Staatssekretär Syrup 1942 in einem Vortrag vor rheinischen Industriellen sehr bitter über die unbefriedigende Entwicklung der Frauenarbeit im Kriege. Obwohl noch eine große Reserve gesunder weiblicher Arbeitskräfte existiere, die weder Hausfrauen noch Mütter seien, habe man die Arbeitsämter angewiesen, nur so wenige Frauen wie möglich dienstzuverpflichten. Statt dessen würden immer mehr Kriegsgefangene und ausländische Arbeiter ins Reich gebracht[73]. Auf diesen Ausweg waren die Arbeitsbehörden, wenn auch ungern, immer mehr verfallen, seit deutsche Arbeitskräfte ohne gesetzlichen Zwang nicht mehr zu mobilisieren waren[74].

Als wirtschaftliche Engpässe die Lage immer mehr verschlechterten, waren manche Parteigrößen bereit, radikalere Kriegsmaßnahmen zu ergreifen und die Härten gleichmäßig auf die ganze Bevölkerung zu verteilen. Im September 1941 legte Ley Hitler und Göring den Entwurf einer Verordnung für eine allgemeine Frauendienstpflicht vor, der inhaltlich identisch war mit dem Entwurf des Arbeitsministeriums vom Frühling 1940. Ley begründete seine Forderung vor allem mit der wachsenden Unruhe und Unzufriedenheit in der arbeitenden Bevölkerung über die Privilegien der nichterwerbstätigen Ehefrauen und »Haustöchter«. Wenn die allgemeine und gleiche Arbeitspflicht weiter verzögert würde, so erklärte Ley, könne er die Verantwortung dafür, daß der »soziale Friede« gewahrt bliebe, nicht mehr übernehmen[75]. Goebbels befürwortete die Frauendienstpflicht in einem persönlichen Gespräch mit Hitler[76]. Das Reichsarbeitsministerium unterstützte ausdrücklich den Plan Leys in einem Schreiben an Göring und betonte, daß die aufgebrachte Volksstimmung nur noch beruhigt werden könne, wenn die neueingesetzten, bisher nicht erwerbstätigen Frauen, »ohne Ansehen des Standes« mit manueller Rüstungsarbeit und nicht nur in Büros beschäftigt würden[77]. Göring selbst hatte diese Stellungnahme angefordert und schien dem Gedanken der allgemeinen Dienstpflicht diesmal nicht abgeneigt. Inzwischen hatte Hitler den Vorschlag Leys aber schon abgelehnt. Er wollte eine Frauendienstpflicht erst erwägen, falls die USA in den Krieg einträten[78]. Um so mehr irritierte es Bormann und Lammers, daß Göring in der Frage wochenlang weiterverhandeln ließ. Es erschien ihnen nur der eine Schluß möglich, daß Göring über die ablehnende Entscheidung des Führers nicht informiert worden war[79]. Alle Indizien weisen darauf hin, daß Göring, der gegen die Frauendienstpflicht nie prinzipielle Bedenken hatte und von den Führern der Wehrmacht und Wirtschaft immer wieder daraufhin angesprochen wurde, hinter dem Rücken Hitlers versuchte, den Fraueneinsatz zu verstärken. Doch scheiterte dies an der Wachsamkeit der treuen Untergebenen des Führers, Lammers und Bormann. Auch scheint es noch eine Unterredung zwischen Hitler und Göring über die Frauenarbeit gegeben zu haben. Als Anfang November 1941 eine Ministerbesprechung über den Arbeitseinsatz stattfand, gab sich der Reichsmarschall jedenfalls wieder ganz linientreu und verkündete den Willen des Führers, der sich gegen einen Kriegshilfsdienst für Frauen entschieden habe. Hitler hatte dies einerseits ideologisch begründet, da durch das »scharfe Anspannen« der Frauenkräfte biologische Schäden zu befürchten seien. Andererseits hatte Hitler auch funktional argumentiert, daß Frauen, die bisher nicht gearbeitet hätten, schlechte Arbeitskräfte seien. Göring verkündete deshalb den Verantwortlichen, daß ausreichend Kriegsgefangene im Reich eingesetzt werden müßten, da der Fraueneinsatz nicht verschärft, sondern eher gelockert werden solle[80].

Selbst führende Parteikreise befürworteten demgegenüber inzwischen eine allgemeine Frauendienstpflicht. Goebbels war von Anfang an entschieden dafür eingetreten, Ley hatte sich ihm später genauso offen angeschlossen. Auch Göring hatte schon im Frieden wie später im Krieg ohne ideologische Skrupel eine solche Dienstpflicht praktisch unterstützt. Zweifellos standen hinter Görings Votum die Forderungen von Unternehmern und auch Wirtschaftsfachleuten der Wehrmacht, die mit der »Leistungskapazität« der an die Betriebe vermittelten Ausländer unzufrieden waren. Diese Kreise verlangten nach wie vor einen verstärkten Fraueneinsatz, auch unter einem »gewissen Zwang«[81]. Doch hielt Hitler unerschütterlich an seinen fixen Ideen über die eigentliche Funktion der deutschen Frau fest, und Göring war zu opportunistisch, um Hitler mit einer entgegengesetzten Ansicht zu konfrontieren. Die diplomatische Raffinesse, mit der Göring es fertigbrachte, einerseits die Interessen der Bürokratie und vor allem der Kriegswirtschaft wahrzunehmen, andererseits aber wieder als getreues Sprachrohr des Führers aufzutreten, gab nicht ohne Grund Hitlers Ausführungsorganen Bormann und Lammers Rätsel auf.

Im Frühjahr 1942 erließ Göring angesichts des chronischen Arbeitskräftemangels in der Landwirtschaft, der auch durch die Kriegsgefangenen nicht zu beheben war, eine »Verordnung über den Einsatz zusätzlicher Arbeitskräfte für die Ernährungssicherung«. Ob Hitler davon Kenntnis hatte, steht dahin. Als hauptsächliche Zielgruppe nannte die Präambel die nichterwerbstätigen Frauen von Landarbeitern und Industriearbeitern in ländlichen Gebieten sowie die wegen Bombengefahr auf das Land evakuierten Frauen. Als Ergebnis dieser Verordnung wurden 948 000 Frauen erfaßt[82]. Die Bauern blieben skeptisch; sie hatten mit zwangsweise zugewiesenen Arbeitskräften durchwegs schlechte Erfahrungen gemacht. Vor allem aber wurde in den Gemeinden und Kreisen des Reiches die Verordnung völlig unterschiedlich durchgeführt, da der vage Begriff der »Zumutbarkeit« den Interpretationen keine Grenzen setzte. Dies allein gab den betroffenen Frauen schon genug Anlaß zum Unwillen. Viele von ihnen erklärten sich bei der Erfassung zunächst scheinbar arbeitsbereit; danach aber häuften sich die Einsprüche, die Formulare wurden zurückgesandt, kurz, es wurden alle bewährten Methoden angewandt, um der Dienstpflicht zu entgehen[83].

Seit Dezember 1941 etwa, nach der Niederlage vor Moskau und dem Kriegseintritt der USA, zeichnete sich ein Ende der Blitzkriegsstrategie ab. Erst jetzt wurden Vorbereitungen für einen längeren Krieg getroffen. Das von der Wehrmacht schon lange geplante Wirtschaftskonzept, das eine zentrale Lenkung und Koordination aller für die Rüstungsproduktion erforderlichen Maßnahmen vorsah, wurde damit aktuell. Im März 1942 betraute Hitler Fritz Sauckel, den Gauleiter von Thüringen, mit dem Amt eines Generalbevollmächtigten für den Arbeitseinsatz[84]. Zugleich wurde Albert Speer, der Nachfolger Fritz Todts, Rüstungsbevollmächtigter im Vierjahresplan, und im April 1942 erhielt er den Vorsitz in der Zentralen Planung, die aus dem Generalrat des Vierjahresplans gebildet worden war[85]. Damit war die Kriegswirtschaft zwar im Vergleich zu den Vorjahren besser koordiniert. Aber die Zentralisierung war höchst unvollkommen. Es standen sich zwei Institutionen gegenüber, deren Leiter verschiedene Ansichten über die Methoden der Wirtschaftslenkung hatten. Hinzu kamen noch sich überschneidende Kompetenzbereiche, und aus beiden resultierten stärkere Kontroversen zwischen Speer und Sauckel in Fragen der Arbeitskräftebeschaffung, die nur durch das Wort des Führers entschieden werden konnten. Für die Herrschaftsstruktur des »Dritten Reiches« war diese Konzeption überaus typisch.

Noch Ende Februar 1942 richtete Speer als Nachfolger im Ministerium Todt ein Rundschreiben an die Gauleiter, in dem er klarlegte, daß eine allgemeine Frauendienstpflicht nicht zur Diskussion stände, solange der Führer diese, wie ja bekannt sei, ablehne. Der Minister referierte zwei Gründe Hitlers: Erstens vermehrten die zunehmenden Kriegslasten der Bevölkerung, wie »Verluste von Angehörigen, Fliegerangriffe, Erschwernisse in der Ernährung und Versorgung, die Aufgaben der Frau in der Familie und im Haushalt außerordentlich«. Zweitens konnte diejenige Frau, »die gerade in Kriegszeiten zu Hause für den Zusammenhalt der Familie« sorgte, »politisch für die Gesamthaltung des Volkes gegebenenfalls mehr leisten« als die zu Arbeiten in einer Fabrik nicht erzogene Frau, die dann am Arbeitsplatz nur den Betriebsfrieden« stören würde[86]. Wieder drängt sich der Eindruck auf, daß Hitler vom Kriegsalltag der Bevölkerung, der wirklichen Stimmung vor allem der weiblichen Arbeitskräfte gegenüber Krieg und Partei keine konkrete Vorstellung hatte. Seine scheinbar rationalen Argumente entbehrten jeder realen Grundlage. Gerade die arbeitenden Frauen hatten unter den erschwerten Bedingungen des täglichen Lebens zu leiden, und eben sie waren es, die mit ihrem wachsenden passiven Widerstand gegen die sozial unterschiedliche Durchführung des Fraueneinsatzes den »Betriebsfrieden« gefährdeten. Die bisher noch nichterwerbstätigen Frauen waren jedoch durchaus nicht mit ihrem Haushalt ausgelastet; viele versuchten, in Cafés, bei Modenschauen oder in wenig bombengefährdeten Kurorten den Krieg zu ignorieren. Wie wenig gerade diese Frauen daran dachten, sich »politisch« für Volk und Führer zu engagieren, zeigt allein der Mißerfolg bei der Werbung für den freiwilligen »Ehrendienst«. Neben der falschen innenpolitischen Lagebeurteilung verrät Hitlers Haltung zur Frauenarbeit deutlich bürgerliche Vorurteile. Es war für ihn selbstverständlich, daß Frauen der Arbeiterschicht erwerbstätig waren und Frauen der sozioökonomisch privilegierteren Schichten nicht zu arbeiten brauchten.

Anfang 1942 lehnten nicht einmal mehr die Gauleiter, neben Hitler bisher die eifrigsten Verfechter der Blitzkriegsstrategie, rigorosere innenpolitische Maßnahmen ab[87]. So entwickelte Sauckel im März, unmittelbar nachdem er sein neues Amt angetreten hatte, vor Hitler sein Programm zur Beschaffung von Arbeitskräften. Die beiden Schwerpunkte lagen auf einer gründlichen Rationalisierung der Arbeitsmethoden und der umfassenden, allgemeinen Dienstpflicht für deutsche Frauen. Doch Hitler war dies Vorgehen zu langwierig, er verlangte ausgebildete Facharbeiter, und diese seien sofort aus den besetzten Gebieten im Westen und Osten Europas zu rekrutieren[88]. Sauckel führte eine mehrstündige Unterredung mit Hitler und sprach anschließend noch acht Stunden mit Göring über die Arbeitskräftepolitik. Das Ergebnis glich dem einer Gehirnwäsche. Sauckel ließ sich in den Gesprächen, wie er eingestand, vom völligen Gegenteil seiner bisherigen Ansichten überzeugen. Von jetzt ab verkündete Sauckel seinen Parteikollegen und den

Bürokraten gegenüber nur noch wortgetreu die Meinung des Führers. Aus Denkschriften, einer Rede im Reichsarbeitsministerium und einem neuen Programm Sauckels zur Arbeitskräftebeschaffung, alle vom April 1942, in denen er sich immer wieder auf die Ansichten des Führers bezog, kann einwandfrei Hitlers Stellungnahme zur Frauenarbeit rekonstruiert werden. Es spricht alles dafür, daß Hitler sich unter dem Zwang der politischen und wirtschaftlichen Situation in seinem Gespräch mit Sauckel das erstemal zusammenhängend und vergleichsweise differenziert mit diesem Problem befaßt und dazu geäußert hat.

Hitler lehnte es demnach weiterhin ab, mit Meldepflicht und Arbeitszwang die zweifellos noch vorhandenen Reserven an Frauenarbeitskräften zu mobilisieren. Damit sollten sowohl innenpolitische Spannungen vermieden, als auch Rücksicht darauf genommen werden, daß viele Frontsoldaten einen Arbeitseinsatz ihrer Frauen nicht wünschten. Unter den nichterwerbstätigen Frauen sollte aber für einen freiwilligen Einsatz geworben werden[89]. Um das Wohlergehen gerade dieser Frauen, falls sie sich aus freien Stücken zur Arbeit bereit erklärten, machte Hitler sich ernste Sorgen. Es blieb eben grundsätzlich ein »ungeheurer Unterschied«, »ob eine Frau oder ein Mädchen schon frühzeitig an bestimmte Arbeiten in der Fabrik oder in der Landwirtschaft gewöhnt war und ob sie diese Arbeiten auch schon durchgehalten hat oder nicht«[90]. Frauen, die bisher noch nicht gearbeitet hatten, konnten nur sehr schwer und »unter Überwindung großer psychischer Hemmungen« in Fabriken eingesetzt werden. Deshalb sollten für solche Frauen neue »Stellen in den Büros und bei den großen Verwaltungen geschaffen werden«[91]. Unter allen Umständen mußte verhütet werden, daß Frauen, »die sich in der Heimat aus edlen Gefühlen heraus freiwillig« für den Arbeitseinsatz gemeldet hatten, »schlechter Behandlung, Belästigungen, Kränkungen oder auch moralischen Schädigungen ausgesetzt« wurden – darauf hatten »die Ehegatten, Verlobten, Väter und Brüder ein Recht«. Im Ersten Weltkrieg hatte »die Unterlassung einer solchen Fürsorge zu schwersten Schädigungen von zahllosen Frauen und Mädchen sowie deren Familien geführt. Viele Angehörige guter und anständiger Familien sind damals infolge mangelnder Betreuung bei Dienstverpflichtungen der moralischen Verwahrlosung anheimgefallen. Ihre Familien aber und sie selbst wurden dadurch in namenloses Leid gestürzt«[92]. Diese Beurteilung der moralischen Gefahren, die dienstverpflichteten Frauen in den Rüstungsbetrieben drohten, beruhte wohl größtenteils auf eigenen Beobachtungen Hitlers im Ersten Weltkrieg. Er pflegte des öfteren auf diese Reminiszenzen einzugehen, und in der Umgebung des Führers wurde daraus ein Hauptargument gegen eine umfassende Dienstpflicht für Frauen[93]. Der Schutz der physischen und psychischen Gesundheit der deutschen Frauen hatte für Hitler 1942 noch die gleiche prinzipielle Relevanz wie 1924/25, als er »Mein Kampf« schrieb. Der ideologische Grundsatz, daß die deutschen Frauen in erster Linie die Mütter ihres Volkes zu sein hatten, besaß für Hitler weiterhin unerschütterliche Gültigkeit. Der Mutterfunktion aber drohten »Gefahren auf dem Gebiet des Fraueneinsatzes«, die als »Schädigung unseres gesamten Volkslebens« – vor allem im Hinblick auf die Gefallenen – »nicht verantwortet werden« konnten[94]. Und so lieh Hitler nicht nur der Forderung nach der Frauendienstpflicht kein Gehör, sondern er verbot auch, aus den Privathaushalten Hausgehilfinnen für den Rüstungseinsatz herauszuziehen. Es blieb sogar erlaubt, in einem Haushalt mehrere Hausmädchen zu beschäftigen, denn schließlich »herrsche kein Kommunismus« in Deutschland. Darüber hinaus beauftragte Hitler Sauckel damit, 400 000–500 000 »gesunde und kräftige« Ukrainerinnen ins Reich zu importieren, die den deutschen Hausfrauen und Bäuerinnen bei der Hausarbeit helfen sollten[95]. Das Ganze war auch ein langgehegtes Projekt Himmlers, der Mitte 1941 den Dienstmädchenmangel als »eine der größten Nöte in Deutschland« bezeichnete; »der zweifellos vorhandene Wille sehr vieler Frauen, Kinder – sogar viele Kinder – zu bekommen, scheiterte an der bitteren Wirklichkeit, daß sie keine Mädchen bekommen und die ganze Hausarbeit allein machen müssen«[96]. Das ganze Vorhaben konnte nie in dem zahlenmäßig geplanten Ausmaß durchgeführt werden. Die tatsächlich eingesetzten Ukrainerinnen gelangten jedoch nicht primär in kinderreiche Haushalte, sondern kamen zu wohlhabenden Familien und Parteifunktionären[97].

Zu dem Dilemma, daß bei der Ablehnung der allgemeinen Dienstpflicht für Frauen »ein Teil der Frauen ihr Bestes in der Arbeit hergeben, während ein anderer Teil müßig« bliebe, äußerte Hitler sich erstmals im April 1942. Zur Frage der Ungerechtigkeit gab er Sauckel zu bedenken, »daß man ein Übel nicht dadurch verbessert, daß man es bis zur letzten Konsequenz verallgemeinert und über alle heraufbeschwört«[98]. Konkret hieß das, wenn schon einem Teil der deutschen Frauen Härten zugemutet werden mußten, dann am ehesten den Frauen der unteren Bevölkerungsschichten, die das Arbeiten gewöhnt waren und ˙für welche damit auch Rüstungsarbeit zumutbar war. Grundsätzlich hielt Hitler es zwar auch für »unerfreulich«, wenn Frauen aus der Arbeiterschaft körperlich hart arbeiteten. Doch die hohe Zahl der Frauen, die seit Jahren erwerbstätig waren – und nicht nur in »fraulichen« Berufen –, ließ sich im Rahmen der Ideologie durchaus rechtfertigen mit der zeitweisen Priorität von Aufrüstung und Krieg: Erst nach vollzogener Expansion, nach dem »Endsieg«, konnten die ideologischen Postulate zur Wirklichkeit werden. In dieser Kette von Schlußfolgerungen war es für Hitler ganz folgerichtig und kein Widerspruch zu seiner Weltanschauung, Frauenarbeit in der Rüstungsindustrie, ja sogar in beschränktem Umfang Dienstverpflichtungen, und die damit verbundenen sozialen Diskriminierungen als bedauerliche Notwendigkeiten zu dulden. Das Nahziel war, den Krieg zu gewinnen; als ein »Fernziel« forderte Hitler 1942, »daß in 20 Jahren keine Frau mehr in Fabriken arbeiten dürfe«[99]. Sauckel referierte Hitlers Ansicht folgendermaßen: »Die einzige Möglichkeit, die derzeitigen Härten und Ungerechtigkeiten zu beseitigen, besteht darin, daß wir den Krieg gewinnen und daß wir alsdann in die Lage kommen, alle deutschen Frauen und Mädchen aus allen Berufen, die wir dann als unfraulich und für unsere Frauen gesundheitsschädlich, die Geburtenzahl unseres Volkes gefährdend, das Familien- und Volksleben schädigend, betrachten müssen, herausnehmen«[100].

Hitler war also nicht bereit, die Probleme und Ungerechtigkeiten, die aus sozialen und wirtschaftlichen Ungleichheiten innerhalb der Bevölkerung entsprangen, zu beseitigen, solange dies nur auf Kosten der privilegierten

Gesellschaftsschichten zu bewerkstelligen war. Dergleichen erinnerte schon zu sehr an Kommunismus. Innenpolitische Lösungen der sozialen Fragen, Reformen, waren indiskutabel. Aber ein Lohn- und Konsumstandard auf dem Niveau der Weltwirtschaftskrise ließ sich aufgrund der wachsenden Unzufriedenheit der Arbeiterschaft auch nicht aufrechterhalten. Die nationalsozialistische Ideologie bot einen archaischen Ausweg aus allen innenpolitischen und wirtschaftlichen Schwierigkeiten, nämlich Überfall auf die Nachbarn und Raub von Land, Rohstoffen und Arbeitskräften[101]. Damit wäre nach Hitlers Vorstellungen nach dem – siegreich beendeten – Krieg unter anderem auch der gesamte Problemkomplex von Frauenarbeit, Dienstpflicht, Gesundheitsschäden und damit verbundenen sozialen Ungerechtigkeiten gegenstandslos geworden, da man die schweren und unangenehmen Arbeiten den Frauen der unterjochten Ostvölker hätte aufbürden können. Im Krieg vorweggenommen wurde diese Praxis schon mit der Deportation von Fremdarbeitern und vor allem Fremdarbeiterinnen, die mit ihrem Einsatz in Fabriken, auf dem Feld und auch in Haushalten – wenn schon nicht alle deutschen Frauen – so doch wenigstens die Frauen der höheren Schichten vor körperlicher Arbeit bewahrten. Die Tatsache, daß Hitler auch für die Übergangsphase des Krieges den Frauen dieser Schichten nicht einmal relativ kleinere Opfer – etwa den Verzicht auf Hausangestellte – zumuten wollte, beruhte jedoch nicht primär auf ideologischen Vorstellungen, sondern auf banalem bürgerlichem Klassendenken. Diese Vorurteile scheint Hitler nie reflektiert zu haben; sie waren ihm zu selbstverständlich. In seinen Schriften und Reden taucht das Problem der sozialen Ungleichheit nicht auf, da es dort aufgelöst und ersetzt ist durch die fiktive, verbindende Gleichheit innerhalb der deutschen »Rasse« und »Volksgemeinschaft«. In der Praxis jedoch stellte Hitler das existierende bürgerliche Wertsystem, das an die Menschen die Maßstäbe von sozialer Herkunft, Bildung, Besitz und Einfluß anlegte, nie in Frage – genausowenig wie die entsprechenden konventionellen Umgangsformen. Wie tief Hitler in politischer Hinsicht das Bürgertum auch verachtete (und darum auch entmachtete), seine gesellschaftlichen Vorurteile waren ganz die des bürgerlichen Milieus. Dementsprechend wurden »Damen der Gesellschaft« selbstverständlich mit mehr Rücksicht und chevaleresker Galanterie behandelt als ein Dienstmädchen oder eine Arbeiterin. Im Rahmen dieser traditionellen sozialen Anschauungen trat Hitler auch – ganz im patriarchalischen Sinne – dafür ein, daß den Millionen arbeitender Frauen »die beste Fürsorge und Betreuung, die überhaupt denkbar ist«, zuteil würde. Bei dieser Forderung spielte allerdings die Überlegung, daß diese Fürsorge zur innenpolitischen Beruhigung beitragen könnte, ebenso eine Rolle wie das Postulat der Ideologie, das keine Gesundheitsschäden und damit eine Gefährdung der Mutterschaftsfunktion bei deutschen Frauen zuließ[102].

Göring, der seit Jahren den Unternehmern und dem OKW gegenüber eine umfassende Frauendienstpflicht befürwortet hatte, zeigte sich nun in seinem Gespräch mit Sauckel Anfang März 1942, nachdem Hitler sich unmißverständlich gegen die Dienstpflicht ausgesprochen hatte, ebenfalls als Gegner des allgemeinen Fraueneinsatzes. Noch zynischer als Hitler bewies Göring auf sozialdarwinistische Manier, daß eine allgemeine Frauendienstpflicht indiskutabel sei. In der Pferdezucht unterscheide man auch zwischen Arbeits- und Rassepferden, die unterschiedliche Funktionen hätten. Wenn aber das zur Zucht bestimmte Rassepferd »am Pflug eingespannt werde, verbrauche es sich schneller« als das Arbeitspferd, infolgedessen könne man nie zu einer Frauendienstverpflichtung im allgemeinen kommen«. Die Frauen der unteren Bevölkerungsschichten waren also deswegen zum Arbeiten bestimmt, weil sie aus Schichten stammten, in denen Frauenarbeit stets wirtschaftlich notwendig gewesen war. Für Göring war dies zugleich ein Selektionsbeweis für ihren geringeren rassischen und eugenischen Wert. Frauen, deren soziale Herkunft und wirtschaftliche Situation es erlaubte, nicht zu arbeiten, waren damit zugleich als eugenisch »hochwertig« ausgewiesen und hatten »in erster Linie die Aufgabe, Kinder zu bekommen«. Deshalb durften sie aber erst recht nicht körperlich arbeiten. Darüber hinaus erklärte Göring nur diese Frauen aus den oberen Gesellschaftsschichten zu »Kulturträgerinnen« – in der nationalsozialistischen Theorie waren es alle deutschen Frauen. Vollends verriet Göring seine elitären Vorurteile gegenüber den körperlich Arbeitenden mit der Bemerkung, diese Trägerinnen von »hochwertigem Kultur- und Erbgut« dürften nicht »den dummen Reden und dem frechen Gespött der einfachen Frauen ausgesetzt werden«[103].

Das Bewußtsein einer egalitären »Volksgemeinschaft« war also weder bei Hitler noch bei Göring vorhanden, und in der Praxis wurde soziale Gleichheit niemals angestrebt. Ebensowenig aber glaubte die große Mehrheit der unteren Bevölkerungsschichten an eine »Volksgemeinschaft«. Gelegenheit, diese Parole als Phrase zu durchschauen, bot der Krieg mehr als genug.

Kapitel VI

Die Struktur der Frauenarbeit im Krieg

Zu dem schon chronischen Mangel an weiblichen Arbeitskräften in Landwirtschaft, Hauswirtschaft und Rüstungsindustrie kam im Laufe des Krieges ein wachsender Bedarf bei den Wehrmachtsdienststellen, der Reichspost und Reichsbahn, den städtischen Verkehrsbetrieben, der öffentlichen und Parteiverwaltung sowie dem Krankenpflegewesen und Roten Kreuz hinzu. Für die meisten dieser Arbeitsplätze kamen Fremdarbeiter nicht in Frage. Die einzelnen Wirtschafts- und Verwaltungszweige versuchten nun, wie schon vor dem Krieg, sich das fehlende weibliche Personal abzuwerben oder bei den Arbeitsämtern den jeweils eigenen Bedarf als den dringlichsten geltend zu machen. Da jedoch die meisten Arbeitskräfteanforderungen »kriegs- und lebenswichtig« waren, konnten die Arbeitsämter die ihnen gestellten Aufgaben, die ständig komplizierter wurden, bald nicht mehr überblicken, zumal sie selbst unter Personalmangel litten. Bei dem Streit um wirtschaftliche Prioritäten konnten groteske Situationen entstehen. Die Textilindustrie litt zunehmend unter Nachwuchsmangel. Der wesentliche Stamm weiblicher Facharbeiter zwar schon seit Jahren überaltert. Dessen ungeachtet erhielten die Textilfabriken immer mehr Wehrmachtsaufträge, von der Fertigung der Uniformen bis zu Fallschirmen. Als die Wirtschaftsgruppe Textilindustrie meinte feststellen zu können, daß die Mädchen in ländlichen Gegenden sich mehr landwirtschaftlichen Berufen statt der Textilindustrie zuwendeten, beschuldigte sie den Reichsnährstand des unlauteren Wettbewerbs. Dabei hatte dieser nur – ganz ideologiegetreu – die Mädchen für ein naturverbundenes Landleben angeworben, das sie besser auf ihr zukünftiges Hausfrauen- und Mutterdasein vorbereiten könne als Jugendjahre, die hinter dem Ladentisch, der Schreibmaschine oder in der Fabrik verbracht wurden. Zudem war die Landwirtschaft ein lebenswichtiger Wirtschaftszweig[1].

Mit der Ausweitung der besetzten Gebiete und der Frontabschnitte wuchs der Bedarf der Wehrmacht nicht nur an Soldaten, sondern auch an Personal in den Büros, vor allem Nachrichtenhelferinnen, und in den Lazaretten. Die Wehrmachtdienststellen beriefen oft Stenotypistinnen, die allgemein knapp waren, aus kriegswichtigen Betrieben ab, ohne die Arbeitsämter vorschriftsmäßig einzuschalten[2]. Auch die Arbeitsbehörden, die mit der Vermittlung von Wehrmachthelferinnen beauftragt waren, fühlten sich überfordert, da die Wehrmacht nur ausgebildete Angestellte annahm, eine eigene Schulung ungelernter Frauen aber ablehnte. Da aber jede Wehrmachthelferin einen Soldaten ersetzte, der damit für die Front frei wurde, wurde die Forderung der

Wehrmacht nach weiblichen Arbeitskräften Anfang 1943 von Sauckel ausdrücklich unterstützt. Demgegenüber vergrößerte sich nun aber der Fehlbestand an Bürokräften bei den Rüstungsbetrieben und wichtigen Behörden[3]. Für die Reichspost und die Reichsbahn dehnten sich die quantitativ steigenden Transportaufgaben auch geographisch immer weiter aus. Entsprechend wuchs auch der Bedarf an weiblichen Arbeitskräften. Im Bereich Energie–Post–Verkehr füllten Mitte 1941 schon 49 % der beschäftigten Frauen Männerarbeitsplätze. Frauen als Trambahnschaffner gehörten im Krieg zum selbstverständlichen Straßenbild, und hinter den Schaltern von Post und Reichsbahn saßen Frauen[4]. Auch die Parteiorganisationen und das Rote Kreuz brauchten ständig mehr Mitarbeiterinnen. Allein hauptamtliche Kräfte für die NS-Volkswohlfahrt konnten nicht genügend vermittelt werden, obwohl die Aktionen etwa des »Winterhilfswerks« und der »Kinderlandverschickung« (der Evakuierung von Kindern und auch Müttern aus bombengefährdeten Gebieten) unter den gegebenen Umständen eine durchaus wichtige Funktion erfüllten[5]. Manche Frauen übernahmen eine ehrenamtliche Teilzeitarbeit in diesen Organisationen und anderen Verwaltungen nur als Alibi, um sich vor einer eventuellen Dienstverpflichtung zu schützen[6].

Die Statistiken zeigen eindeutig, daß die Frauen grundsätzlich eine Beschäftigung im zivilen Wirtschaftssektor von Verwaltung und Verkehr attraktiver fanden als in der Rüstungsindustrie, Land- oder Hauswirtschaft: Der weibliche Personalbestand des öffentlichen Dienstleistungs- und Verwaltungsapparats stieg von 954 000 Frauen im Mai 1939 auf 1,746 Millionen im Mai 1944. Da die Gesamtzahl der weiblichen Arbeitskräfte während der gleichen Zeit sich nur um etwa 180 000 erhöhte, konnte dies nur die Folge einer Arbeitskräfteverlagerung sein[7]. Die offiziellen »Auskämmaktionen« in Handel, Handwerk, Banken und Versicherungen setzten zwar weibliche Beschäftigte frei, doch handelte es sich nur um einige Zehntausend. Hunderttausende von Frauen wanderten hingegen aus Arbeitsplätzen in der Land- und Hauswirtschaft ab, obwohl ein solcher Berufswechsel ohne Zustimmung des Arbeitsamtes nicht erlaubt war. Die wenigsten kümmerten sich allerdings um solche Vorschriften. Die meisten dieser Landarbeiterinnen und Hausgehilfinnen gingen nicht in die Rüstungsindustrie, sondern als Helferinnen zur Wehrmacht und zum Roten Kreuz, zur Post oder in den Transportsektor, einige sogar in die Verwaltung[8]. Allgemein verstärkte sich während des Krieges der schon in den zwanziger Jahren zu beobachtende Trend, daß die weibliche Berufstätigkeit sich von der manuellen Arbeit mehr in die Angestelltenberufe verlagerte. Nur geschah dies jetzt in einem noch nicht dagewesenen Ausmaß. Die Umschichtung hin zu Bürotätigkeiten vollzog sich nicht nur in den öffentlichen Verwaltungen, Dienstleistungs- und Verkehrsbetrieben, sondern auch in der Industrie. Während sich die Zahl der Arbeiterinnen zwischen Kriegsbeginn und Dezember 1942 um 270 000 verminderte, nahm die Zahl der weiblichen Angestellten in der Industrie um 130 000 zu[9]. Diese Tendenz blieb in der privaten und öffentlichen Verwaltung während des ganzen Krieges gleich. Ein Grund dafür war, daß sowohl durch die Kontingentierung von Roh- und Werkstoffen sowie von Arbeitskräften als auch durch verstärkte

Rationalisierungsbestrebungen und Wirtschaftslenkung in den Betrieben wohl wirklich mehr Büroarbeit anfiel. Ebenso hatten die öffentlichen Verwaltungen im Krieg sicher vermehrte Aufgaben zu bewältigen. Dennoch war unverkennbar, daß auch die Frauen ihrerseits in die Angestelltenberufe drängten. Gerade Frauen, die noch nicht erwerbstätig waren, zogen jede Art Büroarbeit einer körperlichen Arbeit vor. Dabei kam es vor, daß zwei mangelhaft angelernte Frauen gerade *eine* ausgebildete Kraft ersetzen konnten. Industriebetriebe, die wegen Produktionsdrosselung ihren Arbeiterbestand abbauten, behielten die alte Anzahl Angestellter. Also waren alle Angestellten sicher nicht so rationell wie möglich eingesetzt. Der zweite Grund für den starken Zustrom von Frauen in Angestelltenberufe war jedoch, daß nur deutsche Frauen die zur Wehrmacht eingezogenen männlichen Angestellten ersetzen konnten, während Fremdarbeiter und Fremdarbeiterinnen die Plätze der aus der Industriefertigung, der Land- und Hauswirtschaft abgezogenen Deutschen gut ausfüllen konnten. Konkret hieß das: Die ausländischen Arbeiter übernahmen die Schwerarbeiten und machten es damit vielen deutschen Frauen möglich, körperlich leichtere und insgesamt attraktivere Tätigkeiten auszuüben. Dies entsprach durchaus den ideologischen Vorstellungen und den Wünschen Hitlers. Zum Teil waren diese angenehmeren Arbeitsplätze aber nur frei geworden, weil die Männer, die sie ausgefüllt hatten, Soldaten geworden waren. Dieser Aspekt muß berücksichtigt werden, will man nicht vorschnell in der aufgezeigten Situation von vermehrten Emanzipationschancen der Frauen sprechen. Noch besser als am Beispiel der weiblichen Angestellten läßt sich bei der viel kleineren und höher qualifizierten Gruppe der Akademikerinnen und Beamtinnen untersuchen, inwieweit eine momentane Vergrößerung der Berufschancen wirklich eine langfristig emanzipatorische Bedeutung besaß.
Die Zahl der Studenten war in den ersten sechs Jahren des »Dritten Reiches« erfolgreich verringert worden, doch am meisten davon betroffen waren die Frauen. Wurde die absolute Zahl der Studenten von 1933 bis zum Kriegsbeginn auf etwa die Hälfte reduziert, so ging die Zahl der Studentinnen bis auf ein Drittel des Standes von 1933 zurück. Der prozentuale Anteil der Studentinnen an der Gesamtzahl der Studierenden machte im Sommer 1939 nur noch 11 % aus. Mit dem Kriegsausbruch änderte sich schlagartig die Situation. Die männlichen Studenten gingen zur Wehrmacht, die Frauen durften nun die leer gewordenen Studienplätze einnehmen. Vom Sommersemester 1939 bis zum Wintertrimester 1940 verdoppelte sich die absolute Zahl der Studentinnen; die Frauen stellten zu diesem Zeitpunkt schon ein Viertel der gesamten Studierenden[10]. Zugleich wurde auch die Bestimmung, daß Beamtinnen im Falle ihrer Heirat entlassen werden mußten, aufgehoben[11]. Schon vor dem Kriegsausbruch hatte sich ein solcher Medizinermangel bemerkbar gemacht, daß man weibliche Ärzte in Betrieben und auf Gesundheitsämtern zuließ. Selbstverständlich waren dies weder die bestbezahlten Medizinerposten noch verliehen sie sonderliches Prestige. Jedenfalls wurden nach dem Kriegsausbruch alle weiblichen Beamten und Akademiker, die man entlassen hatte, weil sie verheiratet waren, oder die man auf ein berufliches Abstellgleis geschoben hatte, wieder mit offenen Armen aufgenommen. Sie waren jetzt ein unentbehrlicher Ersatz für die männlichen Kollegen, die bei der Wehrmacht dienten. Das

rasche Emporschnellen der Zahl der Studentinnen wurde von der Reichsfrauenführerin Scholtz-Klink als positive und notwendige Entwicklung kommentiert, die jedoch keinerlei Ressentiments und Konkurrenzängste bei den Männern hervorzurufen brauche, wie dies leider nach dem Ersten Weltkrieg der Fall gewesen sei. Denn nach dem gegenwärtigen Kriege werde eine »glücklichere Zukunft« kommen, »die jedem deutschen Mann und jeder deutschen Frau Raum und Arbeit« geben würde. Die Frage des Berufserfolges spiele aber, so Scholtz-Klink, für eine Frau keine Rolle, da sie mit der Ehe dies Kapitel abschlösse. Die Frauen verlangten nur nach »geistiger Schulung«, sprich nach einem Studium, das sie lediglich »gegebenenfalls«, »wenn die Lebensumstände es erfordern« sollten, praktisch verwerteten. Die ausgebildeten Studentinnen konnten zudem nützliche Arbeiten leisten, für die Männer entweder »ungeeignet« waren oder »aus vielleicht noch kriegsbedingten Gründen« fehlten[12]. Kurz, das Frauenstudium im Krieg war wichtig, weil nach dem Krieg wieder ein Frauenüberschuß herrschen würde und außerdem die gefallenen Akademiker durch – möglichst unverheiratete – Akademikerinnen ersetzt werden mußten. Unter denselben Aspekten wurden im weiteren Kriegsverlauf, trotz allgemeiner Dienstverpflichtung seit 1943, die studierenden Frauen von der Rüstungsarbeit grundsätzlich freigestellt. Allerdings waren sie verpflichtet, in den Semesterferien in Fabriken, bei der Ernte oder bei Siedlungsprojekten zu helfen. Die Reichskanzlei betrachtete die Freistellung als notwendig, um die zukünftige »politische und geistige Führungsaufgabe im neuen Europa durch Deutschland« erfüllen zu können. Wo Männer fehlten, mußten »wenigstens Frauen« eingesetzt werden, damit vor allem die wissenschaftlichen Aufgaben unmittelbar »nach dem Kriege wenigstens in Angriff genommen und solange durchgetragen werden« konnten, bis »männlicher Nachwuchs wieder in ausreichendem Maße vorhanden« war[13]. Noch im Spätsommer 1944, als unter Goebbels die letzten Anstrengungen zur totalen Dienstverpflichtung gemacht wurden, wehrte sich der Reichsminister für Wissenschaft, Erziehung und Volksbildung, Rust, gegen einen Arbeitseinsatz von Studentinnen und Oberschülerinnen, die »eine letzte Reserve für Berufe mit höherer Schulbildung« darstellten. Rust maß dem Studium der Philologie und anderer Lehramtsfächer für Frauen besondere Bedeutung bei. Ein Abzug dieser Studentinnen von den Hochschulen hätte bedeutet, »das Schulwesen in seiner Wurzel zu zerstören und einen späteren planvollen Wiederaufbau unmöglich« zu machen[14]. Mit dem Krieg war also keine ideologische Tendenzwende zu einer grundsätzlich positiven Einstellung gegenüber weiblichen Akademikern und Beamten eingetreten. Frauen dienten nach wie vor in qualifizierten Berufen und Positionen als befristete Lückenbüßer, solange nicht genug männliche Aspiranten zur Verfügung standen – quasi als »akademisches Reserveregiment« ohne Anspruch auf den Einsatz[15].

1. Aufstiegschancen in der Industrie?
Frauen als Facharbeiter und technische Angestellte

Schon vor dem Krieg gab es in der Industrie einen spürbaren Mangel an Facharbeitern, der mit den Einberufungen zur Wehrmacht nur noch größer wurde. Deshalb machte es Göring noch im September 1939 allen Betriebs- und Behördenleitungen »zur Pflicht, sofort mit aller Energie die Umschulung von Berufsfremden und Frauen« vorzunehmen, um dem Facharbeitermangel zu begegnen[16]. Theoretisch hätte das für viele ungelernte Arbeiterinnen aus Land- und Hauswirtschaft wie aus der Industrie den Aufstieg zu einem qualifizierteren, besser entlohnten Beruf bedeuten können. Doch die Praxis sah anders aus. Grundsätzlich waren die meisten Betriebe nicht an der Ausbildung von ungelernten Arbeitern – meistens Frauen – interessiert. Erstens erforderten Umschulungen Zeit, und die hatte man offensichtlich nicht, weil Facharbeiter sofort benötigt wurden. Zweitens brauchte man dafür erfahrene Arbeiter als Lehrkräfte, die ihrerseits wieder in der Produktion fehlten und auch noch höhere Entlohnung verlangen konnten. Also beriefen sich die Unternehmer auf die drängenden Aufträge, die keine Experimente mit Frauenarbeit zuließen, und forderten bei den Arbeitsämtern weiterhin ausgebildete Facharbeiter an[17]. Aber auch wenn sich Firmen zur weiteren Ausbildung von Arbeitern bereit erklärten, war dies nicht unbedingt eine Chance für Frauen. So stellten Metallfirmen branchenfremde, ungelernte Frauen an die Arbeitsplätze von männlichen Hilfsarbeitern, welche wiederum für qualifiziertere Arbeiten umgeschult wurden[18].

Die Metallindustrie als Hauptbranche der Rüstungswirtschaft hatte den größten Bedarf an Facharbeitern, aber ebenso mangelte es ihr an angelernten Arbeitern, so daß hier für Reichsarbeits- und -wirtschaftsministerium, Reichsgruppe Industrie, Wehrwirtschafts- und Rüstungsamt und DAF zwangsläufig der Schwerpunkt aller Bemühungen zur Umschulung lag. Bis November 1941 wurden 350 000 umgeschulte Arbeiter in der Metallindustrie registriert, von denen nur 35,7 % Frauen waren. Allerdings war mit diesen Kräften dem Facharbeitermangel nicht abgeholfen, da sie nicht planmäßig und gründlich ausgebildet, sondern gleich von den Betrieben in die laufende Fertigung gestellt wurden[19]. Besondere Umschulungswerkstätten, in denen qualifizierte, angelernte Arbeiter oder Facharbeiter hätten ausgebildet werden können, wurden meistens nicht eingerichtet. Für Klein- und Mittelbetriebe kam dies sowieso nicht in Frage[20]. Aber auch Großbetriebe wie die Firma MAN, die normalerweise wenige Arbeiterinnen beschäftigte, nach Kriegsbeginn dann aber innerhalb von drei Monaten die Zahl der Arbeiterinnen um 35 % erhöhte, zogen die sogenannte »betriebsnahe Einzelschulung«, also das Anlernen am Arbeitsplatz, vor[21]. Nur einzelne Großfirmen in Zweigen der Metallindustrie – etwa der Elektrotechnik – in denen Frauenarbeit schon selbstverständlich war, die also in der Ausbildung weiblicher Arbeitskräfte Erfahrung hatten, bauten ihre Lehrgänge für Frauen weiter aus. Insgesamt waren jedoch die Vorurteile, welche die Verantwortlichen der Rüstungsindustrie gegen die Ausbildung von Frauen als Facharbeiter hatten, noch weit größer als die Scheu vor den Kosten der Lehrgänge. So waren in Kursen, die in bayrischen Rüstungsbetrieben vom Landesarbeitsamt und von der Wehrmacht durchgeführt wurden – letztere zahlte den Betrieben 5 RM pro Umschüler – auch weiterhin nur 13 % der Auszubildenden Frauen[22]. Doch das Problem blieb, daß die meisten der neuen, branchenfremden Arbeitskräfte in der Rüstungsindustrie Frauen waren, die Wehrmacht aber nicht alle Facharbeiter beurlauben konnte.

Angesichts dieser dauernden Misere verfielen die Fachleute und Wirtschaftsorganisationen auf den Ausweg der verstärkten Rationalisierung und Mechanisierung. Die einzelnen Arbeitsgänge mußten noch weiter unterteilt und vereinfacht werden. Maschinen und andere technische Hilfsmittel sollten vermehrt schwierige Arbeiten abnehmen und körperliche Anstrengungen vermeiden helfen. Mit solcher Maximierung der Arbeitsteilung und Mechanisierung hoffte man, die Facharbeit auf bestimmten Gebieten restlos zu ersetzen und damit überall auch ungelernte Frauen rasch anlernen zu können[23]. Diese Überlegungen waren natürlich nicht neu, und viele Großbetriebe bestimmter Branchen hatten seit den zwanziger Jahren – gerade in Hinblick auf vermehrte Frauenarbeit, wie z. B. der Siemenskonzern – konsequent rationalisiert. Nach 1933 hatten dann die DAF und das Reichsarbeitsministerium aus Gründen des Arbeitsschutzes für Frauen die Unternehmer aufgefordert, für körperlich schwere Arbeiten Maschinen anzuschaffen. Nachdem Ende 1936 die Vollbeschäftigung faktisch erreicht worden war, appellierte Seldte (genau wie die Wehrmacht) unter kriegswirtschaftlichen Aspekten an die Industrie, für eine vermehrte Frauenarbeit zu mechanisieren und rationalisieren. Doch scheinen diese Forderungen in der Metallindustrie wenig Widerhall gefunden zu haben, da die Verantwortlichen noch 1942/43 unverändert versuchten, den Betriebsleitungen solche Verfahren schmackhaft zu machen. Aus welchen Gründen auch immer die Metallindustrie versäumt hatte, in der Vorkriegszeit mehr und qualifiziertere weibliche Arbeiter heranzubilden, im Krieg unterblieben derartige Umstellungen erst recht wegen des ständig drängenden Auftragszwangs, des Mangels an Fachkräften für die Rationalisierungsaufgaben und der Knappheit von Maschinen. Eine Rolle gespielt haben mag auch eine gewisse Bequemlichkeit vieler Unternehmer, die es einfacher fanden, weiterhin bei den Arbeitsämtern die benötigten Arbeiter anzufordern[24].

Dennoch bot sich für eine kleinere Anzahl von Arbeiterinnen die Chance für den beruflichen Aufstieg. Es hatte sich nämlich herausgestellt, daß Frauen, gerade wenn sie neu in die Betriebe vermittelt wurden, die besten Produktionsleistungen in rein weiblichen, von den männlichen Arbeitern getrennten Abteilungen erzielten. In diesen Frauenabteilungen führten aus psychologischen Gründen auch weibliche Vorarbeiter und Meister die Aufsicht. Im Bereich der Rüstungswirtschaft war dies hauptsächlich in der elektrotechnischen und optischen Industrie der Fall, Branchen also, die schon länger einen höheren Prozentsatz von Frauen beschäftigt hatten. So konnte in einer Firma der Elektrobranche eine Frau, die 18 Jahre vorher als ungelernte Arbeiterin eingetreten war, gegen Kriegsende zur Leiterin einer Abteilung von 90 Arbeiterinnen aufrücken. Eine andere Frau, die in derselben Branche als Hilfsarbeiterin begonnen hatte, wurde nach 23 Jahren Berufstätigkeit 1944 zur Meisterin, die 50 Arbeiterinnen vorstand. Eine 24jährige ehemalige Putzmacherin gar wurde schon nach vier Jahren Dienstpflicht in einem Betrieb für optische Geräte Vorarbeiterin von 20 Frauen[25]. Gemessen an dem Gros der Arbeiterinnen waren dies außergewöhnliche Karrieren, beschränkt auf wenige Industriezweige. Die allermeisten der in den Rüstungsbetrieben beschäftigten Frauen wurden – meistens berufsfremd – schnell angelernt und mit monoton sich wiederholenden Teilarbeiten der Massen- oder Reihenfertigung befaßt. Gerade die jüngeren unter diesen Arbeiterinnen waren mit ihrer eintönigen Tätigkeit unzufrieden und wollten die von den Arbeitsämtern und der DAF propagierte Weiterbildung nutzen. Darüber beschwerten sich wiederum die Firmenleitungen, die einen großen Bedarf auch an Hilfsarbeitern hatten[26]. Den meisten Frauen in der Industrie bot auch der Krieg keine größeren Aufstiegschancen, und die Gruppe der »Unterführerinnen« war nur bedingt eine Ausnahme. Denn die Positionen dieser Vorarbeiterinnen standen und fielen mit der Existenz von großen Frauenabteilungen, die jedoch meistens ein Produkt der Kriegswirtschaft waren, in der Frauen nicht nur die Arbeitsplätze von Männern einnahmen, sondern auch das gesteigerte Produktionssoll bewältigen halfen. Besondere Schlußfolgerungen wird man aus derartigen Berufschancen demnach nicht ziehen dürfen, da sie aus der Ausnahmesituation des Krieges resultierten.

Angesichts der immer größeren Wehrmachtsaufträge war es in der Rüstungsindustrie notwendig geworden, die knappen männlichen Fachkräfte im kaufmännischen und auch im technischen Bereich zu entlasten. Um für derartige Hilfstätigkeiten den Nachwuchs zu sichern, wurden gezielt für die weiblichen Jugendlichen die Berufsbilder der Bürogehilfin (für die Verwaltung), der Teilzeichnerin (als Gehilfin von Zeichnern und Ingenieuren) und der Betriebsgehilfin (für Prüf- und Kontrollarbeiten in der Fertigung) entwickelt. Alles waren Anlernberufe, eine regelrechte Lehre war dafür nicht erforderlich. Die Attraktivität lag wohl im Angestelltenstatus dieser Gehilfinnenberufe. Aufstiegsmöglichkeiten waren in ihnen freilich kaum angelegt[27].

Die Elektroindustrie schuf im Krieg noch einen neuen qualifizierteren Frauenberuf, die technische Assistentin für Elektrotechnik. Voraussetzung war die mittlere Reife, die Ausbildung umfaßte drei Fachschulsemester und ein praktisches Semester. Der Siemenskonzern hatte schon seit Frühjahr 1939 in firmeneigenen Schulen technische Assistentinnen für Arbeiten in Labor und Prüffeld ausgebildet, nahm aber nur Abiturientinnen an. Die Unternehmensleitung beabsichtigte mit der Schulung von technischen Assistentinnen auf bestimmten Teilgebieten, dem Mangel an Ingenieuren zu begegnen; denn in Hinblick auf die große Zahl der Gefallenen mußte man mit einem geringen Ingenieursnachwuchs rechnen – und auch damit, daß viele junge Mädchen unverheiratet bleiben würden[28]. Bis in die Gegenwart hat der typische Frauenberuf der technischen Assistentin in den Naturwissenschaften, in Medizin und Technik seine Anziehungskraft behalten. Die Bedingungen der Ausbildung – mindestens mittlere Reife sowie Zahlung von Schulgeld – verleihen diesen »Weißkittelberufen« eine gewisse Exklusivität. Männer ergriffen und ergreifen diese Berufe wegen der relativ niedrigen Tariflöhne und der fast gar nicht vorhandenen Aufstiegschancen nur selten.

2. Reichsarbeitsdienst und Pflichtjahr

Schon nach den ersten Kriegsmonaten erwies sich, daß die kriegsbedingte Erweiterung des weiblichen Arbeitsdienstes auf 100 000 »Maiden« genauso wie das weitergeführte Pflichtjahr für Schulabgängerinnen, die eine Tätigkeit in Büro oder Fabrik anstrebten, den Arbeitskräftemangel in Industrie und Verwaltung verschärften. Da die betroffenen Mädchen bei ihrem Pflichteinsatz für ihre künftige Hausfrauen- und Mutterrolle erzogen werden sollten, leisteten sie ihren Dienst in Haus- und Landwirtschaft ab. Die Proteste von Wehrmacht und Arbeitsministerium, aus Kreisen der Privatwirtschaft und der Verwaltung gegen diese einseitige Form des Einsatzes häuften sich. Wenigstens das Pflichtjahr war seit Mai und Juli 1942 für Arbeiterinnen und Angestellte in kriegswichtigen Industrien und Behörden in seinen Bestimmungen wesentlich gelockert worden. Vor allem gelernte und angelernte Arbeitskräfte wurden zurückgestellt[29]. Doch blieb das Pflichtjahr, wie Sauckel Speer mitteilte, »grundsätzlich erwünscht«, auch mit Rücksicht auf den großen Bedarf an weiblichen deutschen Hilfskräften in der Land- und Hauswirtschaft[30]. In der Bevölkerung erregte das Pflichtjahr weiterhin Unwillen, da es nur Mädchen betraf, die einen Beruf ergreifen wollten[31]. Die Praxis zeigte, daß es auch während des Krieges vielen Eltern gelang, ihre Töchter bei Bekannten unterzubringen, in deren Haushalten dann aber das Pflichtjahr zum Etikettenschwindel wurde. Andere Mädchen dagegen wurden mit Schwerarbeiten im Haushalt überfordert[32].

Von Kriegsbeginn an versuchten Reichsarbeitsministerium und Wehrmacht in Verhandlungen mit der Arbeitsdienstführung, den Einsatz von Arbeitsmaiden auch in der Rüstungsindustrie, vorrangig in Munitionsfabriken, zu erreichen[33]. Reichsarbeitsführer Hierl lehnte im April 1940 alle Vorschläge ab, da die Arbeitsmaiden nicht einmal für die dringend notwendige Landhilfe ausreichten[34]. Hierl hatte den entscheidenden Vorteil auf seiner Seite, daß Hitler vom ideologischen, erzieherischen und auch praktischen Wert des weiblichen Arbeitsdienstes überzeugt war und Hierl, der stets unmittelbaren Zugang zum Führer behielt, deshalb unbesehen unterstützte. General Thomas vom Wehrwirtschafts- und Rüstungsamt im OKW ließ sich davon aber nicht entmutigen. Kaum war das Absageschreiben Hierls zur Rüstungsarbeit der »Arbeitsmaiden« im OKW eingetroffen, erging schon die Weisung an alle Rüstungsinspektionen, die Einziehung von Rüstungsarbeiterinnen zum RAD zu verhindern[35].

Der Sommer 1940 verstrich nun über einem führungsinternen Tauziehen um einen geplanten Erlaß, der die Erhöhung des weiblichen RAD von 100 000 auf 130 000 Maiden vorsah. Da ein grundsätzlicher Führerbefehl hinter dem Vorhaben stand, hielt Syrup jeden Widerstand für zwecklos[36]. Die Reichspost-, -bahn- und -ernährungsminister wollten dem Erlaß nur zustimmen, wenn alle weiblichen Beschäftigten in ihren Ressorts jeweils ausgenommen würden. Das OKW verlangte auf Betreiben Thomas' die Freistellung aller in der Kriegswirtschaft beschäftigten Mädchen und erklärte den weiblichen RAD für die Kriegszeit als überflüssig. In der Landwirtschaft könnten Kriegsgefangene eingesetzt werden, in der Rüstungswirtschaft erlaubten die internationalen Abmachungen dies nur beschränkt. Demnach war die Arbeit der weiblichen Jugend in der Industrie nötiger als auf dem Land. Hierl bat Keitel im August 1940 persönlich, den Einspruch des OKW aufzuheben, und versprach zukünftige Rücksichtnahme auf kriegswichtige Betriebe. Unter dieser Bedingung wollte Thomas schon nachgeben. Zudem ließ Hitler Keitel durch Bormann wissen, daß er auf »die allmähliche Ausgestaltung des weiblichen RAD Wert lege«. Dennoch machte Keitel seine Entscheidung von der Görings abhängig. Göring lehnte die Vergrößerung des RAD ab[37]. Der Reichsarbeitsführer revanchierte sich, indem er in den folgenden Monaten weiterhin jeglichen Einsatz des RAD in der Rüstungsindustrie verweigerte. Die Arbeitsmaiden würden in der Landwirtschaft, besonders »im Osten«, als »Hilfe für die neuangesiedelten Volksdeutschen« gebraucht[38].

Im Sommer 1941 legte Hierl dem Führer einen erneuten Erlaß über den weiteren Einsatz des weiblichen RAD vor. Hitler war zwar gegen die Durchführung einer allgemeinen weiblichen Arbeitsdienstpflicht und sprach sich gegen Zwang aus, andererseits befürwortete er, daß die Zahl der Arbeitsmaiden vergrößert und die Dienstzeit verlängert würde[39]. Diesem ausdrücklichen Führerwunsch konnte und wollte niemand ernstlich entgegentreten. So trat Ende Juli die Kriegshilfsdienstverordnung in Kraft, gemäß der nach dem halbjährigen Arbeitsdienst für die betroffenen Mädchen noch ein weiteres halbes Jahr Hilfsdienst Pflicht wurde, abzuleisten in Dienststellen von Wehrmacht oder Behörden, Krankenhäusern oder Haushalten[40]. Auf das Drängen Todts hin hatte Hierl angeordnet, Dienstpflichtige in Rüstungsbetrieben und Frauen in kriegswirtschaftlich wichtigen Tätigkeiten vom RAD zurückzustellen. Aber in der Praxis machten die Musterungsbehörden des RAD den Betrieben, die auf der Zurückstellung von Arbeitskräften bestanden, ständig Schwierigkeiten[41]. Aus Mangel an ausgebildeten hauptamtlichen RAD-Führerinnen mußte die Ausweitung auf 130 000 Arbeitsmaiden vorerst verschoben werden.

Mit der Durchführung der Arbeitsdienstpflicht und des Kriegshilfsdienstes zeigten sich weder die direkt Betroffenen noch die Verantwortlichen für die Kriegswirtschaft zufrieden. Die Bauern beklagten sich, daß die Arbeitsmaiden wegen der täglichen Schulungsstunden und der langen Anmarschwege höchstens sechs Stunden arbeiteten. Die Landwirtschaft könne nur entlastet werden, wenn der RAD den Arbeitseinsatz über die weltanschauliche Erziehung stellen würde[42]. Der zusätzliche halbjährige Kriegshilfsdienst war nach Meinung von Wehrmacht und Arbeitsministerium eine Verzettelung wertvollster Kräfte und schadete der Rüstungsproduktion[43]. Den Behörden wurden meistens mit Büroarbeiten nicht vertraute Arbeitsmaiden zugewiesen, die nach einem halben Jahr – kaum angelernt – ihre Dienstzeit schon beendet hatten. Am negativsten beurteilt wurden von allen Arbeitgebern die hohen Kosten für die eingesetzten Kriegshilfsdienstmädchen. Das tägliche Taschen- und Kleidergeld ergab einen Barlohn von 45 RM monatlich; hinzu kamen Sozialversicherung, Verpflegung und Unterkunft. So konnten sich für eine Gemeindeverwaltung als Unkosten für ein Hilfsdienstmädchen, einschließlich des vom RAD als Unterkunft vorgesehenen Hotelzimmers, über 200 RM ergeben. Diese Summe überstieg bei weitem das Gehalt einer angelernten

Bürohilfe gleichen Alters. Noch weniger waren die landwirtschaftlichen Haushalte imstande, einen Barlohn von 45 RM zu zahlen, da hier der übliche Lohn für eine Hilfskraft 25 RM bis höchstens 30 RM betrug. Bedürftige und kinderreiche Haushalte, in denen nach dem Gesetz die Hilfsdienstmaiden ebenfalls eingesetzt werden sollten, konnten sich die nötigen materiellen Aufwendungen für eine solche Hilfe natürlich überhaupt nicht leisten.

Zudem stellte sich heraus, daß die RAD-Dienststellen der Aufgabe, die Arbeitsmaiden dort einzusetzen, wo es für die Kriegswirtschaft am dringendsten und effektivsten war, nicht gewachsen waren. Nach langem Hin und Her hatte die Reichsarbeitsführung den Arbeitsämtern zwar eine beratende Stimme zugebilligt, die in der Praxis aber einflußlos blieb. Neben der zentralen staatlichen Lenkung des Arbeitseinsatzes existierte so noch eine organisationseigene des RAD. Die RAD-Führerinnen vermittelten die Arbeitsmaiden nach uneinheitlichen und subjektiven Gesichtspunkten. Trotz des überall herrschenden Arbeitskräftemangels konnte es geschehen, daß »RAD-Führerinnen im Lande umherreisten und alle möglichen Behörden« und Haushalte »besuchten, um ihnen die Arbeitsmaiden anzubieten«. Als Resultat all dieser Unzulänglichkeiten wurde von allen für die Kriegswirtschaft verantwortlichen Stellen gefordert, die Vermittlung von RAD-Mädchen allein den Arbeitsbehörden zu übertragen[44]. Genauso wurde verlangt, die strenge Vorschrift zu lockern, daß Arbeitsmaiden in RAD-Lagern untergebracht werden mußten und während des Kriegshilfsdienstes nur in der Nähe ihrer Lager eingesetzt werden konnten. Seit Winter 1941/42 sollte der Kriegshilfsdienst zwar auch in Rüstungsbetrieben abgeleistet werden, aber praktisch kam ein Einsatz nur in solchen Fabriken und Behörden in Frage, in deren Nähe sich RAD-Lager befanden. Da zudem die Arbeitsmaiden vom RAD bevorzugt in größeren Gruppen geschlossen an Großbetriebe vermittelt wurden, gingen etwa Verwaltungen kleiner Gemeinden, in deren Umkreis sich keine RAD-Lager befanden, bei der Verteilung von Hilfskräften leer aus. Andererseits kam es vor, daß Rüstungsfabriken trotz Arbeitskräfte- und Materialmangels Lagerbaracken für RAD-Mädchen bauten, dann aber die zugesagten »Maiden« woanders eingesetzt wurden. Die obligatorische Unterbringung der Arbeitsmaiden in Lagern blieb ein Hemmnis für einen effektiven Arbeitseinsatz, das Wehrmacht, Bürokratie und die Unternehmer für die Dauer des Krieges gern abgeschafft hätten[45]. Doch hielt die RAD-Leitung an der Einrichtung der Lager fest, da die Arbeitsmaiden so am besten geschult und überwacht werden konnten. Hitler war davon überzeugt, daß die Unterbringung in RAD-Lagern eine hervorragende Lösung war, die Mädchen vor moralischen Schäden bewahrte und eine nationalsozialistische Erziehung gewährleistete[46]. Davon, daß im Rahmen von Himmlers »Lebensborn«-Programm vielerorts die Arbeitsmaiden ermuntert wurden, dem Führer ein (uneheliches) Kind zu schenken, hat Hitler möglicherweise nichts gewußt[47].

Bereits im Sommerhalbjahr 1942 konnten Kriegshilfsdienstmädchen in der Rüstungsindustrie eingesetzt werden; im Winter 1942/43 waren es über 30 000 von insgesamt 50 000 »Maiden«. Außerdem konnten Industriebetriebe in verstärktem Maße damit rechnen, daß ihre Anträge auf Rückstellung weiblicher Arbeitskräfte vom Arbeitsdienst bewilligt wurden[48]. Dies war schon ein relativer Fortschritt für die Kriegswirtschaftsplanung. Anfang 1943, im Rahmen der totalen Kriegsmaßnahmen, machten das OKW, Bormann, Lammers, Frick und andere den Versuch, den Einfluß der Arbeitsdienstleitung auf die Einziehung der Arbeitsmaiden aufzuheben. Diese Aufgabe sollte den Polizeibehörden übergeben werden; die Ersatzdienststellen des RAD hätten dann aufgelöst werden können, was unzweifelhaft auch eine Personalersparnis bedeutet hätte. Der Widerstand Hierls gegen dieses Ansinnen war massiv. Die Ersatzdienststellen hätten »lebenswichtige Funktionen« für den RAD, ohne die die vom Führer gestellte Erziehungsaufgabe gefährdet sei. Die Einziehung der Arbeitsmaiden fremden Behörden zu überlassen, gegen die der Reichsarbeitsführer nicht »disziplinär einschreiten« könne, würde eine Zerstörung des ganzen RAD-Werkes zur Folge haben, was sicher nicht im Sinne des Führers sei. Hierl drohte mit einer persönlichen Beschwerde bei Hitler, worauf die Initiatoren ihren Plan fallenließen[49].

Im August 1943 befahl Hitler, Arbeitsmaiden in begrenztem Umfang bei der Luftwaffe einzusetzen. Die Organisation in Lager blieb erhalten, nur wurden die Aufgaben von der Hilfe in der Landwirtschaft mehr und mehr auf das Gebiet des Luftnachrichtendienstes verlagert. Ab Dezember 1943 sollte das bei der Luftwaffe beschäftigte Kontingent der Arbeitsmaiden, um die »Luftverteidigung im Heimatkriegsgebiet« zu verstärken, auf 40 000 bis 50 000 erhöht werden. Diese Führerbefehle lagen eindeutig im Interesse Görings als Oberbefehlshaber der Luftwaffe, der vordem gegen eine Erweiterung des RAD zugunsten der Landwirtschaft Einspruch erhoben hatte. Im Herbst 1944 mußte die Zahl der Wehrmachthelferinnen, hauptsächlich bei der Luftwaffe, noch weiter erhöht werden. Die Luftnachrichtentruppe brauchte allein 35 000, die Flakbefehlsstellen 10 000 »Arbeitsmaiden«. Göring erwog, die Dienstzeit der bei der Luftwaffe beschäftigten RAD-Mädchen auf 18 Monate zu verlängern.

Der Schwerpunkt des Kriegshilfsdienstes aber wurde jetzt endgültig die Arbeit in der Rüstungsindustrie. Um »bei den Arbeitskräften in der Rüstungsindustrie auf jeden Fall eine deutsche Decke zu halten«, plante man für den Winter 1944/45 eine zweimalige Einberufung zum weiblichen RAD. Schließlich wurden bis dahin lediglich 25 bis 30 % der betreffenden Jahrgänge eingezogen. Erstmals sollten jetzt auch von Studentinnen der höheren Semester ein Kriegseinsatz verlangt werden. Die Hilfe in der Landwirtschaft sollte auf Höfe beschränkt werden, auf denen kinderreiche Bäuerinnen ihren zur Wehrmacht eingezogenen Mann ersetzen mußten[50]. Die angestrebte Höchstzahl von Arbeitsmaiden belief sich auf 155 000. Die gleiche Anzahl hatte Hitler 1941 schon zum erwünschten Plansoll für den weiblichen RAD gesetzt. Somit war bis zum Kriegsende vom weiblichen Arbeitsdienst nicht die zahlenmäßige Ausdehnung erreicht worden, die die RAD-Leitung und auch Hitler gewünscht hatten. Ein Hauptgrund waren von Anfang bis zum Ende die nur ungern bewilligten Kosten. Auch empfanden im Rahmen von Arbeitskräftemangel und Kriegswirtschaft die Wehrmacht, die Unternehmer und die meisten Ministerien die eigenständige, allein dem Führer unterstellte Organisation des RAD als überflüssig und störend und hätten sie am liebsten während des Krieges außer Kraft gesetzt. Schließlich blieb die effektive Arbeitsleistung einer Arbeitsmaid weit hinter der einer vollberufstätigen Dienstverpflichteten zurück. Doch der persönliche Schutz Hitlers, der den Arbeitsdienst nicht unter kriegswirtschaftlichem, sondern unter dem ideologischen Aspekt beurteilte, verlieh dem RAD eine gewisse Immunität. Erst im Zeichen des totalen Krieges wurde der weibliche RAD zunehmend nach militärischen und kriegswirtschaftlichen Gesichtspunkten eingesetzt, wobei der Ressortegoismus Görings als Luftwaffenchef am erfolgreichsten war. Doch zeigt das Beispiel des weiblichen Arbeitsdienstes erneut, wie sehr ideologische Motive und subjektive Entscheidungen Hitlers gegenüber zweckrationalen Forderungen der Kriegswirtschaft dominierten.

Kapitel VII

Der »totale Krieg«: Anspruch und Wirklichkeit

1. Die Meldepflichtverordnung für Frauen von 1943

Nach der sowjetischen Offensive bei Stalingrad konnte sich die politische und militärische Führung nicht mehr der Einsicht verschließen, daß angesichts der Kriegslage von der deutschen Bevölkerung größere Opfer als bisher verlangt werden mußten. So ließ sich ein Erlaß über eine verschärfte Dienstpflicht vor allem für Frauen nicht länger vermeiden. Ab Dezember 1942 begannen Bormann, Goebbels, Speer und auch Sauckel mit den Vorbereitungen. Neben Speer begrüßte vor allem Goebbels die geplanten rigorosen Maßnahmen zum Arbeitseinsatz von Frauen, die bisher beschäftigungslos waren. In seiner Stellungnahme zum vorgesehenen Erlaß über »den umfassenden Einsatz der arbeitsfähigen Männer und Frauen für Aufgaben der Reichsverteidigung« brachte Goebbels sehr sachliche Argumente vor, die bisherige Bedenken gegen eine verstärkte Frauenarbeit noch einmal grundsätzlich widerlegen sollten. Der Propagandaminister erklärte nicht nur die arbeitenden, sondern erst recht die müßiggehenden Frauen durch die im Krieg zwangsläufig gelockerte Moral gefährdet. Die steigende Zahl von Fehl- und Frühgeburten, ja die absinkende Geburtenrate insgesamt sei weniger die Folge einer Berufstätigkeit von arbeitsungewohnten Frauen als vielmehr das Resultat der schlechteren Ernährung, des nervenaufreibenden Luftkriegs und der psychischen Belastung, die eine lange Trennung der Frauen von ihren Ehemännern mit sich bringe. Alle Mißstände könnten nur durch eine rasche Beendigung des Krieges beseitigt werden. Insgesamt wirke die Länge des Krieges in noch höherem Maß demoralisierend als eine Totalisierung. Goebbels war nicht nur durch den Reichssicherheitsdienst der SS, sondern vor allem durch die Berichte seiner Reichspropagandaämter über die Volksmeinung gut informiert. So legte er eindeutig klar, daß nicht die allgemeine Frauendienstpflicht die Stimmung an der Front und in der Heimat verschlechtern würde, sondern gerade die Verzögerung derselben[1].

Von keiner Seite wurde dem »Erlaß des Führers über den umfassenden Einsatz von Männern und Frauen für die Aufgaben der Reichsverteidigung« mehr Widerstand entgegengesetzt. Am 13. Januar 1943 fand sich endlich auch Hitler zur Unterschrift bereit[2]. Daraufhin veröffentlichte Sauckel am 27. Januar die »Verordnung über die Meldung von Männern und Frauen für Aufgaben der Reichsverteidigung«. Danach waren alle Männer von 16 bis 65 Jahren und alle Frauen von 17 bis 45 Jahren meldepflichtig, soweit sie nicht der Wehrmacht angehörten, in einem öffentlich-rechtlichen Dienstverhältnis standen oder seit dem 1. Januar 1943 mindestens 48 Stunden wöchentlich beschäftigt waren. Ausgenommen wurden ferner schwangere Frauen, Frauen mit einem noch nicht schulpflichtigen Kind oder mit zwei Kindern unter 14 Jahren sowie Schüler höherer Lehranstalten. Alle anderen Männer und Frauen sollten daraufhin überprüft werden, ob sie eine kriegswichtige Tätigkeit ausübten oder gegebenenfalls noch in die Kriegswirtschaft dirigiert werden konnten[3]. Vor allem aber sollten bislang Nichterwerbstätige, die arbeitsfähig waren, erfaßt und zur Arbeit gezwungen werden. Die wichtigste Zielgruppe war die große Zahl der Frauen, die, nach der Volks- und Berufszählung von 1939, keine Kinder, nur ein Kind oder erwachsene Kinder hatten, aber keinen Beruf ausübten. Die Beschäftigungsstatistik der Kriegsjahre ließ vermuten, daß diese Reserven an Arbeitskräften noch weitgehend vorhanden waren und keineswegs etwa durch freiwillige Meldungen erschöpft waren.

Sauckel wies die Arbeitsämter an, aus bevölkerungspolitischen, wirtschaftlichen und »stimmungsmäßigen« Gründen äußerste Rücksicht walten zu lassen und deshalb auch etwaige Einwände der meldepflichtigen Frauen sorgfältig zu prüfen. Ebenfalls aus Rücksicht auf die Stimmung der Betroffenen sollten die meldepflichtigen Frauen stufenweise aufgerufen werden. Zuerst waren die beschäftigungslosen Frauen ohne Kinder oder mit Kindern über 14 Jahren an der Reihe. An zweiter Stelle folgten dann die Frauen, die in einem abhängigen Beschäftigungsverhältnis weniger als 48 Stunden pro Woche arbeiteten. Zuletzt waren die Frauen mit einem Kind unter 14 Jahren zur Meldung vorgesehen, doch bedurfte dies zusätzlich der Zustimmung des Landesarbeitsamtes[4]. Diese Durchführungsbestimmungen lassen erkennen, daß man vor wirklich totalen Kriegsmaßnahmen mit einer konsequenten Frauendienstpflicht immer noch zurückschreckte.

So hatte der Reichswirtschaftsminister angeregt, den Kreis der betroffenen Frauen zunächst enger zu begrenzen und erst allmählich nach gesammelten Erfahrungen zu erweitern, um eine Beunruhigung der Hausfrauen zu vermeiden. Reichsinnenminister Frick mahnte, die kinderreichen Frauen im nationalsozialistischen Staat auch weiterhin besonders zu würdigen und sie deshalb von der Dienstpflicht auszunehmen, auch wenn ihre Kinder schon über 14 Jahre alt seien[5]. Hitler selbst konnte sich – auch nachdem er sein Plazet für die Meldepflichtverordnung gegeben hatte – immer noch nicht so recht mit einer umfassenden Dienstpflicht für Frauen befreunden. So war er immer noch der Ansicht, daß Frauen, die einen Haushalt für mindestens zwei Personen führten, nicht dienstverpflichtet werden dürften[6]. Und im März 1943 meinte Hitler, als Speer auf einer Führerkonferenz noch einmal eine Frauendienstpflicht ohne Wenn und Aber forderte, es sei ein zu hoher Preis, wenn dafür die teuersten Ideale geopfert würden[7].

Dennoch wurde die Meldepflichtverordnung durchgeführt. Goebbels versprach in seiner Sportpalastrede, in der er zum »totalen Krieg« aufrief, daß beim Arbeitseinsatz »kein Unterschied zwischen hoch und niedrig, arm und reich« gemacht und keine »Drückebergerei« geduldet werden würde[8]. Derartige Töne fanden in der Bevölkerung zwar lebhafte Zustimmung, doch blieb man noch skeptisch. Denn die spontan begrüßte, lang erwartete

Meldepflichtverordnung sah so viele Ausnahmen vor, daß sie den Spottnamen einer »Gummiverordnung« erhielt. Gerade in den Kreisen der Erwerbstätigen hielt man schärfere Maßnahmen für angebracht – nicht zuletzt wegen der ernsten Kriegslage. Die vielen Sonderbestimmungen und der breite Ermessensspielraum, der den ausführenden Behörden eingeräumt wurde bei der Behandlung von nichterwerbstätigen Frauen, stellten eine Ungerechtigkeit gegenüber den arbeitenden Frauen dar. So wurde kritisiert, daß das Höchstalter für die Meldepflicht der Frauen nur auf 45 Jahre festgelegt war und daß alle, die 48 Stunden in der Woche arbeiteten, von der Meldung befreit waren. Inzwischen betrug aber in vielen Rüstungsbetrieben der Anteil der weiblichen Arbeitskräfte, die über 45 Jahre alt waren, bis zu 20 %. In 13 Berliner Großbetrieben ergab sich z. B. im gesamten Durchschnitt sogar, daß die Frauen über 45 Jahre 29,5 % der weiblichen Belegschaft stellten. Außerdem erhöhten jetzt viele kriegsunwichtige Betriebe ihre Arbeitszeit, die noch unter 48 Stunden wöchentlich gelegen hatte, auf dieses verlangte Minimum, um nicht ihre Arbeitskräfte zu verlieren und stillgelegt zu werden. Aufgrund des Verordnungstextes verlangten im ganzen Reich plötzlich arbeitende Frauen, die über 45 Jahre alt waren, ein Kind unter dem schulpflichtigen Alter oder zwei Kinder unter 14 Jahren hatten oder schwanger waren, von den Arbeitsämtern die Lösung ihres Arbeitsverhältnisses. Derartige Anträge mußten abgelehnt werden, da die Ausnahmen sich lediglich auf bisher noch nicht erwerbstätige Frauen bezogen. Solche Unterscheidungen mußten unweigerlich unter den bereits arbeitenden Frauen und ihren Angehörigen Unwillen hervorrufen[9].

Angesichts dieser Tatsachen richtete Goebbels ein dringliches Fernschreiben an Bormann. Darin erinnerte der Propagandaminister noch einmal daran, daß für die »Stimmung der Heimat« alles davon abhänge, ob die Verordnung nicht zaghaft, sondern dem »Ernst der Lage und dem Willen des Volkes nach einer konsequenten und totalen Kriegsführung« entsprechend durchgeführt werde[10]. Allerdings fand man in den mittleren und höheren Gesellschaftsschichten eine Dienstpflicht für Frauen, gar noch in einer Fabrik, unzumutbar. In den Familien der mittleren und höheren Beamten- und Angestelltenschaft, von Unternehmern, Selbständigen und Offizieren wurde Empörung laut über solche »bolschewistischen Methoden« und »Eingriffe in die persönlichen Rechte« (!); die Frauen erklärten, eine Ganztagsarbeit würde sie »verrückt« machen. Frauen dieser Schichten bewarben sich jetzt in hellen Scharen um Bürotätigkeiten beim Roten Kreuz oder der Partei, andere bemühten sich mittels ihrer Beziehungen um sonstige leichte Angestelltenarbeiten, einige verreisten einfach mit unbekanntem Ziel. Die Dunkelziffer derjenigen, die mit Tricks und Winkelzügen erfolgreich dem Arbeitseinsatz entgingen, war sicherlich nicht gering[11]. Dementsprechend forderten vielerorts Belegschaftsmitglieder von Rüstungsbetrieben, bei denen geradezu »klassenkämpferische Instinkte« bemerkbar wurden, daß allen Frauen der »besseren Schichten« sofort möglichst schwere Arbeiten zugewiesen werden sollten[12]. Das Ausmaß der »Drückebergerei« war so bedenklich, daß Ende Mai 1943 in einer Anordnung des Führers alle Frauen und Töchter von »an hervorragender Stelle stehenden Persönlichkeiten« ermahnt werden mußten, vorbildlich ihre

Pflicht zu tun und nicht »unter Berufung auf die führende Stellung des Mannes oder Vaters leichtere oder gar Scheinarbeitsverhältnisse« zu erstreben[13]. Im Endeffekt scheint das Gros der durch die neue Verordnung zur Arbeit gezwungenen Frauen nach wie vor aus der Arbeiterschaft und den Kreisen der kleinen Angestellten, vielleicht auch der unteren Beamten, gekommen zu sein. So berichtete die Firma Siemens der DAF, daß die Berliner Werke nicht etwa neuerdings Frauen aus dem Kurfürstendamm-Viertel zugeteilt erhielten, sondern aus dem Wedding und Spandau. Die zur Arbeit verpflichteten Frauen stammten also nicht aus der wohlhabenden Wohngegend Berlins, wie eigentlich zu erwarten war, sondern aus den rein oder überwiegend proletarischen Vierteln[14].

Das Resultat der Meldepflichtverordnung ließ sich Ende Juni 1943 ermessen. Bis dahin hatten sich etwa 3,1 Millionen Frauen gemeldet, von denen 1 235 000 arbeits- und einsatzfähig waren. Allerdings konnten weit über die Hälfte dieser neugewonnenen weiblichen Arbeitskräfte – 672 000 – wegen ihrer häuslichen Verpflichtungen nur halbtags arbeiten. Außerdem waren viele dieser Frauen – in Berlin etwa 45 % – überhaupt noch nicht oder mindestens sieben Jahre lang nicht mehr berufstätig gewesen[15]. Dementsprechend gering waren auch die Erwartungen, die in ihre Arbeitseffizienz gesetzt wurden. Sauckel, der für die ganze Aktion verantwortlich zeichnete, rechnete von Anfang an nicht damit, daß die neuen Arbeiterinnen, die noch nie körperliche Arbeit in dem jetzt verlangten Ausmaß geleistet hatten, lange, geschweige denn bis zum Kriegsende durchhalten würden. Eine überdurchschnittliche Fluktuation der Arbeitskräfte war zu erwarten, und letztlich müßten eben doch wieder »Russinnen« als Ersatz zur Verfügung stehen. Denn was nützten »riesige Zahlen von Millionen« deutscher Frauen – so hohe Zahlen wurden am Anfang noch erwartet –, die doch nicht voll in der Kriegswirtschaft einsetzbar seien. Die russischen Frauen aber konnte man länger arbeiten lassen, und sie seien, so Sauckel, schließlich »nicht beschwert mit Gedanken an ihren Haushalt, Kinder, Wäsche, kriegt mein Mann etwas zu essen? usw.«. Sauckel berief sich bei seinen Ausführungen seinen Mitarbeitern gegenüber direkt auf den Befehl Hitlers und Görings, die ihn aufgefordert hätten: »Sauckel, bringen Sie uns Russinnen herein, die zehn Stunden arbeiten können. Eine Million Frauen, russische Frauen brauchen wir.«[16] Im Vordergrund der Arbeitskräftepolitik stand also unverändert die Deportation und der Einsatz von Fremdarbeitern, während eine Verpflichtung von deutschen Frauen nur als marginale Maßnahme betrachtet wurde, und allein schon wegen der relativen Milde und Rücksicht, die aus innenpolitischen und ideologischen Gründen geübt wurde, konnte sie nicht sehr effektiv sein. Wie sehr versucht wurde, die Gesundheit der deutschen Frauen auch im totalen Krieg zu schonen, zeigt die Tatsache, daß von den im Frühjahr 1943 zur Arbeit verpflichteten Frauen bis zum November bereits eine halbe Million aufgrund eines ärztlichen Attestes wieder entlassen wurden. Und Hitler lehnte weiterhin energisch ab, das meldepflichtige Alter bei den Frauen auf 50 Jahre hinaufsetzen zu lassen[17].

Der quantitative Erfolg der Meldepflichtaktion war gering und konnte den Bedarf an Arbeitern, vor allem Facharbeitern, den die Wirtschaft immer dringlicher meldete, nicht decken. Doch auch der Nutzen der dienstverpflichteten Frauen für die Produktion war nicht groß. Die meisten der neu verpflichteten Frauen waren in irgendeiner Weise ortsgebunden, sie mußten noch im Haushalt, manchmal auch im Garten oder einer kleinen Landwirtschaft arbeiten und einen Ehemann, Kinder oder sonstige Angehörige versorgen. So konnte auch vielen Frauen nur eine Halbtagsarbeit zugemutet werden. Den Betriebsleitungen der Rüstungsfabriken war mit solchen Arbeitskräften, die auch fast durchweg branchenfremd waren, nicht gedient. Diese Frauen wurden als für den Produktionsablauf und für das Betriebsklima gleichermaßen störend empfunden. Langjährige Arbeiterinnen, denen keine Halbtagsarbeit bewilligt wurde, waren erbittert, tagtäglich zu sehen, wie andere dieses Privileg genossen. Deshalb versuchten die Firmen, soweit wie möglich separate Werkstätten für die Halbtagsarbeiterinnen einzurichten. Es kam auch vor, daß die erst 1943 in die Betriebe kommenden Frauen von den männlichen und weiblichen Belegschaftsmitgliedern mit höhnischen Bemerkungen voll sozialer Ressentiments empfangen wurden. Denn die Arbeiter hegten das Vorurteil, daß die sogenannten »Sauckelfrauen« »ihr ganzes Leben noch nichts geschafft hatten« – was ja nur zum Teil zutraf –, und waren deshalb voll Schadenfreude. Ebenso gab es böses Blut, wenn eine neueingestellte Frau schwanger wurde – viele zogen eine Schwangerschaft einem Arbeitseinsatz vor – und darum entlassen werden mußte, während langjährige Arbeiterinnen nur den Mutterschaftsurlaub, aber nicht die Kündigung bewilligt erhielten. Mehr noch als aus Rücksicht auf die Stimmung im Betrieb sperrten sich die Unternehmen aus materiellem Eigeninteresse gegen die Einstellung berufsfremder, nur begrenzt verwendbarer Frauen. Mußten doch all diese Frauen angelernt werden, während die dazu erforderlichen Facharbeiter immer knapper wurden. Selbst die für Teilarbeiten angelernten Arbeiterinnen bedeuteten einen Mehrbedarf an koordinierenden, beaufsichtigenden Fachkräften. Ganze Branchen machten weiterhin geltend, daß sie für verstärkte Frauenarbeit nicht geeignet seien. Insgesamt zeigte sich 1943, daß nach wie vor die Appelle und Anordnungen der Ministerien, der Wehrmacht und der DAF an die Industriellen, die Betriebe technisch und technologisch auf Frauen und Halbtagsarbeit einzustellen, nichts gefruchtet hatten. Die Wehrmachtsaufträge erlaubten, ja erforderten in den Rüstungsbetrieben eine dritte Schicht, was für die Unternehmer eine willkommene, optimale Nutzung der Produktionsanlagen bedeutete. Für eine dritte Schicht, die völlig in die Nachtzeit fiel, waren Frauen aber nicht verwendbar, da Ausnahmen vom Verbot der Nachtarbeit für Frauen von der Gewerbeaufsicht ungern, bei den meldeverpflichteten Frauen möglichst gar nicht erlaubt wurden. Also verlangte man von den Arbeitsämtern Arbeiter, die nicht so strengen Schutzbestimmungen unterlagen, nämlich Ausländer und Kriegsgefangene[18].

Seit den Jahren der forcierten Aufrüstung, die den meisten Industriellen eine gesicherte Auftragslage bescherte, und zunehmend noch im Krieg offenbarten die Industriellen der politischen Führung und Verwaltung gegenüber in bezug auf die Arbeitskräfte immer mehr eine Konsumentenhaltung. Die Beschaffung der Ware – nämlich der Arbeitskräfte – überließ man, genau wie vorher schon die politische Disziplinierung der Arbeiterschaft, mit wachsender Vollbeschäftigung dem Regime. Dies wurde kaum als Beschneidung der unternehmerischen Freiheit, sondern als bequeme Lösung empfunden. Denn bald machte man den Staat nicht nur für die Quantität, sondern auch für die Qualität der Arbeitskräfte verantwortlich. Ihren Forderungen und Reklamationen konnten die Unternehmer stets mit dem Argument Nachdruck verleihen, daß ohne die verlangten Arbeitskräfte die Aufträge nicht zu erfüllen seien. Als die Einberufungen zur Wehrmacht männliche deutsche Arbeiter vollends zur Mangelware werden ließen und als Ersatz nur noch Frauen zur Verfügung standen, mußten die Betriebe diese wohl oder übel als Arbeitskräfte akzeptieren. Kaum bestand das Angebot jedoch aus ausländischen Arbeitern und deutschen Frauen, da bevorzugte die Rüstungsindustrie die Ausländer und Kriegsgefangenen. Diese hatten vor den neu mobilisierten deutschen Arbeiterinnen die Vorzüge, daß sie noch geringere Löhne erhielten und weit weniger – Polen und Russen fast gar nicht – irgendwelchen Beschränkungen des Arbeitsschutz- und -zeitgesetzes unterlagen. Auch befanden sich unter den deportierten Ausländern viele Facharbeiter und fabrikerfahrene Arbeiter – darauf wurde schon bei der Rekrutierung geachtet. Vor allem gab es genug Möglichkeiten, die Fremdarbeiter mit Strafen diszipliniert zu halten, während die deutschen Frauen trotz aller nur denkbaren Verstöße gegen den Arbeitsvertrag und die Betriebsordnung nach dem Willen der politischen Führung vergleichsweise – bildlich gesprochen – mit Samthandschuhen angefaßt werden sollten. Nach den Maßstäben des Konsumenten mußten die Unternehmer die branchenfremden, oft arbeitsleistungsungewohnten und meist nur halbtags verfügbaren Frauen, die 1943 mobilisiert wurden, als Ausschußware ansehen. Doch war es nicht so leicht, die Annahme dieser Arbeitskräfte zu verweigern.

Im Verlauf von Aufrüstung und Krieg hatten die Betriebe der Rüstungsindustrie oft die Erfahrung machen müssen, daß plötzliche öffentliche Aufträge nicht rechtzeitig oder nur zum Teil erfüllt werden konnten, weil nicht schnell genug zusätzliche Arbeiter zur Verfügung standen. Deshalb begannen die Firmen, sich Reserven an Arbeitskräften, meist Fremdarbeitern, zuzulegen, indem sie den Arbeitsämtern stets eine höhere Bedarfsziffer an Arbeitern nannten, als tatsächlich benötigt wurden. Selbst wenn die vermittelte Arbeiterzahl die Forderung etwas unterschritt, blieb ein Überschuß, der dann bei früher oder später mit Sicherheit eintretenden Auftragssteigerungen sofort zur Verfügung stand. Eine derartige »Kräftehortung« war selbstverständlich unter Strafandrohung verboten, doch war der Tatbestand schwer nachweisbar und in der Praxis nicht zu unterbinden.

Als 1943 die Arbeitsämter die meldepflichtigen Frauen an die Firmen vermitteln wollten, die Arbeiter angefordert hatten, sträubten diese sich mit allen verfügbaren Argumenten dagegen. Einerseits wollten die Betriebe verhindern, daß bei dem Einsatz von deutschen Frauen Fremdarbeiter abgezogen und zu Schwerarbeiten vermittelt wurden, andererseits hofften sie, die Deckung des angemeldeten Arbeitskräftebedarfs so lange zu verzögern, bis wieder mit der Zuweisung von ausländischen Arbeitern zu rechnen war. Oft mußten die Firmen am Ende doch meldepflichtige Frauen akzeptieren, um den gemeldeten dringlichen Bedarf an Arbeitern nicht unglaubwürdig erscheinen zu lassen und in den Verdacht der – meist tatsächlich praktizierten

– »Kräftehortung« zu kommen. Dabei kam es dann zu regelrechtem Feilschen mit den Arbeitsämtern, um die Zahl der zugewiesenen Frauen herunterzuhandeln. Im Fall der Heinkelwerke – Flugzeugbau – sollten 500 Frauen vermittelt werden, die die Firma gar nicht haben wollte, bis sie sich mit dem Arbeitsamt dann auf 300 Frauen einigte. Als Ergebnis solcher Praktiken war in den Großbetrieben, die meist schon mit Ausländern »vollgestopft« waren und aus den erwähnten Gründen weder Zeit noch Interesse hatten, um die zugewiesenen Frauen gründlich anzulernen, kaum Arbeit für die meldeverpflichteten Frauen vorhanden. Aus allen Teilen des Reiches kamen Meldungen, daß in den kriegswichtigsten Rüstungsbetrieben die meldeverpflichteten Frauen in Büros und Werkstätten Bücher lasen, Handarbeiten machten oder sich gegenseitig frisierten, um die Arbeitszeit irgendwie auszufüllen. Derartige Situationen ergaben sich vor allem in Großbetrieben, die in dichtbesiedelten Gebieten, hauptsächlich in Großstädten, lagen. Denn in solchen Regionen, zumal wenn überwiegend Schwer- und Metallindustrie vorhanden war, gab es die relativ meisten Reserven an meldepflichtigen Frauen. Da diese jedoch ortsgebunden waren und selten überregional vermittelt werden konnten, gingen viele der Munitionsfabriken sowie kleinen und mittleren Zulieferbetriebe trotz echten Arbeitermangels bei der Verteilung der meldepflichtigen Frauen leer aus. Auch in dicht mit Industriebetrieben ausgestatteten Gebieten wie Mitteldeutschland und zumal Sachsen, wo aber die Textilindustrie, optische und chemische Industrie und andere Nichtmetallindustrien vorherrschten, konnte die Meldepflichtaktion nicht mehr genug Frauen mobilisieren, um dem Mangel an Arbeitskräften abzuhelfen[19].

In den industriell weniger erschlossenen, agrarischen Gegenden Deutschlands konnten die meldepflichtigen Frauen nur in der Landwirtschaft eingesetzt werden. Auf den durchweg kleinen Höfen wurde jedoch nur im Frühjahr etwas Hilfe gebraucht und später noch einmal jeweils einige Tage bei der Ernte von Heu, Getreide und Kartoffeln. Die Kleinlandwirte forderten außerdem zur Aushilfe Ostarbeiterinnen statt deutscher Frauen, deren Löhne ihnen zu hoch waren. Insgesamt blieben die meldepflichtigen, ortsgebundenen Frauen in abgelegenen Ortschaften ohne Industrie weitgehend beschäftigungslos, denn aus Transport- und Organisationsgründen lohnte es nicht einmal, sie mit Heimarbeit für die Rüstungsbetriebe zu versorgen[20].

Die Arbeitsämter, selbst unter Personalmangel leidend, waren mit der gesamten Meldepflichtaktion überlastet. Sie hatten die meldepflichtigen Frauen zu überprüfen, sollten dabei »behutsam« vorgehen und Wünsche berücksichtigen und mußten dafür sorgen, daß der Einsatz auf wirklich kriegswichtigen Arbeitsplätzen erfolgte. Endgültig überlastet waren die Behörden dann mit dem Erlaß Sauckels, »uneingeschränkt einsatzfähige« Frauen gegen »beschränkt einsatzfähige« Frauen auszutauschen. Dabei sollten deutsche Frauen und Ostarbeiterinnen, die nicht unbedingt an einen Wohnort gebunden waren, überregional vermittelt – »umgesetzt« – werden und damit ihren Arbeitsplatz für ortsgebundene, meldepflichtige Frauen freimachen. Wo Ostarbeiterinnen leichtere Tätigkeiten ausübten, sollten sie diese an deutsche Frauen abtreten und Schwerarbeiten übernehmen. Die Betriebe versuchten, diese erneute Fluktuation der Arbeitskräfte zu behindern. Im Verlauf des

Überprüfens und Umdirigierens blieben Fehlentscheidungen der Arbeitsämter nicht aus: Eine unter 48 Stunden wöchentlich arbeitende Angestellte erhielt eine neue Stellung mit noch kürzerer Arbeitszeit; zwei Buchhändlerinnen wurden als Verkäuferinnen einem Gemüseladen zugewiesen, der vor der Schließung stand; eine Buchhalterin erhielt einen Arbeitsplatz als Aufwäscherin, Textilfirmen, die für Wehrmachtsaufträge Arbeiterinnen forderten, bekamen ungelernte Kräfte, während man anderen Betrieben dieser Branche gelernte Arbeiterinnen entzog und dann als Nachrichtenhelferinnen oder in Gärtnereibetriebe vermittelte. Derartige Fälle waren symptomatisch und nur noch mehr dazu angetan, den Unwillen der meldeverpflichteten Frauen und ihrer Angehörigen zu erregen. Viele von ihnen hatten grundsätzlich die Notwendigkeit der Frauenarbeit angesichts der Kriegslage eingesehen. Als in der Praxis jedoch so viele Frauen an ihren Arbeitsplätzen zweckentfremdet mit kriegsunwichtigen Tätigkeiten beschäftigt wurden oder offensichtlich überflüssig waren, kritisierte die Bevölkerung sowohl die Organisation als auch die Propaganda, die mit Riesenaufwand zu einem Masseneinsatz aufgerufen hatte[21].

Ende des Jahres 1943 befanden sich nur noch halb soviel meldepflichtige Frauen wie im Juni an ihren Arbeitsplätzen, also insgesamt eine knappe halbe Million Frauen, von denen wiederum nur die Hälfte einen halben Tag arbeitete[22]. 600 000 Frauen hatten sich ordnungsgemäß abgemeldet und waren offiziell entlassen. Aber tatsächlich hatten wohl weit mehr ihre Arbeit ohne Erlaubnis einfach wieder verlassen. Im Dezember 1943 stellte eine Firma für optische Geräte in Düsseldorf folgende Bilanz auf: Von ursprünglich 51 meldepflichtigen neuen Arbeiterinnen waren noch 16 vorhanden, also weniger als ein Drittel. Nach wochenlangem Fehlen und »Bummeln« hatten 13 Frauen die Erlaubnis des Arbeitsamtes erhalten, die Arbeit aufzugeben – gegen den Einspruch der Firma. 19 Frauen waren verschwunden und meistens auch für das Arbeitsamt unerreichbar. Einige wurden vorgeladen und – erfolglos – verwarnt. Zwangsmaßnahmen wurden nicht ergriffen, da sie nichts geholfen und höchstens die Stimmung verschlechtert hätten[23]. Die großangelegte Meldepflichtaktion für Frauen, objektiv eine für die Kriegswirtschaft dringend erforderliche Maßnahme, hatte sich als Fehlschlag erwiesen. Das materielle Eigeninteresse der Unternehmer, die mangelnde Härte der ausführenden Dienststellen, denen aus ideologischen und innenpolitischen Gründen Rücksicht gegenüber den Frauen anbefohlen war, und schließlich die geringe Arbeitswilligkeit der meldeverpflichteten Frauen selbst waren wesentliche Faktoren für dieses Scheitern. Entscheidend blieb aber Hitlers prinzipielle, dogmatische Ablehnung jeder Maßnahme, die nach seiner Meinung deutsche Frauen, vor allem verheiratete, hätte überlasten können. Im Gegensatz zu Goebbels und Speer wie zu Bürokratie und Wehrmacht war für Hitler der totale Krieg nicht so sehr das Signal, mehr Opfer von der deutschen Zivilbevölkerung zu verlangen, sondern die Reserven der eroberten Länder total auszubeuten. Göring und Sauckel schlossen sich dieser Ansicht ihres Führers an.

Das Beispiel der Hausangestellten zeigt besonders deutlich, wie wenig die politische Führung gewillt war, auch im totalen Krieg, deutschen Frauen

– d. h. vor allem Frauen privilegierter Schichten – unangenehme Arbeiten zuzumuten. Schon 1940 erregte es öffentlichen Anstoß, daß kinderlose Hausfrauen sich noch Dienstboten hielten, während Arbeiterinnen mit Kindern ihren Arbeitsplatz nicht aufgeben durften. Zwar gab es seit Juli 1941 ein Gesetz, das den Arbeitsämtern erlaubte, aus einem Haushalt mit mehr als einer Hausgehilfin Kräfte abzuziehen, und das verlangte, daß Familienhaushalte mit Kindern der Zustimmung des Arbeitsamts bedurften, wenn sie mehr als eine Haushilfe einstellten[24]. Aber auch dies war eine Ermessensfrage. Haushalte, auch kinderlose, mit nur einer Hausangestellten blieben weiterhin unberührt. Im Rahmen der Meldepflichtverordnung wurde 1943 auch eine Meldepflicht für Hausgehilfinnen angekündigt, die allerdings auf sich warten ließ. Der Arbeiterschaft und den meldepflichtigen Frauen ohne Hausmädchen gab die andauernde soziale Bevorzugung der gehobenen Gesellschaftskreise stets neue Nahrung für ihre Empörung und Unzufriedenheit. Die Mutter eines schulpflichtigen siebenjährigen Kindes mußte arbeiten gehen, während eine Frau mit einem fünfjährigen Kind und einer Hausangestellten zu Hause bleiben konnte. Von der wütenden arbeitenden Bevölkerung wurden den Arbeitsämtern und Gemeindeverwaltungen laufend die Namen verheirateter Frauen genannt, die, kinderlos oder mit nur einem Kind, obwohl nicht erwerbstätig, zwei oder mehr Hausgehilfinnen beschäftigten. Die Behörden besaßen jedoch keine gesetzliche Handhabe, um in solchen Fällen etwas zu unternehmen[25]. Sauckel versprach zwar einen besonderen Erlaß zur »Dienstmädchenfrage«, meinte jedoch, das Ergebnis würde »in keinem Verhältnis stehen zu der Aufregung derjenigen, die aus reinstem Neidgefühl und unter Anrufung wirklich marxistischer Instinkte sich auf die Dienstmädchen stürzen« wollten[26]. So verringerte sich insgesamt die Zahl der Hausgehilfinnen vom Mai 1939 bis 1942 um 150 000 und – nach der Meldepflichtaktion – bis Mai 1943 um weitere 50 000. Während mithin in Deutschland von 1939 bis 1943 die Hausangestelltenzahl nur von 1,56 Millionen auf 1,36 Millionen sank, nahm sie in der gleichen Zeit in England von 1,2 Millionen bis auf 400 000 ab[27].

2. Die letzte Phase: Der »totale Krieg« findet nicht statt

Hitler lehnte weiterhin aus ideologischer Überzeugung die umfassende und rigorose Dienstverpflichtung für Frauen ab. Demgegenüber forderte Speer immer wieder die intensive Mobilisierung dieser letzten deutschen Arbeitskräftereserven. Denn der Strom der ins Reich deportierten Fremdarbeiter floß immer spärlicher, und Rekrutierungen verursachten mehr Ärger, als sie Nutzen brachten: Der Widerstand in den besetzten Gebieten ließ die Partisanenzahl in die Höhe schnellen, verstärkte dort die Sabotageakte in den Rüstungsbetrieben und an den Transportwegen. Zudem verschärften alle zusätzlichen Arbeitskräfte das Ernährungsproblem im Reich[28]. Dennoch erhielt Sauckel in der für die nächsten Monate entscheidenden Arbeitseinsatzkonferenz Anfang Januar 1944 von Hitler die Weisung, die notwendigen vier Millionen Arbeitskräfte aus dem okkupierten Ausland herauszuschaffen.

Speers Einwand, auch in Deutschland gebe es noch verfügbare Arbeitskräfte, nämlich Frauen, wurde von Hitler scharf zurückgewiesen[29]. Schon Anfang März war es offenkundig, daß Sauckel seinen Auftrag nicht annähernd würde erfüllen können. Auf einer Sitzung der Zentralen Planung tat Sauckel dennoch den Hinweis Speers und des Generalluftzeugmeisters Milch auf die deutschen Arbeitskräfte mit der Bemerkung ab, daß es einen wirklichen deutschen Arbeitseinsatz nicht mehr gebe. Er selbst habe Hitler wiederholt gebeten, ihm Vollmachten »à la Stalin« für den Fraueneinsatz zu geben, aber dieser habe das stets mit der Begründung verweigert, daß die deutschen, »hochbeinigen, schmalen« Frauen nicht zu vergleichen seien mit den »kurzstampfeten, primitiven« und gesunden Russinnen[30]. Auf derselben Sitzung wurden indes auch Möglichkeiten zur Mobilisierung deutscher Arbeitskräfte ins Auge gefaßt. Die Partei, im wesentlichen die NS-Frauenschaft, sollte zum freiwilligen »Ehrendienst« aufrufen. Aber erstens war dieses Mittel, bereits im ersten Kriegsjahr angewandt, schon einmal gescheitert. Zweitens war die Meldepflichtaktion in eine laufende Erfassung umzuwandeln. Drittens mußte die Heimarbeit für die Rüstungsbetriebe organisiert und ausgebaut werden – nur war aus »psychologischen Gründen« das Wort »Hausarbeit« vorzuziehen. Viertens sollte überprüft werden, ob Hausgehilfinnen in der Rüstungsfertigung eingesetzt werden konnten. Schließlich wollte Sauckel noch Leistungssteigerungen durch verbesserte betriebliche Arbeitsbedingungen erreichen. Ernährungszulagen für die Arbeiter in Betrieben mit Spitzenleistungen waren vielleicht effektiver als Akkord mit der Stoppuhr[31]. Unverzüglich wandte sich Sauckel nun an die Betriebsführer, um sie zur »weitgehenden Berücksichtigung der persönlichen Wünsche« der erwarteten freiwilligen Arbeiterinnen zu mahnen. Diese wohl meist älteren Frauen hatten »angemessen und einwandfrei« behandelt und sorgfältig betreut zu werden. Die Betriebe sollten sich auf noch mehr Halbtagsarbeit und Heimarbeitsaufträge einrichten, kurz, es wurden Arbeitskräfte angekündigt, deren Einsatz wieder Unbequemlichkeiten mit sich brachte[32].

Der erneute Appell an die Freiwilligkeit blieb, wie ähnliche Versuche in den Vorjahren, erfolglos. In der Bevölkerung wurde von Anfang an der Aufruf als sinnlos, ja lächerlich angesehen. Einerseits standen derartig milde Maßnahmen im krassen Gegensatz zu der Behauptung, daß totaler Krieg herrsche. Andererseits lag auf der Hand, daß die arbeitsfähigen Frauen, die im fünften Kriegsjahr und ein Jahr nach der Ausrufung des totalen Krieges sich noch nicht freiwillig zur Verfügung gestellt hatten, dies auch jetzt nicht tun würden. Die Frauen der unteren Bevölkerungsschichten beklagten sich außerdem darüber, daß sie immer wieder aufgefordert würden, eine Arbeit aufzunehmen, während Frauen »der bessergestellten Kreise« stets Gründe fänden, von einer Dienstverpflichtung freizukommen und freiwillig erst recht nicht arbeiteten. Eine sozial gleiche und gerechte Behandlung des Fraueneinsatzes war für die Frauen der Arbeiterschaft und unteren Angestelltenschaft nach wie vor eine Vorbedingung für die eigene Bereitwilligkeit zur Arbeit. Überdies war die vorherrschende Volksmeinung, daß noch nicht alle Frauen, die eigentlich nach der Meldepflichtverordnung zur Arbeit verpflichtet seien, auch wirklich zur Arbeit herangezogen worden waren. Auch wurde verlangt, die Ausnahmebestimmungen der Verordnung einzuschränken. Das deutsche Volk sei inzwischen reif genug, um notwendige Gesetzesmaßnahmen zu verstehen[33]. Den negativen Prognosen zum Trotz wurde die NS-Frauenschaft propagandistisch aktiv. Da Sauckel für das Scheitern der Meldepflichtaktion die Arbeitsämter verantwortlich machte, hatte er diesmal die Partei, der er mehr Erfolg zutraute, mit der Freiwilligenwerbung beauftragt. Für die NS-Frauenschaft war dies die »unangenehmste Aufgabe«, die ihr jemals gestellt worden war, wie die Trierer Frauenschaftsleiterin Anfang Juni 1944 berichtete. Die Aufforderung zum »Ehrendienst« empfanden die meisten »Volksgenossinnen als persönliche Schikane«. Alle Werberinnen mußten »bittere und böse Worte, selbst persönliche Beleidigungen einstecken«. Vor allem die Ehemänner dieser Frauen machten die größten Schwierigkeiten. Die Ehefrauen von Beamten und höheren Angestellten im öffentlichen Dienst fanden sich auch jetzt nicht zur Arbeit bereit. Insgesamt wurden von den sich weigernden Frauen drei Gründe angeführt. Es gebe immer noch Frauen, die zwar meldepflichtig seien, vom Arbeitsamt aber nicht verpflichtet wurden, obwohl sie nichts täten, dafür aber wochenlang zum Wintersport und im Sommer zur Erholung führen. Außerdem hätten auch die jungen Ehefrauen wehrpflichtiger Männer, die mit ihrem einzigen Kind bei Eltern oder Schwiegereltern wohnten, viel freie Zeit. Schließlich hielten sich noch viele Zweipersonenhaushalte Hausgehilfinnen, die ohne Härte zuerst einmal abgezogen werden könnten. So wurden insgesamt nur wenige Frauen angeworben, die mehr als zwei bis vier Stunden in der Woche eine Heimarbeit leisten wollten[34].

Die Frauen und Töchter der Parteifunktionäre scheinen mit schlechtem Beispiel vorangegangen zu sein; denn Anfang Februar war Bormann, im Auftrag Hitlers, gezwungen, diese Frauen wieder einmal daran zu erinnern, daß sie zu vorbildlicher Haltung verpflichtet seien. Deshalb sollten sie überflüssigen gesellschaftlichen Aufwand und unnötige Reisen vermeiden, nicht über das erlaubte Maß hinaus Hauspersonal beschäftigen und selbst »ihre Arbeit im Kriegseinsatz mustergültig erfüllen«. Derartige Ermahnungen stießen auf taube Ohren, so daß Hitler die gleiche Anordnung im August noch einmal kursieren ließ[35]. Die bereits arbeitenden Frauen, die »allenthalben Drückebergerinnen beobachten« konnten, wurden dadurch nur noch arbeitsunwilliger. Wegen der hohen Unterstützungen hatten die meisten es nicht nötig, erwerbstätig zu sein. Auch blieb der »Gedanke an das große Ziel des Krieges und die Kriegsgemeinschaft« dem Großteil der Frauen weiterhin fremd[36].

Hitler hielt indes unbeirrt an seiner Überzeugung fest, daß verheiratete Frauen nicht erwerbstätig sein sollten. In einer Besprechung am 25. April 1944 verwies er vor Speer, Bormann, Ley, Sauckel und anderen auf das nationalsozialistische Prinzip, wonach »grundsätzlich nur der Mann verdiene« und die Frau im Hause arbeite. Die Arbeiterschaft schloß Hitler dabei ein. Auch der »kleinste Arbeiter« solle sich einmal – nach dem Endsieg natürlich – eine Dreizimmerwohnung leisten können, und seine Frau müsse dann nur noch die Familie und die Wohnung versorgen. Dieses »nationalsozialistische Ideal« wünschte Hitler im Frieden verwirklicht zu sehen. Auch im gegenwärtigen Krieg sollte dieses Prinzip nur so weit, wie unbedingt nötig, durchbrochen werden. Denn im

Krieg müßten zwar auch Frauen zur Arbeit herangezogen werden, im Frieden aber würden die Frauen im allgemeinen wieder aus den Betrieben herausgenommen werden, damit sie sich ihren Familien widmeten[37].

Hitler vertrat also noch unverändert das schon in »Mein Kampf« verkündete Postulat, daß die deutsche Frau in erster Linie für die Fortpflanzung des Volkes zu sorgen habe. Die Mutterschaftsfunktion war jedoch durch eine Erwerbstätigkeit der Frau behindert und gefährdet – hier bewegte sich Hitler in traditionell bürgerlicher Denkweise. Er suggerierte den Glauben an einen »Endsieg«, nach dem es auch den Ärmsten des deutschen Volkes wirtschaftlich gutgehen würde, und zwar auf Kosten der besiegten Völker. Frauenarbeit war in dem nationalsozialistischen Staat der Zukunft nicht mehr nötig und noch weniger erwünscht denn je. Eine hohe Geburtenrate würde erforderlich sein, um die Zahl der gefallenen Soldaten auszugleichen und genug Menschen für das neue Siedlungsland zu stellen. Hitlers Ziel, die slawischen Völker zu unterjochen und die Deutschen zum Herrenvolk zu machen, war im Rahmen seiner Weltanschauung somit unlöslich verknüpft mit seiner Ablehnung der Frauenarbeit und – im Krieg – der Verweigerung einer umfassenden Dienstpflicht für Frauen. Beide Fernziele aber hatte er von der »Kampfzeit« bis 1945 unverändert vor Augen.

So wurden 1943 und 1944, inmitten aller drängenden und akuten Probleme des totalen Krieges, von Himmler und Bormann – mit Hitlers Billigung und Unterstützung – Pläne über die zahlreiche Vermehrung des deutschen Volkes entworfen. Bormann erdachte und praktizierte die »Volksnotehe«. Diese sollte jeden kampferprobten und erbgesunden Mann dazu berechtigen, mit zwei oder mehr Frauen legal zu leben und Kinder zu zeugen, letzteres war der Hauptzweck[38]. Bormann machte sich auch Gedanken darüber, wie der nötige Kontakt zwischen den ledigen jungen Frauen, von denen inzwischen die meisten arbeiteten, und den Soldaten auf Urlaub herzustellen sei. Er wies im April 1944 die Parteidienststellen an, aus »bevölkerungspolitischen« Gründen Gelegenheiten zu »einer guten Gesellligkeit« zu schaffen. Auf Ausflügen, beim Besuch historischer Stätten und bei der Besichtigung größerer Betriebe, die Frauen und Mädchen beschäftigten, könnten die Frontsoldaten auf »guter Grundlage« Mädchenbekanntschaften schließen[39]. Derartige Ansichten und Bestrebungen der Parteispitze liefen den Interessen der Wirtschaft, der Wirtschaftsplaner und Technokraten in Bürokratie und Wehrmacht zuwider. Diesen war primär daran gelegen, das wirtschaftliche Produktionspotential optimal auszuschöpfen, wozu sie möglichst viele leistungsfähige Arbeitskräfte brauchten. Da jedoch ab 1944 kaum noch Fremdarbeiter beschafft werden konnten, war man mehr denn je auf deutsche Frauen angewiesen, deren Wert als Arbeitskräfte sich aber mit einer Schwangerschaft sofort minderte, ja meist auf Null absank.

Mithin war man in der Praxis der Kriegswirtschaft bemüht, die Frauenarbeit so intensiv wie möglich zu nutzen. Über die Mittel und deren Effektivität herrschten freilich oft unterschiedliche Vorstellungen. Der Reichsminister des Innern ordnete an, junge weibliche Büroangestellte gegen ältere Frauen auszutauschen, die den körperlichen Anstrengungen der industriellen Rüstungsfertigung nicht mehr gewachsen waren[40]. Vertreter der regionalen

Wirtschaftskammern gaben dagegen zu bedenken, daß die Verwaltungsbüros bei »Auskämmaktionen« schon viele von den jungen Bürogehilfinnen abgegeben hätten, die durch die steigenden Anforderungen des weiblichen RAD und Kriegshilfsdienstes sowieso schon sehr knapp waren. Außerdem eigneten sich die wenigsten der älteren Frauen in der Rüstungsindustrie, die für einen Kräfteaustausch in Frage kamen, für Büroarbeiten, die eine gewisse »geistige Wendigkeit« voraussetzten[41]. Von dem Vorschlag der Zentralen Planung, aus dem Kreise der Hausgehilfinnen Arbeiterinnen für die Rüstung zu gewinnen, hielten die Syndici der Wirtschaftskammern ebenfalls nichts, da die Zahl der verfügbaren Hausangestellten nur gering sei. Insgesamt waren sich alle Vertreter der – gleichgeschalteten – Selbstverwaltungsorgane der gewerblichen Wirtschaft einig, daß beim Fraueneinsatz »noch etwas zu machen« sei. Allerdings wurde von seiten der Berliner Reichswirtschaftskammer ernstlich davor gewarnt, die Frauenarbeit zu sehr auszudehnen, weil es sich dabei schließlich »um die Lebensader des Volkes« handle. Selbst das arbeitspflichtige Alter der Frauen auf 50 Jahre hinaufzusetzen, sei »gefährlich«. Immerhin forderten die meisten Syndici der Gauwirtschaftskammern rigorose Maßnahmen, um die seit Kriegsbeginn stagnierende Frauenarbeit zu steigern. Die zahlreichen Zuweisungen würden durch die in größerem Umfang laufend wieder aus der Arbeit ausscheidenden Frauen aufgehoben. So wurden längere Arbeitszeiten, intensivere Arbeitsleistung der Frauen vor allem bei der Wehrmacht und im Verkehrswesen sowie eine erneute Meldepflichtaktion gefordert. Übereinstimmung herrschte darüber, daß von der Rüstungsindustrie mehr Heimarbeit vergeben werden sollte. Ebenso mußte versucht werden, ganze Rüstungsfertigungen aus Gebieten mit Arbeitskräftemangel in Bezirke mit ungenützten Arbeitskapazitäten zu verlagern, etwa von Düsseldorf in den schwerindustriellen Essener Raum, wo es nicht für alle ortsgebundenen Frauen Arbeit gab. Auch innerhalb der Rüstungswerke waren die Arbeitskräfte noch immer nicht – im Mai 1944 – so intensiv und rationell wie möglich eingesetzt. Hieran haperte es in fast allen kleineren und mittleren Betrieben. Allenfalls Großbetriebe beschäftigten einen eigenen »Arbeitseinsatzingenieur« – einen Rationalisierungsfachmann. Um die Produktionsleistungen der Kriegswirtschaft zu steigern, wurden regionale Beratungsstellen für Rationalisierungsfragen bei den Gauwirtschaftskammern vorgeschlagen sowie Arbeitsgemeinschaften größerer Firmen, die ihre Erfahrungen auf diesem Gebiet austauschen sollten[42]. Diese Besinnung und Beschränkung auf die im Reich vorhandenen Arbeitskräftekapazitäten, vor allem die deutschen Frauen, und deren optimalen Einsatz kam viel zu spät und letztlich gezwungenermaßen erst, als die ausländischen Quellen, aus denen man bisher Arbeiter beschafft hatte, vollends versiegt waren.

Anfang 1944 wurde aus der einmaligen Meldepflicht vom Januar 1943 eine laufende Erfassung aller arbeitsfähigen Deutschen. Ab jetzt waren auch Frauen meldepflichtig, die ein Kind unter zwei Jahren hatten und mit weiblichen, nichtberufstätigen Familienangehörigen zusammenwohnten, welche die Kinder betreuen konnten[43]. Bis zum Oktober wurden über eine halbe Million Personen als einsatzfähig qualifiziert, doch erhielten hiervon weniger als die Hälfte, nämlich 265 000, einen Arbeitsplatz. Viele waren an Orte gebunden, wo es keine Rüstungsbetriebe gab, konnten nur Teilzeitarbeit leisten oder lediglich leichte Beschäftigungen im Sitzen ausüben, möglichst nicht einmal an Maschinen. Für all diese Arbeitskräfte – es handelte sich hauptsächlich um Frauen – fand sich kaum Verwendung[44].

Der Arbeitskräftemangel in der Rüstungsindustrie war indes nicht im geringsten behoben. Während ständig mehr männliche Arbeitende zur Wehrmacht eingezogen wurden, gelang es Sauckel auch nicht annähernd, die als notwendig errechneten, von Hitler verlangten vier Millionen Fremdarbeiter heranzuschaffen. Die alliierte Invasion in Frankreich und die Sommeroffensive der Roten Armee beendeten die so lange geübte Praxis der Zwangsaushebungen. Auch die Versuche, gleichsam als Ersatz für die ausbleibenden Zwangsarbeiter, deutsche Arbeitskräftereserven zu aktivieren, blieben ohne nennenswerte Ergebnisse. Nach dem ersten Halbjahr 1944 war offenbar, daß Sauckel an seiner Aufgabe gescheitert war. Sein Prestige schwand schnell, und Goebbels erreichte es, daß Sauckel bei Hitler in Ungnade fiel. Im Juli 1944 wurde Goebbels Sonderbevollmächtigter für den totalen Kriegseinsatz. Damit erhielt der Propagandaminister auch die Kontrolle über die Mobilisierung und Verteilung deutscher Arbeitskräfte[45].

Speer hatte immer dringender die Forderung wiederholt, mehr deutsche Frauen für die Rüstungsarbeit zu erfassen. So verlangte er noch in den letzten Amtstagen Sauckels, 60 000–70 000 Frauen für die gesteigerte Munitionsproduktion zu mobilisieren und 200 000 Arbeitskräfte aus dem zivilen Wirtschaftssektor für die Rüstungsindustrie freizumachen, da mit Fremdarbeitern aus den besetzten Gebieten nicht mehr zu rechnen sei. Zudem hielt Speer es für tragbar und dem Ernst der Lage angemessen, mindestens 300 000 von den immer noch in privaten Haushalten beschäftigten Hausgehilfinnen für den Rüstungssektor zu verpflichten[46]. Gleich nach seiner Ernennung zum Sonderbevollmächtigten nahm Goebbels diese und alle anderen, zum Teil schon jahrelang aufgeschobenen Maßnahmen in Angriff, die nun endlich, im Hochsommer 1944, den totalen Krieg im Inneren des Staates realisieren sollten. Goebbels gelang es, von Hitler direkt Entscheidungen zu erwirken, so daß die Beseitigung von Scheinarbeit und die Heraufsetzung des arbeitspflichtigen Alters der Frauen von 45 auf 50 Jahre verordnet werden konnten[47]. Behörden und Verwaltungen mußten 30 % ihrer Kräfte an die Kriegswirtschaft abgeben, Theater und Restaurants wurden geschlossen[48].

Der »Dreierausschuß«, ein von Hitler zu seiner direkten Information geschaffenes Gremium, bestehend aus Goebbels, Lammers und Keitel, lehnte aber den zwar alten, aber von ministerieller Seite erneut gemachten Vorschlag weiterhin ab, Bezieherinnen von Familienunterhalt mit der Drohung des Unterstützungsentzugs zur Arbeit zu zwingen. Denn die Unterstützungsempfängerinnen, die nach den Vorschriften arbeitspflichtig waren, seien schon zur Arbeit eingezogen worden. Auf nicht arbeitspflichtige Frauen Druck auszuüben, entbehre aber jeglicher »Rechtsgrundlage«. Wenn jedoch solche Vorschriften erlassen würden, müßten aus »Gründen der Gerechtigkeit« alle Frauen einbezogen werden, die aus öffentlichen Mitteln unterhalten würden – also auch die Ehefrauen und Töchter von Beamten und Offizieren. Daraus würde aber nur eine »politisch unerwünschte Beunruhigung der Bevölkerung«

entstehen[49]. Die Furcht vor innenpolitischen Schwierigkeiten wog also weit schwerer als die »rechtsstaatlichen« Bedenken. Doch bleibt festzuhalten, daß primär immer noch die Frauen höherer Gesellschaftsschichten verschont werden sollten. Die »gerechte« Behandlung der Frauen aus der Arbeiterschaft erwies sich somit nur als ein nicht unbedingt beabsichtigtes, innenpolitisch notwendiges Nebenprodukt dieser Entscheidung, für die vor allem Hitler verantwortlich war.

Die Rüstungsindustrie machte noch wochenlang kaum Anstalten, sich auf die veränderte Arbeitskräftepolitik umzustellen. Tatsachen, mit denen die offiziellen Wirtschaftsplaner zu kämpfen hatten, wie das Ausbleiben von Fremdarbeitern und der steigende Bedarf der Wehrmacht an Soldaten, versuchten die Betriebe soweit wie möglich zu ignorieren. Viele Betriebe lehnten es weiterhin ab, für einberufene Arbeiter weibliche Ersatzkräfte einzustellen, die ihnen auf ihre Anforderung hin von den Arbeitsämtern zugewiesen wurden. So wurden beispielsweise in Berlin von den Unternehmern die Arbeitskräfte im Verhältnis von sechs Männern zu einer Frau angefordert, während das tatsächliche Verhältnis der noch verfügbaren Kräfte gerade umgekehrt war. Die Gründe dafür, daß man keine deutschen Frauen einstellen wollte, waren nicht neu: Der Mangel an Facharbeitern, die die Frauen einarbeiten und beaufsichtigen konnten, die schlechten Erfahrungen, die man mit dienstverpflichteten und halbtags eingesetzten Frauen gemacht hatte, sowie die Schwierigkeit, deutsche Frauen in der Nachtschicht zu beschäftigen, wurden genannt. Der Mangel an Rohstoffen und Energie kann nur als fadenscheiniger Vorwand für die Ablehnung gerade von weiblichen Arbeitskräften gewertet werden[50]. Im September 1944 kann den Unternehmern und Managern der Rüstungswirtschaft kaum mehr verborgen geblieben sein, daß sich das Kriegsglück zuungunsten Deutschlands gewendet hatte. Dennoch zeigten die Betriebsleitungen statt Mitverantwortung auf dem Gebiet des Arbeitskräfteeinsatzes, das sich als ein entscheidender Faktor der Kriegswirtschaft erwiesen hatte, unverändert nur Interesse an einem möglichst bequemen, reibungslosen Produktionsablauf und hohen Gewinnen im eigenen Betrieb.

Im September 1944 wurde dann endlich die noch immer ausstehende Erfassung von Hausgehilfinnen durchgeführt. Ein Erlaß verpflichtete alle Haushalte, die Zahl ihrer Angestellten dem Arbeitsamt mitzuteilen. Hausgehilfinnen sollten nur noch an Arbeitsplätzen belassen werden, wo sie im »Interesse der Volksgemeinschaft und Volksgesundheit« unentbehrlich waren. Das galt insbesondere für Haushalte, wo Mann oder Frau eine verantwortliche Stellung im öffentlichen Leben bekleideten oder wo die Hausfrau kränklich war oder sie mindestens drei Kinder unter 14 Jahren zu versorgen hatte. Berufstätigen Hausfrauen wurde ebenfalls eine Hilfe zugebilligt. War eine Hausfrau jedoch nach der Meldepflichtverordnung zur Arbeit verpflichtet, ging grundsätzlich der Abzug der Hausangestellten der Dienstpflicht der Arbeitgeberin vor. Die teilweise sehr weitmaschigen Bestimmungen gipfelten in der vagen Maxime, daß in keinem Haushalt mehr aus »reiner Bequemlichkeit« eine Arbeitskraft beschäftigt werden dürfe[51]. Insgesamt stellte das Gesetz eine Halbheit dar, und der Mangel an Rigorismus war keinesfalls der bedenklichen Kriegslage angemessen.

Ab August wurden, je weniger mit neuen Arbeitskräften von außerhalb zu rechnen war, mit desto mehr Nachdruck, die vorhandenen Kräfte umverteilt. Vorrangig ging es darum, für deutsche Frauen körperlich wenig anstrengende Arbeitsplätze bereitzustellen. Denn, so räsonnierte Bormann in einem Rundschreiben, es errege »lebhaften Unwillen«, daß immer noch ausländische Arbeiterinnen bei leichten Arbeiten eingesetzt seien. Speer, der diesen Vorwurf – wohl mit Recht – hauptsächlich als auf sich gemünzt auffaßte, wies Bormann darauf hin, daß schon Anfang 1943 Anstrengungen gemacht wurden, Ostarbeiter beiderlei Geschlechts und deutsche Männer auf die schweren Arbeiten zu konzentrieren und die leichten Arbeitsplätze für meldepflichtige deutsche Frauen zu reservieren. Doch in der Praxis hätte dieses Prinzip immer wieder mißachtet werden müssen, da auch nicht annähernd genug deutsche Arbeiterinnen für die leichte Industriefertigung verpflichtet werden konnten[52].

Im Herbst 1944 versuchte Speers Reichsministerium für Rüstung und Kriegsproduktion durch eine Reihe von Erlassen, dieses Problem endlich zu lösen. Goebbels' »TK-Aktionen« (Totaler-Krieg-Aktionen), bestehend aus verschärften Auskämmungen und Stillegungen von Betrieben und Verwaltungen sowie der fortlaufenden Meldepflichtverordnung, stellten für die kriegswichtige Industrie weibliche deutsche Arbeitskräfte bereit. Diese konnten und sollten jedoch nur begrenzt beschäftigt werden. Andererseits bestand in der schweren Rüstungsfertigung ein dringender Bedarf an Arbeitern. So wurde verboten, Männer und Ostarbeiterinnen mit leichteren Arbeiten zu beschäftigen, da diese ausschließlich von deutschen Frauen ausgeführt werden sollten. Die Verbrauchsgüterindustrien erhielten die Auflage, bis zum Dezember 1944 mindestens 20 % der Kriegsgefangenen, Ausländer und Ausländerinnen abzugeben. Die Industrien der Elektrotechnik, der Feinmechanik und Optik sowie des Maschinenbaus hatten 10 % der Arbeiter derselben Gruppe freizustellen. Alle diese Arbeiter sollten dann in der Schwerindustrie, den Zulieferindustrien von Schiff-, Panzer- und Kraftfahrzeugbau und der schweren Munition sowie der chemischen Industrie eingesetzt werden. Für die deutschen Frauen waren die frei werdenden leichten Arbeitsplätze in der Konsumgüterindustrie sowie in den metallverarbeitenden und optischen Industrien vorgesehen. Neben diesem großangelegten Kräfteaustausch kam es zu weiteren Einberufungen Deutscher zur Wehrmacht[53].

Die starke Fluktuation der Arbeitskräfte verursachte in den Behörden und Betrieben selbstverständlich einen beträchtlichen Verwaltungsaufwand. Den Unternehmen entstand noch die zusätzliche Aufgabe, die neuen Arbeitskräfte wieder einzuarbeiten. Die Betriebe wurden sogar aufgefordert, deutsche Frauen prophylaktisch anzulernen, damit bei den zu erwartenden Abzügen männlicher Arbeitskräfte rechtzeitig Ersatz zur Hand sei[54]. Wieweit die geplante Umorganisation im Bereich der Arbeit von den Arbeitsämtern noch kontrolliert werden konnte, bleibt offen. Die Behörden waren schon seit Kriegsbeginn zunehmend überlastet, der verringerte Personalbestand und der seit 1943 sich ständig verstärkende Luftkrieg über Deutschland taten ein übriges, um die Verwaltung bis 1944 zusammenbrechen zu lassen. Dabei kam es dann vor, daß aufgrund unterschiedlicher Informationen über den

Arbeitsmarkt die Situation von Führern der Partei und Wirtschaft völlig abweichend eingeschätzt wurde. Bormann glaubte, daß ein Überschuß von Arbeitskräften frei geworden sei und verpflichtete die Betriebe, über den wirklichen Bedarf hinaus eine zusätzliche Anzahl von Kräften einzustellen, was einer Billigung der »Kräftehortung« gleichkam. Speer hingegen verurteilte derartige Maßnahmen, da – wie er Bormann erklärte – in den Rüstungsbetrieben immer noch ein großer ungedeckter Bedarf an Arbeitern herrsche[55].

Die allgemein vorhandenen Organisationsschwierigkeiten machten sich auch beim Einsatz von Wehrmachtshelferinnen bemerkbar. Während in allen Truppen Nachrichtenhelferinnen benötigt wurden, fluteten ständig aus den ehemals besetzten Gebieten Wehrmachthelferinnen ins Reichsgebiet zurück, die sich dann beschäftigungslos in ihren Heimatgemeinden aufhielten. Die Parteidienststellen erhielten die Weisung, alle diese ehemaligen Nachrichtenhelferinnen zu erfassen[56]. Doch stellte dies nur eine der vielen Erscheinungen dar, die illustrieren können, wie schwer es angesichts der steigenden Fluktuation der Bevölkerung mittlerweile für die Behörden geworden war, den Überblick und die Kontrolle über alle Staatsbürger, vorrangig die arbeitsfähigen, zu behalten.

Ende des Jahres 1944 wurden letzte Anstrengungen unternommen, deutsche Frauen für Rüstungsarbeiten umzuschulen und auszubilden. Von den Luftgaukommandos wurden Richtlinien verschickt, nach denen die Flugzeugwerften in besonderen Lehrwerkstätten Frauen als Werfthelferinnen ausbilden sollten. Mitte Dezember wurde ein entsprechender Sondereinsatz in den Luftwaffenbetrieben befohlen[57]. Damit begann man in Deutschland erst kurz vor dem Zusammenbruch, Frauen beim eigentlichen Flugzeugbau einzusetzen. In England und den USA dagegen entwickelte sich gleich nach Kriegsbeginn die Arbeit auf den Flugzeug- und Schiffswerften, vor allem das Nieten und Schweißen, geradezu als Domäne der Frauen.

Da der Einsatz von frei gewordenen oder meldepflichtigen Frauen in den Betrieben immer noch auf Schwierigkeiten stieß und die Rüstungsfabriken auch für die Vergabe von Heimarbeit weiterhin keine größere Bereitschaft zeigten, ließ die Gauwirtschaftskammer Rhein-Main eine Gruppe von Fachingenieuren dieses Problem in den letzten Wochen des Jahres 1944 untersuchen. Dabei stellte sich heraus, daß in der Rüstungswirtschaft grundsätzlich wohl ein erheblicher Bedarf an weiblichen Arbeitskräften vorlag. Doch erklärten die Betriebsführer, mit den zugewiesenen, nur halbtags verwendbaren Frauen seien die bisher unabkömmlichen, jetzt zur Front einberufenen deutschen Arbeiter oder die für schwerere Fertigungen vorgesehenen Fremdarbeiter nicht zu ersetzen. Die Unternehmer forderten weibliche Arbeitskräfte, die ganztags und in allen Schichten eingesetzt werden könnten[58]. Um diese Forderung zu erfüllen, hätten das Verbot der Nachtarbeit für Frauen und alle Rücksichten auf häusliche und familiäre Pflichten sowie die Gesundheit der zur Arbeit erfaßten Frauen aufgehoben werden müssen. Dies geschah jedoch nicht, bis der Staat endgültig im Chaos des Zusammenbruchs versank.

Manche Betriebe sahen sich wiederum nicht in der Lage, zur Frauenarbeit überzugehen, weil Umkleideräume, Toiletten und Waschgelegenheiten bis hin zur Seife nicht, wie das Gesetz es verlangte, gestellt werden konnten. Von seiten der Unternehmensleitungen wurde die Tatsache, daß man keine Frauen einstellte, wie in den Jahren vorher, damit begründet, daß keine Facharbeiter zur Verfügung ständen, um die Neulinge auszubilden. Mit diesem Argument verbunden wurde das Verlangen nach weiteren Facharbeitern. Die Fachingenieure, die die Untersuchungen in den Rüstungsbetrieben durchführten, resümierten, daß diejenigen Firmen, die bereits früher auf Frauenarbeit umdisponiert und Frauen ausgebildet hätten, auch jetzt bei einem neuen Zustrom ungelernter Frauen auf wenig Schwierigkeiten stießen. Die Betriebe jedoch, die – trotz jahrelanger Appelle – sich erst jetzt über die Frauenarbeit Gedanken machten, würden erfolglos bleiben[59].

Die meisten Betriebe der Rüstungsindustrie hatten sich noch nicht darauf eingestellt, Teile der Fertigung als Heimarbeit an Hausfrauen zu vergeben. Lediglich Bekleidungsfirmen und Heeresausrüster hatten die Heimarbeit ausgebaut, wofür es in diesen Branchen schon eine Tradition gab. Die eigentlichen Rüstungsbetriebe der metallverarbeitenden, optischen und elektrotechnischen Industrien verbuchten auf dem Gebiet der Heimarbeit nur geringe Erfolge, da es sich hierbei in diesen Branchen um Neuland handelte. Transportschwierigkeiten, Mangel an Werkzeugen und Maschinen für die Heimarbeitswerkstätten, auch das Fehlen von vorgefertigten Teilen machten die Verlagerung der Produktion auf die Heimarbeit unmöglich. Überdies eigneten sich in den Rüstungsindustrien viele Fertigungen wegen ihrer Beschaffenheit und aus Gründen der Geheimhaltung grundsätzlich nicht für die Heimarbeit[60]. Die ziemlich spät aufgegriffene Möglichkeit, mit der Heimarbeit von Hausfrauen der Arbeitskräfteknappheit in der Rüstungsindustrie zu begegnen, trug wenig zur eigentlichen Kriegsproduktion bei. Beispielsweise leisteten die Frauen der Heimarbeitsgemeinschaften des offenbar in diesem Punkt vorbildlichen Kreises Hannover folgende Arbeiten: So wurden für die Firmen Geha und Günther Wagner Schreibschachteln und Kartons geklebt, für eine andere Firma nähte man Kindermatratzen. Im Auftrag der Wehrmacht besserten die Frauen Uniformen aus und zogen Achselstücke rund. Wohl nur das Nähen von Kartuschbeuteln und bestimmte Arbeiten für Continental, für die Gummiringe sortiert und Ventilschläuche verpackt wurden, können als Beitrag zur Rüstungsproduktion gewertet werden[61].

Alle von der Gauwirtschaftskammer Rhein-Main untersuchten Betriebe hatten eine Begründung dafür, warum sie keine zusätzlichen weiblichen Arbeitskräfte einstellten. Die mit der ernster werdenden Kriegslage sich mehrenden Transporthemmnisse, Kohlenmangel und ausbleibende Vorfertigungen und Rohstoffe wurden als Hauptursachen genannt. Dementsprechend berichtete der Präsident der Wirtschaftskammer Rhein-Main an die Reichswirtschaftskammer, daß die sich ständig verstärkenden Produktionsschwierigkeiten und die schnell aufeinanderfolgenden Luftangriffe schon von Woche zu Woche die tatsächlichen Einsatzmöglichkeiten von neu anzulernenden Frauen ungünstig beeinflußten[62]. Die folgende militärische Entwicklung, die das deutsche Wirtschaftsleben immer mehr lähmte, bestätigte diese noch zurückhaltend formulierte Prognose. Doch unbeirrt forderte die Reichswirtschaftskammer die Gauwirtschaftskammern und Reichsgruppen in einem Rund-schreiben vom 13. Januar – einen Tag vorher hatte die sowjetische Offensive an Weichsel und Oder begonnen – zu Rationalisierungsmaßnahmen auf. Es werde immer notwendiger, mit Hilfe von Rationalisierung eine »bewegliche und schnellstens einsatzbereite und überbetriebliche Organisation« zu schaf-fen, die gerade auch für den Einsatz und das Anlernen von Frauen in den Rüstungsbetrieben immer wichtiger werde. Konkret gab die Reichswirt-schaftskammer den Auftrag, in der gesamten Rüstungswirtschaft in betriebsin-dividuellen Untersuchungen die rationellsten Wege zu einer reibungslosen, leistungsintensiveren Frauenarbeit zu erforschen[63]. Bis zu dem Zeitpunkt, als fremde Truppen die Reichsgrenzen überschritten, war damit kaum etwas in den kriegswichtigen Industrien getan worden, um erfahrene Arbeiter, geschweige denn Facharbeiter durch Frauen ersetzen zu können. Die meisten der betreffenden Branchen hatten im Krieg wie schon vorher, soweit sie überhaupt – deutsche – Frauen beschäftigten, diese nur als Hilfsarbeiterinnen verwendet. Bis zum Schluß wurde versäumt, spezifische Maschinen, Ausbil-dungsmethoden und Lehrwerkstätten für Frauen zu entwickeln und einzu-richten, da dies zeitraubend und zu wenig lukrativ erschien. Solange es genug Fremdarbeiter und »unabkömmlich« gestellte Facharbeiter gab, waren die Firmen nicht direkt zu derartigen Maßnahmen gezwungen. Die jahrelangen Appelle der Wirtschaftsplaner an die Unternehmer, die Frauenarbeit quantita-tiv, vor allem aber qualitativ zu fördern, scheiterten an dem mangelnden Willen zur Kooperation von seiten der Industrie. Als Mitte 1944 die Ressourcen ausländischer Arbeitskräfte endgültig erschöpft waren, strengten die Verant-wortlichen der Wirtschaft verstärkt Untersuchungen an, um die Frauenarbeit effektiver zu gestalten. Die Betriebe scheinen erst seit Dezember 1944 einem intensiveren Fraueneinsatz mehr Aufmerksamkeit gewidmet zu haben, und dies auch nur deshalb, weil die letzten Facharbeiter an die Front berufen wurden.

Doch dann begannen sich die Ereignisse zu überstürzen. Die Rohstoff- und Energieknappheit, zerbombte Fabriken und zerstörte Transportwege machten bald alle Bemühungen um Leistungssteigerungen und optimale Nutzung der Arbeitskräfte gegenstandslos. Zudem verkleinerte sich das von den Alliierten noch nicht besetzte Reichsgebiet ständig, so daß schon im Februar 1945 ein Arbeitskräfteüberfluß entstanden war. In einer Sitzung in der Reichsgruppe Industrie wurden am 9. Februar Richtlinien erarbeitet, nach denen der neuen Arbeitslage zu begegnen sei. Die Betriebe sollten »das Recht erhalten«, KZ-Häftlinge, Juden und Kriegsgefangene an die zuständigen Dienststellen »zurückzugeben«. Ausländer konnten an die Arbeitsämter »zurückgegeben« werden. Falls erforderlich, waren statt dessen arbeitslose Deutsche einzustel-len. Deutsche Männer und Frauen, die nicht auf Erwerb angewiesen waren, konnten die Betriebe dann beurlauben oder entlassen, wenn sie entbehrlich oder durch Arbeitslose zu ersetzen waren. Als letzte Stufe war vorgesehen, die Überstunden fortfallen zu lassen und wieder zur 48-Stunden-Woche zurück-zukehren, ja notfalls sogar zur Kurzarbeit überzugehen. Die Reichsgruppe Industrie forderte vom Staat, eine Reihe von gesetzlichen Maßnahmen für den Arbeitseinsatz zu lockern und aufzuheben. Die ehemaligen Arbeitsmaiden der

Jahrgänge 1920–1924 waren für den Wehrmachtseinsatz aus den Betrieben abgezogen worden. Dadurch waren für Produktion und Verwaltung junge, leistungsfähige weibliche Arbeitskräfte verlorengegangen, die jetzt wieder durch beschäftigungslose, aus den ehemaligen besetzten Gebieten zurückgekehrte Nachrichten- und Stabshelferinnen ersetzt werden sollten. Denn diese ledigen jungen Frauen waren der Wirtschaft weitaus willkommenere Arbeitskräfte als ältere Ehefrauen, Mütter und arbeitsungewohnte weibliche Meldepflichtige, deren Leistungen begrenzt blieben und deren Beschäftigung außerdem noch zahlreiche Rücksichten und Sondereinrichtungen verlangte[64].

In dem Memorandum der Reichsgruppe Industrie wurden mithin schon in der ersten Februarhälfte Demobilisierungsmaßnahmen vorweggenommen. Damit waren die Rüstungsbetriebe bis zum Schluß nicht gezwungen, sich in großem Maßstab auf Frauenarbeit einzurichten. Dementsprechend waren die Versuche, die mit der Frauenarbeit verbundenen spezifischen Probleme zu lösen, etwa mit gezielter Rationalisierung, kaum über den Vorkriegsstand hinaus gediehen. Mit hartnäckigem passivem Widerstand hatten sich die Rüstungsunternehmen also letztlich um die von Wirtschaftsplanung, Bürokratie und DAF gestellte, unbequeme Forderung, die Frauenarbeit quantitativ, vor allem aber qualitativ auszubauen, drücken können. Der mangelnde Kooperationswille der Unternehmer war freilich durch die seit Kriegsbeginn praktizierte, extensive Ausbeutung ausländischer Arbeitskräfte objektiv unterstützt worden. Der hinreichend bekannte Kompetenzwirrwarr zwischen Behörden, Wehrmachtsdienststellen und Partei, ebenso wie die Überlastung der Arbeitsämter, verhinderten zudem, daß die einschlägigen Praktiken der Betriebe jemals effektiv überprüft wurden.

Kapitel VIII

Arbeitsbedingungen im Krieg

1. Arbeitsschutz und Mutterschutzgesetz von 1942

Zu Kriegsbeginn wurden in Deutschland wie in den anderen am Krieg beteiligten Ländern die gesetzlichen Arbeitszeitbestimmungen – soweit welche existierten – gelockert. Doch da Übermüdung, Krankheiten und Leistungsrückgang die Folge waren, trat schon nach wenigen Wochen für Frauen und Jugendliche die Arbeitszeitordnung wieder in Kraft. Zunehmend wurden Frauen, denen Industriearbeit bis dahin fremd gewesen war, in die Rüstungsbetriebe vermittelt und oft sogar auf Männerarbeitsplätzen eingesetzt. Die Gewerbeaufsichtsbehörden erhielten deshalb strenge Anweisungen, die Frauenarbeit verschärft zu überwachen. Ausnahmen für Arbeiten, die einem grundsätzlichen Beschäftigungsverbot für Frauen unterlagen, durften »nur in besonders begründeten Einzelfällen erteilt werden und zwar nur dann, wenn die Gewähr besteht, daß die Frauen bei der Arbeit gegen Gefahren für ihre Gesundheit in ausreichender Weise geschützt sind«[1]. Im Laufe des Krieges wurden einzelne Beschäftigungsverbote, die teilweise erst im »Dritten Reich« erlassen worden waren, begrenzt und für bestimmte leichtere Arbeiten für Frauen wieder aufgehoben. Dies galt ab 1940 für Glashütten, ab 1942 für Ziegeleien und seit 1943 auch für den Bergbau. Dabei mußte jedoch der denkbar beste Arbeitsschutz gewährleistet und der Arbeitsvorgang soweit mechanisiert sein, daß körperliche Anstrengungen vermieden wurden. Völlig verboten blieb weiterhin, Frauen im Bergbau unter Tage, in Kokereien, beim Transport und Verladen zu verwenden. Genausowenig erlaubt war Frauenarbeit in Ton- und Lehmgruben, in Steinbrüchen und auf Baustellen mit schweren Bauarbeiten.

Die Ausnahmegenehmigung durfte vom Gewerbeaufsichtsbeamten nur nach Besichtigung des Arbeitsplatzes und Beratung mit dem Obmann und dem Arbeitsschutzwalter der DAF erteilt werden. Mütter und Schwangere sollten jedoch nicht für Arbeiten mit Ausnahmebewilligung verwendet werden, sondern nur ledige, kinderlose Frauen von gesunder, kräftiger Konstitution[2]. Mit derartigen Sondergenehmigungen, die stets nur befristet waren, geizten die Gewerbeaufsichtsämter während des ganzen Krieges so sehr, daß Betriebe und Wehrwirtschaftsinspektionen beständig darüber Klage führten. Auch das Verhalten der DAF erregte Unwillen, da sie mit ihren Forderungen den praktischen Einsatz von weiblichen Arbeitskräften sogar noch mehr als die Erlasse des Reichsarbeitsministers behinderte und einzuschränken bemüht war[3].

Die Beschäftigung von Frauen mit Schwerarbeiten wurde zum größten Teil allein schon durch den auch während des Krieges immer wieder mit Nachdruck bekräftigten Erlaß unterbunden, der das Heben und Tragen von Lasten über 15 kg für Frauen verbot[4]. Außerdem durften Arbeiterinnen nicht vorwiegend Transportarbeiten verrichten. Für eine Reihe von Tätigkeiten wurden Verbote oder Richtlinien erlassen, die erst jetzt notwendig wurden, weil das erstemal Frauen mit diesen Arbeiten befaßt wurden. Vor allem Gesundheitsschädigungen durch chemische Stoffe wollte man verhindern, stets mit der erklärten Absicht, die für viele Frauen schrecklichen Folgen der Rüstungsarbeit im Ersten Weltkrieg diesmal zu vermeiden[5]. Manche Bedenken gegen einen Einsatz von Frauen mußten im Laufe des Krieges fallengelassen werden. War es 1940 etwa nur erlaubt, Frauen als Fahrerinnen von Bussen, Lastwagen und Schienenbahnen bis 1,5 t Nutzlast einzustellen, durften ab 1943 Frauen auch Lastwagen bis 3 t lenken, allerdings nicht beim Verladen helfen[6]. Außerdem sollte mit Vorträgen und Kursen für erhöhten Arbeitsschutz bei der Frauenarbeit gesorgt werden. Auch Appelle von allen verantwortlichen Behörden und Parteistellen mahnten stets erneut die Betriebsleitungen an ihre Pflichten und daran, den Willen des Führers, nämlich der »deutschen Frau die Arbeitsbedingungen so gut wie nur irgend möglich zu gestalten«, zu erfüllen[7].

Es wurde viel – im internationalen Vergleich gesehen, überdurchschnittlich viel – getan, um den arbeitenden Frauen zu helfen und sie zu entlasten, und eine intensive Frauenarbeit konnte durch den Notstand des Krieges entschuldigt werden. Dennoch herrschte an der Spitze von Partei und Bürokratie Unbehagen darüber, daß man die Frauenarbeit nicht abbaute, sondern ermutigte, ja sogar erzwang. So mußte den Ideologiegetreuen ebenso wie den Opportunisten ein Entwurf des Reichsarbeitsministeriums für ein erweitertes Mutterschutzgesetz willkommen sein: den einen, um ihre ideologischen Skrupel gegenüber der Erwerbsarbeit von Frauen, vor allem Müttern, zu beschwichtigen, den anderen, weil sie damit Stoff für zugkräftige Propaganda bekamen. Vorgesehen waren verschärfte Bestimmungen, die schwangere Frauen von gefährlichen und anstrengenden Arbeiten fernhalten sollten. Die wesentliche Neuerung sollte während der Zeit vor und nach der Entbindung, in der eine Frau von der Arbeit befreit war, ein Wochengeld in der Höhe des vollen Grundlohnes sein – nicht mehr nur 75 %. Der Mutter mußte vom Betrieb freie Zeit eingeräumt werden, damit sie ihren Säugling betreuen konnte. Betriebe, die überwiegend Frauen beschäftigten, hatten Stillstuben, Säuglingskrippen und Kinderhorte – soweit noch nicht vorhanden – einzurichten. Als weiterer Schritt über das Mutterschutzgesetz von 1925 hinaus wurden jetzt auch die Arbeiterinnen und Angestellten in Land- und Hauswirtschaft in die Regelungen zum Mutterschutz einbezogen[8].

Dem Gesetzentwurf des Reichsarbeitsministeriums hatten im Februar 1941 schon die Parteikanzlei und die Reichsministerien des Innern, der Finanzen und der Justiz zugestimmt. Seldte und Syrup erklärten, ein verbessertes Mutterschutzgesetz für die erwerbstätigen Frauen müsse noch während des Krieges verabschiedet werden. Die schwerwiegenden Fehler, die im Ersten Weltkrieg auf bevölkerungspolitischem Gebiet begangen worden seien, gelte es zu vermeiden. Zudem sei Mutterschutz kriegswichtig, da er unmittelbar die »Wehrkraft« des Volkes erhalten und stärken helfe. Das geplante Gesetz habe außerdem eine erhebliche propagandistische Bedeutung. Es sei sogar anzunehmen, daß die Frauen, ermutigt durch einen verbesserten Arbeitsschutz, eine positive Einstellung zur Rüstungsarbeit gewinnen würden[9].

Es gab jedoch noch Bedenken sachlicher und ressortegoistischer Art. Das OKW kritisierte die Mehrkosten, die dem Reich und den Unternehmen entstehen würden und hielt es wegen des akuten Raum- und Personalmangels für unmöglich, in allen Fabriken und Verwaltungen Stillstuben, Säuglingskrippen und Kindergärten einzurichten[10]. Der Landwirtschaftsminister wollte dem Gesetz nur zustimmen, wenn nicht nur lohnabhängige erwerbstätige Frauen, sondern auch alle Bauernfrauen und mithelfenden Familienangehörigen in der Landwirtschaft eingeschlossen würden. Zudem sollte im agrarischen Bereich primär der Reichsnährstand, nicht die Gewerbeaufsichtsbehörde, die Durchführung überwachen[11]. Ein anderer Änderungswunsch, dem stattgegeben wurde, kam aus der Parteikanzlei. Als Wochengeld sollte nicht der Grundlohn, sondern der durchschnittliche Verdienst der letzten dreizehn Wochen berechnet werden, damit die Frauen auf keinen Fall durch die Schwangerschaft Verdienst einbüßten[12]. Über diesem Hin und Her des bürokratischen Schriftverkehrs verzögerte sich das Mutterschutzgesetz immer mehr. Das Propagandaministerium drängte im Februar 1942 zur Eile, da Goebbels das Gesetz am Tag der Arbeit, dem 1. Mai, bekanntzugeben wünschte[13]. Dieser Wunsch konnte zwar nicht erfüllt werden, doch trug er sicher zur Beschleunigung bei. Am 17. Mai 1942 endlich trat das Mutterschutzgesetz in Kraft. Mit seinen Bestimmungen erfüllte es sozialpolitische Forderungen, die noch in keinem anderen Land verwirklicht waren.

Wenige Tage vorher hatte Ley noch förmlich Einspruch bei der Parteikanzlei gegen das Gesetz erhoben. Der DAF-Führer wandte sich nicht nur gegen einzelne Passagen, wie es andere getan hatten, die ihre Kompetenzen geschmälert sahen. Er verwarf das ganze Gesetzeswerk, da es auf völlig falschem sozialpolitischem Denken beruhe. Ley hielt in einer sehr ausführlichen Stellungnahme mit seinen Ressentiments gegen die Ministerialbürokratie und im besonderen gegen das Reichsarbeitsministerium nicht hinter dem Berg. Die Ausführungen sind vor allem aber deshalb interessant, weil sie Auskunft geben über die geplante nationalsozialistische Sozialpraxis, die nach dem Krieg verwirklicht werden sollte. Von Hitler wurde beabsichtigt, die soziale Gesetzgebung in »geradezu revolutionärem Ausmaß« »vollauf neu« zu regeln[14]. Ley machte sich zum Anwalt dieses zu schaffenden Sozialwerkes im neuen Geist und stempelte das Mutterschutzgesetz des Reichsarbeitsministeriums ab als »eine logische Fortentwicklung der Sozialpolitik« des »Weimarer Systems«. Völlig im »Versicherungs- und Gelddenken« und »der Zeit des Liberalismus und des Marxismus« verwurzelt, sei es ein Gesetz, auf das Weimarer »Gewerkschaftsvertreter und Ministerialreferenten mit Recht hätten stolz« sein können. Das »Weimarer System« habe nur den Lohnarbeiter als Objekt der Sozialpolitik betrachtet. Auch das neue Mutterschutzgesetz verbreitere die Kluft zwischen den lohnabhängig arbeitenden Frauen, die unterstützt würden, und den in Familienbetrieben mithelfenden Frauen sowie den ausschließlichen Hausfrauen, die im Falle einer Schwangerschaft keine Hilfe erhielten. Alles liefe auf eine bevorzugte Behandlung von Lohnarbeiterinnen hinaus, wodurch die Arbeit der Frau im Familienbetrieb und im Haushalt abgewertet werde. Dies müßte »vom Volke als programmatisch aufgefaßt werden«. Dagegen bleibe aber doch Hausfrau, Ehefrau und Mutter der wahre, »hohe Beruf« der Frau, auch wenn in der Gegenwart die Erwerbstätigkeit der Frau volkswirtschaftlich unentbehrlich sei. Deshalb sehe der Entwurf einer umfassenden Krankenhilfe im Rahmen des zukünftigen Sozialwerkes auch einen allgemeinen Mutterschutz und Wochenhilfe für sämtliche Mütter vor, nicht nur für die berufstätigen. Bei einem nationalsozialistischen Mutterschutz sei primär die Mutterschaft der »zu schützenden Frauen« entscheidend, nicht aber, ob sie in Lohnarbeit tätig seien oder nicht[15].

Leys Einwände kamen zu spät, um noch etwas an dem Gesetz zu ändern. Doch seine Ausführungen, die sich zumindest mit Hitlers Ansicht über die Rolle der Frau deckten, zeigen erneut, daß in einem nationalsozialistischen Staat für die Frauen niemals eine Art »ungewollter Emanzipation«, objektiv begünstigt durch modernisierende Zwänge der Industrialisierung, sich vollzogen hätte. Denn die soziale Rolle der Frauen wurde nach wie vor auf ihre geschlechtsbedingte Funktion reduziert. Ein Recht auf Berufstätigkeit existierte für die Frauen ebensowenig wie das individuelle Recht auf Arbeitsschutz. Weibliche Erwerbstätigkeit war geduldet, solange sie volkswirtschaftlich erforderlich schien, Arbeitsschutz für Frauen gewährte man aus »volksbiologischen« Gründen. Die Tatsache, daß das Interesse einer imaginären »Volksgemeinschaft«, nicht aber des Individuums bei allen Sozialleistungen des »Dritten Reiches« im Vordergrund stand, läßt den nach damaligem internationalem Maßstab fortschrittlich anmutenden Arbeits- und Mutterschutz für die berufstätigen Frauen in einem fragwürdigen Licht erscheinen.

2. Soziale Fürsorge von Partei und Betrieben

»Das soziale Moment steht betont im Vordergrund!« Dieses Motto, das die Lastkraftwagenfirma Klöckner-Humboldt-Deutz AG der sozialen Betreuung ihrer weiblichen Belegschaft voranstellte[15a], mag übertrieben klingen. Doch charakterisiert es durchaus das Bemühen vieler Firmen, mit freiwilligen sozialen Leistungen zu verhindern, daß Ehefrauen und Mütter aufgrund von Familienpflichten und Schwangerschaften kündigten, was wegen der großzügigen Unterhaltszahlungen an Soldatenfrauen stets sehr nahelag. Ebenso bestand ein berechtigtes Interesse daran, aus Überarbeitung resultierende Arbeitsunlust, Übermüdung und schließlich Krankheiten der Arbeiterinnen zu vermeiden, damit keine Produktionsausfälle entstanden.

Die Sozialleistungen sahen in den meisten größeren Betrieben ähnlich aus und entsprachen einer auch schon vor dem Krieg geübten Praxis. In Sprechstunden wurden die Frauen bei beruflichen oder persönlichen Schwierigkeiten beraten. Hausfrauen erhielten alle zwei Wochen einen freien Arbeitstag für ihre Haushaltpflichten, kurz »Waschtag« genannt. Die Kinder wurden in

Betriebskindergärten betreut. Falls die Mütter ihre Kinder in Horte der Gemeinde oder der NSV brachten, erstattete der Arbeitgeber alle oder die Hälfte der Unkosten. Schon vor dem erweiterten Mutterschutzgesetz wurde schwangeren Arbeiterinnen bei gleichbleibendem Lohn eine leichtere Arbeit zugeteilt und während der jeweils sechs Wochen vor und nach der Entbindung der Differenzbetrag zwischen Krankengeld und Nettolohn freiwillig erstattet. Stillpausen wurden ebenfalls bezahlt. Im Falle von Wochenbett oder Krankheit erhielten die weiblichen Betriebsangehörigen Hausbesuche, wenn nötig sogar Pflege und Haushaltshilfe. Die Liste ließe sich beliebig fortsetzen, sei es mit Kochkursen oder mit großzügigen Duschräumen[16].

Vor allem auf pekuniärem Gebiet hätten die Betriebe von sich aus noch weit mehr Sozialleistungen erbracht, wenn sie nicht aufgrund des verhängten Lohnstopps streng überwacht worden wären. Aber nur die hohen Gewinnmargen der Rüstungsindustrien erlaubten eine solche großzügige betriebliche Sozialpolitik, während die kleinen Fabriken, hauptsächlich in den Branchen der Konsumgüterindustrien, und auch die zur Sparsamkeit angehaltene Verwaltung, ganz zu schweigen von der Landwirtschaft, ihren Arbeitskräften nicht annähernd soviel bieten konnten. Dies gab natürlich oft Anlaß zu Unwillen und Neid innerhalb der arbeitenden Bevölkerung, da kaum jemand seinen Arbeitsplatz noch frei wählen konnte.

Deshalb sahen sich die Verantwortlichen in Bürokratie und Partei immer wieder gezwungen, den sozialen Übereifer von Rüstungsunternehmen, der durch die DAF geschürt wurde, zu bremsen. So baten Rüstungsfirmen eines Gaues auf Anregung der DAF den Reichstreuhänder der Arbeit, Müttern unter ihrer Belegschaft einen jährlichen »Ehrensold für kinderreiche Mütter« in Höhe von 100 RM zahlen zu dürfen. Der Generalbevollmächtigte für den Arbeitseinsatz lehnte dieses Vorhaben formal als Verstoß gegen den allgemeinen Lohnstopp ab. Hauptsächlich sollte vermieden werden, daß nur Rüstungsbetriebe mit ihren »erheblichen Gewinnen« den »Ehrensold« an ihre weiblichen Beschäftigten, deren Löhne schon überdurchschnittlich waren, zahlen konnten[17].

Ein ähnliches Problem tauchte auf bei der Verschickung erholungsbedürftiger berufstätiger Frauen. Die betreffenden Frauen konnten sich in einem zweiwöchigen Sonderurlaub auf Kosten der Wehrmacht, der Betriebe, der NSV oder der DAF von ihrer Arbeit erholen[18]. Den Firmen wurde freigestellt, ob sie für diese zwei Wochen, falls sie kein regulärer Urlaub waren, den Lohnausfall erstatten wollten. Solche Leistung fiel natürlich Unternehmen mit profitablen Rüstungsaufträgen nicht schwer[19]. Darüber hinaus zahlten viele dieser Firmen den Frauen für die Erholungskur ein zusätzliches Taschengeld, das oft so hoch ausfiel, daß Arbeiterinnen, deren Arbeitgeber solche Sonderzuwendungen nicht leisten konnten, verständliche Mißstimmung äußerten. Schließlich ließ es sich nicht »verhindern, daß sich die Frauen über die Höhe des Taschengeldes unterhielten«. Auf die Beschwerden vieler Firmen hin sah sich der Reichsarbeitsminister so gezwungen, die Taschengeldhöhe auf 10 RM zu beschränken[20].

Es ließe sich noch eine Fülle von Sonderleistungen und Zugeständnissen an die erwerbstätigen Frauen aufzählen. Ob eine Metallfirma ihrer weiblichen

Belegschaft ein halbes Pfund Bonbons als Sonderration zukommen ließ[21], arbeitenden Müttern, die das Mutterkreuz verliehen bekam, frei gegeben wurde[22], die NS-Frauenschaften Flickschneidereien einrichteten[23] oder Wäscherei- und Heißmangelbetriebe quasi als »kriegswichtig« erklärt wurden[24]: immer handelte es sich darum, den erwerbstätigen Frauen ihre Arbeit schmackhafter zu machen und mit der Arbeitslust auch die Produktion zu steigern. Denn da der politischen Führung zu harter Zwang und Strafen für die weiblichen Arbeitskräfte inopportun erschienen und hohe Locklöhne nicht in Frage kamen, blieb nur das sozialpolitische Zuckerbrot als Anreiz zur Arbeit übrig.

Die erhöhte Bedeutung, die der Frauenarbeit und der sozialen Betreuung der erwerbstätigen Frauen im Krieg beigemessen werden mußten, veranlaßte die DAF, sich mit frischen Kräften um das Monopol der Sozialarbeit auch innerhalb der Betriebe zu bemühen. Während sich die Privatwirtschaft weiterhin gegen derartige Übergriffe zur Wehr setzte[24a], zeigte sich die Wehrmacht der DAF gegenüber aufgeschlossen. Im April 1940 wurde zwischen Ley und dem Chef des OKW ein Abkommen über die Errichtung eines DAF-Wehrmachtsamtes getroffen[24b]. Rüstungsminister Todt, der auf die Frauenarbeit gerade für die Munitionsproduktion besonders angewiesen war, meinte, die Bereitwilligkeit der Frauen zur Erwerbstätigkeit ließe sich nur mit Hilfe der Partei steigern[25]. Auch der Chef des Wehrwirtschafts- und Rüstungsamtes, Thomas, glaubte auf die Mitarbeit der DAF und der Reichsfrauenführerin bei der Mobilisierung der weiblichen Arbeitskraftreserven nicht verzichten zu können. Da dies »im Hinblick auf die politischen Auswirkungen und die Aufrechterhaltung einer starken inneren Front nicht durch Zwang, sondern nur durch entsprechende, propagandistische Vorbereitung auf freiwilliger Grundlage geleistet werden« könne, müsse das DAF-Frauenamt Gelegenheit erhalten, »auch auf die in den Wehrmachtsbetrieben arbeitenden Frauen einzuwirken und sich über etwa auftretende Spannungen zu unterrichten«[25a]. Somit mußte den Wünschen der DAF »soweit wie irgend möglich entgegengekommen werden«.

Die Forderungen waren folgende: In allen Wehrmachtsbetrieben sollten Soziale Betriebsarbeiterinnen der DAF eingestellt werden, die auch das politische Amt der DAF-Betriebsfrauenwalterin ausüben konnten. Bereits vorhandene Werkpflegerinnen sollten von der DAF umgeschult werden. Alle Wehrkreise hatten hauptamtliche Wehrkreisfrauenwalterinnen einzustellen. Zudem sollte das OKW Mißstände in den Kantinen der Munitionsfabriken, »die sich aus dem Zusammensein männlicher und weiblicher Arbeitskräfte ergeben«, wobei »auch Offiziere mit eingesetzten Arbeitskräften, Helferinnen des Roten Kreuzes usw. in nicht zu billigender Weise Umgang pflegen«, abstellen. Sämtlichen Wünschen des DAF-Frauenamtes wurde stattgegeben, da auch Heß sich dafür einsetzte und Göring beispielgebend mit Ley eine Vereinbarung über die DAF-Arbeit bei der Luftwaffe schloß[25b].

3. Arbeitzeit

Bei Kriegsbeginn wurde die bestehende Arbeitszeitordnung von 1938 gelockert. Es wurde erlaubt, für Frauen die tägliche Arbeitszeit auf 10 Stunden auszudehnen und statt der bisherigen 48- eine 56-Stunden-Woche einzuführen; die Ruhepausen wurden verkürzt. Sondergenehmigungen für Nachtarbeit und für weitere Überstunden konnten die Betriebe bei den Gewerbeaufsichtsämtern einholen[26]. Schon nach wenigen Wochen erwies sich, daß die verlängerte Arbeitszeit keine Vorteile brachte. Viele Betriebe, die durch Wehrmachtsaufträge, die die Kapazitäten nicht berücksichtigten, unter Druck gesetzt wurden, überschritten auch noch die gesetzlich erlaubte Arbeitszeit. Dies geschah oft ohne die Erlaubnis der Gewerbeaufsichtsbehörde. So kam es zu zehn- bis elfstündigen Schichten für weibliche Arbeitskräfte. Da die Transportbedingungen schlecht und die Wege vielfach lang waren, bedeutete dies für die betroffenen Frauen, daß sie 12 bis 14 Stunden außer Hauses waren. Das negative Ergebnis – Erschöpfung, Leistungsabfall, Krankmeldungen – bewog einige Betriebe, schnell wieder die Achtstundenschicht für Frauen einzuführen. Da die erwartete Produktionssteigerung durch die verlängerte Arbeitszeit ausblieb, rentierten sich auch die vermehrten Lohnkosten ohnehin nicht[27].

Im Dezember 1939 wurden die Arbeitszeitgesetze wieder verschärft. Nachtschichten für Frauen und eine Überschreitung der 56-Stunden-Woche wurden prinzipiell verboten, genauso wie die Arbeit am Wochenende. Ausnahmen sollten möglichst selten und unter strengster behördlicher Überwachung zugelassen werden. Außerdem mußte den Hausfrauen die notwendige Freizeit zur Hausarbeit gewährt werden[28]. Die eindeutige Richtlinie für die Arbeitszeit der Frauen wurde dahingehend festgelegt, daß jede Überbeanspruchung und damit Unlust, Müdigkeit und letztlich Krankheiten um jeden Preis vermieden werden sollten[29].

Die neuerliche gesetzliche Einschränkung der Frauenarbeit wurde von der Wirtschaft und den Wehrwirtschaftsbeauftragten der Wehrmacht hart kritisiert. Da jetzt Nacht- und Zehnstundenschichten für Frauen ausfielen, wurden zusätzlich Arbeitskräfte benötigt. Wegen der verschieden langen Arbeitszeiten von Männern und Frauen war es meistens nicht mehr möglich, in gemischten Schichtkolonnen arbeiten zu lassen. Das Dreischichtensystem, daß eine optimale Ausnutzung der Betriebskapazitäten gestattete, war gefährdet, wenn nicht sehr häufige Ausnahmen von den Gewerbeaufsichtsbeamten gestattet würden[30]. Diese erteilten aber für Frauen nur sehr ungern solche Genehmigungen. Erlaubte ein Gewerbeaufsichtsamt jedoch einmal Mehrarbeit, galt dies nur befristet und war von Auflagen begleitet, wie etwa denen besonderer Pausen und ausreichenden, warmen Essens im Betrieb[31]. Todt, Minister für Bewaffnung und Munition, gab im Mai 1940 die nachdrückliche Weisung an die Rüstungsindustrie, Frauen höchstens neun Stunden pro Tag bei einer wöchentlichen Höchstarbeitszeit von 48 Stunden arbeiten zu lassen. Der Sonnabend sollte möglichst arbeitsfrei bleiben, auf jeden Fall müsse regelmäßig ein freier Tag für Hausarbeiten gewährt werden. Für Hausfrauen verlangte Todt, sechs- bis siebenstündige Schichten einzuführen. Er war sogar damit einverstanden, notfalls die Arbeitszeit für Männer herabzusetzen, damit auch in gemischten Abteilungen Frauen nur neun Stunden zu arbeiten brauchten[32].

Das Reichsarbeitsministerium bemühte sich darum, daß die Arbeitszeitgesetze für Frauen auch wirklich eingehalten wurden, und versuchte, den Arbeitsschutz mit präzisierenden Ergänzungs-Erlassen noch auszubauen[33]. Doch schon Ende 1941 war es unvermeidbar, in Betrieben mit besonders kriegswichtiger Rüstungsfertigung den Unternehmensleitungen zu erlauben, die Arbeitszeit nach eigenem Ermessen so festzusetzen, daß das Leistungsoptimum erreicht wurde. Die Kontrollpflicht der Gewerbeaufsichtsbehörde wurde jedoch weiterhin geübt, vor allem in Hinblick darauf, ob nicht durch übertriebene Überstunden die Leistung sogar vermindert wurde[34]. 1942 wurde dann für Betriebe, die Panzerwagen, Zugmaschinen und einige Spezialmaschinen herstellten, die zwölfstündige Arbeitszeit (elf Stunden Arbeit und eine Stunde Pause) gestattet, damit die vorgeschriebenen Lieferungsfristen eingehalten werden konnten. Eine Genehmigung der Gewerbeaufsicht blieb obligatorisch, doch wurde diese ermahnt, alle Gesichtspunkte dem einen Zweck unterzuordnen: die Waffenlieferungen an die Front sicherzustellen[35]. Im öffentlichen Dienst wurde 1942 die Mindestarbeitszeit von Beamten und Angestellten auf 56 Stunden pro Woche festgelegt. Soweit kriegswichtige Arbeit vorlag, war auch sonnabends und sonntags Dienst zu tun. Da sich jedoch viele verheiratete weibliche Angestellte vor allem über den Dienst an Wochenenden beschwerten und ankündigten, Halbtagsarbeit zu beantragen, mußten die Behörden den Frauen genügend Freizeit für die Hausarbeiten einräumen. So ergab sich für viele weibliche Bürokräfte in der Praxis doch eine durchschnittliche Arbeitszeit von 51 Stunden in der Woche, die mithin unter dem gesetzlichen Mindestmaß lag[36].

Nach der Verkündung des totalen Krieges 1943 erwies es sich als unvermeidbar, grundsätzlich die Nachtarbeit für Frauen zu gestatten. Noch im Februar wurde angeordnet, trotz des großangelegten Austausches von Arbeitskräften prinzipiell keine Nachtarbeit für weibliche Arbeitskräfte zuzulassen. Schon einen Monat später kam ein gegenteiliger Erlaß heraus. Doch blieb die Einschränkung, daß »Nachtarbeit für deutsche Frauen grundsätzlich unerwünscht« und nur dann zu rechtfertigen war, wenn es sich um »kriegswichtige Arbeiten« handelte und Kriegsgefangene oder ausländische Männer und Frauen nicht mehr zur Verfügung standen[37].

Im Jahre 1944 stieg die gesetzliche Arbeitszeit zusehends. Im März wurde für die Rüstungsindustrie die 60-Stunden-Woche eingeführt. Obwohl für Frauen immer noch die 56-Stunden-Woche als Maximum galt, waren auch weibliche Arbeitskräfte, etwa das Büropersonal der Fliegerhorste, davon betroffen. Bei diesen Frauen führte die verlängerte Arbeitszeit, besonders bei zeitraubenden Wegen zur Arbeitsstätte, zu verminderter Leistung und steigenden Krankmeldungen[38]. Allgemein galt die erhöhte Arbeitszeit wieder nur für besonders kriegswichtige Büro- und Fertigungsarbeiten. Nicht nur die Gewerbeaufsichtsbehörde, sondern auch die DAF schien – selbst in Rüstungsbetrieben – scharf zu überwachen, ob eine 60-Stunden-Woche wirklich erforderlich war[38a]. Auch wenn unwahrscheinliche Gerüchte umgingen, etwa daß Firmen eine wöchentliche Arbeitszeit von 92 Stunden planten, wurde dies überprüft[39]. Eine Arbeitswoche von 72 Stunden kam in bestimmten Rüstungsbetrieben – mit Sondergenehmigung – durchaus vor, war allerdings mit zurückgehender Leistung verbunden[40].

In der Frage der Arbeitszeit gab es bis zum Ende des Regimes keine Übereinstimmung über die Auslegung der Gesetze und die entsprechende Praxis. Das Reichsarbeitsministerium vertrat weiterhin den Standpunkt, daß die Arbeitszeit in einem optimalen Verhältnis zur daraus resultierenden Leistung stehen müsse. In diesem Sinne boten die gesetzlichen Arbeitszeitmaxima keine legale Grundlage für die Arbeitseinsatzbehörden, eine Erhöhung der Arbeitszeit auf das Höchstmaß zu verlangen. Allerdings verlegten sich die Behörden für den Arbeitseinsatz in der zweiten Hälfte des Jahres 1944 – unter der Ägide von Göring – immer mehr darauf, einen indirekten Druck auf die Betriebe auszuüben. Es wurden einfach so lange keine neuen Arbeitskräfte bewilligt, als die Betriebe nicht die Arbeitszeiten verlängert hatten[41].

Im Juli 1944 wurden für Männer alle Arbeitszeitbegrenzungen aufgehoben. Für Frauen und Jugendliche blieb es weiterhin bei der Höchstzahl von 56 Stunden in der Woche. Aber auch für Männer wurden die extensiven Arbeitszeitbestimmungen kaum noch ausgenutzt[42]. Bis zum Winter 1944 gab es noch eine Reihe von Erlassen, die die 56-Stunden-Woche für deutsche Frauen und die Möglichkeit der Nachtarbeit für weibliche Arbeitskräfte sanktionierte. Doch war die Nachtarbeit unverändert an viele Auflagen gebunden, wie regelmäßigen Wechsel von Tag- und Nachtschichten, Höchstdauer der Nachtschicht acht Stunden, leiche Arbeit. Die Nachtarbeit für Frauen blieb außerdem abhängig von der Erlaubnis der Gewerbeaufsicht, die in jedem Fall die Familienverhältnisse, dann Alter und Gesundheitszustand der Frauen sowie die Länge des Weges zur Arbeit und die Transportverhältnisse zu überprüfen hatte[43].

Im Rahmen dieser Untersuchung hat es wenig Sinn, eine durchschnittliche Arbeitszeit der Frauen im Krieg zu nennen, zumal Durchschnittswerte meistens wenig Aussagekraft haben[44]. In den amtlichen Statistiken wird kaum zwischen der Arbeitszeit von Männern und Frauen unterschieden, geschweige denn zwischen einzelnen Industriezweigen oder Wirtschaftsgebieten. In der Konsumgüterindustrie, die ja überwiegend Frauen beschäftigte, wurde im Krieg, bedingt durch Rohstoffmangel und Rationierung von Lebensmitteln, Schuhen und Textilien, bis 1943 meistens weniger als 48 Stunden wöchentlich gearbeitet. Erst die verschärften Auskämmbestimmungen veranlaßten die Unternehmer, mindestens die 48-Stunden-Woche zu gewährleisten, um keine Arbeitskräfte zu verlieren. Auch in der Rüstungsindustrie waren nicht in allen Betrieben gleich lange Schichtzeiten zu verzeichnen. Im März 1940 wurden 235 niedersächsische Rüstungsbetriebe untersucht und folgende Arbeitszeiten für Frauen festgestellt: In 12 % der Werke lagen die Schichtzeiten unter acht Stunden; 8 % hatten schon die Umstellung auf solche kürzere Arbeitszeit eingeleitet; 70 % hatten für Frauen achtstündige Schichten eingerichtet, bei diesen insgesamt 90 % der Betriebe blieb die wöchentliche Arbeitszeit unter 56 Stunden. Bei 10 % der überprüften Firmen arbeiteten die Frauen 56 Stunden und länger pro Woche[45].

Diese Zeiten galten natürlich nur für vollberufstätige Frauen, nicht für die halbtags arbeitenden. Die große, während des Krieges ständig wachsende Zahl halbtags arbeitender Frauen trug andererseits erheblich dazu bei, den Reichsdurchschnitt der statistisch ermittelten Arbeitszeit von Männern und Frauen zu senken; denn die Statistiker differenzierten bei der Zahl der Erwerbstätigen nicht zwischen halbtags und ganztägig Beschäftigten.

Die meisten – soweit überhaupt vorhandenen – Angaben über die Arbeitszeit von Frauen beschränken sich auf die Industrie, vorrangig die Rüstungsindustrie. Hierauf konzentrierte sich auch die Aufmerksamkeit der DAF, der Gewerbeaufsicht und anderer Stellen, die aus ideologischen Gründen oder zwecks Wahrung der Arbeitseffektivität den Arbeitsschutz und die Arbeitszeit für Frauen überwachten. Mithelfende weibliche Familienangehörige in Handwerk, Handel und Landwirtschaft und Landarbeiterinnen, die einen wesentlichen Teil der weiblichen Erwerbstätigen ausmachten, standen nicht annähernd so im Brennpunkt des allgemeinen Interesses. Die Landwirtschaft war zum kriegswichtigen Wirtschaftszweig erklärt worden, und die Landarbeiterinnen wurden 1942 in den gesetzlichen Mutterschutz einbezogen; es ist jedoch kaum anzunehmen, daß Landarbeiterinnen vom Frühjahr bis zum Herbst nicht mehr als 56 Stunden wöchentlich arbeiteten. Die Bäuerinnen, schließlich nach nationalsozialistischer Weltanschauung dem idealen Berufsstand angehörig, mußten im Krieg noch schwerer und länger arbeiten als vorher. Die Landflucht männlicher und weiblicher Landarbeiter verstärkte sich, die Männer und Söhne wurden zur Wehrmacht eingezogen, und die Kriegsgefangenen reichten als Ersatz nicht aus. So betrug die durchschnittliche Arbeitszeit einer Bäuerin im Jahre 1942 13–15 Stunden täglich[46], insgesamt also mehr als die 1944 noch als ungewöhnlich betrachtete 72-Stunden-Woche von Rüstungsarbeitern.

Soviel auch getan wurde im Bereich von Arbeitsschutz und sozialer Fürsorge, es konnte nicht verhindert werden, daß die Arbeitsleistung sank. Vor allem verschlechterte sich die Gesundheit der arbeitenden Frauen, und die Zahl der Geburten nahm ab, wie in allen kriegführenden Ländern. Die Betriebsärzte berichteten immer wieder von einer zunehmenden Zahl von Erkrankungen, Fehlgeburten und Abtreibungen. Oft baten auch überlastete Frauen offen um Empfängnisverhütungsmittel. Die Fälle, in denen Frauen an den Maschinen oder hinter den Ladentischen einfach zusammenbrachen, mehrten sich[47]. Dies war das Ergebnis von Arbeitsüberlastung, verbunden mit anderen kriegsbedingten Faktoren wie unzureichender Ernährung, erhöhten Schwierigkeiten beim Versorgen von Haushalt und Kindern, Angst um den Mann an der Front oder Furcht vor Fliegerangriffen, unter denen auch nichtberufstätige Frauen litten. Die führenden Nationalsozialisten, auch Hitler, waren sich bewußt, daß alle sozialpolitischen Bemühungen für die arbeitenden Frauen den Konflikt zwischen den ideologischen Forderungen zur Rolle der Frau in der Praxis nicht aufhoben. Doch als Ausweg, um alle ideologischen Skrupel zu beschwichtigen, blieb der Blick in die goldene Zukunft nach dem Krieg, in der man deutschen Frauen – auf Kosten unterjochter »Fremdvölker« – alle Fürsorge und Schonung angedeihen lassen wollte.

4. Lohnstopp oder Locklöhne?

Mit der Kriegswirtschaftsverordnung vom Oktober 1939 wurde der absolute Lohnstopp für die Dauer des Krieges verhängt. Theoretisch erledigte sich damit auch die Frage, ob die Frauenlöhne den Männerlöhnen angenähert werden sollten, zumindest bis zum Kriegsende. Doch in der Praxis drängte dieses Problem mehr denn je auf eine Lösung. Denn was sich im Zeichen der Vollbeschäftigung schon als Tendenz abgezeichnet hatte, entwickelte sich zum Massenphänomen: Frauen besetzten Arbeitsplätze, die bis dahin nur von Männern okkupiert worden waren. In der Verwaltung wie in der Produktion mußten Frauen zur Wehrmacht einberufene Männer ersetzen und die Mehrarbeit von Behörden und Rüstungsindustrien bewältigen helfen. Andererseits waren immer weniger Ehefrauen bereit, für die niedrigen Frauenlöhne zu arbeiten, da der Verdienst eines Rüstungsarbeiters oder Angestellten oder die Familienunterhaltszahlung für die Angehörigen von Soldaten zum Lebensunterhalt reichten. Viele verheiratete Frauen gaben deshalb ihre Arbeit auf. Die weiterhin erwerbstätigen Frauen, ob ledig oder verheiratet, waren oft mißgestimmt angesichts niedriger oder ungerechter Entlohnung. Das trug erheblich zu einer verminderten Arbeitsleistung bei. Die politische Führung lehnte es ab, mit einer Kürzung oder gar Streichung des Familienunterhalts die Ehefrauen von Soldaten zur Arbeit zu zwingen, und sie schreckte auch vor einer extensiven Dienstverpflichtung von Frauen zurück. Die Zahl der »Patriotinnen«, die sich freiwillig zur Kriegsarbeit meldeten, blieb gering. Als Lockmittel zur freiwilligen Arbeitsaufnahme und als Anreiz zur größeren Leistung bot sich noch an, die Frauenlöhne zu erhöhen. Trotz des Lohnstopps wurde dieser Ausweg bald nach Kriegsbeginn von allen Verantwortlichen diskutiert[48].

Bereits zwei Wochen nach Inkrafttreten der Kriegswirtschaftsverordnung legte der Reichsarbeitsminister fest, daß den Frauen im öffentlichen Dienst in den Fällen Männerlohn zu zahlen sei, in denen die Frauen die gleiche Tätigkeit ausübten wie ein Mann, in jeder Beziehung die gleiche Leistung vollbrachten und eine besonders verantwortliche oder körperlich besonders anstrengende Arbeit verrichteten. Dieses Prinzip sollte in der Privatwirtschaft jedoch nur mit Vorbehalten angewendet werden. Als Begründung dienten die gleichen Argumente, die schon der Erlaß des Reichsarbeitsministers vom Januar 1939 angeführt hatte. In der Privatwirtschaft mußte von dem Grundsatz ausgegangen werden, daß Frauenarbeit 25 % niedriger als Männerarbeit bezahlt wurde. Um diese gewohnte Lohnordnung so wenig wie möglich zu erschüttern, sollten in der Wirtschaft, bevor Frauen für Männerarbeit auch Männerlohn erhielten, zuerst die Fragen geprüft werden, ob höhere Frauenlöhne Preiserhöhungen verursachen und ob sie Unruhe unter den Arbeitern und Arbeiterinnen in Gewerbezweigen mit niedrigem Lohnniveau hervorrufen würden[49]. Alle diese einschränkenden Bedingungen machten es somit ziemlich unwahrscheinlich, daß Frauen in der privaten Wirtschaft für Männerarbeit auch Männerlöhne erhalten würden.

Dagegen konnten die Bahnsteig- und Zugschaffnerinnen der Reichsbahn aufgrund des Erlasses bis zu 100 % des Männerlohnes erhalten. Auch

Straßenbahnschaffnerinnen, denen schon 90 % des Männerlohnes zugebilligt war, hatten jetzt berechtigten Anspruch auf eine volle Lohnangleichung[50]. Omnibus- und Straßenbahnfahrerinnen verdienten dasselbe wie ihre männlichen Kollegen[51]. Bei der Reichspost und den Stadtwerken, etwa wenn Frauen die Arbeit von Strom- und Gasablesern übernommen hatten, setzte sich das Prinzip »gleicher Lohn für gleiche Arbeit« durch[52].

In der Industrie blieb es vorerst bei weit niedrigeren Frauenlöhnen, was eine immer größere Mißstimmung unter den betroffenen Frauen hervorrief. Der Sicherheitsdienst berichtete immer wieder über Fälle ungerechter und nicht ausreichender Tariflöhne. So erhielt in einem schlesischen Betrieb eine Kranführerin, die ihren männlichen Vorgänger völlig ersetzte, nur 56 % von dessen Lohn. In pommerschen Möbelfabriken wurden Frauen als Ersatz für Männer eingestellt, um die gleiche Polierarbeit zu leisten, während ihnen aber nur 62 % des Lohnes bezahlt wurden. Daß diese Lohndifferenz als Unternehmergewinn eingestrichen wurde, blieb den Arbeiterinnen natürlich nicht verborgen. Aufgrund solcher »Meldungen aus dem Reich« forderte Görings Vierjahresplanbehörde den Reichsarbeitsminister auf, die Frage grundsätzlich zu prüfen[53]. In seiner Antwort sprach sich das Reichsarbeitsministerium entschieden gegen den Leistungslohn für Frauen aus, wofür es eine Mischung von ideologisch-soziologischen, politischen und volkswirtschaftlichen Gründen anführte.

Ein Lohnsystem, das die Leistung primär, Alter und Geschlecht aber sekundär berücksichtigte, mußte unweigerlich zu »sozialen Erschütterungen« führen. Als Menetekel wurde der Erste Weltkrieg heraufbeschworen, in dem die hohen Verdienste der jungen Rüstungsarbeiter und -arbeiterinnen »an der Front wie in der Heimat die Stimmung auf das Ungünstigste beeinflußt« hatten. Es galt auch, »Unzuträglichkeiten innerhalb der einzelnen Familien zu vermeiden«, die unweigerlich entstehen mußten, wenn Ehefrau oder Tochter ebensoviel oder mehr als das Familienoberhaupt verdienten. Zudem würde eine konsequente Entlohnung aller Frauen nach ihrer Leistung vor allem in den Verbrauchsgüterindustrien, die überwiegend Frauen beschäftigten, zu erheblichen Kostenerhöhungen führen. Diese wiederum hätten Preiserhöhungen zur Folge, die das mühsam aufrechterhaltene Lohn-Preis-Gefüge zerstören würden. Falls man den Leistungslohn für Frauen nur auf die Rüstungsindustrien beschränkte, war das zwar volkswirtschaftlich gesehen eher tragbar, doch waren in diesem Fall wieder »soziale Spannungen« zu befürchten. Rüstungsarbeiterinnen hätten dann wieder besser verdient als ihre Kolleginnen und – noch viel schlimmer: als die männlichen Arbeiter in der Konsumgüterindustrie[54]. Also waren die »Dolchstoßlegende«, die Sorge um die überkommene Gesellschaftsordnung und das Bemühen, den Preis- und Lohnstopp einzuhalten, gleichermaßen starke Motive für das Reichsarbeitsministerium, in der Industrie die traditionelle Differenz von Männer- und Frauenlöhnen, auch bei gleicher Leistung, aufrechtzuerhalten.

Indessen verschlechterte sich die Stimmung und damit auch die Leistung der Arbeiterinnen wegen der ungerechten und niedrigen Löhne immer weiter[55]. Irgend etwas mußte in der Frage der Frauenlöhne getan werden. Eine Konferenz der Staatssekretäre und der Stellvertreter des OKW, der DAF und des Führers fand im Mai 1940 statt. Vom Reichsarbeitsministerium wurde eine Besprechungsunterlage unterbreitet, die das Für und Wider von traditionell niedrigeren Frauenlöhnen oder Leistungslöhnen gegeneinander abwog. Neben den bereits bekannten Argumenten gegen gleiche Entlohnung wurden folgende Gründe dafür angeführt: Das nationalsozialistische Leistungsprinzip werde gewahrt, und »ungerechtfertigte« Unternehmerprofite würden unterbunden. Eine gerechte Entlohnung würde die Frauen »einsatzfreudiger« machen, die Leistungen würden sich verbessern. Zudem wirke der Leistungslohn als »Lockmittel« auf die Frauen, eine Arbeit aufzunehmen. Da die Angleichung der Frauen- an die Männerlöhne in allen Wirtschaftszweigen jährlich die Lohnkosten um 2,78 Milliarden RM erhöht hätten, kam der Leistungslohn nur in den wichtigsten Rüstungsindustrien in Frage. Dort sollten ausschließlich für sogenannte »neue Frauenarbeiten«, wo Frauen während des Krieges Männer auf traditionellen Männerarbeitsplätzen vertraten, gleiche Löhne gezahlt werden. Die Beschränkung dieser attraktiveren Lohngestaltung auf wenige Branchen barg die Gefahr der Abwanderung von Arbeiterinnen aus der Verbrauchsgüter- und Exportindustrie in die Rüstungsindustrie. Das Reichsarbeitsministerium hielt es aber für sehr »zweifelhaft, ob Arbeitseinsatzmaßnahmen diese – völlig ungeregelte – Abwanderung auf die Dauer ohne fühlbaren Leistungsrückgang aufhalten« könnten[56].

Die Sitzungsteilnehmer waren einstimmig der Meinung, daß es »jedenfalls zur Zeit unmöglich« war, »etwa schon jetzt den Grundsatz der reinen Leistungsentlohnung« durchzuführen, aber in den Fällen, in denen Frauen Männer ersetzten und in Akkordgruppen mit Männern zusammenarbeiteten, allein die Leistung den Lohn auch schon im Krieg bestimmen müsse[57]. Prinzipiell lehnte also niemand den Gedanken ab, daß in der Zukunft einmal Frauen für gleiche Arbeit auch den gleichen Lohn wie Männer beanspruchen könnten. Allgemein teilte man jedoch die Besorgnis des Reichsarbeitsministers, daß die Beschränkung des Leistungslohns nur auf Frauen, die in der Rüstungsindustrie Männer ersetzten, praktisch schwierig sein würde und als psychologische Folge sich weitere Lohnerhöhungen bei den Frauen und den Männern in anderen Wirtschaftszweigen ergeben müßten[58].

Trotz aller Bedenken kam dann aber im Juni der Erlaß über »Lohn- und Arbeitsbedingungen der Frauen im Kriege« heraus. Die Reichstreuhänder der Arbeit wurden darin aufgefordert, in den besonders kriegswichtigen Wirtschaftszweigen – ausdrücklich nur in diesen – der Eisen- und Metallverarbeitung und der chemischen Industrie, falls nötig, auch im Bergbau und in der Eisen- und Metallverhüttung, die Lohnbedingungen für Frauen zu überprüfen. Dabei sollte bei »typischen Frauenarbeiten«, also solchen, die »traditionsgemäß von Frauen verrichtet« wurden, die niedrigeren Frauenlöhne erhalten bleiben. Dasselbe galt dort, »wo schon seit langem gleiche Arbeiten von Männern und Frauen verrichtet werden, die Frau jedoch eine andere Vergütung als der Mann erhält«. Hatte dagegen »die Frau Arbeiten übernommen, die bisher üblicherweise dem Manne vorbehalten waren«, und erbrachte sie die gleiche Leistung, ohne Hilfestellungen und besondere technische Vorrichtungen, stand ihr bei Akkord- und Prämienarbeit auch der Männerlohn zu. Bei Zeitlohnarbeit standen der in Männerarbeit eingesetzten Frau aber vorerst nur 80 % des Männerlohnes zu, da auf die Dauer die Frau angeblich nicht das gleiche wie der Mann leistete und erst das Gegenteil beweisen mußte, um auch hier gleich entlohnt zu werden[59].

Mit diesem Erlaß hofften die Verantwortlichen der Kriegswirtschaft, die Steigerung der Frauenlöhne nur auf einen kleinen Umfang beschränken zu können. Im Rahmen des nationalsozialistischen Konzepts einer geplanten und verwalteten Wirtschaft war es selbstverständlich, daß die vom Arbeitskräftemangel ausgelöste Dynamik von Frauenlöhnen staatlich reguliert werden mußte. Denn man war fest davon überzeugt, daß in einer »ungeregelten Wirtschaft« angesichts einer solchen Knappheit von männlichen Arbeitskräften, wie sie im Krieg auftrat, und des daraus resultierenden vermehrten Einsatzes von Frauen der Frauenlohn für die neue Arbeit sich nach dem Gesetz von Angebot und Nachfrage einpendeln würde. Damit hätten die Frauenlöhne sehr schnell den Stand der vergleichbaren Männerlöhne erreicht[60]. Diese Schlußfolgerung wurde durch die Wirklichkeit in den kriegführenden Industriestaaten England und USA widerlegt. Hier zeigte sich, daß auch ohne gezielte staatliche Lenkung ein Wesenselement der kapitalistischen Wirtschaftsordnung – nämlich das Gewinninteresse der Unternehmer – höhere Frauenlöhne verhindern half, selbst wenn die Regierung das Prinzip »gleicher Lohn für gleiche Arbeit« empfahl. Der Egoismus der Gewerkschaften, die ihre Politik am Interesse der männlichen Mitglieder orientierten, bremste ebenfalls die Entwicklung der Frauenlöhne[61]. In diesem Punkt lagen die Dinge in Deutschland allerdings anders, da die DAF, der »Gewerkschaftsersatz«, ja Leistungslöhne auch für Frauen forderte.

Gelang es auch nicht ganz, während des Krieges in Deutschland den völligen Lohnstopp einzuhalten – die Löhne in der Industrie stiegen durchschnittlich um etwa 10 % –, so blieb doch das Verhältnis von Männer- und Frauenlöhnen bei der Zeitlohnarbeit fast gewahrt. Lediglich in der Textil- und der Bekleidungsindustrie näherten sich die Zeitlöhne der Facharbeiterinnen denen der männlichen Facharbeiter etwas an. Für die Rüstungsbranchen der Metallindustrie und der chemischen Industrie läßt sich der Tariflohnstatistik des Statistischen Reichsamts zwar nichts über die Differenz des Zeitlohns von männlichen und weiblichen Facharbeitern entnehmen, da hier Facharbeiterinnen, angelernte und ungelernte Arbeiterinnen als *eine* Kategorie zusammengefaßt sind. Doch blieb die Lohnspanne zwischen dieser Kategorie und den männlichen ungelernten und angelernten Arbeitern gleich. Die amtliche Statistik enthält außerdem nur die Entwicklung des Zeitlohns, nicht aber des Akkord- bzw. Stücklohns. Somit sagt diese Quelle nichts darüber aus, ob in der Rüstungsindustrie ab 1940 qualifizierte Arbeiterinnen, die Männerarbeit leisteten, auch den Akkordlohn für Männer erhielten[62].

Die meisten Rüstungsbetriebe beschäftigten erst seit der durch die Aufrüstung bedingten Vollbeschäftigung weibliche Arbeitskräfte in der Produktion, die fast ausschließlich als ungelernte Arbeiterinnen eingesetzt wurden. Dies änderte sich während des Krieges kaum, als sich die wachsende weibliche Belegschaft aus branchenfremden Arbeiterinnen, Angestellten und fabrikungewohnten Hausfrauen rekrutierte, die so schnell wie möglich für einfache Produktionsarbeiten angelernt wurden, ohne eine wirkliche Ausbildung durchlaufen zu haben. Tätigkeiten der acht höchsten Lohngruppen wurden in den Rüstungsindustrien von Frauen nicht ausgeübt. Frauen, die Arbeiten der Ecklohngruppe fünf – normale Facharbeit – verrichteten, bildeten seltene Ausnahmen. Deshalb mußte die Einstufung einer Arbeiterin in diese oder eine höhere Lohngruppe erst von den Reichstreuhändern der Arbeit genehmigt werden[63]. Diese hatten kaum Schwierigkeiten, für das Gros der Arbeiterinnen, die ungelernte Tätigkeiten der niedrigsten Zeitlohngruppen verrichteten, die branchenüblichen Differenzen zwischen Männer- und Frauenlöhnen auf-rechtzuerhalten. Dagegen gelang es den Treuhändern der Arbeit während des ganzen Krieges kaum, die Akkordbedingungen für Frauen zu kontrollieren. Der Erlaß über Kriegslöhne für Frauen vom Juni 1940 stellte eine interne Dienstanweisung an die Treuhänder dar, die allein eine eventuelle Angleichung von Männer- und Frauenlöhnen festlegen sollte. Viele Unternehmer aber legten den Erlaß so aus, daß sie ohne besondere Genehmigung von sich aus die Akkordlöhne der Arbeiterinnen denen der Männer gleichsetzen konnten, wenn sie die Voraussetzungen als gegeben ansahen – und sich Vorteile davon versprachen. Damit usurpierten diese Unternehmer zwar Funktionen der Reichstreuhänder, doch konnten die Behörden anscheinend wenig dagegen tun. Die DAF, die sich stets für den Leistungslohn auch für Frauen eingesetzt hatte, unterstützte die Unternehmer in ihrem Vorgehen[64].

Wenn den Behörden auch die Überprüfung der Akkordlöhne für Frauen schwerfiel, so scheint doch das Gewinninteresse der Unternehmer dafür gesorgt zu haben, daß die Fälle, in denen Frauen die gleichen Akkordlöhne wie Männer erhielten, sich in Grenzen hielten. Das Beispiel der Metallfirma MAN, die erst im Krieg in größerem Umfang Arbeiterinnen beschäftigte, zeigt, wie Rüstungsbetriebe ohne die Tradition der Frauenarbeit es weitgehend vermie-den, gleiche Akkordlöhne zu zahlen. Die Richtlinien für die Bemessung des Akkordlohns für Frauen waren folgende: »Für Arbeiten, die als Frauenarbeit angesprochen werden *können* und keine hohen körperlichen Leistungen bedingen«, wurde – obwohl hier keine traditionelle Frauenarbeit vorlag – auch im Akkord den Arbeiterinnen nicht der entsprechende Lohnsatz männlicher Hilfsarbeiter oder angelernter Arbeiter bezahlt. Tätigkeiten, die als einfache Teilarbeiten der Massenproduktion schnell zu lernen waren und statt Körperkraft nur Präzision verlangten – wie etwa das Gravieren, Polieren, Stanzen und Kontrollieren von Ventilstücken –, wurden als »neue Frauen-arbeiten« deklariert. Dies Etikett der Frauenarbeit diente als ausreichende Begründung, um in einer Branche und in einem Betrieb, der für die Frauenarbeit gerade erschlossen wurde, die in traditionellen Frauenindustrien seit langem übliche Differenz von Männer- und Frauenlöhnen zu überneh-men. Das hieß in der Praxis, daß die Firma nicht nur den Zeitlohn, sondern auch den entsprechenden Stücklohnsatz für Männer einfach mit dem sogenannten »Faktor für Frauenarbeiten« multiplizierte. Bei leichter Akkord-arbeit hatte die MAN diesen Faktor auf 0,71 festgelegt, woraus sich für die Arbeiterinnen also 71 % des Akkordsatzes für Männer errechneten.

Aber auch angelernte Arbeiterinnen, »die als Ersatz für Männer eingestellt werden und deren Arbeit bisher regelmäßig von Männern ausgeführt« wurde, erhielten nicht den vollen Akkordlohn der Männer, obwohl sie nach dem Erlaß des Reichsministers vom Juni 1940 dazu berechtigt waren. Für »einfachere angelernte Arbeiten«, z. B. in der Zylinderfertigung, beim Fräsen oder Revolverdrehen, zahlte die Firma einer Frau 85 % des Akkordlohns, die ein Mann für die gleiche Arbeit erhielt. 90 % des Akkordlohns der Männer bekam eine Arbeiterin für »schwierigere, angelernte Arbeiten« und 95 % für »einfache Facharbeiten«, wobei diese Tätigkeiten »wegen ihrer Schwere vorher grundsätzlich Männern vorbehalten« sein mußten – etwa Schlosserarbeiten im Motorenbau. Somit zahlte die MAN keiner Arbeiterin, ob sie bei einfacheren angelernten Tätigkeiten oder bei Facharbeiten einen Mann ersetzte, den gesetzlichen Akkordsatz. Auch mit den Faktoren 0,90 und 0,95 sollte ausdrücklich nur der Akkordlohn eines verhältnismäßig kleinen Kreises von qualifizierten angelernten Arbeiterinnen berechnet werden[65]. Offensichtlich war also in bestimmten Firmen des Rüstungssektors das Interesse am Mehrgewinn aus niedrigeren Frauenlöhnen größer als daran, mit gleichen Löhnen weibliche Arbeitskräfte anzuwerben und zu erhöhter Leistung anzuspornen. In diesen Betrieben waren die Vorurteile gegen Frauenarbeit noch besonders stark, weshalb auch eine intensivere Ausbildung der neuen Arbeiterinnen abgelehnt wurde – die MAN etwa lernte die Frauen nur kurz am Arbeitsplatz an. Für qualifiziertere Tätigkeiten forderten die meisten Rüstungsbetriebe während des ganzen Krieges männliche – deutsche oder ausländische – Arbeiter an.

Allerdings gab es auch unter den Rüstungsbetrieben entgegengesetzte Beispiele. Die Metallfirma Messerschmitt AG, schon vorbildlich als nationalsozialistischer Musterbetrieb, beantragte beim Bayrischen Reichstreuhänder der Arbeit, die Stundenlöhne für »produktive Frauenarbeit« um zehn Pfennig erhöhen zu dürfen[66]. Das bedeutete bei Arbeiterinnenlöhnen der Metallindustrie von 56–57 Pf pro Stunde immerhin eine Erhöhung von 17–18 %. In den Konsumgüterindustrien, die immer mehr männliche Arbeiter an die Wehrmacht oder die Rüstungsindustrien abgeben mußten und zudem qualifizierte Frauenarbeit schon länger üblich war, herrschte die größte Bereitschaft, Facharbeiterinnen, die Männer vollwertig ersetzten, auch den Zeitlohn für Männer zu zahlen[67]. Doch derartige Forderungen widersprachen der offiziellen Lohnpolitik, die eine begrenzte Angleichung von Frauen- an Männerlöhne eben nur in den Rüstungsbranchen von Metallindustrie und chemischer Industrie zuließ.

Insgesamt war die Haltung der Unternehmer zum Prinzip des gleichen Lohnes für gleiche Arbeit ambivalent. Dabei spielte es erstens eine Rolle, wieweit in den einzelnen Branchen Frauenarbeit und damit auch Facharbeit von Frauen Tradition hatte und wie stark die Vorurteile einzelner Unternehmer gegen die Beschäftigung von Frauen waren. Zweitens war entscheidend, wie kriegswichtig ein Betrieb war. Ein Rüstungsunternehmen konnte es sich eher als ein Konsumgüterbetrieb leisten, auf Locklöhne für deutsche Frauen zu verzichten, da es weit größere Chancen hatte, Kriegsgefangene und ausländische Arbeiter zu viel günstigeren Arbeitsbedingungen zu erhalten. Es waren also nicht nur die Unternehmer, sondern fast noch mehr die Wirtschaftsfachleute der Wehrmacht und Bürokratie, die eine mehr (so das Reichsarbeitsministerium) oder weniger (so die Wehrwirtschaftsinspektionen) begrenzte Aufbesserung von Frauenlöhnen wünschten, da man einsah, daß die »Lohnfrage« für die »Bereitwilligkeit der Frauen zur Fabrikarbeit eine erhebliche Rolle« spielte[68].

Viel großzügiger verhielten sich die Unternehmer allerdings bei der Gehaltsbemessung für weibliche Bürokräfte, da diese schon vor dem Krieg sehr knapp gewesen waren und durch die Einberufungen männlicher Angestellter zur Wehrmacht noch rarer wurden, andererseits aber nicht durch Fremdarbeiter ersetzt werden konnten. Die Betriebe versuchten mit allen Mitteln, die Gehälter weiblicher Büroangestellter in die Höhe zu schrauben, um diese zu halten oder anzuwerben. Diese Kräfte wurden von vornherein in zu hohe Gruppen der Tarifordnung eingestuft – jede Stenotypistin wurde als Sekretärin bezeichnet – und erhielten Leistungszulagen und unter fadenscheinigen Vorwänden Lohnerhöhungen. Auf diese Weise verdienten Stenotypistinnen mehr als hochwertige Facharbeiter; z. B. hatte eine 22jährige Schreibkraft einer Bergbaufirma ein um 25 % höheres Einkommen als ein Hauer mit Familie. Das Interesse der Unternehmer an weiblichen Arbeitskräften war also groß, sobald sie knapp und unersetzlich waren. In diesem Fall zahlten die Unternehmer übertarifliche Gehälter und umgingen hartnäckig Anordnungen der Reichstreuhänder zur Einhaltung des Lohnstopps bei Büroangestellten[69].

Durch das starre Lohn- und Preissystem waren dem Bemühen, Löhne als Lockmittel für weibliche Arbeitskräfte einzusetzen, enge Grenzen gezogen. Deshalb wurde verheirateten Frauen eine Arbeitsaufnahme durch das indirekte Mittel der Steuererleichterung attraktiver gemacht. 1941 fiel zuerst die Bestimmung fort, daß einer mitverdienenden Ehefrau bei der Lohnsteuerberechnung ein »Ausgleichsbetrag« von 52 RM zum Verdienst addiert werden mußte. Ende des Jahres wurde das Einkommensteuergesetz dahingehend geändert, daß Ehefrauen, die einen Verdienst aus nichtselbständiger Arbeit bezogen, getrennt vom Ehemann besteuert wurden. Bis dahin waren die Einkünfte von Ehegatten steuerlich zusammen und damit höher veranlagt worden[70]. Allerdings brachten diese Steuererleichterungen nur den Ehefrauen von Beamten, Selbständigen, Offizieren oder von nicht eingezogenen Rüstungsarbeitern und Angestellten Vorteile. Für Ehefrauen von Soldaten bis zum Rang eines Gefreiten hatten diese Gesetze keine praktische Bedeutung, da sie Familienunterhalt bezogen, der nicht versteuert wurde. Dagegen wurde während des ganzen Krieges der Lohn dieser Frauen zum größten Teil auf ihre Unterstützung angerechnet. Viele Unterhaltsempfängerinnen zogen es deshalb vor, überhaupt nicht mehr oder nur so viel zu arbeiten, daß der Verdienst nicht den anrechnungsfreien Satz überstieg. Die Arbeiterinnen reduzierten ihre Leistungen – ablesbar am ausgezahlten Lohn –, um gerade noch den anrechnungsfreien Betrag zu verdienen, so sehr, daß sie oft nur noch die Hälfte, ein Drittel oder gar ein Zehntel ihres Vorkriegsverdienstes erhielten. Doch konnte die politische Führung sich nicht entschließen, arbeitenden Familienunterhaltsberechtigten die Unterstützung völlig ungekürzt neben dem Lohn zu belassen – wie es etwa in den USA geschah –, da sie eine unerwünschte Steigerung der Kaufkraft befürchtete[71].

Wenn sich während des Krieges auch einige materielle Vorteile für einen Teil der arbeitenden Frauen ergaben, so entstanden für einen anderen Teil der Frauen – und genauso für Männer – der von kriegsunwichtigeren Arbeiten in die Rüstungswirtschaft vermittelt oder dienstverpflichtet wurde, Lohnverschlechterungen. Denn durch den Wechsel zwischen einzelnen Wirtschaftszweigen und Regionen, aber auch von Tätigkeiten als Angestellte oder Facharbeiterin zu ungelernter Arbeit entstanden große Lohnunterschiede bis zu 50 %. So erhielten ehemalige Verkäuferinnen in einem schlesischen Drahtwerk bei der ungewohnten Arbeit im Akkord nur noch 60 % ihres früheren Verdienstes. Facharbeiterinnen des Druckereigewerbes bekamen in der Metallindustrie als ungelernte Arbeiterinnen nur noch 50 % des bisherigen Lohnes. Oft füllten Frauen sogar bei einem um 20 % gekürzten Lohn ausgesprochene Männerarbeitsplätze in der Rüstungswirtschaft aus. Die Umkehrung der Lohnverhältnisse wird am Beispiel der Tabakindustrie, deren Merkmale stets Frauenarbeit und ein sehr niedriges Lohnniveau waren, deutlich. Junge badische Zigarrenarbeiterinnen, die in zwei Wochen etwa 45 RM verdient hatten, wurden in die Metallindustrie dienstverpflichtet und kamen hier in der gleichen Zeit nur noch auf einen Lohn von 25 RM[72].

Derartige Lohnverschlechterungen stellten nicht nur große finanzielle Härten dar, sondern konnten auch die wirtschaftliche Existenz gefährden, da schließlich mit dem reduzierten Lohn der gleiche Lebensunterhalt bestritten werden mußte. Bei Dienstverpflichtungen konnte es aufgrund der niedrigen Löhne zu der grotesken Situation kommen, daß weibliche Jugendliche in ihre Heimatorte zurückgeschickt werden mußten, weil ihr Verdienst nicht einmal die geringen Sätze für Unterkunft und Verpflegung abdeckte[73]. Die Arbeitsämter konnten zwar die größten Härten mit Sonderunterstützungen für Dienstverpflichtete mildern, doch waren diese Ausgleichsmöglichkeiten eng begrenzt. So mußte öfter von einer Umverteilung von Arbeitskräften Abstand genommen werden, weil die Lohnunterschiede zu groß waren und eine Unterstützung nicht gewährt werden konnte. Insgesamt beeinträchtigten die durch Auskämmaktionen und Umschichtungen entstehenden schlechteren Löhne die Stimmung und damit auch die Leistung der Betroffenen sehr[74].

In bestimmten Gewerbezweigen, die nicht zur Rüstungsindustrie zählten, ordnete der Reichsarbeitsminister an, Frauen, die Männerarbeiten verrichteten, auch Männerlöhne zu zahlen. Doch waren die gleichen Löhne hier nicht als Lockmittel gedacht, sondern mehr als Arbeitsschutzmaßnahme. Wenn auch die Frauenarbeit als kriegsbedingte, »vorübergehende Notmaßnahme« im Baugewerbe, in den Industrien der Steine und Erden und in der feinkeramischen Industrie zugelassen wurde – unter strenger Überwachung der Gewerbeaufsicht –, so sollte doch mit den hohen Frauenlöhnen jeder »unerwünschte Anreiz« für die Unternehmer, von der Ausnahmegenehmigung aus Gewinngründen allzu extensiv Gebrauch zu machen, unterbunden werden. Deshalb mußten auch Frauen, die in diesen Gewerben keine ausgesprochene Männerarbeit, sondern leichtere Arbeit leisteten, mindestens 80 % des Männerlohns gezahlt werden[75].

Hitler selbst hat sich nie mit konkreten Problemen der Frauenarbeit befaßt. Da er sich zudem von der Wirklichkeit, also auch von der praktischen Arbeitswelt, immer mehr entfernte, waren seine Vorstellungen über bestimmte Punkte, etwa Frauenlöhne, oft verschwommen, ja abstrus. So klärte Hitler seine Tischgenossen eines Abends im Jahre 1942 darüber auf, daß eine ganz besondere Leistung der Nationalsozialisten darin liege, daß sie »gesunde Einkommensverhältnisse für die berufstätigen Frauen« – als deren Prototypen Hitler interessanterweise »Sekretärinnen, Verkäuferinnen, Künstlerinnen« aufzählte – geschaffen hätten. Denn da die berufstätigen Frauen jetzt »statt eines Taschengeldes ein auskömmliches, ihren Arbeitsleistungen entsprechendes Gehalt« erhielten, hätten die Nationalsozialisten sie »davon befreit, sich aus existentiellen Gründen von Freunden aushalten lassen zu müssen«[76]. Abgesehen davon, daß sich der Reallohn der Angestellten nach 1933 keineswegs erhöhte, ist jenes Bild der Weimarer Republik, in der Hungerlöhne die weiblichen Angestellten zur Massenprostitution gezwungen hätten, eine Phantasterei auf »Stürmer«-Niveau. Gemessen an derartigen Auslassungen muten die Ansichten, die Hitler in einer Besprechung im Führerhauptquartier im April 1944 äußerte, differenzierter an. Das Protokoll dieser Sitzung, an der Speer, Ley, Bormann, Sauckel, der Preiskommissar Fischböck und andere teilnahmen, ist das einzige Dokument, das Aufschluß über Hitlers Meinung zu Kriegslöhnen, vor allem aber zum Problem »Leistungslohn« oder »Soziallohn« gibt.

Die Besprechung über Frauenlöhne leitete Ley mit einem Plädoyer für das Prinzip ein, Frauen wie Männern bei gleicher Arbeitsleistung die gleichen Löhne zu zahlen. Damit könnten alle »Leistungsreserven« aus den Frauen herausgeholt werden. Erwägungen des »Soziallohns«, nach denen der Lohn nicht nur nach der reinen Arbeitsleistung, sondern vor allem nach der Stellung des Arbeitenden in der »Volksgemeinschaft« zu bemessen sei und die zwangsläufig zu unterschiedlichen Männer- und Frauenlöhnen führten, müßten im »Interesse einer ungeheuren Leistungssteigerung ausgeschaltet werden«. In seiner ausführlichen Stellungnahme vertrat Hitler jedoch einen völlig anderen Standpunkt. Er erklärte, daß im nationalsozialistischen Staat der Lohn unmöglich nur die reine Arbeitsleistung bewerten könne, da die Entlohnung auch soziale Aufgaben zu erfüllen habe. Deshalb müsse »der Mann, von dem der Staat verlange, daß er heirate und eine Familie gründe, höher entlohnt werden als der nicht verheiratete Mann und als die Frau«. »Wollte man die Löhne der Frauen denen der Männer gleichstellen, so käme man in einen völligen Gegensatz zum nationalsozialistischen Prinzip von der Aufrechterhaltung der Volksgemeinschaft. Der Mann und im besonderen der ältere Mann, der verheiratet und Familienvater ist, müsse im Interesse der Volksgemeinschaft aus sozialen Gründen besser entlohnt werden als die Frau, weil er für die Volksgemeinschaft höhere Opfer zu bringen habe; die Frau habe primär nur für sich zu sorgen, der Mann für die Familie und die Volksgemeinschaft. Es sei das nationalsozialistische Ideal, das im Frieden einmal verwirklicht werden müsse, daß grundsätzlich nur der Mann verdiene und daß auch der kleinste Arbeiter für sich und seine Familie eine Dreizimmerwohnung habe. Die Frau müsse dann, um die Familie und diese Wohnung zu versorgen, im Hause arbeiten. . . . Dieses nationalsozialistische Ideal und Prinzip solle man daher auch im Kriege nur soweit durchbrechen, als es unbedingt nötig sei«. Anderenfalls würde man sich »die Friedensarbeit nach nationalsozialistischem Muster« verbauen. Nach diesen grundlegenden ideologischen Ausführungen räumte Hitler ein, daß es Fälle geben könne, »in denen es die Gerechtigkeit erfordere, die Frau dem Manne in dem *Endergebnis ihrer Einnahme* gleichzustellen, wenn sie typische Männerarbeit leiste, z. B. solche eines Schwer- und Schwerstarbeiters, und wenn sie *außerdem* an der Stelle des Mannes für die Kinder zu sorgen habe«. . . . »Eine solche Frau trage in gleicher Weise wie der Mann als Familienvater zur Forterhaltung der Nation bei.« »Dann solle man aber den Ausgleich nicht in der Erhöhung des Grundlohnes schaffen, sondern in Kinderzulagen oder noch richtiger in einer angemessenen Erleichterung der Steuer.«

Bei dieser Gelegenheit verwies der Preiskommissar auf den Erlaß des Reichsarbeitsministers vom Juni 1940 über Kriegslöhne für Frauen, nach dem unter bestimmten Voraussetzungen bereits eine gleiche Entlohnung von Männern und Frauen möglich war, und von dem Hitler bis dahin scheinbar noch keine Kenntnis genommen hatte. Hitler begründete seine Ablehnung von gleichen Männer- und Frauenlöhnen zwar überwiegend ideologisch, streute aber auch einige Argumente pragmatischer, volkswirtschaftlicher Natur ein. Er meinte, eine »erhebliche Steigerung der Leistung durch die Gleichstellung der Löhne für Männer und Frauen sei nicht zu erwarten. Das Geld habe heute nicht mehr den Wert wie früher, weil es an den Konsumartikeln fehle, die gekauft werden könnten. Eine Erhöhung der Frauenlöhne würde im praktischen Erfolg nur eine Stärkung des schwarzen Marktes bedeuten. Wolle man allgemein eine Leistungssteigerung erzielen, so könne man das heute nur noch durch eine Verbesserung der Verpflegung und Beschaffung der wichtigsten Bedarfsgüter«. Außerdem behauptete Hitler, daß es während des Krieges nicht möglich sei, festzustellen, ob eine Frau das gleiche leiste wie ein Mann. »Die Arbeitsleistung der Frau könne ja heute nicht geprüft werden im Verhältnis zu der Arbeitsleistung eines im Frieden arbeitenden gesunden Mannes im mittleren Alter, sondern nur im Verhältnis zu den heute mit den Frauen an der gleichen Arbeitsstätte arbeitenden älteren und nicht mehr voll leistungsfähigen Männern oder im Verhältnis zu der Arbeitsleistung jüngerer Männer, die nicht kriegsverwendungsfähig sind.«

Das erste Argument, daß eine unerwünschte Steigerung der Kaufkraft zu vermeiden sei, ist sachlich einleuchtend. Doch die zweite Begründung beweist erneut Hitlers mangelnde Kenntnis der Frauenarbeit. Denn schon während des Ersten Weltkrieges, während der Weimarer Republik und auch im »Dritten Reich« verrichteten Arbeiterinnen und weibliche Angestellte die gleichen Tätigkeiten wie ihre männlichen Kollegen. Unternehmer und Behörden hatten auch im Zweiten Weltkrieg ausreichend Gelegenheit festzustellen, daß Frauen, die Männer an den Arbeitsplätzen ersetzten, die gleiche Leistung erbrachten. Hitler lehnte aber noch mit einem dritten volkswirtschaftlichen Argument die Gleichstellung von Frauen- mit Männerlöhnen ab. Er befürchtete nämlich, daß damit wiederum eine auf höhere Männerlöhne hinzielende Bewegung ausgelöst würde – eine Annahme, die er mit den anderen Verantwortlichen der Kriegswirtschaft teilte. Doch abgesehen von den drei sachlichen Gründen, die relativ willkürlich in die sonst völlig von ideologischen Überzeugungen getragene Beweisführung eingebaut wurden, war doch eben diese Weltanschauung ausschlaggebend für Hitlers Entscheidung gegen eine Gleichsetzung von Männer- und Frauenlöhnen – eine Gleichstellung, die er »unter allen Umständen vermieden zu sehen« wünschte[77].

Erst im Frühjahr 1944, als das Ende schon absehbar war, tritt Hitler mit einer Grundsatzentscheidung in die – schon seit 1933 andauernde – Diskussion ein, ob die Löhne unter sozialen Aspekten festgelegt oder nach dem nationalsozialistischen (sozialdarwinistischen) Leistungsprinzip bemessen werden sollten. Der »Leistungslohn« war zwar schon im Gesetz zur Ordnung der nationalen Arbeit als nationalsozialistisch adäquate Norm vorgesehen und wurde in der Praxis durch die Ausweitung des Akkord- und Stücklohnsystems, das die Produktionsrate erhöhen sollte, unterstützt. Das Leistungsprinzip war auch das ideologisch untermauerte Argument der DAF für ihre Forderung, Frauen bei gleicher Leistung auch den Lohn von Männern zu zahlen. Das Reichsarbeitsministerium hatte sich ebenfalls grundsätzlich zu dem Leistungsprinzip und damit zu dem Gedanken bekannt, jeden Arbeitenden nach seiner Leistung zu entlohnen. Doch war es vor der Konsequenz, deshalb auch bei gleichem Arbeitseffekt gleiche Männer- und Frauenlöhne zu vertreten, aus Rücksicht auf die Lohn- und Preisstabilität zurückgeschreckt[78].

Hitler hatte sich zu dem Problem der praktischen Lohngestaltung bislang nicht geäußert. Diese Abstinenz läßt sich nur aus seinem bekannten Desinteresse an wirtschafts- und sozialpolitischen Details erklären. Als er dann endlich Stellung nahm, entschied er sich gegen den »Leistungslohn« – das Lieblingskind der DAF – und damit gegen eine der objektiven Arbeitsleistung entsprechenden Frauenentlohnung. Aufgrund der wohl überraschend ausfallenden Führerentscheidung setzte Sauckel die Reichstreuhänder mittels ausführlicher Protokollausschnitte sofort über diesen neuen Trend, der nicht nur in bezug auf die Frauenlöhne, sondern für die gesamte Lohnpolitik von »richtungsweisendem Interesse« sei, in Kenntnis[79].

Wesentlich war für Hitler also auch 1944 noch an erster Stelle die Utopie des künftigen nationalsozialistischen Staates und der in ihm lebenden »Volksgemeinschaft« die nach dem Krieg – und durch den Krieg – wohlhabend und angenehm leben würde. Soziale Unterschiede würde es zwar noch geben, doch sollte es auch dem ärmsten Arbeiter so gut gehen, daß er sich eine bequeme Wohnung leisten konnte und seine Ehefrau nicht mehr mitzuverdienen brauchte. Das unerwünschte Massenphänomen der Frauenarbeit wäre in Hitlers utopischem Staat beseitigt worden, wenn keine Frau mehr aus wirtschaftlicher Not hätte arbeiten müssen und junge Mädchen und die – nach Möglichkeit gering bleibende – Zahl der unverheirateten Frauen typische weibliche Berufe ausgeübt hätten. Damit wäre das Problem einer angeglichenen und gerechten Frauenentlohnung gegenstandslos geworden. Mit dem »Soziallohn«-System beabsichtigte Hitler, die arbeitende Bevölkerung einzuteilen in eine höchste Lohngruppe der Familienväter, eine zweite Lohngruppe der unverheirateten jungen Männer – die aber künftig Ernährer einer Familie sein würden – und eine letzte Gruppe der Frauen, die nur für sich allein sorgen mußten und später vom Ehemann ernährt werden würden. Damit hielt Hitler unverändert an seiner Vorstellung von der überlieferten Gesellschaftsform fest, eine Vorstellung, die schlankweg anachronistisch war. Denn die abhängige Lohnarbeit auch verheirateter Frauen war in der Industrie- und Landarbeiterschaft schon lange Tradition. Auch in bürgerlichen Kreisen hatte man sich im Lauf der Jahre nach dem Ersten Weltkrieg immer mehr an eine Erwerbstätigkeit der Frauen gewöhnt, und diese Tendenz war durch den aufrüstungsbedingten Wirtschaftsaufschwung im »Dritten Reich« nur noch gefördert worden. Hitler akzeptierte für sein zukünftiges territorial vergrößertes Deutschland deutsche Frauen nur noch als Hausfrauen und Mütter oder in solchen quasi-mütterlichen Sozial- und Pflegeberufen, welche zur alleinigen Domäne der Frau erklärt wurden[80].

Eine derart strenge Aufgaben- und Rollentrennung zwischen Mann und Frau, wie sie Hitler für sämtliche Schichten der deutschen »Volksgemeinschaft« vorsah, existierte nicht einmal in der vorindustriellen deutschen Gesellschaft. Im Grunde träumte Hitler von einer patriarchalischen Gesellschaft in einem Großflächenstaat, in dem sowohl für ein Großbauerntum als auch für moderne Industrien Platz war. Das Mittel zur Verwirklichung dieser Utopie waren der Expansionskrieg und die Versklavung fremder Völker, auf deren Kosten alle sozialen und wirtschaftlichen Probleme des deutschen Volkes – vom Lohn- und Klassenkampf bis zur Frauenarbeit – gelöst werden konnten.

Vor dem Hintergrund dieser ideologischen Fernziele, an denen Hitler hartnäckig festhielt, wurden den Gegenwartsproblemen des Krieges zwar gelegentlich kurzfristig Priorität, aber letztlich ein sekundärer Rang eingeräumt. Um die Realisierung der Utopie nicht zu gefährden, lehnte Hitler sogar Maßnahmen ab, die momentane Vorteile für die Rüstungswirtschaft gebracht hätten – wie umfassende Dienstverpflichtung oder Leistungslöhne für Frauen. Innenpolitische Rücksichten spielten zwar auch eine Rolle bei diesen Führerentscheidungen, doch lieferten sie nur bekräftigende Argumente für weltanschaulich motivierte Entschlüsse.

Kapitel IX

Zum Vergleich: Kriegsarbeit der Frau in anderen kriegführenden Ländern[1]

Als 1939 Großbritannien und zwei Jahre später die USA in den Krieg eintraten, herrschte in beiden Ländern eine empfindliche Arbeitslosigkeit. In den USA wurde die »industrielle Reservearmee« noch besonders verstärkt durch das bedeutende Reservoir von chronisch arbeitslosen Farbigen, nur saisonal beschäftigten Erntearbeitern und vor allem auch durch die große Zahl der »middle class« Ehefrauen. Denn nach einem ungeschriebenen Gesetz war es in diesem sozialen Milieu verpönt, daß eine verheiratete Frau, selbst wenn sie kinderlos blieb oder ihre Kinder erwachsen waren, berufstätig war[2]. Im Gegensatz dazu existierte in Deutschland dank der überhitzten Aufrüstungskonjunktur 1939 schon ein Mangel an Arbeitskräften. Verfügbare Arbeitsplätze in der Verwaltung und in Industrien mit höherem Lohnniveau als den traditionellen »Frauenindustrien« taten ein übriges, so daß zum Zeitpunkt des Überfalls auf Polen in Deutschland jede Frau, die arbeiten konnte und wollte, auch erwerbstätig war.

In dieser Perspektive betrachtet erscheint es nicht so verwunderlich, wenn während des Krieges die Zahl der arbeitenden Frauen in Deutschland sich wenig erhöhte, in den USA dagegen die Zahl der erwerbstätigen Frauen um mehr als 50 %, nämlich um 6,5 Millionen, zunahm[3]. Die Zahl der arbeitenden Frauen in Großbritannien stieg allein zwischen 1939 und 1943 um 2,25 Millionen – damit ebenfalls um über 50 %[4]. In England und vor allem in Amerika war ein großer Teil dieser neuen weiblichen Arbeitskräfte verheiratet, zumal in beiden Ländern wie in Deutschland die Eheschließungsraten mit Kriegsausbruch in die Höhe schnellten.

Während die Nationalsozialisten sich von Anfang an auf einen Massenimport von ausländischen Arbeitskräften verlegten, machten die beiden angelsächsischen Länder es sich zur Maxime, keine ausländischen Arbeiter – sei es aus Nachbarstaaten wie Mexiko oder den Commonwealth-Ländern – anzuwerben, solange die inländische Arbeitsreserve nicht völlig erschöpft war. In den USA beschränkte man sich darauf, die Bevölkerung, hauptsächlich die Frauen, mit intensiver Werbung zur Arbeit zu mobilisieren. Doch die Regierung lehnte eine Dienstverpflichtung arbeitsfähiger Frauen nicht etwa prinzipiell ab. Ein entsprechender Gesetzesentwurf wurde hauptsächlich deshalb nicht vorgelegt, weil die staatenweite Erfassung aller in Frage kommenden Frauen als zu kostspielig, langwierig und damit ineffektiv beurteilt wurde. Dagegen wurden alle Frauen in industriellen Ballungsgebieten örtlich registriert, und Behörden und Frauenvereine führten nach solchen Listen Werbebesuche durch[5]. Zwang anzuwenden erwies sich als unnötig, da ein ausreichender Anreiz für eine freiwillige Arbeitsaufnahme existierte. Für viele Frauen war es die erste Gelegenheit, nach der langen Phase der Depression überhaupt eine Arbeit oder eine attraktive Stellung zu finden. Denn die kriegsbedingte Expansion von Verwaltung und Rüstungsindustrie sowie die Einberufungen von Männern zum Militär machten eine Menge Arbeitsplätze frei, die sich durch ein hohes Lohnniveau auszeichneten, aber bisher für Frauen nicht zugänglich gewesen waren. Wohl am meisten von allen Frauen profitierten die Negerinnen von dem neuen Bedarf an Arbeitskräften. Während ihnen bis dahin nur die Haus- und Landwirtschaft offengestanden hatte, konnten sie nun erstmals auch in der Industrie arbeiten. Ein entscheidender Anstoß für Frauen, berufstätig zu werden, waren die hohen Kriegslöhne, um so mehr, als in den USA die Produktion von Konsumgütern bis hin zu Luxusartikeln nicht annähernd so eingeschränkt war wie in Europa[6]. Während in Deutschland die Löhne kaum stiegen und die Reallöhne während des Krieges sogar fielen, nahmen in den USA die Löhne um 86 % zu, wohingegen die Lebenshaltungskosten in viel geringerem Maß stiegen[7].

In Großbritannien erwies es sich nach Kriegsausbruch noch nicht sofort als notwendig, Frauen zwangsweise für die Kriegswirtschaft zu verpflichten. In der ersten Phase des »phoney war« erhöhte sich sogar noch die Arbeitslosigkeit unter den Frauen, da die Produktion von Luxusgütern gedrosselt wurde. Doch die Situation änderte sich schnell, und bald war das Prinzip der freiwilligen Arbeitsaufnahme, das Arbeitsminister Bevin anfangs bevorzugte, nicht mehr aufrechtzuerhalten. Aufgrund des Punktes 58 A der »Defence Regulation« von 1940 besaß das Arbeitsministerium die Macht, jede Person zu jeder Art von Arbeit zu verpflichten. Der wachsende Arbeitskräftebedarf machte die Verabschiedung der »Registration of Employment Order« im März 1941 notwendig. Nach diesem Erlaß mußten sich alle Frauen zwischen 18 und 50 Jahren, gestaffelt nach Altersgruppen, bei den örtlichen Arbeitsämtern registrieren lassen. Die Hauptzielgruppe waren die Frauen, die normalerweise von sich aus keine Erwerbstätigkeit aufgenommen hatten. Genauso sollten aber auch Beschäftigte an kriegsunwichtigen Arbeitsplätzen erfaßt werden. Bald nach dem Registrierungserlaß wurde der bis dahin freiwillige weibliche Kriegshilfsdienst den Streitkräften angegliedert, so daß der Dienst nicht mehr ohne triftigen Grund quittiert werden konnte[8].

Im Frühjahr 1941 begann die Registrierung der Frauen. Bis zum Jahresende waren alle Jahrgänge der Zwanzig- bis Dreißigjährigen erfaßt; den Arbeitsfähigen wurde, nach einem Gespräch mit dem Arbeitsamt, eine Arbeitsstelle zugewiesen. Dies geschah vorerst in Form einer Aufforderung, der auch die meisten Betroffenen nachkamen. In Fällen, wo Frauen die Arbeit hartnäckig verweigerten, griffen die Behörden jedoch zum Mittel des Zwanges. Im Laufe des Jahres 1941 wurde es dem Kriegskabinett klar, daß der wachsende Personalbedarf von Industrie und Streitkräften neue, drakonischere Gesetze erforderte. Die allgemeine Dienstpflicht für Frauen wurde im Dezember 1941 gegen die Bedenken des Kabinetts und gegen den Widerstand Churchills eingeführt. Der National Service (No. 2) Act vom Dezember 1941 verpflichtete alle Frauen, sowohl verheiratete als auch ledige, zum Kriegseinsatz, soweit sie nicht schwanger waren oder Kinder unter 14 Jahren zu versorgen hatten. Wahlweise kam der Dienst bei den Streitkräften, der zivilen Verteidigung, in der Industrie oder in der Landwirtschaft in Frage. Die weibliche Dienstpflicht wurde von Presse und Parlament begrüßt, oft sogar mit dem Kommentar, daß man diesen Schritt besser schon früher getan hätte. Die Frauen selbst nahmen das Gesetz sehr negativ auf. Appelle an ihre Freiwilligkeit waren bis dahin an der Überzeugung gescheitert, daß die Frauen bereits genügend beschäftigt seien, sowie an einem allgemeinen Widerwillen, der sich mit Vorurteilen kräftig mischte. Abschreckende Bilder – Großmütter etwa, die Maschinengewehre abfeuerten – wurden heraufbeschworen. Dennoch lief die Praxis der Dienstpflicht an, und der Kriegsalltag machte solchen Widerstand bald gegenstandslos. Es kam vor, daß Männer aus der Arbeiterschicht sich über die Mitarbeit der Frauen sogar freuten, da damit die Haushaltskassen aufgefüllt wurden[9].

Verheiratete Frauen mit schulpflichtigen Kindern unterlagen in England, wie auch in Deutschland, nicht der Dienstpflicht. Tatsächlich konnte die Kriegswirtschaft die arbeitenden Mütter jedoch nicht entbehren. Ende 1942 waren in England 3,45 Millionen Frauen erwerbstätig – in Deutschland waren es 1939 5 Millionen –, die noch für Kinder zu sorgen hatten[10]. Auch in den USA nahmen immer mehr Mütter von kleinen Kindern eine Arbeit auf. Von seiten der US-Regierung wurde dieses Phänomen dahingehend kommentiert, daß den Frauen mit Kindern alle Berufs- und Ausbildungsmöglichkeiten offenstünden; besondere Anstrengungen, sie zur Arbeit zu bewegen, sollten aber erst gemacht werden, wenn alle anderen Reserven erschöpft seien. Während des ganzen Krieges blieb in den USA die Haltung der Verantwortlichen zu dieser Frage ambivalent; die Arbeit von Müttern – volkswirtschaftlich notwendig, soziologisch gesehen gefährlich – wurde von der Öffentlichkeit mit schlechtem Gewissen geduldet. In England, das die längste Tradition der Frauenarbeit hatte, und erst recht im nationalsozialistischen Deutschland wurde die Erwerbstätigkeit der Mütter auch nicht als ideal angesehen. Aber beide Länder versuchten wenigstens, den arbeitenden Hausfrauen und Müttern die doppelte Last zu erleichtern. Es wurden Säuglingskrippen und Kindergärten, Wäschereidienste und Kantinen eingerichtet. In den Vereinigten Staaten dagegen blieben Versuche, berufstätige Mütter in gleicher Weise zu unterstützen, in zaghaften Ansätzen stecken. Ein Grund dafür war, daß man sich nicht einigen konnte, ob die Gemeinden, die Einzelstaaten oder die Bundesregierung Kosten und Verantwortung tragen sollten. Primär erschien es Politikern und Sozialfachleuten jedoch bedenklich, mittels sozialer Einrichtungen Frauenarbeit zu erleichtern oder gar zu ermuntern. Kindertagesstätten wurden also nicht gebaut, da sie möglicherweise traditionelle Ideale wie die intakte Familie gefährdet hätten. Mütter, die trotzdem arbeiteten, wußten sich oft nicht anders zu helfen, als während der Arbeitszeit ihre Kleinkinder in die geparkten Autos einzuschließen oder die größeren Kinder in Non-stop-Kinos zu schicken. Die Verwahrlosung von Kindern und Jugendlichen entwickelte sich zu einem ernsten sozialen Problem[11].

Daß in Großbritannien und den USA so viele Mütter mit kleinen Kindern nach Kriegseintritt erwerbstätig wurden, war nur zum Teil auf neue Berufschancen und attraktive Löhne zurückzuführen. Nicht einmal alle Ehefrauen, ob sie erwachsene Kinder hatten oder nicht, hätten aus diesen Gründen von sich aus eine Arbeit angenommen. Der Patriotismus spielte dabei in den meisten Fällen eine untergeordnete Rolle. Als entscheidend erwies sich jedoch, daß – im Gegensatz zu Deutschland – in England und Amerika den Ehefrauen und Familien der eingezogenen Soldaten nur sehr geringe Unterstützungen gezahlt wurden, ganz zu schweigen von Sonderleistungen im Krankheitsfall oder gar Mietzuschüssen, wie sie in Deutschland üblich waren. Nimmt man das durchschnittliche Einkommen eines Familienvaters mit zwei Kindern als Berechnungsgrundlage, so erhielt nach der Einberufung zum Militär in den USA die Familie etwa 36 % des Lohnes als Unterstützung; in Großbritannien waren es 38 % und in Deutschland 73 bis 75 %. Somit waren die Ehefrauen von Soldaten in England und Amerika aus wirtschaftlichen Gründen genötigt zu arbeiten, selbst wenn das Gesetz sie nicht dazu zwang, da die Unterstützungen weit unter dem Existenzminimum lagen. Auf der anderen Seite erhielten die erwerbstätigen Ehefrauen in diesen Ländern die Unterstützung ungekürzt ausgezahlt[12]. Betroffen waren von dieser Unterhaltsregelung hauptsächlich die Familien der unteren Einkommensschichten. Ob die Bevölkerung wegen dieser sozialen Ungerechtigkeit verbittert war, läßt sich aus der Literatur nicht ersehen. Doch muß in Betracht gezogen werden, daß damals in den angelsächsischen Ländern, vorrangig Amerika, der einzelne Staatsbürger noch nicht annähernd so hohe Versorgungsansprüche an den Staat zu stellen gelernt hatte wie die an Sozialfürsorge durch den – autoritären oder demokratischen – Staat gewöhnten Deutschen.

Die Unternehmer in den angelsächsischen Ländern verhielten sich gegenüber der vermehrten Frauenarbeit im Krieg ähnlich wie die deutschen. Allerdings traten einzelne Phänomene in den verschiedenen Staaten mit Phasenverschiebungen auf. Während in England und vor allem in Amerika die Rüstungsindustrien sich noch weigerten, weibliche Arbeiter einzustellen[13], war in vielen kriegswichtigen Branchen und Betrieben in Deutschland dieser grundsätzliche Widerstand schon vor dem Krieg, spätestens im Zeichen der Vollbeschäftigung, erlahmt. Die Gründe für die Haltung der Firmenleitungen waren überall gleich; man wollte die Kosten für neue sanitäre Einrichtungen und Maschinen ebenso wie unbequeme Änderungen des Produktionsprozesses vermeiden. Überlieferte Vorurteile gegen Frauenarbeit spielten ebenfalls eine wichtige Rolle. Im Gegensatz zu England und Deutschland, wo die Berufsarbeit verheirateter Frauen schon eine gewisse Tradition erlangt hatte, blieb der Widerstand amerikanischer Arbeitgeber gegen die Einstellung von Ehefrauen und Frauen über 35 Jahre massiv[14]. Am hartnäckigsten war die Weigerung der Industrien in allen drei Ländern, sich auf die von den Regierungen propagierte Halbtagsarbeit für Frauen umzustellen[15]. Doch wenn sich auch in den meisten Unternehmen ein prinzipieller Widerwille gegen die Beschäftigung von Frauen erhielt, so mußten in England und den USA alle Betriebe auf dem Höhepunkt der Rüstungsaufträge wohl oder übel Frauenarbeit akzeptieren, da ihnen – im Gegensatz zu deutschen Unternehmen – keine andere Möglichkeit offenstand.

Die amerikanischen und englischen Gewerkschaften opponierten wie die

Arbeitgeber gegen das Eindringen weiblicher Konkurrenz in bisher Männern vorbehaltene Industriezweige. Vor allem die Rationalisierungspraktiken, die den Ersatz von Männern durch Frauen oft erst ermöglichten, erregten das Mißfallen der englischen Gewerkschaften. Da die Arbeit eines Facharbeiters plötzlich in einfachere Teilarbeiten zerlegt wurde, die angelernte Arbeiterinnen ausüben konnten, befürchtete man, daß die aus dem Krieg heimkehrenden Männer in der Industrie nicht mehr gebraucht würden[16]. Derartige Konkurrenzängste wurden in den USA durch den »Selective Service Act« von 1942 unterbunden, der jedem zurückkehrenden Soldaten garantierte, an seinem alten Arbeitsplatz bevorzugt vor Nichtkriegsteilnehmern wiedereingestellt zu werden. Unterstützt wurde dies Gesetz noch durch das »seniority system«, das aus den Jahren der Depression stammte und mit seinem Prinzip »last hired, first fired« ursprünglich die Arbeitnehmer vor willkürlichen Kündigungen schützen sollte. Im Krieg wurde das »seniority system« jedoch gegen die arbeitenden Frauen angewendet. Denn diejenigen Frauen, die angesichts der verbesserten Arbeitsmöglichkeiten erstmals berufstätig wurden oder auf einen höher bezahlten Arbeitsplatz überwechselten, waren den männlichen Kollegen gegenüber, denen schon vor dem Krieg diese Arbeitsplätze offengestanden hatten und die während des Militärdienstes in den Senioritätslisten der Gewerkschaften weitergeführt wurden, eindeutig im Nachteil[17].

Nach Kriegsende wurde in den USA deutlicher als in Deutschland und England, daß die arbeitenden Frauen eine Lückenbüßerfunktion ausgeübt hatten. Die Demobilisierung verlief nach dem gleichen Schema wie nach dem Ersten Weltkrieg in allen am Krieg beteiligt gewesenen Staaten. Schon nach der Kapitulation Deutschlands begannen die Entlassungen von Frauen und setzten sich in den folgenden Monaten fort. Bis zum Herbst 1945 hatte sich die Zahl der weiblichen Arbeitskräfte bereits um drei Millionen verringert. Damit war schon die Hälfte der Frauen, die während des Krieges berufstätig geworden waren, wieder aus dem Arbeitsprozeß ausgeschieden. Bei einer Meinungsumfrage hatten aber 75 % dieser Frauen erklärt, daß sie ihre Arbeit gern behalten würden. Die von der Entlassungswelle Betroffenen waren vor allem Frauen über 35 Jahre, obwohl sie den höchsten Prozentsatz der Frauen stellten, die weiterarbeiten wollten. Doch selbst wenn die Frauen den Arbeitsmarkt nicht verließen, waren sie gezwungen, wieder zu schlechter bezahlten Tätigkeiten überzuwechseln. Denn die Rüstungsbetriebe und die Verwaltungen, die ihren Personalbestand auf ein Friedensniveau reduzierten, entließen zuerst – und oft alle – Frauen[18].

Während des Krieges bedienten sich die angelsächsischen Länder viel extensiver der Frauenarbeit als Deutschland, wo viele körperliche Schwerarbeiten wegen der strengeren Arbeitsschutzbestimmungen für Frauen nicht in Frage kamen. In England wurden fast alle Verladearbeiten bei der Eisenbahn und im sonstigen Transportwesen von Frauen verrichtet. Es gab kaum Beschränkungen für das Heben und Tragen von schweren Lasten, die mit einzelnen Arbeitsgängen verbunden waren, obwohl – soweit möglich – versucht wurde, mechanische Hilfen zu schaffen. Vor allem in der kriegswichtigen Schwerindustrie und Metallindustrie, im Flugzeug- und Schiffsbau gab es kaum eine Arbeit, die von englischen Frauen nicht geleistet wurde. Sie bedienten Hochöfen, entluden und sortierten Schrott und wurden als Maurer tätig[19]. Auch in den USA, wo die Arbeitsschutzgesetze, soweit sie existierten, durch den »War Emergency Act« aufgehoben worden waren, leisteten viele Frauen körperliche Schwerarbeit[20]. Daneben wurden Frauen in den angelsächsischen Ländern auch mit Tätigkeiten betraut, die weniger wegen der körperlichen Anstrengungen als vielmehr aus Tradition als Männerarbeit betrachtet wurden, wie das Führen von Kränen und Lokomotiven, Schweißen und Nieten. Die wohl kriegswichtigsten Betriebe, die Flugzeugwerften, wurden völlig abhängig von der weiblichen Belegschaft, die sich in dieser Branche in den USA von 1 % auf 39 %, und in England auf 40 % der Gesamtzahl der Beschäftigten erhöhte[21].

In den Vereinigten Staaten und in England überstieg die Arbeitszeit für Frauen das in Deutschland gesetzte Limit von 56 Stunden pro Woche beträchtlich. Zwar blieben 56-Stunden-Schichten, wie sie in England von Männern und Frauen in den ersten Kriegswochen gearbeitet wurden, Auswüchse. Doch da durch die »Emergency Regulations« die Arbeitszeitgesetze außer Kraft gesetzt worden waren, gab es in den kriegswichtigen Betrieben derartig lange Arbeitszeiten, daß der englische Arbeitsminister sich im Juni 1940 gezwungen sah, für Frauen als Maximum eine 60-Stunden-Woche festzulegen. Allerdings konnten die Fabrikinspektoren Überschreitungen dieser Zeitgrenze erlauben. Als sich 1941 herausstellte, daß die tatsächliche Arbeitszeit die Frauen überforderte, empfahl der Arbeitsminister, auf eine 56-Stunden-Woche für weibliche Arbeitskräfte zurückzugehen. Allerdings stießen die Argumente, daß zu lange Arbeitszeiten die Gesundheit der Arbeiterinnen bedrohe und die Produktion verringere, bei den Leitern der Rüstungsbetriebe so lange auf taube Ohren, als die Auftragslage Überstunden erforderte, nämlich bis ins Jahr 1944[22]. Mit der Nachtarbeit verhielt es sich ähnlich. Die Notstandsgesetze sahen eine besondere Erlaubnis für die Nachtarbeit von Frauen vor – eine Erlaubnis, von der möglichst begrenzt Gebrauch gemacht werden sollte. Solche Bedenken wurden jedoch stets fallengelassen, wenn das Dreischichtensystem der Rüstungsbetriebe es verlangte[23].

In den USA traten ebenfalls die Arbeitszeitgesetze – natürlich nur in den Staaten, in denen es bereits solche gab – außer Kraft. Am Anfang der Kriegsproduktion arbeiteten Frauen oft sieben Tage in der Woche, bis die Regierung dies höchstens in jeder vierten Woche erlaubte. Die maximale Arbeitszeit für Frauen blieb in den Einzelstaaten unterschiedlich. In North Dakota etwa waren es 54 Stunden, in Vermont 60 und in Texas 70 Stunden pro Woche. 1943 machte das Arbeitsministerium einen Versuch, die Arbeitszeiten in der Rüstungsindustrie herunterzuschrauben, indem es den Kontraktbetrieben empfahl, Frauen nicht länger als 48 Stunden in der Woche zu beschäftigen. Für eine wirksame Kontrolle fehlten aber sowohl die gesetzlichen Grundlagen als auch effektive Aufsichtsorgane. Nachtarbeit von Frauen war in den Vereinigten Staaten besonders verbreitet. Da das Dreischichtensystem gut ausgebaut war, arbeiteten 1943 50 % der Frauen in Nachtschichten[24].

Derartige ständige Überlastung und lange Arbeitszeiten, die durch schlechte Transportverhältnisse von und zu den Arbeitsplätzen noch verstärkt spürbar wurden, führten in den angelsächsischen Staaten bald zu denselben Ergebnissen wie schon vorher in Deutschland. Unpünktlichkeit, Fehlen, nachlässiges und langsames Arbeiten entwickelten sich schnell zum ernsten Problem für Arbeitgeber und Regierungen. In allen Ländern waren es die Frauen, die am häufigsten fehlten, und zwar fast doppelt so oft wie Männer[24a]. Unter den Frauen wiederum erschienen zwei Gruppen besonders unregelmäßig zur Arbeit: erstens verheiratete Frauen, die einen Haushalt und Kinder zu versorgen hatten, zweitens junge Mädchen, die, angeödet von der oft monotonen Arbeit, vor allem an den Wochenenden sich unerlaubt freie Zeit für ihr Privatvergnügen nahmen. So stellte das englische Arbeitsministerium fest, daß nur die Hälfte aller Frauen aus gesundheitlichen Gründen fehlte. Die Unternehmer neigten dazu, für die laxe Arbeitsdisziplin die »Essential Work Order« vom März 1941 verantwortlich zu machen. Dieses englische Gegenstück zum deutschen Gesetz zum Verbot des Arbeitsplatzwechsels machte die Aufgabe der Arbeit durch den Arbeitnehmer und die Kündigung durch den Arbeitgeber in kriegswichtigen Betrieben von einer behördlichen Genehmigung abhängig. Doch es hatte auch schon vor dem Krieg unentschuldigtes Fehlen gegeben; statistisches Material existiert darüber freilich kaum. Der Hauptgrund für das Problem des »absenteeism« blieb jedoch die Vollbeschäftigung und die hohen Löhne, die durch die Rüstungsproduktion entstanden waren[25].

In Deutschland war der Zustand der Vollbeschäftigung schon einige Jahre zuvor – mit dem Vierjahresplan – eingetreten, und dementsprechend lockerte sich auch die Arbeitsdisziplin früher als in England und den USA. In allen Ländern vergaßen die Arbeiter im Zeichen des Arbeitskräftemangels nach einiger Zeit die Angst vor der Arbeitslosigkeit, die sie in den Jahren der Depression zu Zugeständnissen an die Arbeitgeber und zu strenger Arbeitsdisziplin bewogen hatte. Junge Leute, besonders junge Mädchen, die erst in der Zeit der Vollbeschäftigung ins Arbeitsleben getreten waren, zeichneten sich durch offene Arbeitsunlust aus[26]. Das englische Notstandsgesetz sah zwar Strafen – gestaffelt von Geldbußen bis Gefängnis – für wiederholte Arbeitsverweigerungen und Disziplinverstöße vor. Da aber ungern davon Gebrauch gemacht wurde, brauchte eine junge Arbeiterin, der die Betriebsleitung wegen ihres ständigen Fehlens mit Gefängnis drohte, dergleichen kaum ernst zu nehmen[27].

Sowohl in England als auch in den USA stiegen im Krieg die Löhne für Männer wie für Frauen; die traditionelle Differenz zwischen Männer- und Frauenlöhnen verringerte sich nach der Statistik sogar ein wenig. Doch lag dies hauptsächlich daran, daß die Frauen mehr an höher bezahlten Überstunden beteiligt waren und in Industriezweigen mit höherem Lohnniveau arbeiteten als vor dem Krieg[28]. Frauen wurden weiterhin bevorzugt mit ungelernten und angelernten Tätigkeiten beschäftigt. Da aber immer häufiger auch Frauen Arbeitsplätze einnahmen, die vorher von Männern besetzt worden waren, wurde die Forderung nach gleichem Lohn für gleiche Arbeit immer lauter – eine Forderung, die nach moralischen und juristischen Gesichtspunkten schließlich berechtigt war.

Die Gewerkschaften der angelsächsischen Länder unterstützten das Prinzip des »equal pay«, um zu verhindern, daß die zurückkehrenden Soldaten, deren

Arbeit in der Zwischenzeit von Frauen verrichtet wurde, auch nur noch Frauenlöhne erhielten. Deshalb wurde für die neuen Tariflöhne von den englischen Gewerkschaften der Rüstungsindustrien und des Transportwesens erreicht, daß Frauen, die die gleiche Arbeit wie vorher Männer verrichteten, auch den gleichen Lohn erhielten. Gleichzeitig wurde aber eine Klausel eingefügt, nach der Frauen auf Männerarbeitsplätzen strikt als Ersatz definiert wurden und nach Kriegsende wieder durch Männer abzulösen waren[29]. In den USA war dies bereits garantiert durch das »seniority system«. Hier war der Grundsatz des »equal pay« zwar schon während der dreißiger Jahre im Rahmen des »New Deal« propagiert, aber nicht praktiziert worden. Auch gleich nach Kriegsbeginn bekräftigten das amerikanische Arbeits-, das Kriegs- und das Marineministerium dieses Prinzip formal mit einer Empfehlung. In der Praxis wäre eine Erhöhung der Frauenlöhne aber der antiinflationären Politik Roosevelts mit dem Motto »hold the line« zuwidergelaufen. Folglich enthielt die grundsätzliche Order des National War Labor Board vom November 1943 keine besondere Verpflichtung für Unternehmer, Frauen auf Arbeitsplätzen von Männern auch Männerlöhne zu zahlen. Auf der regionalen Ebene wurden die meisten »equal pay«-Fälle, die an die Labor Boards herangetragen wurden, hingeschleppt[30].

In England wie in den Vereinigten Staaten wurde allerdings nur sehr selten auch tatsächlich nach dem geforderten »equal pay«-Prinzip entlohnt. Die Unternehmer konnten meistens spitzfindig dartun, daß Frauen auf Männerarbeitsplätzen eben doch nicht ganz Männerarbeit leisteten. Wenn Arbeiterinnen gelegentlich männliche Hilfe beim Heben schwerer Gegenstände brauchten, wurde dies als männliche Aufsicht interpretiert. Das Gesetz, das für Frauen eine Ruhepause vorschrieb, bot Anlaß für geringere Bezahlung. Oft änderten die Firmen auch nur winzige Einzelheiten an einem Arbeitsgang und stuften ihn dann als Frauenarbeit ein. Wie wenig in Wirklichkeit auch von Politikern ein gerechter Frauenlohn angestrebt wurde, wurde in England im März 1944 besonders offenkundig. Dem Unterhaus lag eine Ergänzung der »Education Bill« vor, die gleiches Gehalt für männliche und weibliche Lehrer einführen sollte. Churchill war dagegen und ging sogar so weit, die Vertrauensfrage zu stellen, um diese Zusatzbestimmung zu verhindern[31].

Bisher wurden dem Industriestaat Deutschland mit seiner staatlich gelenkten kapitalistischen Wirtschaft und dem politischen System einer totalitären Parteidiktatur hauptsächlich die westlichen, demokratisch-kapitalistischen Industriestaaten England und USA gegenübergestellt. Über die Politik und Praxis der Frauenarbeit in der Sowjetunion steht uns kein wissenschaftliches Material zur Verfügung, so daß für unser Thema kein Vergleich mit der kommunistischen totalitären Parteidiktatur Stalins möglich ist. Doch ist bekannt, daß die sowjetischen Frauen im »Großen Vaterländischen Krieg« ebenso wie die Männer bei Schwerarbeit und im aktiven Frontkampf zur Abwehr des deutschen Überfalls eingesetzt wurden. Allerdings hatte die sowjetische Führung auch schon vor dem Zweiten Weltkrieg keinerlei Bedenken, Frauen für körperliche Schwerstarbeiten in der Industrie und beim Häuser- und Straßenbau zu verwenden. Angesichts der international weit über dem Durchschnitt liegenden weiblichen Beschäftigungsrate hat der Zweite

Weltkrieg in der Sowjetunion viel geringere zahlenmäßige und strukturelle Veränderungen in der Frauenarbeit ausgelöst als in den bereits erörterten Ländern[32].

Ein zufriedenstellender Vergleich mit der Frauenarbeitspolitik des faschistischen Italien muß ebenfalls am Mangel einschlägiger zeitgeschichtlicher Forschung scheitern[33]. Ein solcher Vergleich wäre jedoch dringend erforderlich, wenn die Frage beantwortet werden soll, ob die nationalsozialistische Politik und Ideologie gegenüber Frauenarbeit, Frauen und Familie tatsächlich »faschistisch« genannt werden kann, wie das bei DDR-Historikern ebenso wie bei vielen westlichen Wissenschaftlern üblich ist. Die Entwicklung und die Struktur der Frauenarbeit in Italien unterschieden sich wesentlich von denen Deutschlands, Englands und Amerikas. Der Anteil weiblicher unselbständiger Erwerbstätiger fiel zwischen 1901 und 1951 von 32 % auf 25 %, während die arbeitende Bevölkerung insgesamt um 12 % zunahm. Doch war die Hauptursache nicht die faschistische Frauenideologie, die, genau wie die nationalsozialistische Ideologie, von den Frauen verlangte, »Hüterinnen des Herdes« zu sein und zahlreiche Kinder zu gebären.

Die faschistische Frauen- und Familienideologie unterschied sich nicht wesentlich von den restaurativen, vorindustriellen Vorstellungen über Frau und Familie, wie sie die katholische Kirche vertrat. Das Element des Rassenkampfes, das für die nationalsozialistische Bevölkerungspolitik konstitutiv war, fehlte in Italien. Die katholische Soziallehre hatte schon Ende des 19. Jahrhunderts die weibliche Lohnarbeit außer Hauses als schädlich für Gesundheit und Mutterschaftsaufgabe verurteilt. Dahinter stand die Absicht, eine ständisch gegliederte Gesellschaft gegen für bedrohlich gehaltene Folgen der Industrialisierung zu verteidigen. Die ökonomisch unselbständige Frauenarbeit sollte erhalten bleiben, da von Lohnarbeit, also eigenem Verdienst, der Verfall religiöser Werte befürchtet wurde. Diese Doktrin der Kirche hat in wenigen Ländern einen derartig großen Einfluß auf Denken und Verhalten der Bevölkerung gehabt wie im katholischen Italien.

Mindestens ebenso wichtig wie die Machtstellung der katholischen Kirche war jedoch die spezifische Wirtschaftsentwicklung Italiens. Die Abnahme der lohnabhängigen Frauenarbeit hing hauptsächlich zusammen mit der sogenannten »Entproletarisierung« der Landwirtschaft. Landreform und Pachtsystem hatten nach der Jahrhundertwende den Großgrundbesitz zunehmend abgelöst, und damit waren immer mehr Landarbeiter selbständige Kleinbauern und Pächter geworden. Die vorher in der Landwirtschaft sehr verbreitete Lohnarbeit von Frauen schwand damit ebenfalls. An ihre Stelle trat nun die vermehrte Arbeit mithelfender Familienangehöriger. Der industrielle »take off« fand in Italien relativ spät statt – erst nach der Jahrhundertwende. Die Voraussetzungen und der Verlauf waren ganz andere als in England, den USA und Deutschland. In Italien mangelte es an Kapital, dafür gab es stets einen Überschuß an nicht beschäftigten Arbeitskräften und dementsprechend niedrige Löhne. Also entwickelten sich vorrangig arbeitsintensive Industrien, die nur geringe Investitionen erforderten. Noch unterstützt von einem stark protektionistischen System, das – mehr als in den anderen westlichen Staaten – kapitalintensive Produktionsmethoden unterband, wurde eine fortschreitende Mechanisierung schwer gehemmt. In Italien fehlten also alle Faktoren, die in anderen Ländern die industrielle Frauenarbeit gefördert hatten: hohe Männerlöhne, Mangel an männlichen Arbeitskräften, Mechanisierung und damit physische Erleichterung der Arbeit. Eine Ausnahme hatte ursprünglich die Textilindustrie gebildet, eine arbeitsintensive Branche, in welcher die weiblichen Arbeitskräfte nahtlos aus der Heimarbeit in die Industriearbeit überführt wurden. Noch 1880 hatten die Frauen in dieser Schlüsselindustrie – wie in anderen Ländern – den Hauptteil der Arbeitskräfte gestellt. Doch mit der schwindenden Bedeutung der italienischen Textilindustrie nahm auch hier die Frauenarbeit ab, ohne daß sich dafür andere Industriezweige den Frauen öffneten.

Der tertiäre Sektor entwickelte sich in Italien zögernder als in anderen Ländern und auf eine untypische Weise, da er hier hauptsächlich die Form von selbständigen Klein- oder sogar Einmannbetrieben annahm. Aber selbst da, wo unselbständige Angestellte benötigt wurden, stellte man wegen des geringen Niveaus der Männerlöhne und aus Tradition Männer ein. Dienstleistungsbereiche, die in anderen Ländern zur Domäne der Frauen wurden – vom Gaststättengewerbe über die Verkaufs- bis zu den Bürotätigkeiten –, blieben in Italien vorrangig den Männern vorbehalten. Die öffentliche Verwaltung dehnte sich in Italien zwar unverhältnismäßig aus, doch wurden entsprechend der seit jeher – auch schon in der vorfaschistischen Zeit – geübten staatlichen Politik, die außerhäusliche Lohnarbeit von Frauen zu hemmen, die entstehenden Arbeitsplätze bevorzugt mit Männern besetzt. So stieg die Anzahl der männlichen Angestellten stärker als die der weiblichen. Die Zahl der weiblichen Angestellten nahm zwar absolut gesehen auch zu, aber unterproportional im Verhältnis zum Bevölkerungszuwachs.

Es herrschte also ein ständiger Überfluß an chronisch beschäftigungslosen oder unterbeschäftigten männlichen Arbeitskräften, der, verbunden mit der prinzipiellen Ablehnung der weiblichen Lohnarbeit von kirchlicher Seite, die staatliche Politik ebenso wie das Verhalten der Gesellschaft entscheidend gegen die Frauenarbeit beeinflußte. Während der faschistischen Ära verfestigten sich diese Denk- und Verhaltensmuster, die ökonomische Ursachen hatten, ideologisch noch weiter. Der vielfältig gehemmte Industrialisierungsprozeß, das Überangebot an männlichen Arbeitskräften und die niedrigen Männerlöhne waren eine ausreichende Motivierung für die Unternehmer, die herrschende Ideologie in bezug auf die Frauenarbeit zu respektieren und die männlichen Arbeitskräfte vorzuziehen. Dementsprechend gab es auch keinen Anlaß für die Unternehmer, sich gegen den Abbau der Frauenarbeit, wie ihn das faschistische Regime nach der Weltwirtschaftskrise betrieb[34], zur Wehr zu setzen. Die Interessenlage der italienischen Industriellen unterschied sich von derjenigen der deutschen, die wegen der relativ geringen Frauenlöhne die Entlassung von Frauen in der Zeit der Arbeitslosigkeit zu verhindern suchten. Die Reserve an männlichen Arbeitskräften war auch bis zu Italiens Ausscheiden aus dem Krieg 1943 so groß, daß sogar Arbeiter an die deutsche Kriegswirtschaft abgegeben werden konnten. Im Gegensatz zu den anderen kriegführenden Staaten Europas und den USA hat es in Italien mithin keine besonderen Anstrengungen gegeben, Frauen für die Rüstungsindustrie anzuwerben, geschweige denn sie dienstzuverpflichten. Damit entstanden aber auch nicht solche Spannungen zwischen traditionellen sozialen Werten und kriegsbedingter Zunahme der Frauenarbeit wie etwa in Amerika, geschweige denn derartige Zerreißproben zwischen Tradition und Ideologie auf der einen und Erfordernissen der Kriegswirtschaft auf der anderen Seite wie in Deutschland. Es muß daher eine spekulative Frage bleiben, ob unter einem vergleichbaren Druck von Arbeitskräftemangel und kriegswirtschaftlichen Zwängen die faschistische Führung Italiens, die sicher nicht so ideologiefixiert war wie die nationalsozialistische, die Frauen nicht sogar noch stärker zur Rüstungsarbeit herangezogen haben würde, als es in Deutschland der Fall war.

Das imperialistische Japan, zugleich Militärdiktatur und kapitalistischer Industriestaat, ordnete bis zum Juni 1945 keine Zwangsmobilisierung von Frauen für die Rüstungswirtschaft an[35]. Primär lag dies an den traditionellen Vorstellungen der patriarchalischen, mit feudalistischen Relikten versetzten Gesellschaft über Rolle und Aufgaben der Frau. Lohnarbeit verheirateter Frauen gab es in Japan nicht, da diese ihre Kinder aufziehen und in den vielen Familienbetrieben in Landwirtschaft, Handel und Handwerk helfen sollten. Fast nur unverheiratete Frauen arbeiteten in der Textilindustrie. Da die japanische Militärplanung nur einen kurzen Krieg vorsah, gab es keinen Anlaß, die traditionellen Strukturen der weiblichen Erwerbstätigkeit zu verändern, zumal man zunächst noch ausreichend männliche Arbeitskräfte in die Rüstungsbetriebe transferieren konnte. Doch auch als sich der Krieg in die Länge zog, das Militär immer mehr Soldaten brauchte und die Industrie mehr Arbeiter, beschränkte man sich vorerst darauf, Studentinnen und Arbeiterinnen aus nichtkriegswichtigen Betrieben in die Rüstungsindustrien zu verpflanzen. 1943 wurden alle unverheirateten Frauen gedrängt, eine Erwerbstätigkeit für einige Wochen aufzunehmen, Zwangsmaßnahmen unterblieben jedoch. So gingen viele dieser Frauen ins Büro oder folgten dem Appell gar nicht. Im Frühjahr 1944 wurden alle unverheirateten Frauen zwischen dem 12. und 39. Lebensjahr für die Industriearbeit registriert, aber es gelang vielen, sich der behördlichen Erfassung mit Ausreden oder durch Heirat zu entziehen. Insgesamt waren nur 10 % der Registrierten vorher nicht erwerbstätig gewesen, und auch von diesen gelangten nicht alle auf einen Arbeitsplatz. Im Oktober 1944 wurden vier Millionen in der Rüstungsindustrie arbeitende Frauen verpflichtet, ihre Arbeit nicht zu verlassen – die erste wirkliche Zwangsmaßnahme. Aber schon im November machten die Luftangriffe der Amerikaner und der Rohstoffmangel jede Kontrolle über die Arbeitskräfte unmöglich. Die Mobilisierung von weiblichen Arbeitskräften scheiterte in Japan mithin an drei Faktoren: erstens an der kurzsichtigen militärischen und kriegswirtschaftlichen Planung, zweitens an der vor- oder höchstens frühindustriellen Struktur der Frauenarbeit, die gleichermaßen von dem noch stark mittelständisch-bäuerlichen Wirtschaftsgefüge und der patriarchalischen Gesellschaftsordnung geprägt war, und drittens an konservativen sozialen Wertvorstellungen, die diese Strukturen widerspiegelten.

Zusammenfassung

Die nationalsozialistische Frauen- und Familienideologie beruhte einerseits auf patriarchalischen Vorstellungen, die auch außerhalb Deutschlands weit verbreitet waren[1]. Andererseits wurde sie als wesentlicher Baustein jener rassenkämpferischen und rassezüchterischen Ideologie einverleibt, die ein ausgeweitetes, deutsch-germanisches Großreich, ein nationalsozialistisches Utopia, anstrebte. Die nationalsozialistische Ideologie entwickelte im »Dritten Reich« über zweckrationale Interessen hinaus, ja diesen oft sogar zuwiderlaufend, ein Eigenleben; der Antisemitismus und die konsequente Judenvernichtung sind dafür die schlagendsten Beispiele. Für die nationalsozialistische Frauen- und Familienideologie gilt grundsätzlich dasselbe: Vor allem Hitler selbst hielt – trotz aller Kompromisse, die in der den »Endsieg« vorbereitenden Phase notwendig waren – an seinen ursprünglichen Prämissen dogmatisch fest. Dies äußerte sich nicht nur in seinem unerschütterlichen Vorsatz, daß nach dem »Endsieg« keine verheiratete Frau mehr arbeiten solle, sondern auch in der Praxis während des Krieges, als Hitler immer wieder mit seinem Veto einen allgemeinen, umfassenden Arbeitseinsatz von Frauen verhinderte.

Es ist in der Tat nicht möglich, die Zurückhaltung, die die nationalsozialistische Führung in bezug auf eine Frauendienstverpflichtung übte und die großzügige Familienunterstützung als reines Symptom der »inneren Schwäche« und »Hilflosigkeit« des Regimes[2] zu werten oder die ideologischen Argumente, mit denen der massenweise Arbeitseinsatz von Frauen abgelehnt wurde, als bloße rhetorische Verschleierung innenpolitischer Interessen abzutun[3]. Solche Thesen verkennen einmal die historischen Tatsachen, zum anderen differenzieren sie nicht zwischen den unterschiedlichen ideologischen und politischen Positionen der führenden Nationalsozialisten und klammern die Person Hitler völlig aus. Es trifft wohl zu, daß Speer und Thomas als Technokraten der Kriegswirtschaft, die Bürokraten von Seldte bis Frick und die Parteigrößen Göring, Goebbels, Ley, ja ursprünglich selbst Sauckel und andere Gauleiter von der Notwendigkeit einer umfassenden Dienstverpflichtung für Frauen überzeugt waren und entsprechende Pläne billigten. Alle Genannten gingen primär von sachlichen, wirtschaftlichen Überlegungen aus, wobei ideologische Skrupel – soweit es sie überhaupt gab – hintangestellt wurden. Auch die bei den meisten mehr oder weniger stark vorhandene Furcht, innenpolitische Schwierigkeiten heraufzubeschwören, hielt allein niemanden davon ab, die Frauendienstpflicht zu unterstützen. Nur Hitler lehnte vom Anfang bis zum Ende einen Arbeitszwang für deutsche Frauen ab, und er war auch der einzige, dessen Entscheidung vorrangig ideologischen Motiven entsprang. Rationale Gründe, ob politischer oder wirtschaftlicher Natur, die Hilter in einigen Fällen ebenfalls gegen eine Dienstpflicht von Frauen vorbrachte, wechselten und hatten hauptsächlich die Funktion, seine dogmatische Ablehnung noch sachlich zu verstärken. Es gibt keinen Anhaltspunkt dafür, daß Hitler sich in dieser Frage von ökonomischen Gesichtspunkten hat leiten lassen. Wäre dies der Fall gewesen, hätte er spätestens 1942 seine Entscheidung revidiert, als laut Diagnose der Fachleute der zusätzliche Arbeitseinsatz deutscher Frauen sich als wirtschaftliche Notwendigkeit erwiesen hatte und es auch innenpolitisch opportun gewesen wäre, die allgemeine Frauendienstpflicht einzuführen, nach der die arbeitende Bevölkerung immer dringlicher verlangte[4].

Allein der Befehl Hitlers unterband die bereits von Wehrmacht, Bürokratie und den zuständigen Parteistellen gebilligte Frauendienstpflicht. Dabei wurde die eindeutige Stellungnahme des Führers von vielen Bürokraten und oberen Parteifunktionären mit Erleichterung aufgenommen. Es handelte sich um diejenigen, die innenpolitische Schwierigkeiten befürchteten und unsicher gewesen waren, inwieweit ihre mehr oder weniger passive Unterstützung der Frauenarbeit mit dem Willen des Führers übereinstimmte und somit ideologiekonform war. Dagegen waren Thomas, Speer, Goebbels, selbst Göring über die ständige Einmischung Hitlers, der stets erneut die Frauendienstpflicht abblockte, verärgert, und sie versuchten immer wieder, den Führerbefehl zu umgehen. Es trifft also keineswegs zu, daß die »faschistischen Machthaber« allein aus »Furcht vor dem Volk« von dem Kriegsrecht in der Wirtschaft so wenig Gebrauch machten[5]. Eine solche Interpretation ist einseitig und irreführend, da sie aus einem ganzen Spektrum von Gründen nur einen hervorhebt. Vor allem aber werden die Person Hitler, seine stark irrationalen Handlungsmotive und seine dominierende Rolle im Entscheidungsprozeß vernachlässigt. Und so wenig wie eine außenpolitische läßt sich eine Sozial- und Wirtschaftsgeschichte des »Dritten Reiches« schreiben, ohne daß der entscheidende Stellenwert von Hitlers Weltanschauung und Führerautorität angemessen berücksichtigt wird. Damit plädieren wir nicht für einen personengeschichtlichen Ansatz. Aber erst Hitlers unbeirrbarer Glaube an bestimmte ideologische Fixpunkte und die Entschlossenheit, mit der er bis zum Ende und entgegen allen Sachargumenten an der Verwirklichung seiner langfristigen Ziele festhielt, enthüllt jene spezifische Dimension in Ideologie und Praxis des Nationalsozialismus, die ihn vom italienischen Faschismus unterscheidet. Dieser Faktor widerlegt die – nicht nur in der marxistischen Literatur – verbreitete These, die Nationalsozialisten, Hitler an der Spitze, seien lediglich eine opportunistische Clique gewesen, die ihre an rein machtpolitischen und imperialistischen Bestrebungen orientierte Politik mit Hilfe einer Ideologie zu bemänteln und zu rechtfertigen suchten[6].

Eng hiermit verknüpft ist die These vom »Sozialimperialismus«, derzufolge Hitler von inneren Problemen und daraus resultierenden Schwierigkeiten mit einem aggressiven Imperialismus ablenken wollte. Dabei wird die Möglichkeit des Primats einer programmatischen Weltanschauung mehr oder minder deutlich verneint; ihr Stellenwert wird auf eine ausschließlich manipulative Propagandafunktion reduziert. In diesem zu engen Interpretationsrahmen bewegt sich Timothy W. Mason, wenn er behauptet, daß aus Furcht vor der innenpolitischen Reaktion die Zwangsverpflichtung von Frauen im »Dritten Reich« abgelehnt und deshalb – als Beispiel des offenen »Sozialimperialismus« – ausländische Arbeiter zwangsweise importiert wurden[7]. Daß es eine allgemeine Dienstverpflichtung von deutschen Frauen nicht gab, lag jedoch darin begründet, daß Hitler aus primär ideologischen Gründen eine solche Maßnahme nicht zuließ. Erst dieser unabänderliche Führerbefehl veranlaßte die ausführenden Organe der Partei und Bürokratie, den ursprünglich nur als ergänzende Maßnahme gedachten Ausländereinsatz in solch riesigen Ausmaßen zu betreiben. Die Arbeitskraft der von den Nationalsozialisten als rassisch minderwertig deklarierten Völker wurde also nicht zuletzt deshalb ausgebeutet, um die Gesundheit deutscher Frauen und Mütter zu schonen und die Zukunft der deutschen Herrenrasse nicht zu gefährden. Innenpolitische Überlegungen spielten hierbei eine untergeordnete Rolle. Die von David Schoenbaum aufgestellte und später auch von Karl-Dietrich Bracher übernommene These, das nationalsozialistische Ideal von der »Volksgemeinschaft« sei zumindest im Bewußtsein der Bevölkerung verwirklicht worden[8], muß angesichts der Unfähigkeit des Regimes, »Volksgenossinnen« aller sozialen Schichten in einer »Wehrgemeinschaft« zu vereinigen, in Frage gestellt werden. Von Kriegsbeginn an war das Gros der Frauen aus den sozialen Ober- und oberen Mittelschichten nicht gewillt, für den »Lebenskampf des deutschen Volkes« Opfer zu bringen, geschweige denn zu arbeiten. In diesem für die Kriegswirtschaft wesentlichen Punkt zeigten diese Frauen und ihre Familien in ihrem Verhalten nicht die geringste Bindung an die von den Nationalsozialisten propagierten Ideale. Die bevorzugte Behandlung der Frauen aus privilegierten Schichten in puncto Rüstungsarbeit und Dienstverpflichtung konnte bei den Männern und Frauen der unteren Bevölkerungsschichten lediglich den alten Haß auf die Klasse der reichen Parasiten oder kleinbürgerliche Ressentiments gegen die »oberen Zehntausend« schüren. Für viele dieser Menschen, ob motiviert durch ein proletarisches Bewußtsein, durch soziale Mißgunst oder möglicherweise auch durch eine Mischung aus beiden, war die Ungerechtigkeit, die in der sozial unterschiedlichen Verteilung der Kriegslasten lag, noch weniger erträglich als die Härten selbst. Die Parteispitze billigte die unterschiedliche Behandlung der Bevölkerungsschichten – Göring expressis verbis, Hitler mehr indirekt. Goebbels und Ley sprachen sich für eine gleiche Behandlung aller »Volksgenossen« aus, weil nach ihrem machtpolitischen Kalkül solche Parolen massenwirksam waren, nicht aber, weil sie persönlich an soziale Gleichheit glaubten. Auf jeden Fall sah die künftige nationalsozialistische »Volksgemeinschaft« für Hitler, soweit er überhaupt konkrete Vorstellungen davon hatte, nicht egalitär und demokratisch aus, sondern elitär und hierarchisch.

Die Behauptung Ralf Dahrendorfs, der Nationalsozialismus habe eine erhöhte vertikale soziale Mobilität und vergrößerte Aufstiegschancen hervorgebracht[9], ist immer noch nicht belegt. Zumindest in bezug auf die Frauen, die ja immerhin ein Drittel der Erwerbstätigen stellten, ist diese These falsch. Für die

Millionen von mithelfenden Familienangehörigen in Landwirtschaft, Gewerbe und Handel verschlechterte sich die Lage durch den zunehmenden Mangel an Arbeitskräften, der ihre eigene Arbeitslast vergrößerte und die Aussicht auf einen Verdienst außerhalb des Familienbetriebs immer mehr in die Ferne rückte. Weibliche Beamte und Angestellte mußten hinnehmen, daß ihnen bei der Besetzung besser bezahlter leitender Posten Männer vorgezogen wurden. Landarbeiterinnen und Hausangestellten ebneten sich infolge des Arbeitermangels die Wege in die Industrie, was konkret etwas höhere Löhne bei kürzerer Arbeitszeit bedeutete. Ein sozialer Aufstieg war damit aber kaum verbunden, da diese Frauen auf Hilfsarbeiten beschränkt blieben. Insgesamt kann eine quantitative Ausweitung der Frauenarbeit noch nicht als »ökonomische Emanzipation«[10] gewertet werden. Vor allem aber darf nie die Tatsache aus dem Auge verloren werden, daß die Nationalsozialisten, vorrangig Hitler, die Arbeit verheirateter Frauen ebenso wie die von Frauen in traditionell Männern vorbehaltenen Berufen und Positionen nur als ein befristetes Zugeständnis an die Aufrüstung und den Krieg duldeten. Grundsätzlich wurde den verheirateten Frauen aber in der nationalsozialistischen Gesellschaft das Recht auf Erwerbsarbeit abgesprochen. Die übrigen Frauen besaßen weder Anspruch auf freie Berufswahl noch auf dieselben Berufschancen und Löhne wie die Männer.

Die Frage, ob im »Dritten Reich« von einem »Primat der Politik« oder einem »Primat der Ökonomie« gesprochen werden muß, läßt sich aus den Befunden dieser Studie zumindest teilweise beantworten. Die reinen Luxus- und Konsumgüterindustrien, von letzteren vor allem die kleineren Unternehmen, erlitten mit zunehmender Umstellung auf eine Kriegswirtschaft immer größere Einbußen. Sie verloren Absatzmärkte im In- und Ausland ebenso wie Arbeitskräfte und mußten ihre Produktion drosseln. Viele Kleinbetriebe dieser Branchen wurden im Krieg ganz stillgelegt. Die kriegswichtigen Unternehmen konnten sich dagegen in der überhitzten Rüstungskonjunktur und im Krieg wie in einem Treibhaus entwickeln. Staatliche Stellen kontrollierten die Wirtschaft weitgehend, sie übernahmen die Verteilung von Rohstoffen und Arbeitskräften ebenso wie von lukrativen Aufträgen. Vom nationalsozialistischen Regime durfte man außerdem erwarten, daß es Ansprüche auf Lohnsteigerungen unterdrücken und die Arbeiter disziplinieren würde. Theoretisch gesehen, hatten die Unternehmer also ihre politische und wirtschaftliche Bewegungsfreiheit und Selbstbestimmung eingebüßt, konnten dafür aber in einem künstlichen Klima ungestört produzieren und Profite einstreichen. In der Praxis wurde indessen die säuberliche Aufgabentrennung und auf der anderen Seite die Kooperation von Staat und Rüstungsunternehmen behindert.

Es stellte sich heraus, daß der Staat nicht genügend Rohstoffe und Arbeitskräfte heranschaffen konnte. Bei beiden Produktionsmitteln ließ zudem die Qualität zu wünschen übrig. Die Arbeiter wurden nicht in zufriedenstellendem Maß diszipliniert, da das Regime drakonische Maßnahmen – vor allem bei den Frauen – nicht anwenden wollte. Es blieb weitgehend den Unternehmen überlassen, mit den Problemen der Arbeitsunlust und der sinkenden Arbeitsleistung fertig zu werden. Den »Betriebsführern« standen aber weder Mittel der Gewalt zur Verfügung, noch konnten sie sich wirksam hergebrachter Methoden, von der Drohung der Entlassung bis zum Locken mit höheren Löhnen und Sozialleistungen, bedienen. Die Rüstungsindustriellen boykottierten ihrerseits aus materiellem Eigeninteresse einen effektiven Einsatz deutscher Frauen in der Kriegswirtschaft. Denn der Fraueneinsatz hätte, um erfolgreich zu sein, zuviel Rücksicht, Betreuung und Ausbildung, außerdem betriebliche Umstellungen und Investitionen erfordert. Eine umfangreiche Beschäftigung deutscher Frauen, die mit solchem Aufwand an Mühe, Zeit und Mehrkosten verbunden war, blieb für die Rüstungsbetriebe somit uninteressant, solange es noch deutsche Facharbeiter, ausländische Arbeiter und Kriegsgefangene gab. Das nationalsozialistische Regime wiederum war abhängig von der Kriegsindustrie und hatte zuwenig Möglichkeiten zur Überprüfung des innerbetrieblichen Produktionsgeschehens. So konnte der langjährigen Forderung an die Industrie, mit Rationalisierung und Automatisierung den Einsatz von – zumeist ungelernten – Frauen voranzutreiben, kein Nachdruck verliehen werden. Der großangelegte Import von ausländischen Arbeitern und die Zurückstellung unzähliger deutscher Facharbeiter vom Militär – Maßnahmen, die durch Speers spätes Rationalisierungsprogramm notwendiger als je geworden waren – bildeten sowohl das Ergebnis versäumter betrieblicher Umstellungen auf die Frauenarbeit als des mangelnden überbetrieblichen Kooperationswillens der Unternehmer. Andererseits wurden dank der großzügigen »Lieferung« von ausländischen und deutschen Fachkräften die Betriebe der Rüstungsindustrie nicht zu organisatorischen Umstellungen gezwungen. Gleichzeitig wurde es damit aber auch dem Regime in der Praxis erleichtert, auf Hitlers Befehl hin von einer umfangreichen Frauendienstverpflichtung Abstand zu nehmen.

Daran, daß die Unternehmer – vor allem im Krieg – in ihren Produktionsentscheidungen von den Weisungen des Regimes extrem abhängig waren, besteht kein Zweifel. Wie das Beispiel der Frauenarbeit zeigt, waren die Industriellen aber im innerbetrieblichen Bereich durchaus in der Lage, ihre Eigeninteressen gegenüber Behörden und Parteiorganen zu wahren. Die Praxis des »Herrn im Haus«, die ihnen das Gesetz zur Ordnung der nationalen Arbeit ursprünglich nur gegenüber den Arbeitern zugestanden hatte, konnte also auch gegenüber der Politik geltend gemacht werden. Die betriebsinterne Autonomie mochte als Trostpflaster dafür dienen, daß die großen politischen Entscheidungen nicht von den Unternehmerinteressen diktiert wurden.

Anhang

Statistischer Anhang

Eheschließungen – Geburten
(Nach Angaben des Statistischen Reichsamtes)

Jahr	Geburten	Eheschließungen
1932	993 126	516 793
1933	971 174	638 573
1934	1 198 350	740 165
1935	1 263 976	651 435
1936	1 278 583	609 770
1937	1 277 048	620 265
1938	1 348 534	645 062
1939	1 413 230	774 163
1940	1 402 258	613 103
1941	1 308 232	504 200
1942	1 055 915	525 459
1943	1 124 718	514 095

(Quelle: Statistisches Handbuch, S. 47)

Erwerbstätigkeit 1932

	Männer	Frauen
Arbeitslosigkeit	45,6 %	32,7 %
Kurzarbeit	20,8 %	32,8 %
Vollbeschäftigung	33,6 %	34,5 %

(Quelle: Kuczynski, S. 249, nach der Gewerkschaftsstatistik)

Die Erwerbspersonen nach Wirtschaftsabteilungen und Stellung im Beruf 1939, 1933 und 1925
(Für sämtliche Zählungen Berufssystematik 1939)

Stellung im Beruf	1939		1933		1925		Zu- oder Abnahme 1925–1939 in v. H.	
	männlich	weiblich	männlich	weiblich	männlich	weiblich	männlich	weiblich
in 1 000								
Land- und Forstwirtschaft								
Selbständige	1 714,8	243,3	1 875,0	301,9	1 866,2	323,9	− 8,1	− 24,9
Mithelf. Familienangehörige	942,4	3 829,9	1 046,6	3 469,6	1 212,6	3 577,9	− 22,3	+ 7,0
Angestellte und Beamte	82,5	10,4	99,0	19,1	161,2	13,6	− 48,8	− 23,6
und zwar Beamte	17,6	—	16,9	0,1				
Angestellte	64,9	10,4	82,1	19,0				
Arbeiter	1 314,0	797,0	1 672,5	858,2	1 533,4	1 053,9	− 15,4	− 24,4
W.-Abt. 1 insgesamt	4 053,7	4 880,6	4 694,0	4 648,8	4 793,4	4 969,3	− 15,4	− 1,8
Industrie und Handwerk								
Selbständige	1 144,6	223,0	1 243,5	246,7	1 206,3	239,7	− 5,1	− 7,0
Mithelf. Familienangehörige	23,8	268,3	46,7	226,4	37,3	182,6	− 36,3	+ 46,9
Angestellte und Beamte	1 203,2	474,5	1 020,9	328,6	1 196,4	347,6	+ 0,6	+ 36,5
und zwar Beamte	25,8	0,4	22,8	0,5				
Angestellte	1 177,4	474,1	998,1	328,1				
Arbeiter	8 736,2	2 344,5	7 981,7	1 956,7	8 050,2	2 217,6	+ 8,5	+ 5,7
W.-Abt. 2/4 insgesamt	11 107,8	3 310,3	10 292,8	2 758,4	10 490,2	2 987,5	+ 5,9	+ 10,8
Handel und Verkehr								
Selbständige	895,0	274,7	935,2	315,1	874,1	261,5	+ 2,4	+ 5,0
Mithelf. Familienangehörige	40,1	481,5	66,8	429,6	52,4	361,2	− 23,4	+ 33,3
Angestellte und Beamte	1 478,5	846,2	1 540,4	792,6	1 581,3	679,5	− 6,5	+ 24,5
und zwar Beamte	540,0	33,9	510,5	39,0				
Angestellte	938,5	812,3	1 029,9	753,6				

Arbeiter	1 510,6	481,5	1 456,0	427,1	1 176,9	264,0	+ 28,4	+ 82,4
W.-Abt. 5 insgesamt	3 924,2	2 083,9	3 998,4	1 964,4	3 684,7	1 566,2	+ 6,5	+ 33,1

Öffentlicher Dienst und private Dienstleistungen (ohne häusliche Dienste)

Selbständige	219,9	68,5	227,4	67,9	175,6	6,5	+ 25,2	+ 4,5
Mithelf. Familienangehörige	22,2	39,4	3,0	23,4	2,0	11,2	+ 8,8	+251,0
Angestellte und Beamte	1 717,9	650,0	1 241,0	542,4	1 126,9	386,2	+ 52,5	+ 68,3
und zwar Beamte	1 112,6	87,9	829,9	89,1				
Angestellte	605,3	562,1	411,1	453,3				
Arbeiter	530,2	335,7	340,5	224,1	221,6	135,0	+139,3	+148,8
W.-Abt. 6 insgesamt	2 470,2	1 093,6	1 811,9	857,8	1 526,1	597,9	+ 61,9	+ 82,9

Häusliche Dienste

Angestellte (Hausangest.)	0,8	17,9	2,0	26,4	9,3	33,0	− 91,8	− 45,6
Arbeiter (Hausgehilfen)	11,7	1 313,9	17,9	1 223,2	27,6	1 324,1	− 57,7	− 0,8
W.-Abt. 7 insgesamt	12,5	1 331,8	19,9	1 249,6	36,9	1 357,1	− 66,3	− 1,9

Summe der Wirtschaftsleistungen

Selbständige	3 974,3	809,5	4 282,0	931,6	4 122,2	890,6	− 3,6	− 9,1
Mithelf. Familienangehörige	1 008,5	4 619,1	1 163,1	4 149,6	1 304,3	4 132,9	− 22,7	+ 11,8
Angestellte und Beamte	4 482,9	1 999,0	3 993,3	1 709,1	4 075,1	4 459,9	+ 10,1	+ 36,9
und zwar Beamte	1 696,0	122,2	1 380,1	128,7				
Angestellte	2 786,9	1 876,8	2 523,2	1 580,4				
Arbeiter	12 102,7	5 272,6	11 468,6	4 689,3	11 029,7	4 994,6	+ 9,7	+ 5,6
Erwerbspersonen insgesamt	21 568,4	12 700,2	20 817,0	11 479,0	20 531,3	11 478,0	+ 5,1	+ 10,6

(Quelle: Statistisches Handbuch, 32 f., Auszüge)

Frauenarbeit in der Industrie 1933–1939

Jahr	Anzahl der Industriearbeiterinnen	1933 = 100	Anteil in der Gesamtindustrie
1933	1 205 000	100	29,3 %
1934	1 408 000	116,8	27,0 %
1935	1 463 000	121,4	25,5 %
1936	1 549 000	128,5	24,7 %
1937	1 749 000	145,1	25,3 %
1938	1 846 000	153,2	25,2 %

(Quelle: Wirtschaft und Statistik, 1939, H. 10, S. 389 und S. 391. Nach Ergebnissen der Industrieberichterstattung)

Anzahl der Studenten

Jahr	weiblich	männlich	v. H. der weibl. Studenten
SS 1932	18 375	100 992	15,8 %
WS 32/33	17 345	95 392	15,7 %
SS 1933	16 357	90 279	15,6 %
WS 33/34	14 340	85 183	14,5 %
SS 1934	12 066	75 182	13,9 %
WS 34/35	11 180	69 623	13,8 %
SS 1935	9 712	58 449	14,2 %
WS 35/36	9 788	61 692	13,7 %
SS 1936	8 418	54 757	13,3 %
WS 36/37	7 905	51 343	13,2 %
SS 1937	6 954	46 740	12,8 %
WS 37/38	6 360	46 599	11,9 %
SS 1938	6 006	45 434	11,6 %
WS 38/39	6 285	46 246	11,8 %
SS 1939	6 080	47 232	11,2 %
3. Trim. 39	5 815	29 799	16,0 %
1. Trim. 40	7 378	38 421	15,8 %
2. Trim. 40	8 509	29 238	21,9 %
3. Trim. 40	12 639	35 151	25,6 %

(Quelle: Lorenz, Zehnjahresstatistik, S. 30 und 33)

Beschäftigungsstatistik der Firma Siemens und Halske Berlin
(elektrotechnische Industrie)

| | Angestellte | | Arbeiter | |
	männl.	weibl.	männl.	weibl.
Sept. 1932	5 042	1 229	7 165	4 487
Sept. 1933	4 785	1 206	7 638	4 705
Dez. 1933	4 760	1 216	7 682	5 588
Sept. 1934	5 575	1 531	10 795	8 114
Dez. 1934	5 703	1 592	9 962	7 011
Sept. 1935	6 315	1 783	10 516	6 937
Dez. 1935	6 422	1 824	10 542	6 932
Dez. 1936	7 324	2 169	11 709	7 959
Sept. 1937	7 945	2 448	13 202	10 265
Dez. 1937	8 053	2 525	13 527	10 390
Sept. 1938	8 759	2 893	14 363	11 810
Dez. 1938	9 367	3 302	15 653	14 472
Dez. 1939	8 675	3 959	15 112	13 484
Sept. 1940	8 468	4 294	14 836	12 970
Dez. 1940	8 480	4 316	15 167	12 518
März 1941	8 443	4 434	15 213	13 019
Juni 1941	8 525	4 660	15 313	13 112
Sept. 1941	8 526	4 689	15 235	13 308
Okt. 1941	8 723	4 947	16 065	14 135
Nov. 1941	8 772	5 005	16 062	14 215
Dez. 1941	8 813	5 010	16 418	14 325
Jan. 1942	8 695	5 056	16 017	14 303
Febr. 1942	8 448	5 115	15 161	14 059
März 1942	8 346	5 143	14 791	13 784
April 1942	8 265	5 405	14 632	13 570
Mai 1942	8 137	5 500	14 423	13 598
Juni 1942	8 076	5 531	14 136	13 760
Juli 1942	8 076	5 515	14 397	14 257
Sept. 1942	8 132	5 563	14 516	14 043
Okt. 1942	8 114	5 609	14 462	14 123
Nov. 1942	8 195	5 678	15 062	14 187
Dez. 1942	8 219	5 665	15 503	14 439
Jan. 1943	8 151	5 661	15 577	14 212
Febr. 1943	8 164	5 652	16 347	13 745
März 1943	8 283	5 105	16 882	14 416
April 1943	8 480	6 022	16 906	14 708
Mai 1943	8 599	6 205	16 855	14 602
Juni 1943	8 715	6 248	17 053	14 447
Juli 1943	8 821	6 249	16 914	14 260
Aug. 1943	8 914	6 215	16 581	13 907
Sept. 1943	9 045	6 216	16 368	13 614
April 1944	8 490	5 622	14 237	10 362
Mai 1944	8 516	5 646	14 038	10 148

(Quelle: Werksarchiv der Firma Siemens, Akte D. Lr 500)

Arbeiterinnenzahl der Firma MAN (Maschinenindustrie)

	Werk Nürnberg	Werk Gustavsburg
1933/34	21	31
1934/35	22	31
1935/36	145	34
1936/37	212	38
1937/38	375	43
1938/39	490	93
1939/40	718	188

(Quelle: MAN-Werkarchiv, Augsburg)

Die erwerbs*fähigen* und erwerbs*tätigen* Frauen im Deutschen Reich
(Gebietsstand 17. 5. 1939, ohne Memelland)
nach *Familienstand* und *Kinderzahl* aufgrund der Volks- und Berufszählung *1939*

Weibliche Personen	Erwerbsfähige	Erwerbstätige[3]	Sp. 3 in v. H. d. Sp. 2	Nicht-erwerbstätige Erwerbsfähige
Im Alter von 15–60 Jahren	26 303 911	13 881 406	52,8	12 422 505
davon:				
Ledige[1]	8 385 447	7 437 806	88,7	947 641
Verheiratete[2]	17 918 464	6 443 600	36,0	11 474 864
davon:				
ohne Kind	8 558 400	3 133 857	36,6	5 424 543
mit 1 Kind	5 018 335	1 706 848	34,0	3 311 487
mit 2 u. 3 Kindern	3 634 374	1 318 736	36,3	2 315 638
mit 4 u. mehr Kindern (unter 14 Jahren)	707 355	284 159	40,2	423 196

[1] Ohne – [2] Mit Verwitweten oder Geschiedenen. – [3] Selbständige, mithelfende Familienangehörige, Beamtinnen, Arbeiterinnen und Angestellte.
(Quelle: BA Koblenz, R 41, 284)

	1933	1934	1935	1936	1937	1938	1939
gesamt	4 804,4	2 718,3	2 151,0	1 592,7	912,3	429,5	51,8
männl.	3 863,7	2 223,5	1 806,5	1 233,7	750,5	333,3	33,3
weibl.	940,7	494,8	344,6	269,0	161,8	96,2	18,5

(Quelle: Statistisches Jahrbuch, 1940/41, S. 426. Nach Meldungen der Arbeitsämter)

Deutsche Industriearbeiter 1939–1944
(in 1 000)

Datum	Insgesamt		Frauen
31. Mai 1939		(10,855)	(2,749)
31. Juli 1939	10,405		2,620
31. Mai 1940	9,415	(9,747)	2,565 (2,658)
30. Nov. 1940	9,401		2,615
31. Mai 1941	9,057	(9,378)	2,613 (2,702)
30. Nov. 1941	8,861		2,626
31. Mai 1942	8,378	(8,505)	2,580 (2,598)
30. Nov. 1942	8,011		2,493
31. März 1943	7,893	(7,991)	2,576 (2,737)
31. Juli 1943	8,098		2,808
30. Nov. 1943	7,948		2,787
31. Jan. 1944	7,782		2,781
31. März 1944	7,720	(7,656)	2,745 (2,708)
31. Mai 1944	7,715		2,737
31. Juli 1944	7,515		2,678

(Quelle: Effects of Strategic Bombing, abgedruckt in: Milward, S. 47. Zahlen in Klammern: Kriegswirtschaftliche Kräftebilanz des Statistischen Reichsamts, abgedruckt in: Wagenführ, S. 150 ff.)

Einsatz von Frauen in der Industrie des Wehrkreises X
(WK X umfaßt etwa das Gebiet Schlesw.-Holstein, Hamburg, Bremen, Emden)

Wirtschaftsgruppe	Juli 1939	Juli 1942 Deutsche	Ausländer u. Juden
Bergbau	38	34	6
Eisensch. Industrie	89	122	3
Metallindustrie	295	431	15
Kraftstoffindustrie	607	840	5
Sägeindustrie	281	359	5
Chem. Industrie	16 038	16 289	3 155
Papiererzeugung	225	273	54
Grundstoffindustrie	17 573	18 348	3 243
Gießereiindustrie	269	345	80
Maschinen-, Stahl- u. Fahrzeugbau	17 174	36 485	4 237
Elektroindustrie	3 841	4 785	182
Feinmechanik u. Optik	1 240	3 414	356
Eisen-, Stahl- u. Blechwaren-Ind.	7 128	11 024	4 102
Werkstoffverfeinerung	826	905	367
Metallwaren	2 311	2 091	54
Eisen- u. metallverarb. Industrie	32 789	55 357	9 378
Steine und Erden	823	540	581
Bauindustrie	1 089	1 132	104
Bau- und Baustoffindustrie	1 912	1 672	685
Holzverarbeitende Industrie	2 796	1 985	379
Glasindustrie	188	178	186
Keramische Industrie	1 156	318	33
Papierverarbeitende Industrie	3 404	1 408	63
Druck	7 047	5 960	38
Lederindustrie	2 391	1 747	326
Textilindustrie	15 679	9 319	4 042
Bekleidungsindustrie	8 479	5 801	143
Lebensmittelindustrie	31 125	18 827	3 147
Brauerei und Mälzerei	404	565	20
Zuckerindustrie	23	45	–
Spiritusindustrie	1 382	513	3
»Sonstige« Industrien	74 074	47 696	8 380
Gesamte Industrien	126 348	123 073	21 686

(Quelle: BA Koblenz, R 13 XV, 82, Anlage zu: Kräftebilanz der Industrie des Wehrkreises X, Nr. 97)

Statistik der Beschäftigung deutscher Frauen 1939–1944
(In 1000)

Datum	Landwirt-schaft	Industrie, Handwerk, Energie	Handel, Banken, Versiche-rungen, Transport	Hauswirt-schaft	Verwaltung, Dienstlei-stungen	Zusammen
Mai 1939	6,049	3,836	2,227	1,560	954	14,626
Mai 1940	5,689	3,650	2,183	1,511	1,157	14,386
Mai 1941	5,369	3,677	2,167	1,473	1,284	14,167
Mai 1942	5,673	3,537	2,225	1,410	1,471	14,437
Mai 1943	5,665	3,740	2,320	1,362	1,719	14,806
Mai 1944	5,694	3,592	2,219	1,301	1,746	14,808
Sept. 1944	5,756	3,636	2,193	1,287	1,748	14,897

(Quelle: Kriegswirtschaftliche Kräftebilanz, Statistisches Reichsamt; abgedruckt in: Kaldor, S. 39)

Einsatz von Fremdarbeitern und Kriegsgefangenen
(In Millionen)

Datum (Ende Mai)	Landwirt-schaft	Industrie	Handwerk	Verkehr	Übrige Wirtschaft	Insgesamt
1941	1,5	1,0	0,3	0,1	0,1	3,0
1942	2,0	1,4	0,3	0,2	0,3	4,2
1943	2,3	2,8	0,4	0,3	0,5	6,3
1944	2,6	3,2	0,5	0,4	0,4	7,1

(Quelle: Kräftebilanz des Statistischen Reichsamts, in: Wagenführ, S. 46)

Gewerbe und Arbeitergruppe	Stundenverdienst Rpf.				Wochenverdienst RM			
	1936	1938	1939	1944	1936	1938	1939	1944
Steine u. Erden	65,0	71,7	75,2	80,3	30,52	34,91	36,49	38,59
Facharbeiter	70,3	83,3	87,4	93,9 }	33,26	41,60	43,79	47,30
Spezialarbeiter		77,8	81,7	87,2 }		38,01	39,87	42,65
Hilfsarbeiter	59,7	64,6	68,4	71,3	27,88	31,23	32,90	33,66
Arbeiterinnen	38,6	42,6	46,3	46,7	17,65	19,46	20,94	18,88
Keram. Industrie	58,0	60,9	63,9	71,9	27,83	28,97	30,51	32,58
Facharbeiter		84,8	88,3	102,3 }		40,99	42,90	52,46
Spezialarbeiter	71,5	74,8	78,4	90,4 }	35,05	36,65	38,94	46,54
Hilfsarbeiter		66,1	69,0	75,1 }		32,40	34,40	37,18
Facharbeiterinnen	42,6	46,0	48,8	58,8	19,60	21,06	22,25	24,22
Sonst. Arbeiterinnen	39,0	39,7	42,1	49,9	18,17	18,18	19,25	19,98
Glasindustrie	61,7	65,6	68,2	85,2	30,13	31,58	33,16	40,47
Facharbeiter	75,0	82,3	84,4	107,6 }	35,05	40,62	41,86	54,93
Spezialarbeiter		81,4	84,7	102,0 }		38,82	41,15	51,34
Hilfsarbeiter	54,6	58,8	61,9	73,6	26,72	28,69	30,57	36,41
Spez. Arbeiterinnen	33,0	37,8	40,2	52,4 }	16,11	17,73	18,83	21,66
Hilfsarbeiterinnen		33,4	36,2	47,2 }		15,79	16,96	17,96
Baugewerbe	71,6	74,5	76,8	82,3	32,97	35,83	37,31	38,27
Maurer	82,6	83,7	88,2	92,9	37,99	41,03	42,79	43,36
Zimmerer, Einsch.	85,4	89,0	91,5	96,9	40,35	45,01	46,24	45,71
Zementfacharb., Bauhilfsarb., Zem.arb.	69,9	71,9	73,1	83,6	32,41	34,78	35,51	40,45
Tiefbauarbeiter	62,2	66,4	67,8	68,4	28,06	31,52	32,56	30,97
Papiererz. Industrie	63,6	65,6	66,8	73,6	31,29	32,39	34,13	36,91
Gel. u. ang. Arbeiter	71,0	72,7	73,8	82,3	35,94	37,13	39,48	45,64
Ungel. Arbeiter	64,8	66,9	68,2	73,4	31,92	32,99	34,76	37,47
Arbeiterinnen	42,2	43,0	45,1	51,4	19,40	19,54	20,68	20,17
Buchdruckgewerbe	106,4	107,3	107,0	114,2	50,49	52,66	52,73	56,06
Männl. Gehilfen	120,2	120,7	120,5	130,3	56,86	59,08	59,23	65,31
Männl. techn. Hilfsp.	99,0	101,2	100,5	109,0	47,79	50,64	51,32	55,29
Weibl. techn. Hilfsp.	50,6	50,9	51,4	55,8	23,90	24,75	24,73	24,70
Textilindustrie	54,9	56,7	58,0	62,8	23,20	26,16	26,04	27,17
Facharbeiter	69,0	71,6	73,6	80,3	29,33	33,79	34,29	39,10
Hilfsarbeiter	53,4	56,8	58,9	62,0	23,08	27,30	28,06	29,83
Facharbeiterinnen	48,9	50,2	51,9	57,4	20,52	22,76	22,72	23,65
Hilfsarbeiterinnen	37,7	39,3	41,4	47,4	15,89	17,84	18,33	18,98
Bekleidungsgewerbe	54,6	58,5	60,4	66,4	25,36	27,27	28,03	26,54
Gel. u. ang. Arbeiter	81,0	87,5	91,0	97,3	38,34	42,06	43,97	47,38
Gel. u. ang. Arbeiterinnen	46,2	50,0	52,3	60,2	21,35	23,13	24,01	23,21
Schuhindustrie	63,2	65,9	68,5	80,8	27,64	30,57	30,55	35,51
Schuhfabrikarbeiter	77,2	80,4	83,5	99,5	33,64	37,28	37,74	47,98
Schuhfabrikarbeiterinnen	50,6	53,2	55,7	64,8	22,26	24,70	24,54	26,51

Gewerbe und Arbeitergruppe	Stundenverdienst Rpf.				Wochenverdienst RM			
	1936	1938	1939	1944	1936	1938	1939	1944
Süß-, Back- u. Teigw.-Industrie	50,6	51,8	53,3	61,8	23,76	24,83	24,66	25,01
Facharbeiter	85,5	87,3	89,4	96,7	41,50	44,09	44,72	49,65
Hilfsarbeiter	66,7	72,8	70,7	76,4	32,60	33,95	34,52	38,17
Facharbeiterinnen	48,8	50,1	51,3	59,3	22,48	23,91	24,02	25,13
Hilfsarbeiterinnen	43,1	44,2	45,7	50,8	20,07	20,92	20,79	18,76
Nichteisenmetall-Industrie	–	90,2	90,3	98,0	–	44,58	45,38	48,92
Facharbeiter	–	98,1	99,4	112,6	–	50,93	52,76	60,70
Spezialarbeiter	–	96,9	97,1	106,5	–	47,94	49,04	55,41
Hilfsarbeiter	–	84,3	84,6	86,6	–	41,20	42,38	43,13
Arbeiterinnen	–	54,3	55,0	58,6	–	25,24	24,98	22,85
Gießerei-Industrie	81,4	89,4	92,9	100,0	40,29	45,02	47,00	52,05
Gelernte Arbeiter	–	98,3	102,7	117,8	–	49,64	52,21	63,75
Angel. Arbeiter	–	93,3	97,5	105,0	–	46,92	49,67	56,26
Hilfsarbeiter	70,8	75,1	77,7	81,2	35,83	38,10	39,45	42,16
Arbeiterinnen	–	54,8	56,5	56,4	–	25,30	25,47	22,61
Metallverarb. Industrie	85,7	91,0	92,2	96,5	42,27	45,90	46,24	46,48
Facharbeiter	98,4	106,4	108,6	121,0	49,18	54,99	56,02	63,43
Angel. Arbeiter	86,8	93,2	95,7	101,1	42,88	47,23	48,74	51,92
Hilfsarbeiter	67,0	72,4	74,7	79,5	32,90	36,06	37,35	39,69
Arbeiterinnen	51,5	55,7	56,7	58,2	24,34	26,30	26,19	22,39
Maschinenbau	89,3	94,1	95,8	.	45,32	48,31	48,93	.
Facharbeiter	96,3	104,4	107,2	121,6	49,20	54,27	55,25	64,38
Angel. Arbeiter	87,3	92,0	94,7	101,1	44,17	47,29	48,97	53,29
Hilfsarbeiter	65,8	69,5	72,1	76,6	32,96	35,08	36,74	38,95
Arbeiterinnen	49,5	54,5	55,7	57,1	23,77	25,34	25,81	21,62
Elektrotechn. Industrie	83,9	87,4	88,6	.	41,12	43,52	43,46	.
Facharbeiter	107,09	115,2	117,3	127,1	54,41	59,82	60,42	63,31
Angel. Arbeiter	92,3	97,9	99,8	107,0	45,34	49,40	50,55	52,72
Hilfsarbeiter	75,7	78,2	79,9	82,7	37,19	39,17	39,87	38,97
Arbeiterinnen	57,0	61,4	62,7	62,9	27,14	29,33	29,10	23,25
Optische und feinmech. Industrie	86,2	87,4	88,9	.	43,13	43,69	44,22	.
Facharbeiter	103,7	110,0	111,6	123,8	52,82	56,37	57,71	64,64
Angel. Arbeiter	87,4	93,5	95,2	102,5	42,89	47,46	49,18	52,27
Hilfsarbeiter	70,7	72,2	74,7	82,3	35,56	36,35	37,68	42,18
Arbeiterinnen	51,8	54,4	55,5	58,6	25,01	25,93	26,44	22,10

Bruttostunden- und Wochenverdienste in 22 Gewerben 1936–1944

Gewerbe und Arbeitergruppe	Stundenverdienst Rpf.				Wochenverdienst RM			
	1936	1938	1939	1944	1936	1938	1939	1944
Chem. Industrie	82,0	83,5	83,5	.	37,92	40,24	41,08	.
Betriebshandwerk.	104,1	106,3	107,0	.	49,67	53,79	56,20	.
Betriebsarbeiter	87,8	88,5	89,3	.	40,88	42,97	44,98	.
dar. Postenl. u. Vorarb.	–	103,3	104,0	.	–	51,95	54,88	.
S. qual. Betriebsarb.	–	90,4	91,5	.	–	43,78	46,11	.
Hilfsarbeiter	–	79,3	80,1	.	–	38,34	39,68	.
Arbeiterinnen	51,7	52,0	52,9	.	22,99	23,59	23,70	.
Kautschukindustrie	81,4	83,1	83,5	.	36,84	38,89	38,75	.
Betriebshandwerk.	102,5	104,7	105,1	.	49,86	54,54	53,75	.
dar. Betriebsarbeiter	92,5	96,5	97,4	.	42,21	45,87	46,49	.
dar. Postenl. u. Vorarb.	–	111,6	112,3	.	–	56,55	57,50	.
S. qual. Betriebsarb.	–	99,4	101,3	.	–	47,92	48,81	.
Hilfsarbeiter	–	92,3	91,7	.	–	42,94	43,09	.
Arbeiterinnen	54,5	56,9	58,0	.	23,75	25,28	25,24	.

(Quelle: Stat. Handbuch, 470 f.)

Anmerkungen

1 U. a. Max Horkheimer Hg.: Studien über Autorität und Familie, Forschungsberichte aus dem Institut für Sozialforschung, Paris 1936. Helmut Schelsky: Wandlungen der deutschen Familie, Stuttgart 1955³; René König: Materialien zur Soziologie der Familie, o. J.; Wilhelm Reich: Massenpsychologie des Faschismus, (1933), Köln/Berlin, 1971.

2 Hier ist das Spektrum breit gefächert. Von den inzwischen zahlreichen Hitlerbiographien bis zu den Biographien von Goebbels, Göring, Himmler u. a. – Hans Joachim Fest: Das Gesicht des Dritten Reiches. Profile einer totalitären Herrschaft, München 1963, bringt eine ganze Sammlung von Personalskizzen der Parteigrößen – bis hin zu Sozialgeschichten des Nationalsozialismus werden individual – ebenso wie sozialpsychologische Deutungsversuche dieser Art gemacht. Vgl. David Schoenbaum: Die braune Revolution. Eine Sozialgeschichte des Dritten Reiches, Köln/Berlin 1968; Richard Grunberger: A Social History of the Third Reich, London 1971.

3 Als zeitgenössische Veröffentlichung muß noch die Arbeit des Engländers Clifford Kirkpatrick: Nazi Germany, its Women and Family Life, Indianapolis 1938, erwähnt werden, die auf einer sorgfältigen Analyse des zwischen 1933–1937 publizierten Quellenmaterials beruht. Auf Jürgen Kuczynski: Studien zur Geschichte der Lage der Arbeiterin in Deutschland von 1700 bis zur Gegenwart, Berlin 1963, wird, soweit es nötig scheint, noch eingegangen.

4 Schoenbaum, a. a. O.

5 Jill Stephenson: Women in German Society, London 1975.

6 Timothy W. Mason: Arbeiterklasse und Volksgemeinschaft. Dokumente und Materialien zur deutschen Arbeiterpolitik 1936–1939, Opladen 1975.

7 Ders.: Zur Lage der Frauen in Deutschland 1930–1940: Wohlfahrt, Arbeit und Familie, Gesellschaft. Beiträge zur Marxschen Theorie 6, Frankfurt 1976. Zu den nicht ausreichend belegten Schlüssen, die Mason aus seinem Material zieht, wird gebührend Stellung genommen werden.

8 Marlies Steinert, Hitlers Krieg und die Deutschen. Stimmung und Haltung der deutschen Bevölkerung im Zweiten Weltkrieg, Düsseldorf 1970, beschreibt zwar die Stimmung der Bevölkerung im Krieg aufgrund nachrichtendienstlicher Berichte. Diese Studie liefert aber keine »Analyse des tatsächlichen Handelns mit seinen positiven und negativen Konsequenzen für das einzelne Individuum und soziale Gruppierungen« (s. Peter Hüttenberger, Nationalsozialistische Polykratie, Geschichte und Gesellschaft, 2, 417–442, 437).

9 Ursula von Gersdorff: Frauen im Kriegsdienst von 1914–1945, Stuttgart 1969. Viele Aktenbestände, die Material von sozial- und wirtschaftshistorischem Interesse enthalten, sind im Bundesarchiv in Koblenz und Freiburg erst in den letzten Jahren für den Benutzer zugänglich geworden, also nach dem Erscheinen der Werke von

Kuczynski, Schoenbaum und Gersdorff.

10 Der Begriff »Arbeitseinsatz« – obwohl eine typische Wortschöpfung der nationalso-
zialistischen Bürokratie – soll in dieser Untersuchung dennoch an der Stelle des
Terminus »Arbeitsmarkt« verwendet werden, da es einen freien Arbeitsmarkt im
»Dritten Reich« nicht mehr gab.

Kapitel I

Voraussetzungen nationalsozialistischer Frauenpolitik

1 Zu den Ausführungen über die Situation der bürgerlichen Frauen s. u. a.: Helene
Lange: Lebenserinnerungen, Berlin 1921; dies.: Kampfzeiten, Aufsätze und Reden
aus vier Jahrzehnten, Berlin 1928; dies., Gertrud Bäumer: Handbuch der Frauenbe-
wegung, 5 Bde., Berlin 1901–1906; Marie-Elisabeth Lüders: Fürchte Dich nicht,
Persönliches und Politisches aus mehr als 80 Jahren, 1878–1962, Köln/Opladen
1963; Gertrud Bäumer: Lebensweg durch eine Zeitenwende, Tübingen 1933; Margit
Twellmann, Die deutsche Frauenbewegung. Quellen 1843–1889, Meisenheim am
Glan 1972.

2 An dieser Frauenideologie des Besitz- und Bildungsbürgertums orientierten sich seit
1830 auch das mittelständische Handwerk, der Einzelhandel sowie das Kleinbeam-
tentum immer mehr, so daß eine außerhäusliche Berufstätigkeit unter den Töchtern
dieser Familien, vorher der Regelfall, zusehends abnahm. S. Pierre Ayçoberry: Der
Strukturwandel im Kölner Mittelstand 1820–1850, Geschichte und Gesellschaft 1,
1975, 95.

3 Marie-Elisabeth Lüders: Fürchte Dich nicht, 1878–1962, Köln/Opladen 1963, 58 f.

4 Frieda Wunderlich: Farm Labour in Germany 1810–1945, Princeton 1961, 98 f.

5 Bruno Steinbrecht: Arbeitsverhältnisse und Organisation der häuslichen Dienstboten in Bayern, Diss. München 1921; Oscar Stillich: Die Lage der weiblichen
Dienstboten in Berlin, Berlin-Bern 1902.

6 Werner Thönnesen: Frauenemanzipation, Politik und Literatur der deutschen
Sozialdemokratie, Frankfurt 1969, 13 ff.

7 Um 1911 hatten 48 % der Väter von jungen Arbeiterinnen und 53,8 % der Brüder
einen gelernten Beruf, dagegen die Mütter nur zu 3 % und die Töchter nur 5,3 %. Zu
den Angaben über die Situation der Industriearbeiterin vor dem Ersten Weltkrieg
vgl. Hasso von Recum: Die junge Arbeiterin, Vergangenheit und Gegenwart, in: Die
junge Arbeiterin, München 1960.

8 Ursula von Gersdorff: Frauen im Kriegsdienst 1914–1945, Stuttgart 1969, 16–34. Der
erstmalige Kriegsdienst von Frauen als Wehrmachts-, Sanitäts- und Nachrichtenhelferinnen erbrachte weitere Beweise fachlicher Qualifikation und umfassender
Verwendungsmöglichkeiten für Frauen. Dies.: Frauenarbeit und Frauenemanzipation im Ersten Weltkrieg, Francia II, 1975. Beide Untersuchungen sind die bisher
einzigen über den Arbeits- und Wehrmachtseinsatz der Frauen im Ersten Weltkrieg
in der gegenwärtigen Forschung. Zeitgenössische Literatur: Lüders: Fürchte Dich
nicht, 66–71; dies., Das unbekannte Heer. Frauen kämpfen für Deutschland
1914–1918, Berlin 1936; dies.: Die Entwicklung der gewerblichen Frauenarbeit im
Kriege, Schmollers Jahrbuch für Gesetzgebung, Verwaltung und Volkswirtschaft im
Deutschen Reich 44, 241–275; Charlotte Lorenz, Die gewerbliche Frauenarbeit
während des Krieges, Stuttgart/Berlin/Leipzig 1928; Bäumer, Lebensweg, 268–314;
dies.: Heimatchronik während des Weltkrieges, Berlin 1930.

9 MA Freiburg, Wi I F 5. 1084.

10 S. Gerard Bry: Wages in Germany, Princeton 1960, 99 und 205 f. Diese Prozentzahlen geben den Gesamtdurchschnitt aller Industriezweige, also sowohl der Rüstungs- wie der Konsumgüterindustrie an, zwischen denen allerdings oft beträchtliche Lohnunterschiede existierten.

11 Bisher erschienene neuere Forschungsbeiträge: Jürgen Kuczynski: Die Geschichte der Lage der Arbeiter unter dem Kapitalismus, Bd. 18, Studien zur Geschichte der Lage der Arbeiterin in Deutschland von 1700 bis zur Gegenwart, Berlin 1965, 217–253. K. berücksichtigt jedoch fast nur die Industriearbeiterin. Thönnessen, 83–168, Renate Bridenthal: Beyond Kinder, Küche, Kirche: Weimar Women at Work, Central European History 6, 1972, 148–166. B. behandelt das Problem Frauenarbeit leider zu isoliert, eine Analyse einander bedingender sozialer, ökonomischer und politischer Faktoren fehlt.

12 Thönnessen, 100 f.

13 Ebd., 102–105, 141. Die Frauen und das Betriebsrätegesetz, Soziale Praxis 29, 1919, Heft 5.

14 Thönnessen, 107 f.

15 Gertrud Hanna, 31; ILR 8, 1923, 22–37.

16 Kuczynski, Bd. 18, 228 ff.

17 Henry Braunwarth: Die Spanne zwischen Männer- und Frauenlöhnen, Köln 1955.

18 Hanna, 30.

19 Diese Entwicklung unterschied sich nicht sehr von der anderer Länder. 1924 betrugen die Frauenlöhne in Großbritannien durchschnittlich 48 % der Männerlöhne und in den USA nach 1920 60 % bis 70 % der Männerlöhne. Vgl. Bry, 99, 219, 288 f.

20 Kuczynski, 219 ff.; Wunderlich, 118.

21 Wunderlich, 57 f.; zu den Unterschieden der Löhne in Industrie und Landwirtschaft 118 ff.; zur totalen Vernachlässigung des Frauenarbeitsschutzes in der Landwirtschaft S. 70 f.

22 Stat. Jahrbuch, Bd.211, 205, 132; Bd. 402, 232; Bd. 453 II, 36.

23 Vgl. Susanne Suhr: Die weiblichen Angestellten. Arbeits- und Lebensverhältnisse, Berlin 1930.

24 Diese Zahlen und folgende Angaben stützen sich auf Judith Grünfeldt: Rationalization and the Employment and Wages of Women in Germany, ILR 29, 1934, 605–32; Robert Brady: The Rationalization Movement in German Industry, Berkeley 1933, 171 f., 240, 309.

25 Die BASF und ihre Mitarbeiter, 48.

26 Susanne Suhr, 10, 31, 47.

27 Vgl. Grünfeld; Brady.

28 Ebd.

29 Grünfeld.

30 Die BASF und ihre Mitarbeiter, 215.

31 16. 6. 1927, RGBl. I 1927, 184. Vgl. auch Preller, 353 f.

32 S. Kuczynski, 249.

33 Die Frauen in den Gewerkschaften, Gewerkschaftszeitung vom 5. 11. 1932, 706 ff.

34 Zitiert in: Die Genossin, Informationsblätter der weiblichen Funktionäre der SPD, 1929, Nr. 7/8, 297.

35 Parteitag Leipzig 1931, zitiert in Thönnessen, 143 f.

36 S. Jill McIntyre: Women and the Professions in Germany, 1930–1940, 181, in: Anthony Nicholls, Erich Matthias Hg., German Democracy and the Triumph of

Hitler, London 1971, 175–213.

37 RABl. I 1931, 137.

38 Dieser Standpunkt wurde von einer Sachverständigenkommission des Reichsarbeitsministeriums unterstützt, die im März 1931 feststellte, daß die Einschränkung der Frauenarbeit vielfach betriebliche Umstellungen erfordern würde, die den Betrieben kaum zuzumuten wären. Preller, 437.

39 RGBl. I 1932, 245.

40 Dazu: McIntyre, 186.

41 Lorenz Popp: Kann durch die Abschaffung der Frauenerwerbsarbeit die Arbeitslosigkeit beseitigt werden? Gewerkschaftsarchiv 1930, 356. Zu gleichen Ergebnissen kommt Emmy Wolff: Frauenberufsarbeit als nationale Leistung, Die Frau 41, 1933/34, 357 f.

42 S. hierzu: Anna Geyer: Die Bedeutung der Erwerbsarbeit verheirateter Frauen für die wirtschaftliche Lage und den Zusammenhalt der Familie, Die Arbeiterwohlfahrt, 15. 10. 1930, und: Zur Forderung: Kampf den Doppelverdienern. Die gewerkschaftliche Frauenzeitung, 15. 3. 1932.

43 Henry Fuss: Unemployment and Employment among Women, ILR 31, 1935, 463–97.

44 Die Frau 41, 1933/34, 247.

45 Industrial and Labour Information 40, 1931, 222.

46 Vgl. hierzu und zu den folgenden Fakten: Fuss.

47 New York Times, 8. 12. 1932, abgedruckt in: Women, Their changing Roles, 170.

48 Women Workers through the Depression. A Study of White collar Employment, made by the American Women's Association, New York 1934, 104 ff.

49 Die Frau, 42, 1933/34, 244.

50 NYT, 10. 6. 1934, abgedruckt in Women, 174.

51 Der Nachweis dieses Phänomens, daß seit Beginn der Industrialisierung in den Wirtschaftskrisen mit erhöhter Arbeitslosigkeit der Widerstand gegen die Frauenarbeit in Fabriken – und später auch in Büros – sich prompt verschärfte, wurde von Thönnessen eindeutig erbracht. Die Ressentiments gegen weibliche Akademikerinnen hingegen waren »krisenunabhängiger«, d. h. noch stärker von Irrationalität geprägt, wie die Aufzeichnungen der feministischen Akademikerinnen zeigen.

52 Sowohl in England als in Amerika richtete sich die Regierungspolitik in den Phasen der Arbeitslosigkeit nach dem Ersten Weltkrieg und in der Depression einseitig gegen die Frauenarbeit. Vgl. William H. Chafe: The American Women, Oxford 1972, 52 f.; Ross Davies: Women and Work, London 1975, 90 f. und passim.

53 Auf einer Gautagung der Frauenschaft Groß-Berlin am 10./11. 2. 1934, in: NS-Frauenwarte 2, 1934, 516 f.

54 Hans Frank: Im Angesicht des Galgens, Neuhaus b. Schliersee 1955², Kap. I.

55 Die gleiche Ansicht vertritt Fest, 490.

56 Als repräsentative Beispiele seien hier genannt: E. J. Jung: Die Herrschaft der Minderwertigen. Ihr Zerfall und ihre Ablösung durch ein Neues Reich. Berlin 1927. Der rechtskonservative Jung zeichnet in seinem Kapitel »Familiendämmerung« das Ideal der »opfernden Frau«, für die das Gebären der »heroische Höhepunkt« ihres Lebens sei. Jung verurteilte Kinderlosigkeit einer Frau als »Gebärstreik«. Hans F. K. Günther, der völkische, dann nationalsozialistische Rassentheoretiker, setzte sich mit seinen Büchern seit Anfang der zwanziger Jahre für »Aufnordung« und Kinderreichtum der »deutschen Rasse« ein.

57 Sophie Rogge-Börner: Deutsche Frauenbewegung im Licht des Rassengedankens, Berlin 1928. Dies.: Zurück zum Mutterrecht? Leipzig 1932. Die »Deutsche

Kämpferin« war, neben der ehemaligen Publikation des Bundes deutscher Frauenvereine »Die Frau«, die einzige Frauenzeitschrift, die während des »Dritten Reiches«
nicht unter der Ägide der Partei erschien. Rogge-Börners Zeitschrift, in der das
Recht der Frau auf Arbeit und bessere Berufschancen verfochten wurde, aber auch
rassistische und nationalistische Artikel erschienen, wurde 1937 eingestellt. Dies war
jedoch nicht inhaltlich begründet. Dem Propagandaminister Goebbels fiel lediglich
1937 auf, daß zwei »unabhängige« Frauenzeitschriften existierten und befand, daß
eine ausreiche. Der NS-Frauenschaft überließ er die Entscheidung zwischen dem
Blatt Gertrud Bäumers oder Rogge-Börners, die gegen Rogge-Börner ausfiel, da
diese keine Beziehung zur Frauenschaft hatte. Die Information stammt aus einem
Interview vom 18. 5. 1974 mit Alice Rilke, einer ehemaligen engen Mitarbeiterin der
Reichsfrauenführerin. Der Vorfall zeigt, wie unwichtig die Parteiführung diese die
Frauen betreffenden Dinge einschätzte und wie wenig sie sich damit befassen wollte.

58 Vgl. Karl-Dietrich Bracher: Die Deutsche Diktatur. Entstehung, Struktur, Folgen
    des Nationalsozialismus, Köln/Berlin 1969; Hans-Jürgen Lutzhöft: Nordischer
    Gedanke in Deutschland von 1920–1940, Kiel 1971.
59 Adolf Hitler: Mein Kampf, München 1938; Alfred Rosenberg: Mythus des
    20. Jahrhunderts, München 1934.
60 Hitler, Mein Kampf, 455, 459 f.
61 Ebd., 275 f., 446. Vgl. Topos des »Gebärstreiks« bei E. J. Jung.
62 Rosenberg, Mythus, 433.
63 Hitler, Mein Kampf, 491.
64 Aus Hitlers Rede vor der NS-Frauenschaft auf dem Nürnberger Parteitag vom
    8. 9. 1934; in: Max Domarus: Hitlers Reden und Proklamationen 1932–1945, Bd. I,
    Würzburg 1962, 449 ff.
65 S. Henry Picker: Hitlers Tischgespräche, P. E. Schramm Hg., Stuttgart-Degerloch
    1963, 188, am 1. 3. 1942.
66. Picker, Eintragung vom 12. 4. 1942.
67 Picker, 212, am 27. 3. 1942.
68 Rede vor der NS-Frauenschaft, Reichsparteitag 1934, in: Domarus, 449 ff.
69 Rede über das »Deutsche Frauentum« auf der Berliner Ausstellung »Die Frau« im
    März 1933, in: Joseph Goebbels: Signale der neuen Zeit, München 1934, 118–126.
70 Rosenberg, 510 ff.
71 G. Franz-Willing: Die Hitlerbewegung, Hamburg/Berlin 1962, 82.
72 Zitiert in: Amalie Lauer: Die Frau in der Auffassung des Nationalsozialismus, Köln
    1932, 17.
73 Zitiert bei Helmut Heiber: Joseph Goebbels, Berlin 1962, 38. Ebenfalls bei Lauer.
74 Zitiert in: Die deutsche Frau im Dritten Reich, Reichstagskorrespondenz der
    bayrischen Volkspartei, 4. 4. 1932.
75 Rede am 15. 6. 1926, in: Gregor Strasser: Kampf um Deutschland, München 1932,
    133 f. Vgl. auch Schoenbaum, Das relativ »Fortschrittliche« an Strassers Plan war,
    daß er den Frauen das Wahlrecht zubilligte. Hitler selbst war gegen das
    Frauenwahlrecht, obwohl er glaubte, »die Frauen werden immer für die Ordnung
    und die Uniform stimmen«. Vgl. Edourd Calic: Ohne Maske. Hitler-Breiting.
    Geheimgespräche 1931, Frankfurt 1931, 48; (eine freilich umstrittene Quelle).
76 Diese Unlust, sich mit Frauenangelegenheiten zu befassen, läßt sich auch nach der
    Machtergreifung beobachten. Hitler selbst redete öffentlich und zusammenhängend
    vor Frauen über Frauen nur noch an den drei Nürnberger Parteitagen von 1934 bis
    1936 (abgedruckt in Domarus). Dabei waren die späteren Reden stets ein neuer
    Aufguß der ersten und alle zusammen Paradebeispiele für typische NS-Propagan-

dareden mit den Merkmalen der nichtssagenden Phraseologie, des totalen Mangels an Differenzierung. Spezielle Probleme, etwa das der Frauenarbeit, wurden ignoriert, statt dessen mit dick aufgetragener Schmeichelei den Frauen suggeriert, die erste Stelle in der Gesellschaft einzunehmen.

77 S. Joseph Goebbels: Vom Kaiserhof zur Reichskanzlei, München 1939, 72.

78 Rede vor dem Berliner Schloß, undatiert 1932, in: Werner Siebarth: Hitlers Wollen. Nach Kernsätzen aus seinen Schriften und Reden, München 1937, 105.

79 Aus »Adolf Hitlers Programm«, Aufruf zur Wahl am 31. 7. 1932, in: Siebarth, Hitlers Wollen, 127.

80 Undatierte Rede von 1932, in: Strasser, Kampf, 339 f, vgl. Schoenbaum, 227.

81 »Die Frau gehört hinein in das Gesamtleben des Volkes; ihr haben alle Bildungsmöglichkeiten freizustehen.« *»Unter heutigen sozialen Verhältnissen* dürfen ihr auch im Berufsleben keine Schwierigkeiten bereitet werden (wobei die Mutterschutzgesetze noch strenger durchgeführt werden müssen).« Jedoch sei eine solche soziale Ordnung anzustreben, »die junge Frauen nicht mehr zwingt«, »in Scharen auf den wichtigste Frauenkräfte verbrauchenden Arbeitsmarkt des Lebens zu strömen. Der Frau sollen also alle Möglichkeiten zur Entfaltung ihrer Kräfte offenstehen«. Wohl um etwaigen Mißverständnissen entgegenzukommen, erklärt Rosenberg ausdrücklich: »Richter, Soldat und Staatslenker muß der Mann sein und bleiben.« Rosenberg, 510 ff.

82 S. Strasser, Kampf, 339 f.

83 Damit kam Goebbels auf die »eigentliche Aufgabe« der Frau, nämlich »die Mission der Familie und der Mutter«, zu sprechen. »Im Dienst am Volksganzen kann die Frau am ehesten in der Ehe, in der Familie und in der Mutterschaft sich ihrer hohen Sendung bewußt werden.« »Dann hat die Nation wieder Mütter, die sich frei und mit Stolz zum Muttertum bekennen, dann kann sie nicht verderben. Ist die Frau gesund, dann ist auch das Volk gesund. Wehe dem Staat, der die Sorge um die Frau und die Mutter vergißt. Er gibt sich damit selbst auf.« Goebbels, Signale, 118–126.

84 Erschienen in Wien, 1932.

85 Die 3 Pfeile, 1, Wien 1932. In der gleichen warnenden Absicht schrieben u. a. auch der damalige Landtags- und Reichstagsabgeordnete der SPD – nach dem Kriege bayerischer Ministerpräsident – Wilhelm Hoegner: Die Frau im Dritten Reich, Berlin 1931, die spätere Gesundheitsministerin (CDU), Elisabeth Schwarzkopf: Was hat die deutsche Frau vom Nationalsozialismus zu erwarten? in: Deutsche Erneuerung, Berlin 1932, und die preußische Landtagsabgeordnete und Mitglied des Frauensekretariats des ADGB, Gertrud Hanna: Die Frau gehört ins Haus! Die Frau gehört ins Haus? Berlin 1933.

86 Wahrscheinlich handelte es sich bei diesen radikaleren Gruppen vor allem um die SA und die NSBO (Nationalsozialistische Betriebszellenorganisation), die sich schon in der Kampfzeit durch ihr brutales Vorgehen und ihre eigenwillige Politik gegenüber der Parteileitung auszeichnete. Über die eigenmächtigen Aktivitäten dieser Parteigliederungen – auch gegen die weibliche Erwerbstätigkeit – kam es nach der Machtergreifung zu Konflikten mit der Führung. S. hierzu Kapitel II, Abschnitt 2.

87 1931 trat Diehl mit ihrem Bund der auf Anregung Strassers als Parteigliederung neugegründeten NS-Frauenschaft bei. Eine kurze Bemerkung von Dietrich Orlow: The History of the Nazi Party: 1919–1933, Pittsburgh 1969, 229, ist das einzige, was in der Literatur bisher vorliegt über die NS-Frauenorganisationen vor 1933.

88 Guida Diehl: Die deutsche Frau und der Nationalsozialismus, Eisenach 1933, 77.

89 Ebd., 95 ff.

90 Ebd., 103.

91 Lydia Gottschewski: Männerbund und Frauenfrage. Die Frau im neuen Staat, München 1934, 56 f.

92 Ebd., 63. Gleichen Inhalts waren auch die vor 1933 erschienenen NS-Frauenzeitschriften, etwa das Deutsche Frauenkampfblatt, der Opferdienst der Frau oder die seit 1932 als Organ der neuen NS-Frauenschaft erscheinende NS-Frauenwarte. Vgl. etwa Sophie Raabe: Die Aussichten der berufstätigen Frau im NS-Staat, NS-Frauenwarte 1, 1932, 69.

93 Jill Stephenson, Women in Nazi Society, beschreibt für die Zeit vor dem Krieg die Anstrengungen, die von den Nationalsozialisten gemacht wurden – nicht zuletzt mit dem Instrument der NS-Frauenschaft – um die deutschen Frauen zu tüchtigen Hausfrauen und fruchtbaren Müttern zu erziehen.

94 Vgl. u. a. Mein Arbeitstag, mein Wochenende, Textilpraxis, Berlin 1930 (enthält Berichte von 150 Textilarbeiterinnen über ihre Arbeits- und Lebensbedingungen). Lisbeth Franzen-Hellersberg: Die jugendliche Arbeiterin, ihre Arbeitsweise und Lebensform, Tübingen 1932. Erwerbsarbeit, Schwangerschaft, Frauenleid, Deutscher Textilarbeiterverband Hg., Berlin 1925. Teleky, Weickert, Geller, Neumann, Beintker: Die Wirkungen der Fabrikarbeit der Frau auf die Mutterschaft, in: Martineck Hg.: Arbeit und Gesundheit, Berlin 1930.

95 Zu diesem Komponenten der NS-Ideologie s. Klaus Bergmann: Agrarromantik und Großstadtfeindlichkeit, Meisenheim a. Glan 1970.

96 Von 1925 bis 1933 sank in der Landwirtschaft die Zahl der Arbeiterinnen von 1,05 Millionen auf 0,85 Millionen, also prozentual und absolut gesehen eine viel größere Abnahme als bei den männlichen Arbeitern. Die Zahl der mithelfenden weiblichen Familienangehörigen verringerte sich in der gleichen Zeit von 3,57 Millionen auf 3,46 Millionen. Statistisches Handbuch von Deutschland, München 1949, 32/33.

97 Zur übertriebenen Furcht des gewerblichen Mittelstandes vor der Konkurrenz der Konzerne, die von den NS-Ideologen nur geschürt wurde, jedoch nicht durch die Tatsachen gerechtfertigt war, vgl. H.-A. Winkler: Mittelstand, Demokratie und Nationalsozialismus, Köln 1972. Zwischen 1925 und 1933 läßt sich zudem ein Anstieg der Zahl der mithelfenden weiblichen Familienangehörigen in Handel und Handwerk feststellen; vgl. Statistisches Handbuch, 32 f. Doch vermindert dies nicht den damaligen Einfluß subjektiv befürchteter Entwicklungen auf das politische Verhalten des gewerblichen Mittelstandes.

98 Eine Ausnahme stellten die Bauern und Mittelständler in katholischen Gegenden dar, die sich aus religiösen Gründen nicht der NSDAP zuwandten. Doch war die von Papst und Kirche vertretene katholische Frauenideologie kaum fortschrittlicher als die der NSDAP. Das beweist auch die reaktionäre Politik gegen die Frauenarbeit in Italien, die übereinstimmend vom Papst und Mussolini unterstützt wurde.

99 Diesen Nachweis versucht David Schoenbaum: Hitlers Social Revolution, New York 1966, 187, zu führen.

Kapitel II

Frauen auf dem Arbeitsmarkt: Von der Machtergreifung bis zum Kriegsbeginn

1 Schreiben Lydia Gottschewskis an Ley, 10. Juli 1933, BA Koblenz R 18, 5024.

2 Interview mit Reichsfrauenführerin Gertrud Scholtz-Klink in: Das Reich, 1974, Nr. 5, 218.

3 Dietrich Orlow: The History of the Nazi Party 1919–1933, Pittsburgh 1969, 229

4 Der Staatssekretär des Reichsinnenministeriums an Heß, 11. Juli 1933, BA Koblenz R 18, 5024.

5 Anordnung Nr. 18/33 der Obersten Leitung der P. O., Stabsleiter Dr. R. Ley, 26. April 1933, BA Koblenz NSG, 215.

6 Lydia Gottschewski an Ley, 10. Juli 1933, BA Koblenz R 18, 5024.

7 Vgl. Das deutsche Frauenwerk, 1, 1933, 1. Die deutsche Kämpferin, 1933, 142.

8 Zur parteiinternen Führungskonkurrenz zwischen Heß – später Bormann – und Ley s. Peter Diehl-Thiele: Partei und Staat im Dritten Reich. Untersuchungen zum Verhältnis von NSDAP und allgemeiner innerer Staatsverwaltung, München (1969¹), 1971².

9 Die Frau am Werk 4, 1939, H. 3, 48 ff.

10 S. Schreiben der Reichsfrauenführerin an den Stellvertreter des Führers, 24. 1. 1938, abgedruckt in: Gersdorff: Kriegsdienst, 283 ff.

11 Bericht des SS-Gruppenführers Gottlob Berger an den Reichsführer der SS, Himmler, vom 2. 4. 42, in: Helmut Heiber Hg.: Reichsführer. Briefe an und von Himmler, Stuttart 1968, 112 ff. Informationen über Scholtz-Klink und die Reichsleitung der NS-Frauenschaft erhielt die Verfasserin in einem Interview vom 23. Mai 1974 mit Alice Rilke, einer ehemaligen engen Mitarbeiterin der Reichsfrauenführerin. Nach Aussage Rilkes war der Grund für Hilgenfelds Protektion seine jahrelange Liaison mit der Reichsfrauenführerin.

11a Vgl. etwa die biographischen Erlebnisberichte – von der Pastorenfrau bis zur Landadligen – in: Deutsche Frauen, deutsche Treue, 1914–1933, Charlotte v. Hadeln Hg., München 1935.

12 Institut für Zeitgeschichte, MA – 138, NS-Frauenschaftskreisleitung Lübeck, November 1941.

13 BA Koblenz, R 43 II, 536, 23. 4. 1933

14 Ebd., Der Reichsarbeitsminister an die obersten Reichsbehörden, 3. April 1933.

15 Ebd., Der Reichsarbeitsminister an den Staatssekretär in der Reichskanzlei, 27. April 1933.

16 Ebd., Rundschreiben des Reichsarbeitsministers an die Reichsministerien und Reichskanzlei, 13. Juni 1933.

16a Ebd., Der Reichsarbeitsminister an sämtliche Herren Reichsminister, 28. Juni 1933.

17 Die Deutsche Kämpferin 2, 1934, 121.
Selbst passende Zitate deutscher Klassiker mußten herhalten, z. B. Schillers Musterhausfrau aus der »Glocke« wurde zu diesem Zweck oft bemüht.

18 Vgl. Denkschrift des Reichsarbeitsministers und des Reichswirtschaftsministers vom 20. November 1933, RABl. 1933, Teil I, 295 f.

19 S. das Beispiel des Harburger Magistrats, Die Frau, 1932/33, 361 f.

20 Vgl. Clifford Kirkpatrick: Nazi Germany, its Women and Family Life, Indianapolis 1938, 192.

21 BA Koblenz, NSG 215, Der Stellvertreter des Führers – Der Stabsleiter – an alle Herren Gauleiter, 26. 9. 1933.

22 Ebd., Verfügung des Stellvertreters des Führers, 8. 11. 1933.

23 Die Frau, 41, 1933/34, 182.

24 RABl. 1933, Teil I, 20. 11. 1933, 295 f.

25 Dies wurde dann im Arbeitsordnungsgesetz vom 20. 1. 1934, RGBl. I 1934, 285, auch gesetzlich verankert.

26 Vgl. Jahresberichte der Gewerbeaufsichtsbeamten und Bergwerksbehörden, 1933/34, Preußischer Bericht, 443.

27 Ebd., zitiert in: Frauenarbeit beim Wiederaufbau der Wirtschaft in: Die deutsche Kämpferin 3, 1935, 14 f.

28 Vgl. Kirkpatrick, 193.

29 Werksarchiv der Firma Siemens, Akte Rundschreiben der Sozialpolitischen Abteilung 1. 1. 31–31. 12. 33, 30. 8. 1933.

30 Ebd., 1. 12. 1933.

31 Ebd., Akte D. L r 500, Beschäftigungsstatistik der Sozialpolitischen Abteilung. S. auch statistischer Anhang.

32 Vgl. Else Lüders: Frauenarbeit beim Wiederaufbau der Wirtschaft, Deutsche Kämpferin 3, 1935, 14. Selbst in einem »typischen Männerindustriezweig« wie dem Maschinenbau, der 1933 nur 3,5 % Frauen beschäftigte (s. Wirtschaft und Statistik 16, 1936, 779), nahm die Frauenarbeit absolut langsam zu: Bei den MAN-Werken stieg von Ende 1933 bis Ende des Jahres 1934 die weibliche Arbeiterschaft von 90 auf 109. Vgl. MAN-Werkarchiv Augsburg, Dr. Foth: 100 Jahre Sozialgeschichte der MAN, masch. schr., Anlage 3: Beschäftigungsstatistik.

33 Statistisches Handbuch, 474.

34 Wirtschaft und Statistik 19, 391.

35 Diesem Irrtum erliegt K. D. Bracher: Die deutsche Diktatur, Köln/Berlin 1969, 368, ebenso wie David Schoenbaum: 190 f. Genausowenig kann Kuczynskis Darstellung, daß die Maßnahmen der Nationalsozialisten gegen die Frauenarbeit vollen Erfolg hatten, aufrechterhalten werden. S. Jürgen Kuczynski: Studien zur Geschichte.

36 Hitler in einem Interview vom 18. 10. 1933 in Berlin, in einer Rede am 24. 10. 1933 in Berlin und am 21. 3. 1934 in Unterhaching, vgl. Werner Siebarth: Hitlers Wollen. Nach Kernsätzen aus seinen Schriften und Reden, München 1937, 126.

36a Goebbelsrede abgedruckt in: NS-Frauenwarte 2, 1934, 516 f.

37 12. Mai 1933, RGBl I 1933, 265; ebd. 16. Mai 1933, 283.

38 1. Juni 1933, RGBl I 1933, 323.

39 Ebd.

40 Statistisches Jahrbuch 57, 1935, 48.

41 Vgl. John E. Knodel: The Decline of Fertility in Germany, 1871–1939, Princeton/N. J. 1974.

42 RGBl I 1933, 435. Im Ergänzungsgesetz vom 31. 5. 1934, RGBl I 1934, 471, werden sämtliche Bestimmungen auf alle Beamtinnen ausgedehnt, und als zwingende Regeln wurden diese in das Deutsche Beamtengesetz vom 26. 1. 1937, RGBl I 1937, 39, übernommen. Vgl. auch A. Wald, Das Recht der weiblichen Beamten, Deutsche Kämpferin 5, 468. Vgl. zu dem Gesamtproblem McIntyre.

43 Prozentzahlen errechnet aus absoluten Zahlen aus dem Statistischen Handbuch, 32. 1960 waren nach Angaben des Statistischen Bundesamtes noch weniger, nämlich 7,4 % der Beamten weiblich, wobei sich 90,6 % von ihnen auf den mittleren Dienst beschränkten; vgl. M.-E. Lüders: Fürchte Dich nicht, 98.

44 Vgl. Joseph Rompel: Die Frau im Lebensraum des Mannes. Emanzipation und Staatswohl, Darmstadt/Leipzig 1932, 5. Goebbels, der nach seiner Promotion nie eine feste Anstellung erhielt, und der arbeitslose Lehrer Himmler sind repräsentative Beispiele für stellungslose Akademiker, die sich bevorzugt der NSDAP zuwandten.

45 Rundschreiben des Reichsinnenministers an die obersten Reichsbehörden vom 5. 10. 1933; abgedruckt in: Ursula von Gersdorff: Kriegsdienst, 279.

46 Deutsche Kämpferin 1, 1933, 123.

47 Vgl. Kirkpatrick, 221 f.

48 Bei dem amtlichen Maßstab von 3:2 und der Zahl von 2117 festangestellten Studienräten, denen 1912 Studienrätinnen gegenüberstanden, mußten erst einmal 300 freiwerdende Stellen mit Männern besetzt werden, bevor die Anstellungschance für nur eine weibliche Anwärterin kam. Vgl. Ludwig Wülker, Die Berufsaussichten des weiblichen akademischen Nachwuchses, Deutsche Kämpferin 4, 1936, 357 f.

50 Picker, 399, vgl. zum gleichen Thema ebd. 273.

51 Die Lage der Jungärztin, Deutsche Kämpferin 2, 1934, 173.

52 Vertretertagung am 21. 5. 1933, Deutsche Kämpferin 1, 94.

53 Anfang Juni 1933, Deutsche Kämpferin 1, 1933, 124.

54 Die Frau 41, 1933/34, 756.

55 Schreiben des Stabsleiters des Stellvertreters des Führers, Bormann, an den Justizminister vom 24. 8. 1936; Schreiben des Justizministers vom 16. 1. 1937, beide abgedruckt in Gersdorff: Kriegsdienst, 262 und 283.
Bei diesem Erlaß muß Hitlers starke Aversion gegen Juristen eine Rolle gespielt haben. Rein zahlenmäßig war dieser unwesentlich, da es 1933 nur 133 weibliche Rechtsanwälte und noch weniger Richterinnen gab; Die Frau 41, 1933/34, 757.

56 25. 4. 1933, RGBl I 1933, 222. Die Studentinnen verminderten sich bis 1939 um zwei Drittel, doch auch die männlichen Studenten wurden im gleichen Zeitraum um über die Hälfte reduziert; vgl. Charlotte Lorenz: Zehnjahresstatistik des Hochschulbesuches und der Abschlußprüfungen, Bd. 1, Berlin 1943, 30 und 33.

57 Schreiben der Reichsfrauenführerin an den Stellvertreter des Führers vom 24. 1. 1938, abgedruckt in: Gersdorff: Kriegsdienst, 283 f.

58 New York Times, July 23. 1939, abgedruckt in: Women: Their Changing Roles, 195 ff.

59 Vgl. Richard Grunberger: A Social History of the Third Reich, London 1971, 252 f.

60 Schoenbaum, 226 f.

61 Jüdische Richter und Beamte wurden 1933 in den Ruhestand versetzt. Der »Arierparagraph« wurde allmählich weiter auf Ärzte, Anwälte, Journalisten usw. ausgedehnt. Vgl. Hans Mommsen: Beamtentum im Dritten Reich, Stuttgart 1966, 39 ff.

62 Das Verbot, Landarbeit zugunsten anderer aufzugeben, wie das Zuzugsverbot für industrielle Ballungszentren in der »Anordnung zur Regelung des Arbeitseinsatzes in Berlin und im Raum Hamburg« im Jahr 1934 half der Landwirtschaft kaum. Vgl. Dietmar Petzina: Die Mobilisierung deutscher Arbeitskräfte vor und während des Zweiten Weltkrieges, VfZ 18, 1970, 443–455, 446.

63 Wunderlich, 299.

64 Vgl. H. Genthe: Die Bäuerin im totalen Kriegseinsatz, Der Vierjahresplan, 7, 1943, 280.

65 Der Präsident der Reichsanstalt für Arbeitslosenvermittlung und Arbeitslosenversicherung (RfA), Syrup, an den Reichsarbeitsminister, 30. 9. 1933, BA Koblenz, R 41, 5.

66 Friedrich Syrup: Hundert Jahre staatliche Sozialpolitik 1839–1939, Julius Scheuble Hg., Stuttgart 1957, 355.

67 Jahrbuch des Reichsarbeitsdienstes 1936, Berlin 1936, 8.

68 Zu den Zahlen vgl. Stat. Jahrbuch 1938, 311; Franz Seldte: Sozialpolitik im Dritten Reich, Berlin 1935, 13; s. auch Deutsche Kämpferin 2, 1934, 78. Die Erklärung Schoenbaums, die kleine Freiwilligenzahl zeuge von der hohen Beschäftigungsrate der Frauen, ist nicht richtig. Schließlich wuchs mit der weiblichen Erwerbstätigkeit auch die Zahl der »Arbeitsmaiden«, die Schoenbaum irrtümlich für 1936 auf 1 000

beziffert, während 1935 schon 12 000 Mädchen im Arbeitsdienst waren. Vgl. Schoenbaum.

69 S. Lilli Marawske-Birkner: Der weibliche Arbeitsdienst. Seine Vorgeschichte und gegenwärtige Gestaltung, Diss. Leipzig 1942, 213–25.

70 Rede vom 21. 4. 1934, in: Deutsche Kämpferin 2, 1934, 78.

71 So erließ die Leitung der Firma Siemens zur »Verordnung über den Arbeitsplatzaustausch zugunsten verheirateter männlicher Arbeitnehmer« vom 28. 8. 1934 die interne Ausführungsbestimmung, daß Stenotypistinnen auf jeden Fall ausgenommen werden sollten, da der Mangel an solchen weiblichen Arbeitskräften allgemein sei. Siemens-Archiv, Rundschreiben der Sozialpolitischen Abteilung vom 1. 1. 34–31. 12. 34.

72 Vgl. Die Frau 41, 1933/34, 755 f.

73 Vgl. BA Koblenz, R 36, 1514, Berichte der Arbeitsbeschaffungsämter u. a. der Kommunen Stuttgart, Magdeburg, Görlitz, Coburg für 1933–35; s. auch NS-Sozialpolitik 2, 1934, 153.

74 Vgl. Wolfram Fischer: Deutsche Wirtschaftspolitik 1918–1945, Opladen 1968, 51 und 60 ff. Zahlen: Stat. Jahrbuch 1937, 426.

75 BASF-Archiv Mannheim. Die BASF und ihre Mitarbeiter. Kurzfassung einer betrieblichen Sozialgeschichte von der Gründung bis zur Gegenwart, BASF-Personal- und Sozialabteilung Hg. 1962, masch. schr., 48 f.

76 S. Deutsche Volkswirtschaft 47, 1938, 6, und Die Frau am Werk 1, 1936, 21.

77 Deutsche Volkswirtschaft 47, 1938, 991.

78 Interview am 23. 1. 1936 mit der französischen Journalistin Titaynia, in: Domarus, 567.

79 Frau am Werk 1, 1936, 5.

80 Zur Institution und Durchführung des Vierjahresplanes s. Dieter Petzina: Autarkiepolitik im Dritten Reich, Stuttgart 1968.

81 Vgl. Petzina: Mobilisierung, 447.

82 MA Freiburg, WO 1–8/238, 239, Beschäftigung im August 1937, Stat. Reichsamt Abt. VI, Industriebericht.

83 Ebd. Die schon am 19. 5. 1933 verhängte »Einfrierung« der Löhne – RGBl I 1933, 285 – auf Krisenniveau konnte mit wachsendem Arbeitskräftemangel 1936/37 nicht mehr praktiziert werden. Vgl. Petzina, Autarkiepolitik 162 ff.

84 BA Koblenz, R 43 II, 528, Auszüge des Reichsarbeitsministeriums aus den Monatsberichten der Reichstreuhänder der Arbeit über Sozialpolitisches Geschehen in den Wirtschaftsgebieten, April 1937.

85 Vgl. Marawske-Birkner, 224 ff. Ein Führererlaß bestimmte am 26. 9. 1936, daß ab April 1937 bis März 1938 der RADWJ auf 25 000 »Arbeitsmaiden« auszubauen sei.

86 BA Koblenz, R 43 II, 528, Berichte der Reichstreuhänder der Arbeit, November/Dezember 1937.

87 Erlaß des Reichsfinanzministers, abgedruckt in: Frau am Werk 2, 1937, 703.

88 Wunderlich, 331. Seit 1935 war es Pflicht jedes Arbeitnehmers, ein Arbeitsbuch zu führen. Arbeitsbuchpflichtig war also jede Person, die in einem öffentlich-rechtlichen Arbeitsverhältnis stand oder gestanden hatte, da mit Aufgabe der Arbeit das Erfaßtsein in den Arbeitsbuchkarteien der Arbeitsämter nicht erlosch. RGBl I 1935, 311.

89 Deutsche Volkswirtschaft 45, 1936, 991.

90 Ebd. und Deutsche Volkswirtschaft 48, 1939, 324.

91 Deutscher Reichsanzeiger Nr. 43, 21. 3. 1938, und ebd. Nr. 305, 31. 12. 1938.

92 Vgl. Victor Grohmann: Der Arbeitseinsatz nach den arbeitseinsatzpolitischen

Maßnahmen des Beauftragten für den Vierjahresplan, Diss. Dresden 1939, 86 ff. Frau am Werk 3, 1938, Heft 3. Eine weibliche Dienstpflicht als Gegenstück zum männlichen Militärdienst hatten schon Frauenrechtlerinnen wie Helene Lange gefordert, doch mit dem Schwergewicht auf Hauswirtschaft und Wohlfahrtsarbeit.

93 Staatsarchiv Koblenz, 662.6, 520–523, SD-Außenstelle Koblenz an den SD-Unterabschnitt Koblenz, 24. 6. 1939.

93a Vgl.: Der Arbeitseinsatz im Deutschen Reich, Hauptstelle der RfAA Hg., Dezember 1938, 24.

Weitere Angaben s. Erna Hamann: Die Pflichtjahrmädchen in der Landwirtschaft, Arbeitseinsatz und Arbeitslosenhilfe 1940, 28 f.

94 BA Koblenz, R 43 II, 528, Monatsberichte der Reichstreuhänder der Arbeit über sozialpolitisches Geschehen in den Wirtschaftsgebieten, Januar/Februar bis Mai/Juni 1938.

95 MA Freiburg, Wi I F 5. 1215, OKW an Wehrwirtschaftsstab, 16. 9. 1938.

96 RGBl I 1938, 652.

97 MA Freiburg, Wi I F 5. 543, Zusammenfassung der Wirtschaftsberichte der Inspektionen, 1. 10. und 1. 11. 1938. Vgl. auch Frau am Werk 3, 82, 226. In den Siemenswerken konnten so 25 %–40 % der männlichen Facharbeiter durch Frauen ersetzt werden, vgl. Der Vertrauensrat, Beilage zu Frau am Werk 4, 1939, 112.

98 BA Koblenz, R 41, 285, Bevollmächtigter des Reichsluftfahrtministeriums für das Luftfahrtindustriepersonal an den Reichsarbeitsminister, 26. 9. 1938. Zur Halbtagsbeschäftigung: Die Frau am Werk 3, 239. Ebd. 4, 84 f. Deutsche Volkswirtschaft 48, 1939, 640.

99 BA Koblenz, R 43 II, 528, Berichte der Reichstreuhänder der Arbeit, 3. und 4. Vierteljahr 1938. MA Freiburg, Wi I F 5. 543, Zusammenfassung der Wirtschaftsberichte der Wehrwirtschaftsinspektionen, 1. 11. 1938.

100 BA Koblenz, R 43 II, 528, Monatsberichte der Reichstreuhänder der Arbeit, 1. Vierteljahr 1939.

101 MA Freiburg, Wi I F 5. 1665, Wirtschaftlicher Lagebericht der Stadt Berlin, 27. 4. 1939.

102 1.Durchführungsanordnung zur »Verordnung zur Sicherstellung des Kräftebedarfs für Aufgaben der Reichsverteidigung«, 2. 3. 1939, RGBl I 1939, 403. Es folgte am 10. 3. 1939 die 2. Durchführungsanordnung, RGBl I 1939, 444, die den Arbeitswechsel beschränken sollte. Die Verordnung über das Arbeitsbuch, 22. 4. 1939, RGBl I 1939, 824, machte das Arbeitsbuch jetzt auch für mithelfende Familienangehörige, höher bezahlte Angestellte und die meisten selbständigen Berufe obligatorisch.

103 BA Koblenz, R 11, 1237, Reichsgruppe Industrie an die Industrieabteilungen der Wirtschaftsgruppen, 28. 4. 1939.

104 Deutsche Volkswirtschaft 1940, 731.

105 BA Koblenz, R 41, 284, Die erwerbsfähigen und erwerbstätigen Frauen im Deutschen Reich 1939.

106 Hildegard Molitor: Planvolle Lenkung des Frauenarbeitseinsatzes eine völkische Verpflichtung, Deutsche Volkswirtschaft 48, 1939, 114 f. Arbeitsreserve Frauenarbeit, Monatshefte für NS-Sozialpolitik 6, 1938, 58 f.

107 BA Koblenz, R 36, 1159, Der Landrat des Kreises Wittenberg an den Deutschen Gemeindetag, 24. 3. 1939. Der Präsident des Deutschen Gemeindetags an die Provinzialdienststelle Sachsen, 11. 5. 1939.

108 MA Freiburg, Wi F 5. 1665, Stadtpräsident der Reichshauptstadt Berlin, Wirtschaftlicher Lagebericht an den Reichswirtschaftsminister, 24. 3. 1939.

109 BA Koblenz, R 12 I, 220 a, Besprechung am 8. 3. 1939, in der festgelegt wurde, welche Auffassung die Industrievertreter auf der Tagung des Reichsarbeitskreises für die Gesundheitsführung des deutschen Volkes, 16.–19. 3. 1939, vertreten sollten zum Punkt Arbeitseinsatz und Arbeitsbelastungsmöglichkeiten.

110 BA Koblenz, R 41, 159, Der Reichsarbeitsminister an die Herren Präsidenten der Landesarbeitsämter, 2. 7. 1939.

111 BA Koblenz, NS 5 I, 3–4, DAF-Frauenamt, Abteilung Propaganda, Juni 1936, Ergebnisse einer Umfrage über die Freizeit der erwerbstätigen Frauen.

112 Vgl. Kriegswirtschaftliche Kräftebilanz des Stat. Reichsamtes, abgedruckt in: Nicholas Kaldor: The German War Economy, Review of Economic Studies 13, 194, 39.

113 Vgl. Schoenbaum, 201; Bracher, 368 f.

114 Prozentzahlen errechnet aus den absoluten Zahlen der Volks- und Berufszählungen von 1933 und 1939, Statistisches Handbuch, 32 f. Der Gesamtzuwachs an weiblichen Erwerbstätigen betrug nach diesen Zahlenangaben 10,4 %.

115 Die gegenteilige Meinung vertritt Bracher, 368 f.

Kap. III

Löhne und Arbeitsbedingungen für Frauen 1933–1939

1 Zur Ambivalenz des konservativen Sozialismusbegriffs seit dem Ersten Weltkrieg vgl. beispielsweise: Wichard von Möllendorff: Konservativer Sozialismus, Köln 1932.

2 19. 5. 1933, RGBl I 1933, 285.

3 20. 1. 1934, RGBl I 1934, 45. Zu den Entwicklungstendenzen in der deutschen Wirtschaft, die zur Entstehung dieses Arbeitsordnungsgesetzes beitrugen, vgl. Tim W. Mason: Zur Entstehung des Gesetzes zur Ordnung der nationalen Arbeit vom 20. Januar 1934: Ein Versuch über das Verhältnis »archaischer« und »moderner« Momente in der neuesten deutschen Geschichte, in: Hans Mommsen, Dietmar Petzina, Bernd Weisbrod Hg.: Industrielles System und politische Entwicklung in der Weimarer Republik, Düsseldorf 1974, 322–51.

4 Zur Organisation und Politik der DAF von 1933–1939 vgl. die außergewöhnlich informationsreiche Arbeit zu diesem Thema von Tim W. Mason: Arbeiterklasse.

5 Bevor wir den Frauenarbeitsschutz im »Dritten Reich« behandeln, sei daran erinnert, daß Deutschland am Ende der Weimarer Republik, gemessen an anderen Industriestaaten, eine relativ fortschrittliche Arbeits- und Mutterschutzgesetzgebung besaß. Als beispielhafter Maßstab seien die Staaten der USA angeführt, die keine oder nur unzulängliche Arbeitsschutzgesetze hatten. Abgesehen vom nicht vorhandenen Mutterschutzgesetz war 1932 die Frauenarbeit in drei Staaten in den Steinbrüchen, in einem Staat in Kokereien, in siebzehn Staaten in den Bergwerken verboten. Sechs Staaten kannten nur Bestimmungen, die allgemein für die weibliche Gesundheit unangemessene Arbeiten untersagten. In Ohio gab es lediglich eine Berufsverbotsliste für Frauen, die auch Tätigkeiten wie Schuhputzen und Taxifahren umfaßte. Fünf Staaten untersagten das Heben von schweren Lasten ohne exakte Gewichtsangabe. Vgl. NYT, 7. 11. 1937, in: Women: Their Changing Roles, 169.

6 Vgl. z. B. die Erlasse des Preußischen Ministers für Wirtschaft und Arbeit vom 17. 7. 1933 im Einvernehmen mit dem Minister des Innern unter Bezugnahme auf den Runderlaß vom 29. 7. 1933, III C 31 1933 Kr und vom 28. 7. 1933, MBl

Wi A 1933, 418, die verboten, Frauen beim Verladen von Kohlebriketts und an Ausleist- und Rißschließmaschinen in der Schuhindustrie zu beschäftigen.

7 Erlasse des Reichsarbeitsministers vom 3. 10. 1935 – III a 19 198 – und vom 9. 1. 1936 – RABl III, 34. Die Bestimmung ist noch heute unverändert gültig. Vgl. Frau am Werk 1, 46. Runderlaß des Reichsarbeitsministers, August 1939, ARG 1939, Nr. 264/39.
23. 12. 1938, RGBl I, 1961. Eine detaillierte Liste sämtlicher Bestimmungen zum Frauenarbeitsschutz bringt: Elsa Zastrow: Die Entwicklung des betrieblichen Frauenschutzes, Frau am Werk 4, 121–24.

8 Erlasse des Reichsarbeitsministers vom 8. 7. 1936 – RABl III, 171 – und vom 22. 6. 1936 – RABl III, 171. Vgl. Frau am Werk 1, 438, und Monatshefte für NS-Sozialpolitik 6, 393–96.

9 5. 6. 1937, RGBl I 1937, 620. Vgl. auch Frau am Werk 2, 575.

10 Arbeitszeitordnung (AOZ) vom 30. 4. 1938, RGBl I, 447, Abschnitt 3. Ergänzungserlaß des Reichsarbeitsministers vom 9. 6. 1938. Vgl. Frau am Werk 3, 186.

11 Die sozialen Ehrengerichte waren im Arbeitsordnungsgesetz von 1933 eingeführt worden. Vgl. dazu Mason.

11a 8. 10. 1938, RABl III, 241.

12 BA Koblenz, R 43 II, 528, Auszüge aus den Monatsberichten der Reichstreuhänder der Arbeit, November/Dezember 1937 und Januar/Februar 1938.

13 Wieder Frauenarbeit in Ziegeleien? Frau am Werk 3, Heft 3.

14 RABl III 1939, a 512 vom 20. 2. 1939 und RABl III 1939, 63 vom 8. 2. 1939.

15 Frau am Werk 3, 285.

16 26. 7. 1934, RGBl I 1934, 803. Allerdings hatten Frauen im Gegensatz zu Männern erfahrungsgemäß nach Feierabend Hausarbeiten wie Waschen, Ausbessern und Anfertigen von Kleidern, Putzen und Kochen zu erledigen. Dies gilt gleichermaßen für verheiratete wie ledige Frauen, die infolge ihres geringeren Verdienstes keine fremden Dienstleistungen in Anspruch nehmen konnten. Die tatsächliche Erholungs- und Freizeit war entsprechend unzureichend. Vgl. Umfrage des Frauenamts der DAF von 1936, BA Koblenz NS 5 I, 3–4, und Dora Hansen-Blancke: Die Minderbezahlung der weiblichen Arbeitskraft, Die Frau 40, 1932/33, 231–39, 236.

17 Eine detaillierte Darstellung dieser Mißstände bietet die Dissertation von Angela Meister: Die deutsche Industriearbeiterin, Jena 1939, die den Zeitraum der späten zwanziger bis zur ersten Hälfte der dreißiger Jahre behandelt.

18 Vgl. Kuczynski, 266, der seine Darstellung der Lage der Arbeiterinnen darin erschöpft, daß er kritische, aus Angela Meisters Dissertation entnommene Berichte der Gewerbeaufsichtsämter aneinanderreiht.

19 30. 4. 1938, RGBl I 1938, 447. Ausführungsverordnung vom 12. 12. 1938, RGBl I, 1790.

20 Vgl. Monatshefte für NS-Sozialpolitik 6, 1939, Heft 16.

21 Runderlasse des Reichsarbeitsministers vom 15. 8. 1939, Nr. 99/39 und 100/39, in: ARG vom 1. August bis 31. Dezember.

22 Frau am Werk 3, 1938, 207.

23 Als grundlegende volkswirtschaftliche Arbeiten zum Problem des geringeren Frauenlohns vgl. Hans Sperling: Die ökonomischen Gründe für die Minderbezahlung der weiblichen Arbeitskraft, Berlin 1930, und Henry Braunwarth: Die Spanne zwischen Männer- und Frauenlöhnen, Köln 1955. Statistisches Material über die Höhe von Frauenlöhnen ist außer bei Braunwarth zu finden in: Bry, Wages in Germany; beide behandeln den Zeitraum bis 1945. Meister bringt etwas Zahlenmaterial von 1913–1935 in ihrem kurzen Lohnabschnitt; s. außerdem Elisabeth

Oehlandt: Deutsche Industriearbeiterinnenlöhne 1928–1935, Hamburger wirtschafts- und sozialwissenschaftliche Schriften 10, 1937. Leider behandeln alle genannten Arbeiten nur die Löhne der Industriearbeiterinnen, Untersuchungen über den Verdienst von Hausgehilfinnen, Landarbeiterinnen und weiblichen Angestellten fehlen.

24 Vgl. Hansen-Blancke, 235, und Meister, 92, 105.

25 Max Weber: Psychophysik der industriellen Arbeit II, 219–77, Archiv für Sozialwissenschaft und Sozialpolitik 28, 1909, 268.

26 Auch in der Sowjetunion, wo 1918 der gleiche Lohn für gleiche Arbeit gesetzlich festgelegt wurde, blieb das Lohnniveau der Frauen, da diese überwiegend mit untergeordneten Arbeiten beschäftigt wurden, weit unter dem der Männer. Vgl. S. Zagorsky: Die Löhne und Arbeitsbedingungen in der Sowjetunion, Genf 1930, 184.

27 Vgl. NYT vom 10. 4. 1923 und 30. 3. 1937, abgedruckt in: Women, their Changing Roles, 124 f., 182 f. Zur zentralen Bedeutung des Kampfes um die Fair Labor Standards Act für das Verhältnis der »New Deal«-Regierung zum Supreme Court s. Willi Paul Adams: Krise des amerikanischen Konstitutionalismus, in: H.-A. Winkler Hg.: Die große Krise in Amerika, Göttingen 1973, 187–215.

28 Gesetz zur Ordnung der nationalen Arbeit, 20. 1. 1934, RGBl I, 35 ff. § 72, und Anordnung des Reichsarbeitsministers vom 2. 10. 1934, RGBl I, 254 und 11. 3. 1935, RGBl I, 84.
Vgl. auch Braunwarth, 52 ff. Braunwarth erklärt die konstante Differenz zwischen Männer- und Frauenlöhnen aus der grundsätzlichen Einstellung der Nationalsozialisten zur Frauenerwerbsarbeit. Da jedoch die Frauenlohnfrage genau wie in der Weimarer Republik oder in anderen nichtfaschistischen Staaten gehandhabt wurde, handelt es sich mehr um ein Phänomen einer patriarchalischen Gesellschaft mit kapitalistischem bzw. staatskapitalistischem Wirtschaftssystem, das weitgehend unabhängig vom politischen System ist.

29 Braunwarth, 50. In der Sowjetunion betrug der durchschnittliche Verdienst der Arbeiterinnen 63 % der Männerlöhne, dasselbe galt in Schweden; vgl. Meister, 98 ff. In den USA erhielten die Arbeiterinnen 1932/33 zwischen 37 % und 61 % der Männerlöhne: Die Frau 42, 1934/35, 244.

30 Bry als einziger in der vorliegenden Literatur erklärt sich einleitend dieser vielen, oft extremen Unterschiede bewußt. Doch berücksichtigt er dies kaum in seinen Statistiken, was allerdings auch an den Mängeln der vorhandenen amtlichen Statistiken liegen mag. So wurden die regionalen Lohndifferenzen nur einmal – 1941 – erfaßt, Männer- und Frauenlöhne wurden erst ab 1936 statistisch unterschieden. Zudem führen die Reichsstatistiken bei den Männerlöhnen Facharbeiter und angelernte Arbeiter stets getrennt, bei den Frauenlöhnen werden diese zu einer Kategorie zusammengezählt. Insgesamt bringt Bry das bisher differenzierteste Material zum Thema »Löhne der Industriearbeiterinnen«.

31 Vgl. RABl II 1938, 69 und Siemensarchiv München, 14/Lp 479, 21. 1. 1937 s. o.

32 BA Koblenz, R 43 II, 528, Auszüge aus den Monatsberichten der Reichstreuhänder der Arbeit, April 1937.

33 RABl II 1938, 69 und Die Frau 41, 1933/34, 492.

34 BA Koblenz, R 43 II, 528 s. o., Nov./Dez. 1937, Mai/Juni 1938.

35 Ebd.

36 Ebd., 1. Vierteljahr 1939.

37 Meister, 93 ff.

38 Braunwarth, 54 f.

39 Arbeitsordnungsgesetz, § 29. Vgl. auch Meister, 85.
40 Bry, 235 f., 242 f., 247 ff. So betrugen z. B. in der metallverarbeitenden Industrie im
   Dezember 1935 die durchschnittlichen Bruttostundenlöhne für Männer 96,4 Rpf.,
   für Frauen 50,4 Rpf., dagegen die Wochenlöhne für Männer 47,81 RM und für
   Frauen 23,92 RM. Siemens-Archiv München, 14/Lp 479, Dir. Eberhard an
   Lohmann, Reichsgruppe Industrie, 21. 1. 1937.
41 Vgl. hierzu die zahlreichen Artikel in: Die Frau am Werk 2, 1937, 678. Ebd. 575,
   Ebd. 3, 1938, 114. Ebd. 184.
   Monatsheft für NS-Sozialpolitik 6, 1939, 141. BA Koblenz, NSD 50, 871, Eisen und
   Metall, Mitteilungsblatt der DAF, 1938, 85 ff. Die DAF versäumte keine
   Gelegenheit, die Lohnpolitik der Regierung zugunsten der Arbeiterschaft zu
   torpedieren. Dabei kam es zu ständigen Konflikten mit dem Reichsarbeitsminister,
   der Ley sogar »gewerkschaftliche Tendenzen« vorwarf. Vgl. den diesbezüglichen
   Schriftwechsel: BA Koblenz, R 41, 22 und 22a. Ausführlicher zu diesem Komplex
   s. Mason, Arbeiterklasse.
42 Meister, 95.
43 Frau am Werk 2, 1937, 575.
44 BA Koblenz, NSD 50, 871, Eisen und Metall, Mitteilungsblatt der DAF 1938, 241.
   Frau am Werk 3, 1938, 184, Abdruck der Tarifbestimmung für Arbeiterinnen.
45 Vgl. BA Koblenz, R 43 II, 528, Monatsberichte der Reichstreuhänder der Arbeit
   1937/38.
46 25. 1. 1939, RABl 1939 – III b 1440/39.
47 Vgl. Petzina, Autarkiepolitik, 162 ff. und Bry, 254 ff.
48 Frick auf der Tagung des DAF-Fachamtes Energie-Verwaltung-Verkehr vom
   25. 11. 1938, zitiert in: Deutsche Volkswirtschaft 7, 1939, 326.
49 Siemensarchiv Koblenz, 14/Lp 479, 19. 1. 1939, Dir. von Buxhoeveden an Dir. von
   Witzleben. Die Streichung der Überstundenprämien wurde erst im Krieg wieder
   aufgehoben, vgl. Bry, 236.
50 Zur desinteressierten oder ablehnenden Haltung der Gewerkschaften und Regierungen in England und USA zur »equal pay«-Forderung s. Ross Davies: Women and
   Work, London 1975, und Chafe, passim.
51 Nur kleine Unternehmer kamen wegen mangelnder sozialer Einrichtungen vor das
   »Soziale Ehrengericht«, wiederum nur größere Unternehmen gewannen in dem
   Wettbewerb der DAF um den »NS-Musterbetrieb« Plaketten, vgl. Mason, National
   Socialist Policies towards the German Working Classes, 1925–1939,
   Diss. mschschr., Oxford 1971.
52 S. Die BASF und ihre Mitarbeiter, S. 214 f., und Siemensarchiv, s. o. Geschäftsbe-
   richte für 1936/37 und 1938/39.
53 Siemensarchiv, ebd. Erkrankten Frauen aus der Belegschaft wurden sogar Hauspfle-
   gerinnen von der Firma vermittelt und bezahlt, die pflegten und den Haushalt
   führten. S. auch Frau am Werk 3, 1938, 207.
54 Neue Tarifordnung für den öffentlichen Dienst vom 1. 4. 1938, Frau am Werk 3,
   1938, 184.
55 Die NSU-Werke, Neckarsulm, gaben arbeitenden Müttern 1 ½ Stunden bezahlte
   Freizeit während des Arbeitstages, damit diese ihre Babys stillen konnten. Der
   Vertrauensrat, Beilage zu Frau am Werk 4, 1939, 154. Zu freiwilligen Unterneh-
   mensleistungen für werdende Mütter s. auch: Deutsche Sozialpolitik 1936/37,
   Bericht der DAF, Berlin 1937, 215 f.
56 Völkischer Beobachter, 11. 10. 1934.
57 Ebd. Der Konflikt um die Soziale Betriebsarbeiterin und den Betriebsarzt als

Fallstudie zum Verhältnis von DAF und Industrie wird von mir in einem separaten Aufsatz behandelt werden.

58 BA Koblenz, R 12 I, 224 a: 17. 10. 1934, Burhenne an Erdmann vom Reichsstand der Deutschen Industrie (im November 1934 umbenannt in Reichsgruppe Industrie).

59 Ebd., R 12 I, 224.

60 Ebd., Rede Scholtz-Klinks am 16. 5. 1936.

61 Ebd., R 12 I, 224 a, Gottfried Dierig, Fabrikbesitzer und Hauptwirtschaftsgruppenleiter, an die Reichsgruppe Industrie, 15. 10. 1935.

62 Ebd., passim.

63 BA Koblenz, NS 5 I, 3–4, Umfrage des DAF-Frauenamtes über die »Freizeit der erwerbstätigen Frau« vom Juni 1936, 10.

Kapitel IV

Blitzkriegsstrategie und Frauenarbeit

1 M. E. Lüders: Das unbekannte Heer, Berlin 1936; dies.: Volksdienst der Frau, Berlin 1937. Es ging Lüders in ihren Büchern nur um die Sache der Gleichberechtigung und nicht darum, den Nationalsozialisten Tips zur Aufrüstung zu geben – ihre politische Integrität als Demokratin und Gegnerin der NSDAP stand wohl außer Frage. Die Unterlagen von M. E. Lüders über ihre Tätigkeit im Ersten Weltkrieg waren der Partei sehr wertvoll. Die Reichsfrauenführerin versuchte mehrmals vergeblich, sie an sich zu bringen.

2 Hans-Jürgen Müller: Der wehrwirtschaftliche Arbeitseinsatz der Frau, Deutsche Volkswirtschaft 5, 1936, 991–93. Verwiesen wird als Vorbild auf Polen und die Sowjetunion.

3 MA Freiburg, Wi I F 5. 1219, Entwurf der Rede Thomas' vom 20. 11. 1936, vgl. auch Mason, Arbeiterklasse, 1.
MA Freiburg Wi I F 5. 1260, Die Reichsarbeitskammer an Thomas, 18. 1. 1937.

4 BA Koblenz, R 41, 127, Referat II[6], 12. 3. 1937.

5 Ebd., NSG, 355.

6 MA Freiburg, Wi I F 5. 103 c, 26. 10. 1937.

7 BA Koblenz, R 13 I, 1016, abgedruckt in: Gersdorff, Kriegsdienst, 285 ff. Die allgemeinen Gesichtspunkte der Richtlinien lauteten: Frauen dürfen nicht mit Arbeiten beschäftigt werden, »die ernsthafte Gesundheitsschädigungen mit sich bringen«; »für die sie körperlich nicht geeignet sind«; »die besondere Geistesgegenwart, Entschlußkraft und schnelles Handeln erfordern«; »die besonderes technisches Verständnis und technische Kenntnisse erfordern«. »Die Beschäftigung von Frauen wird häufig erreicht werden können durch Änderung der Betriebseinrichtungen oder Arbeitsverfahren.«

8 MA Freiburg, Wi I F 5. 3452, 1. Sitzung des Reichsverteidigungsrates, 18. 11. 1938, Stenographischer Bericht.

9 Ebd., Wi I F 5. 560, Auszug aus dem beabsichtigten Programm für die Sitzung des RVA am 15. 12. 1938. Vom OKW.

10 Gesetze s. Kap. II, Anm. 102.

11 Laut Führererlaß vom 24. 11. 1937 sollte diese Anzahl am 1. 4. 1939 erreicht sein. Am 7. 9. 1938 setzte Hitler dem RAD bis zum 1. 4. 1940 eine Stärke von 50 000 »Maiden« zum Ziel. S. Marawske-Birkner, 227 f.

12 MA Freiburg, Wi I F 5. 1217, u. a. OKW an den Generalbevollmächtigten des

Vierjahresplanes, vom 5. 6. 1939; Generalbevollmächtigter der Wirtschaft an OKW, Reichswirtschafts-, -arbeits- und -landwirtschaftsminister, vom 5. 6. 1939. Es wurden zudem noch einige Nebenpunkte des Gesetzentwurfs angegriffen, wie die lagermäßige Unterbringung der Mädchen, die einem effektiven Arbeitseinsatz entgegenstehe.

13 Theodor Sonnemann: Die Frau in der Landesverteidigung. Ihr Einsatz in der Industrie, Oldenburg, Berlin 1939, 136.

14 Ebd., 144.

15 Ebd., 153–163.

16 MA Freiburg, Wi/I F 5. 1215, Wehr-Wirtschaftsinspektion IV an das Oberkommando der Wehrmacht, W. Stb., W. Rü., 9. 3. 1939. VB Nr. 66, 7. 3. 1939.

17 Die Frau am Werk 4, 1939, 77, und ebd., Alice Rilke: Die Frau in der Landesverteidigung, 97–101. Sonnemann hatte u. a. geschrieben: »Es besteht kein sachlicher und erst recht kein moralischer Grund, die Frau in der Kriegswirtschaft sozusagen als Askari einzustufen, wenn ihrem am gleichen Platze stehenden, ... und mit dem gleichen Effekt arbeitenden männlichen Arbeitskameraden der Rang eines vollwertigen Kämpfers zuerkannt wird. Eine innere und grundsätzliche Gleichstellung schließt aber auch die gleichen Forderungen hinsichtlich der äußeren Laufbahngestaltung ein.«

18 Dies erwähnte G. Berger, Chef des SS-Hauptamtes, in einem Brief vom 2. 4. 1942 an Himmler. Berger selbst kannte das Buch nicht und hielt es für eine Veröffentlichung von 1914/1918. Zitiert in: Helmut Heiber Hg.: Reichsführer! Briefe an und von Himmler, Stuttgart 1968.

19 MA Freiburg, Wi I F 5. 560, Bericht über die 2. Sitzung des Reichsverteidigungsrats am 23. 6. 1939.

20 Ebd.

21 BA Koblenz, R 41, 159. Der Reichsarbeitsminister an den Reichsminister des Innern, 9. 8. 1939.

22 Rudolf Wagenführ: Die deutsche Industrie im Kriege 1939–1945, Berlin 1963, 27.

23 Vgl. die Stellungnahme Georg Thomas' – inzwischen General – zu dieser Entscheidung Hitlers, in: Burton H. Klein: Germany's Economic Preparations for War, Cambridge 1959, 186. Die nähere Analyse des gesamten Problemkomplexes ebd., Kap. 8 passim.

24 S. Angus Calder: The People's War, London 1969, 72 f.

25 Vom 1. 9. 1939. RGBl. I 1939, 1685.

26 BA Koblenz, R 41, 154, Arbeitslagebericht des Landesarbeitsamtes Rheinland für Oktober 1939.

27 Ebd., R 41, 159, Verfügung des Reichsarbeitsministers vom 7. 9. 1939. Der Runderlaß gleichen Inhalts vom 2. 6. 1939 wurde damit bekräftigt.

28 Diese und die folgenden Angaben für den Arbeitsmarkt in den ersten Kriegswochen stützen sich weitgehend auf BA Koblenz, R 41, 154, Lagebericht der Landesarbeitsämter Rheinland und Hessen, September bis Mitte Oktober, und: Die Front der Heimat, Frau am Werk 4, 1939, 261 f.

29 Runderlaß des Reichsarbeitsministers vom 29. 9. 1939, ARG 1939, 134 f.

30 Deutsche Volkswirtschaft, 8, 1940, 731.

31 VO über die Durchführung der Reichsarbeitsdienstpflicht für die weibliche Jugend, 4. 9. 1939, RGBl. I 1939, 1693.

32 MA Freiburg, Wi I F 5. 1217, Vermerk über eine Besprechung zwischen RAD und Wehrwirtschafts- und Rüstungsamt im OKW, 2. 9. 1939.

33 BA Koblenz, R 41, 158, Vermerk über Referentengespräch zwischen Arbeitsmini-

sterium und RAD und Schnellbrief des Arbeitsministers an die Landesarbeitsämter vom 11. 10. 1939.

34 Ebd., R 41, 154, Lagebericht des Landesarbeitsamtes Rheinland für November 1939. Ebd., R 41, 158, Landesarbeitsamt Hessen an den Reichsarbeitsminister, 13. 10. 1939.

35 Gertrud Schwerdtfeger-Zypries: Der Arbeitsdienst für die weibliche Jugend, Berlin 1942, 10. 1937 waren in der Landwirtschaft 75,8 %, in der Stadthilfe 12,7 % und in Kindergärten 5,8 % der »Arbeitsmaiden« eingesetzt. S. Marawske-Birkner, 319.

36 In der Landwirtschaft waren 157 728 Mädchen eingesetzt und in der Hauswirtschaft waren es 178 244. S. Stat. Jahrbuch, 59, 1940/41, 420.

37 BA Koblenz, 158, Reichswirtschaftsminister an das Reichsarbeitsministerium, 30. 11. 1939. Vermerk des Reichsarbeitsministeriums über Ferngespräch vom 15. 12. 1939 LAA Rheinland.

38 Verordnung zur Abänderung und Ergänzung von Vorschriften auf dem Gebiet des Arbeitsrechts vom 1. 9. 1939, RGBl. I 1939, 1683.

39 Ergänzungsdekret zu Buch II des Arbeitscodes, Journal officiel, 22. 4. 1939. Vgl. auch ILR 40, 1939, 665.

40 BA Koblenz, R 41, 158, Der Präsident des LAA Niedersachsen an das RAM, 24. 11. 1939. Ebd. Der Landrat des Kreises Jerichow an den Regierungspräsidenten in Magdeburg, 7. 12. 1939. Das Staatliche Gesundheitsamt des Kreises Jerichow an den Landrat in Genthin, 25. 11. 1939, auch abgedruckt in: Gersdorff, Kriegsdienst, 301 ff. R 58, 146, Stimmungsmäßiger Lagebericht Nr. 30 des Reichssicherheitshauptamtes, 18. 12. 1939.

41 Ebd.

42 BA Koblenz, R 41, 158, s. Anmerkung 40, Artikel im »Völkischen Beobachter«, Norddeutsche Ausgabe, 15. 11. 1939, und im »Mitteldeutschen«, 7. 11. 1939.

43 Annoncen als Anlage zum Schreiben des LAA Niedersachsen an das RAM vom 24. 11. 1939, s. Anmerkung 40.

44 S. Dokumente Anmerkung 39 und BA Koblenz, R 41, 158, Der Reichsarbeitsminister an das OKW, 7. 12. 1939.

45 BA Koblenz, R 41, 158, LAA Niedersachsen an das RAM, 24. 11. 1939.

46 VO über den Arbeitsschutz vom 12. 12. 1939, RGBl I 1939, 2403, Durchführungserlaß vom 12. 12. 1939, RGBl III 1939, 38. RABl I 1939, 545. Vgl. auch »Frau am Werk« 4, 1939, 225.

47 Am 1. 9. 1939, zitiert in: Wilhelm Reich.

48 Ruth Hildebrand Hg.: Frauenaufgaben im Krieg. Was die deutsche Frau heute wissen muß. Berlin 1939. Vorwort: Scholtz-Klink.

49 MA Freiburg, Wi I F 5. 1119, WiRüAmt im OKW, Bericht über den »Arbeitseinsatz im Krieg«, abgeschlossen Juni 1940, 30.

50 Vgl. z. B. MA Freiburg, R W 20 – 4/11, Wehrwirtschaftsinspektion Dresden an OKW, 7. 2. 1940. G. Albrecht: Die Unterstützung der Familien Einberufener, Jahrbücher für Nationalökonomie und Statistik, 151, 1940, 66–84.

51 U. a.: BA Koblenz, R 58, 148, SD-Lagebericht 55, 19. 2. 1940. Ebd., R 41, 144, RAM an den Chef der Reichskanzlei Lammers. Betr.: Entwicklung des Arbeitseinsatzes in den letzten Monaten, 21. 3. 1940. Vgl. auch Anm. 49.

52 SS-Befehl für die gesamte SS und Polizei, 28. 10. 1939, zitiert in: Hans-Jochen Gamm: Führung und Verführung, München 1964, 468.

53 Das Schwarze Corps, 4. 1. 1940, zitiert in: Lüders: Fürchte dich nicht, 140.

54 Vgl. Statistischer Anhang.

55 MA Freiburg, unter der generellen Aktensignierung RW 20; vgl. Bibliographie.

56 Die Berichte aus allen Wehrkreisen des Reiches enthalten gleiche Vorkommnisse und Beobachtungen zu diesem Punkt; vgl. etwa R W 20 – 5/6 (RüIn V); – 9/23 (Rü In IX); – 7/18 (RüIn VII); – 11/23 (RüIn XI).

57 Ebd.

58 BA Koblenz, R 41, 158, Schreiben des Präsidenten des Landesarbeitsamtes Niedersachsen an das RAM, 24. 11. und 13. 12. 1939. R 58, 148, Lagebericht Nr. 55, 19. 2. 1940.

59 BA Koblenz, R 41, 144, Der Reichsarbeitsminister an den Chef der Reichskanzlei, Lammers, 21. 3. 1940; R 41, 158, Ders. an das LAA Niedersachsen, 19. 3. 1940.

60 Die Entwicklung der Diskussion um den Familienunterhalt und die Hintergründe der überraschenden Entscheidung wird Gegenstand von Kapitel V sein.

61 Deutsche Volkswirtschaft, 8, 1940, 523 f.

62 MA Freiburg, Wi F 5. 1119, OKW/WiRüAmt, Der Arbeitseinsatz im Kriege, Bericht bis Juni 1940, 37. BA Koblenz, R 41, 159, Vermerk des RAM vom 13. 11. 1940, daß z. B. das Fernbleiben langjähriger Arbeiterinnen von ihren Arbeitsplätzen in Rüstungsbetrieben des Wehrkreises XIII völlig berechtigt war. Auch bei einer Überprüfung von langjährigen Arbeiterinnen, die plötzlich die Arbeit aufgaben, mußte der Wehrkreisbeauftragte XIII, Bayern, die Gründe (Krankheit und vermehrte Familienpflichten im Kriege) durchweg anerkennen; BA Koblenz, R 41, 159, Vermerk des RAM, 13. 11. 1940.

63 Vgl. Deutsche Volkswirtschaft 9, 1941, 262. Ein Sechstel der dienstverpflichteten Frauen, also nur ca. 18 300, wurden außerhalb ihrer Wohnorte verpflichtet.

64 Die Schichtenzugehörigkeit der Frauen im Arbeitseinsatz läßt sich einandfrei, wenn auch meist nur indirekt, aus den Berichten der Rüstungsinspektionen des SD und der Arbeitsbehörden ersehen.

65 Diese banalen Dinge nahmen im Alltag der berufstätigen Frauen zentrale Bedeutung ein; Einkaufsprobleme bildeten einen Hauptpunkt in der Beschwerden-liste der Frauen. Die Betriebe, Arbeitsämter, DAF und Wehrmachtsstellen nahmen diese Klagen ernst, wie auch aus den SD-Berichten hervorgeht. Man bemühte sich um eine Verlängerung der Ladenschlußzeit. Das scheiterte jedoch daran, daß der Einzelhandel, der schon Personal an die Rüstungswirtschaft verlor und zusätzlich Rationierungsmarken sortieren und kleben mußte, zu überlastet war. In einigen Orten brachte die NS-Frauenschaft die wöchentlichen Marken den Berufstätigen ins Haus, um ihnen den Weg zur Ausgabestelle zu ersparen. Anderswo ließ die DAF oder die Firmenleitung Einkaufslisten der Arbeiterinnen einsammeln, um ihnen die Besorgungen abzunehmen. Auch diese Einzelaktionen hatten sehr geteilten Erfolg. Das Problem der nicht rationierten Waren war damit nicht gelöst. Zudem wollten die Frauen es sich auch im Krieg nicht nehmen lassen, den nicht rationierten Fisch, Obst und Gemüse persönlich auszuwählen, wie sie es nun einmal gewöhnt waren. Außerdem mußten die Frauen in einem bestimmten Geschäft registriert sein, und dabei zogen sie einen Laden in Wohnungsnähe einer für sie eingerichteten Verkaufsstelle im meist entlegenen Betrieb vor. Schon diese scheinbaren Randereignisse zeigen, daß die meisten arbeitenden Frauen sich nicht mit dem Krieg identifizierten und deshalb auch freiwillig nicht einmal zu kleinen Opfern bereit waren. Jedoch gabe es echte Erleichterungen, etwa die örtlich von der DAF ausgestellten Ausweiskarten, die Erwerbstätigen in Läden den Vortritt verschaffen sollten. Vgl. u. a.: MA Freiburg, RW 20 – 7/18, RüIn VII München, 12. 6. 1940. Ebd. – 5/7, RüIn V Stuttgart, 21. 2. 1940 und 13. 7. 1940.

66 Vor allem die Betriebe waren in den Jahren der zunehmenden Frauenarbeit immer wieder vom Reichsarbeitsministerium aufgefordert worden, mehr Kindergärten zu

schaffen. Das vor dem Krieg Versäumte konnte im Krieg nicht mehr ausreichend nachgeholt werden. Vgl. MA Freiburg, Wi I F 5. 3261, Aufforderung des Reichsinnenministers an die Gemeinden, zusammen mit der NSV Kindergärten einzurichten, vom 11. 9. 1939.

67 Die Gestaltung der Frauenlöhne während des Krieges wird in Kap. VIII behandelt.

68 Vor allem die wöchentlichen Berichte der Rüstungsinspektionen an den Wehrwirtschaftsstab im OKW, oft mit beigefügten Beschwerdebriefen von Rüstungsbetrieben, enthalten endlose Beispiele von Disziplinlosigkeiten und sinkender Arbeitslust unter den Arbeiterinnen. Das gleiche Problem existierte zwar auch bei den männlichen Arbeitern, doch am schwerwiegendsten war es bei weiblichen Arbeitskräften, Dienstverpflichteten und Ausländern. Vgl. u. a. BA Koblenz, R 11, 1239, Sitzungsprotokoll des Ausschusses für Arbeitseinsatz der Arbeitsgemeinschaft der Industrie- und Handelskammern in der Reichswirtschaftskammer, 24. 10. 1941.

69 MA Freiburg, R W 20 – 11/23, RüIn XI, 14. 5. 1940. Ebd., Wi I F 5. 2699, RüIn XIII, 10. 4. 1940; nach diesem Bericht waren 50 % von Krankmeldungen, wie ein nachprüfender »Stoßtrupparzt« feststellte, unberechtigt. Vgl. auch BA Koblenz, R 11, 1239, s. o. Anm. 67.

70 Ebd., Wi I F 5. 2699, Bericht der RüIn IX, 14. 10. 1940.

71 Ebd., RW 20 – C/19, RüIn VI, 14. 5. 1940.

72 Ebd., Wi I F 5. 2699, RüIn III, 7. 2. 1940, und RüIn XIII, 13. 1. 1941. BA Koblenz, R 58, 163, SD t Lagebericht Nr. 210, 11. 8. 1941. MA Freiburg, R W 20 – 11/23, RüIn XI, 14. 5. 1940. Die in den Berichten der Rüstungsinspektionen, übereinstimmend mit SD-Berichten, genannte Durchschnittsquote von 22 % fehlenden Arbeiterinnen ist zumindest für die Rüstungsbetriebe im ganzen Reich wahrscheinlicher als die vorsichtige Schätzung eines Sachbearbeiters vom Landesarbeitsamt Bayern auf »mindestens 10 %«; BA Koblenz, R 41, 147, Reg. Dir. Ritter, LAA Bayern, Der Arbeitseinsatz im totalen Krieg, Januar 1942, 101. Denn schon im Dezember 1939 wurde in einer Referentenbesprechung im Wehrwirtschafts- und Rüstungsamt von einem Ansteigen der fehlenden Frauen auf 30 % berichtet; MA Freiburg, Wi I F 5. 1119, RüIn XII, 18. 12. 1939.

73 S. Anm. 72, SD-Lagebericht.

74 MA Freiburg, RW 20 – 11/23, RüIn XI, 14. 5. 1940. Die betreffende Firma hatte in knapp 3 Monaten, vom 16. 10. 1939–8. 1. 1940, 201 neue Arbeiterinnen erhalten, dagegen waren 196, ob mit oder ohne Kündigung, fortgeblieben. Der um 527 erhöhte Kriegsbedarf an Arbeiterinnen war so überhaupt noch nicht gedeckt. S. ebd., Wi I F 5. 1220, Patronen-, Zündhütchen- und Metallwaren-AG, Schönebeck/Elbe an Arbeitsamt Magdeburg, 16. 1. 1940.

75 Fest, Gesicht des Dritten Reiches, 371, behauptet, daß im Gegensatz zu der besonderen Rolle, die der Frau von der NSDAP in Ideologie und Propaganda zugewiesen wurde, spätestens im Krieg die Frauen als »geschlechtslose Einsatzträger« behandelt wurden.

76 Diese Gruppen sind es, wobei am häufigsten die Frauen erwähnt werden, die in den Berichten von Betrieben und Rüstungsinspekteuren als disziplinlos und als Störer des »Arbeitsfriedens« bezeichnet werden. Vgl. u. a. MA Freiburg, Wi I F 5. 1220 passim. Ebd., 2699, RüIn VII und RüIn X, 7. 2. 1940. Ebd., 1119, OKW/WiRü Amt: Der Arbeitseinsatz im Kriege, bis Juni 1940, 52.

77 Zur Arbeitsverweigerung bei Arbeitern und deren Bestrafung s. Mason, Arbeiterklasse, 168 ff.; Mason, National Socialist Policies, 720 ff.

78 Vgl. MA Freiburg, Wi I F 5. 2699, RüIn XIII, 10. 4. 1940. Die Rüstungsinspektion

des Wehrkreises VII berichtete ebenfalls von einer »in ihrer Haltung vorbildlichen großen Masse der Arbeiterschaft«, eben mit Ausnahme von Frauen und Jugendlichen; ebd., RüIn VII, 7. 2. 1940.

79 Ebd., RüIn XIII, 10. 4. 1940.

80 Vgl. ebd.: Wi I F 5. 1220, OK Han OKW/WiRüAmt, 15. 5. 1940 und 103c, Vermerk des WiRüAmtes, 12. 1. 1940. Wi I F 5. 1220, Patronen-, Zündhütchen- und Metallwarenfabrik AG, Schönebeck/Elbe an das Rüstungskommando Dessau, 30. 12. 1939. Die Hintergründe für den »weichen Kurs« des RAM werden im folgenden Kapitel beleuchtet.

81 BA Koblenz, R 41, 159, Präsident des LAA Südwestdeutschland an das RAM, 2. 8. 1940.

82 MA Freiburg, Wi I F 5. 103c, Vermerk des WiRüAmtes im OKW, 12. 1. 1940.

83 Ebd., Wi I F 5. 2699, RüIn XIII, 10. 4. 1940, und RüIn VI, 14. 12. 1940. BA Koblenz, R 41, 159, Vermerk des RAM, 13. 11. 1940.

84 Vgl. ausführlicher Mason, National Socialist Policies, und ders., Arbeiterklasse.

85 BA Koblenz, R 58, 161, SD-Lagebericht 197, 26. 6. 1941. Ebd., R 11, 1239, Ausschuß für Arbeitseinsatz in der Arbeitsgemeinschaft der Industrie- und Handelskammern. MA Freiburg, RW 20 – 13/10, RüIn XIII, 2. 4. 1940.

86 MA Freiburg, Wi I F 5. 2699, RüIn XIII, 10. 4. 1940. An diesem Gesamtbild ändert auch die Tatsache von einigen verstreuten Teilerfolgen nichts; vgl. ebd., RüIn XII, 7. 2. 1940.

87 MA Freiburg, Wi I F 5. 2699, RüIn XIII, 10. 4. 1940. Doch zogen viele Betriebe und Rüstungsinspektionen »etwas drastische Selbsthilfemethoden« Drohungen mit dem Konzentrationslager vor. Ebd., RüIn VI, 7. 2. 1940.

88 BA Koblenz, R 11, 1239, s. Anm. 85, Bericht des Leiters der Industrie- und Handelskammer Bremen.

89 Wenn dennoch Betriebe um das Einschreiten der Gestapo gegen Arbeiterinnen baten, wurde dies von den Rüstungsinspektionen abgebogen und etwa statt dessen »auf gütlichem Wege« die DAF eingeschaltet; vgl. MA Freiburg, RüIn VII, 7. 2. 1940.

90 MA Koblenz, Wi I F 5. 2699, RüIn XIII, 10. 4. 1940, und ebd., 103 b, RüIn XIII, 6. 3. 1940. Die Hintergründe dieser Weigerung Himmlers zu untersuchen, würde für unser Thema zu weit führen. Jedenfalls begann das RAM auf Veranlassung des WiRüAmtes hin mit dem Reichsführer-SS und dem Justizminister über die Einrichtung von Sondergerichten und speziellen Arbeitskolonnen zu verhandeln. Doch verlief die Sache wohl im Sande. Ebd., Wi I F 5. 3190, WiRüAmt, Aktenvermerk, 6. 2. 1940, und ebd., 103 b, WiRüAmt in RüIn XIII, 15. 3. 1940.

91 Ebd., Wi I F 5. 2699, RüIn X, 4. 2. 1940.

92 S. Mason, Arbeiterklasse, 1179.

93 BA Koblenz, R 58, SD-Bericht 197, 26. 6. 1941, 25.

94 Vgl. MA Freiburg, Wi I F 5. 1220, OKH an das OKW, 6. 6. 1940. Aus dem Schreiben geht hervor, daß »die bisherigen Strafbestimmungen bei der derzeitigen Lage« nicht ausreichten. Doch dürften geplante Strafbestimmungen nicht auf Männer über 18 Jahren beschränkt bleiben. Frauen und Jugendliche dürften bei Arbeitsverweigerung nicht straffrei bleiben.

95 Ebd., Wi I F 5. 1119, Rü XII, 18. 12. 1939, Anlage.

96 Ebd., Wi I F 5. 1220, Schreiben der Patronen-, Zündhütchen- und Metallwarenfabrik AG, Schönebeck/Elbe an das Arbeitsamt Magdeburg, 16. 1. 1940 u. 8. 2. 1940. Die ganze Akte ist eine Sammlung von ähnlichen Beschwerden der Betriebe über Disziplinverstöße arbeitsunwilliger Frauen.

97 BA Koblenz, R 41, 159, Vermerk vom 13. 11. 1940.
98 MA Freiburg, R W 20 – 5/7, RüIn V, 13. 6. 1940.
99 Wi I F 5. 103 b, Rundschreiben der Reichsgruppe Industrie an die Wirtschaftskammern und Wigrus, 17. 4. 1940. Allerdings konnten oft auch die großzügigsten Sozialleistungen den Frauen keine »Arbeitsfreudigkeit« entlocken, s. ebd., 2699, RüIn XIII, 10. 4. 1940.
100 Ebd., RW 20 – 13/10, RüIn XIII, 5. 5. 1940.
101 BA Koblenz, R 58, 148, SD-Lagebericht 55, 19. 2. 1940. MA Freiburg, RW 20 – 11/23, RüIn XI, 20. 2. 1940.
102 MA Freiburg, Wi I F 5. 3186, Runderlaß des RAM, 22. 11. 1941, der für Arbeiter und Angestellte in allen Betrieben der Privatwirtschaft und des öffentlichen Dienstes galt.
103 BA Koblenz, R 41, 162 II, Schreiben einer endsieggläubigen Gutsfrau an ihren Onkel, einen General, mit der Klage, es finde sich »gegenwärtig kaum eine Behörde, die gegen arbeitsunwillige oder in der Arbeit passiven Widerstand leistende Frauen vorzugehen bereit sei«, 26. 1. 1942. Abgedruckt in: Gersdorff, Kriegsdienst, 357.
104 BA Koblenz, R 11, 1239, Dr. Bosch auf der Sitzung des Ausschusses für Arbeitseinsatz der Arbeitsgemeinschaft der Industrie- und Handelskammern in der Reichswirtschaftskammer, 24. 10. 1941.

Kapitel V

Das Regime in der Sackgasse: Zwischen Zwängen der Kriegswirtschaft, der Ideologie und der öffentlichen Meinung

1 Familienunterstützungs-Durchführungsverordnung vom 11. 7. 1939, RGBl. I 1939, 1225.
2 Erlaß des RAM vom 25. 9. 1939, s. BA Koblenz, R 18, 3282, Reichsgruppe Industrie an das RAM, 2. 2. 1940.
3 Vgl. BA Koblenz, R 41, 144, Vierteljährlicher Bericht des RAM über den Arbeitseinsatz an Lammers, Chef der Reichskanzlei 21. 3. 1940. S. auch Anm. 2 und vor allem MA Freiburg, Berichte der Rüstungsinspektionen, RW 20; vgl. Kap. IV.
4 Ebd., R 58, 169, SD-Lagebericht 263, 26. 2. 1942. Leitende Angestellte, Unternehmer und selbständige Akademiker, z. B. Ärzte, waren entweder »unabkömmlich« oder erhielten im Fall der Einberufung einen Offiziersrang und damit ausreichenden Sold. Zudem waren in diesen Berufskreisen meistens Ersparnisse oder bemittelte Verwandte vorhanden. Auf jeden Fall waren auch hier die Ehefrauen nicht auf staatliche Familienunterstützung angewiesen.
5 Zahlen s. Stat. Anhang und MA Freiburg, Wi I F 5. 103a, Chef des OKW (i. A. Thomas) an das RAM, 22. 2. 1940.
6 S. o. Schreiben Thomas' an das RAM.
7 Ebd.
8 Ebd.
9 Ebd., Aktenvermerk des WiRüAmtes über die Besprechung im RAM am 22. 2. 1940. Vgl. BA Koblenz, R 18, 3282, Einladungsschreiben des RAM an RIM, 15. 2. 1940.
10 MA Freiburg, Wi I F 5. 1220, OKW an OKW/Waffenamt, 20. 3. 1940.

11 Ebd., Wi I F 5. 103a, Vermerk über Besprechungen im RAM am 28. 2. und 20. 3. 1940.

12 BA Koblenz, R 18, 3282, RIM an das RAM, 30. 3. 1940.

13 Ebd., R 43 II, 652, RAM an den Ministerrat für die Reichsverteidigung, z. Hd. d. Chefs der Reichskanzlei, Lammers, 27. 4. 1940. Anlage: Entwurf der Verordnung.

14 Ebd., Goebbels an Lammers, 10. 5. 1940.

15 Ebd., Funk an Lammers, 10. 5. 1940.

16 Ebd., Generalbevollmächtigter für die Reichsverwaltung an Lammers, 9. 5. 1940.

17 Ebd., Mutschmann an Lammers, 27. 5. 1940.

18 Ebd., OKW an Lammers, 16. 5. 1940.

19 Ebd., Aktenblätter Nr. 55 ff. Frick und Funk sowie das OKW hatten erreicht, daß sie bei allen Maßnahmen des Reichsarbeitsministeriums beteiligt würden. Außerdem wurde das meldepflichtige Alter von 15 auf 16 Jahre erhöht.

20 Ebd., Beauftragter für den Vierjahresplan (Marotzke) an die Reichskanzlei (Kritzinger), 4. 6. 1940.

21 MA Freiburg, Wi I F 5. 1220, Der Reichsmarschall des Großdeutschen Reiches an den Chef des OKW, Keitel, 6. 9. 1940.

22 Auf die zweifellos vorhandenen ideologischen Fernziele wird vor allem am Beispiel Hitlers noch näher eingegangen.

23 MA Freiburg, Wi I F 5. 3190, OKW/WiRüAmt an OKH, 13. 7. 1940.

24 BA Koblenz, R 18, 3282, RIM an RAM, 19. 8. 1940. Das RAM versuchte nun wenigstens zu erreichen, daß die allgemeine Weisung an die Kreisverwaltungen durch präzise Vorschriften, für welche Frauen eine Arbeit zumutbar sei, ergänzt werde, doch ohne Erfolg. Ebd., RAM an RIM, 19. 9. 1940.

25 MA Freiburg, Wi I F 5. 2699, OKW/WiRüAmt an RüIn XII, 27. 6. 1940. Runderlaß des Reichsministers des Innern und des Reichsfinanzministers, 23. 5. 1940.

26 BA Koblenz, R 18, 3282, Vermerk über Besprechung im Generalrat, 17. 5. 1940. Min.-Dir. Surén (RIM) und Staatssekretär Stuckart (RIM) hielten die verbesserte Anrechnungsbestimmung ohne Meldepflicht beim Arbeitsamt und Kürzungen des Unterhalts für Arbeitsunwillige für wirkungslos.

27 Vgl. dazu Alan S. Milward: Der Einfluß ökonomischer und nichtökonomischer Faktoren auf die Strategie des Blitzkrieges, in: Friedrich Forstmeier, Hans-Erich Volkmann Hg.: Wirtschaft und Rüstung am Vorabend des Zweiten Weltkrieges, Düsseldorf 1975.

28 Dietrich Eichholtz: Geschichte der deutschen Kriegswirtschaft, Bd. I, Berlin 1969, 92 ff. wirft zwar Edward L. Homze bürgerliche Apologetik vor, da dieser in seiner Untersuchung: Foreign Labor in Nazi Germany, Princeton 1967, Hitler und Göring für die eigentlichen Initiatoren und Planer des großangelegten Fremdarbeitereinsatzes hält, nicht jedoch die Wehrmacht oder die »Monopole« der Wirtschaft. Die vorliegenden Ergebnisse unterstützen jedoch Homzes Ansicht. Wehrmacht und Wirtschaft waren primär an deutschen Arbeitskräften interessiert, deren zwangsweisen Einsatz die Partei aber verweigerte. Da jedoch Fremdarbeiter besser waren als keine Arbeiter, suchten dann die Industriellen selbstverständlich mit diesen ihren Bedarf zu sichern.

29 S. Homze, 37.

30 Ba Koblenz, R 41, 159. Durchgehend Schriftwechsel und Vermerke dieses Inhalts.

31 MA Freiburg, Wi I F 5. 3190, Vermerk über Besprechung im RAM, 6. 2. 1940.

32 Ebd., RW 20–5/6, RüIn V, 7. 2. 1940 und Wi I F 5. 2699, RüIn X, 7. 2. 1940. BA

Koblenz, R 58, 148, SD-Lagebericht 55, 19. 2. 1940, 17. Auf der anderen Seite konnte es geschehen, daß Freiwillige nicht zum Einsatz kamen, weil im betreffenden Betrieb Rohstoffe fehlten.

33 MA Freiburg, RW 20–9/23, RüIn IX, 13. 7. 1940.

34 Ebd., Wi I F 5. 3268, RAM an die Landesarbeitsämter, 16. 5. 1940.

35 BA Koblenz, R 58, 152, SD-Lagebericht 107, 22. 7. 1940.

36 MA Freiburg, Wi I F 5. 1220, Wehrkreiskommando V an den Chef der Heeresrüstung, 13. 6. 1940.

37 Ebd., Wi I F 5. 3268, RAM an die Landesarbeitsämter, 13. 8. 1940.

38 Ebd., Wi I F 5. 2699, RüIn VI, 14. 12. 1940. BA Koblenz, R 58, SD-Lagebericht 100, 27. 6. 1940, 24, und ebd., Lagebericht 146, 2. 12. 1940.

39 BA Koblenz, R 58, 151, SD-Lagebericht 100, s. o.

40 MA Freiburg, Wi I F 5. 1220, RAM an das OKH, 13. 8. 1940. BA Koblenz, R 58, 152, SD-Lagebericht 107, 22. 7. 40, 18.

41 S. Anm. 39 und ebd., R 41, 159, Präsident des LAA Südwestdeutschland an das RAM, 2. 8. 1940. Ebd., Präsident des LAA Sachsen an das RAM, 16. 12. 1940.

42 Ebd., Präsident des LAA Hessen an die Arbeitsämter im Bezirk des LAA Hessen, 10. 5. 1940. Erlaß des RAM vom 24. 4. 1940. In einem ähnlichen Erlaß ermächtigte Landwirtschaftsminister Darré Ortsbauernführer und Ernährungsämter, mit Hilfe des Landrates Frauen, die nicht freiwillig zur Landarbeit bereit seien, aufgrund der Notdienstverordnung vom 15. 10. 1938 (RGBl. I, 1441) zu zwingen.

43 BA Koblenz, R 43 II, 652, NSDAP – Der Stellvertreter des Führers, Reichsverfügungsblatt, 12/41, 17. 3. 1941.

44 Ebd., R 11, 180, Reichswirtschaftskammer an die Mitglieder, 3. 4. 1941. Erlaß des RAM vom 20. 3. 1941.

45 Ebd., R 43 II, 652, Auszug der Rede am 4. 5. 1941. Ebenfalls in: Der Großdeutsche Freiheitskampf. Reden Adolf Hitlers, Philipp Bouhler Hg., München 1940/41, Bd. I/II, München 1943, Bd. III, 45 ff. In seinen Kriegsreden hatte Hitler für die arbeitenden Frauen – wenn er sie überhaupt erwähnte – stets nur einen, höchstens zwei stereotype Sätze übrig mit dem gleichbleibenden Topos der Millionen von Frauen, die auf dem Felde, in Fabriken und Büros – bzw. »Kontoren« – Millionen von Soldaten ersetzten. Hitler schien nicht zu wissen oder ignorierte, daß die meisten der in der Kriegswirtschaft arbeitenden Frauen schon vor 1939 erwerbstätig waren. Nur von wenigen zusätzlichen Hunderttausenden kann gesagt werden, daß sie einberufene Männer ersetzten.

46 MA Freiburg, RW 20–6/21, RüIn VI, 14. 6. 1941. Ebd., RW 20–13/13, RüIn XIII, 13. 10. 1941. BA Koblenz, R 41, 146, Auszüge aus den Berichten der Landesarbeitsämter, Bilanz für Mai/Juni 1941, 15. 7. 1941.

47 MA Freiburg, Wi I F 5. 3190, Runderlaß Görings, 20. 6. 1941. Ebd., 3186, Rundbrief des RAM an die Landesarbeitsämter, 6. 7. 1941.

48 BA Koblenz, R 18, 3282, RAM an den Reichsmarschall des Großdeutschen Reiches usw., 11. 9. 1941. Ebd., R 43 II, 652, RIM an dens., 2. 8. 1941. Das RAM meldete Ende August 34 000 wirklich neu eingestellte Frauen im ganzen Reich, ein – am Bedarf gemessen – unerhebliches Ergebnis. Ebd., R 41, 147, Auszug aus den Berichten der LAÄ für August 1941.

49 Ebd., R 18, 3282, s. o.

50 Ebd., Vermerk des RIM vom 27. 11. 1941.

51 BA Koblenz, R 58, 148, SD-Lagebericht 55, 19. 2. 1940, 17 und 20.

52 Ebd., 152, s. o. Nr. 107, 22. 7. 1940, 19.

53 Ebd., 19 und ebd., 156, s. o. Nr. 146, 2. 12. 1940, 18.

54 Alle Zitate ebd., 163, s. o. Nr. 210, 11. 8. 1941, 19 ff.

55 Ebd., 156, s. o. Nr. 146, 2. 12. 1940, 18.

56 Ebd., 19.

57 BA Koblenz, R 41, 162, Arbeitsamt Görlitz an LAA Niederschlesien, 26. 8. 1941; als Anlage Soldatenbriefe vom Juli/August 1941. Abgedruckt in: v. Gersdorff, Kriegsdienst, 345 f.

58 Ebd., R 58, 169, Bericht Nr. 263, 26. 2. 1942, 40.

59 Ebd., 164, Nr. 224, 29. 9. 1941, 21.

60 Ebd., R 11, 179, Reichswirtschaftskammer an die Mitglieder, 27. 6. 1942.

61 Ebd., R 41, 280, Der Beauftragte für den Vierjahresplan – Der Generalbevollmächtigte für den Arbeitseinsatz. Die Arbeitseinsatzlage im November 1942, 3.

62 Ebd., R 36, 1512, Der Bürgermeister von Immenstadt an den Deutschen Gemeindetag, 28. 5. 1942.

63 Ebd., R 58, 164, Lagebericht Nr. 224, 29. 9. 1941, 22. Ein Regierungsdirektor vom LAA Bayern, Zweigstelle Nürnberg, führte in seinem Bericht über den Arbeitseinsatz im totalen Krieg vom Januar 1942 aus: »Die Arbeiterfrau, auf deren Schultern zum überwiegenden Teil der schwere Dienst in der Rüstungsindustrie ruht, die Tochter aus dem Arbeiterstand, die schon seit Jahren getrennt von ihren Angehörigen die Nachteile der Dienstverpflichtung in einer fremden Stadt auf sich nimmt, fordern mit Recht, daß auch einmal Frauen und Töchter der sogenannten besseren Stände herangeholt werden, daß auch sie einmal Seite an Seite mit der Arbeiterin ihre Pflicht tun.«

64 Picker, Tischgespräche, 406, 23. 6. 1942. Die vom Gauleiter vorgetragene Tatsache, daß in den Städten Cafés und Lokale stets mit Frauen gefüllt waren, die offensichtlich nichts zu tun hatten, taucht auch in den SD-Berichten ständig auf und verstimmte demnach die Arbeiterschaft sehr.

65 BA Koblenz, R 58, 169, Lagebericht 263, 26. 2. 1942, 42.

66 Heiber Hg., Reichsführer! Schreiben Gottlob Bergers, Chef des SS-Hauptamtes an Himmler, 2. 4. 1942, 113.

67 S. Anm. 65, ebd., 43.

68 Ebd.

69 S. Anm. 66.

70 BA Koblenz, R 58, 163, SD-Lagebericht 210, 11. 8. 1941, 21 und ebd., Bericht Nr. 263, 26. 2. 1942, 32 f.

71 Ebd., 164, Bericht 224, 29. 9. 1941, 22.

72 Ebd., 161, Bericht 197, 26. 6. 1941, 24.

73 Friedrich Syrup: Arbeitseinsatz in Krieg und Frieden, Essen, 1942, 15 f.

74 BA Koblenz, R 41, 146, Monatsberichte der Landesarbeitsämter über den Arbeitseinsatz, 1941 passim.

75 Ebd., R 43 II, 652, Reichsleiter der DAF, Ley, an Göring, 10. 9. 1941.

76 Ebd., Bormann an Lammers, 25. 9. 1941.

77 Ebd., RAM an Göring, 18. 10. 1941.

78 Ebd., Notiz an Lammers, 23. 9. 1941. Bormann an Lammers 25. 9. 1941.

79 Ebd., Vermerk der Reichskanzlei, 28. 10. 1941, und Lammers an Bormann, Anfang November 1941.

80 Ebd., R 18, Vermerk im Reichsinnenministerium, (Verkündigung des Führerwillens durch Göring) 17. 11. 1941.

81 Ebd., R 11, 1239, Vermerk vom 20. 11. 1941 über eine Sitzung des Arbeitsausschusses für Arbeitseinsatzfragen der Reichswirtschaftskammer.

82 Wunderlich, 338 f.

83 BA Koblenz, R 58, 172, SD-Lagebericht 285, 18. 5. 1942, 13 ff.
84 Vgl. Wagenführ, 27. Über die Tätigkeit des GBA Sauckel und seine Differenzen mit Speer s. Homze, ab 103 ff. passim. Sauckel war nicht nur unabhängig vom RAM, sondern dessen wichtigste Abteilung zur Beschaffung und Vermittlung von Arbeitskräften stand zu seiner Verfügung.
85 Speer war im Februar schon der Nachfolger des verstorbenen Reichsministers für Bewaffnung und Munition geworden. Ab März hatte er Weisungsbefugnis an alle wichtigen Ministerien, obersten Reichsbehörden und die Wirtschaft. Zu den Rationalisierungs- und Reformmaßnahmen Speers s. u. a. Wagenführ, Kap. III, 39–87; Gregor Janssen: Das Ministerium Speer, Frankfurt/M. – Berlin 1968; Homze, ab 87 passim.
86 MA Freiburg, Wi I F 5. 1189, Speer an alle Gauleiter, Ende Februar 1942.
87 Inzwischen waren die NS-Frauenschaft und »der größte Teil der führenden Männer der Partei« für die Frauendienstpflicht, s. BA Koblenz, R 36, 554; Das Programm des Arbeitseinsatzes vom GBA, 20. 4. 1942, 10.
88 Homze, 111 ff., nach der Aussage Sauckels im Nürnberger Prozeß.
89 MA Freiburg, Wi I F 5. 2692, Rede des GBA Sauckel vor Seldte, Syrup, Präsidenten der Landesarbeitsämter, Reichstreuhänder der Arbeit u. a., Protokoll vom 15. 4. 1942.
90 BA Koblenz, R 36, 554, Sauckels Programm des Arbeitseinsatzes, 20. 4. 1942.
91 S. Anmerkung 89.
92 BA Koblenz, R 43 II, 652, Rundschreiben des GBA Sauckel an alle Gauleiter, 12. 4. 1942.
93 Vgl. Heiber, Reichsführer! Brief Bergers an Himmler, 114, und Peter Kleist: Zwischen Hitler und Stalin, Bonn 1950, 193.
94 S. Anmerkung 90 und 92.
95 S. Anmerkung 90 und 89.
96 Brief Himmlers an Chef RSHA, Chef RuSHA usw., 10. 7. 1941, abgedruckt in: Heiber, Reichsführer! 91 f.
97 Albert Speer: Erinnerungen, Berlin-Frankfurt/M. 1969, 235, Homze, 140 f. Im ganzen wurden ca. 150 000 ukrainische Hausmädchen eingesetzt.
98 S. Anmerkung 90.
99 S. Anmerkung 89.
100 S. Anmerkung 90.
101 Die Erweiterung des deutschen Lebensraumes durch Expansion nach Osten war von Anbeginn ein Fixpunkt in der Weltanschauung Hitlers, durch den für ihn eine sozioökonomische Theorie überflüssig wurde. S. dazu H. A. Turner: Hitlers Einstellung zu Wirtschaft und Gesellschaft 2, 1976, 89–118. Eine durch neuere Forschung immer noch nicht übertroffene Analyse der nationalsozialistischen Lebensraumideologie mitsamt den wirtschaftspolitischen Aspekten leistete Wolfgang Sauer in: K. D. Bracher, Wolfgang Sauer, G. Schulz: Die nationalsozialistische Machtergreifung, Köln/Opladen 1962, Teil II, Kap. 2: Aufrüstung und Kriegsvorbereitung. Wann und durch welche Führungspersonen die Idee explizit entwickelt wurde, mit dem eroberten Ostraum auch gleichzeitig Rohstoffe und Arbeitssklaven auszubeuten, ist bisher nicht erforscht. Wahrscheinlich wuchs diese »Erkenntnis« gleichzeitig mit dem durch die forcierte Aufrüstung verursachten Mangel an Arbeitskräften und Rohstoffen. Jedenfalls war der wirtschaftliche Raubkrieg auch auf diesen Gebieten im Juni 1939 schon eine beschlossene Sache. Vgl. MA Freiburg, Wi I F 5. 560, Rede Görings auf der 2. Sitzung des Reichsverteidigungsrats, 23. 6. 1939.

102 S. Anmerkung 90 und 89.
103 Brief des SS-Gruppenführers Berger an Himmler, 2. 4. 1942, abgedruckt in: Heiber, Reichsführer! 113 f.

Kapitel VI

Die Struktur der Frauenarbeit im Krieg

1 BA Koblenz, R 41, 280. Der GBA, Arbeitseinsatzlage im November 1942, 16. 12. 1942. Ebd., R 12 I, 219, Wirtschaftsgruppe Textilindustrie an die Reichswirtschaftskammer, 26. 2. 1942.
2 MA Freiburg, Wi I F 5. 1215, RAM an OKW, 13. 11. 1940. Beschwerde des Arbeitsministeriums über die Methoden der Wehrmacht, Bürokräfte aus Rüstungsbetrieben heraus dienstzuverpflichten und abzuwerben.
3 BA Koblenz, R 11, 1231, Der GBA an die Landesarbeitsämter, 12/43. Ebd., R 41, 280, Berichte des GBA über die Arbeitseinsatzlage im Mai 1943 (19. 6. 43) und Ende 1942 (13. 1. 43).
4 MA Freiburg, RW 20–9/23, Rüstungsinspektion IX, Bericht vom 6. 3. 1940. Wi I F 5. 1119, OKW/WiRüAmt, Bericht über Arbeitseinsatz im Krieg bis Juni 1940. BA Koblenz, R 41, 144, Stadtpräsident von Berlin an das RAM, 29. 4. 1940. Die werktätige Frau, Mitteilungsdienst des Frauenamts der DAF, Juni/Juli 1941, 77 f.
5 Ebd., R 41, 146, Der Arbeitseinsatz Mai/Juni 1941, aus den Berichten der LAÄ, 15. 7. 1941. Ebd. NS 5 I, 281, Frauenamt der DAF an die Gauwaltungen der DAF, Rundschreiben, 14. 1. 1942.
6 MA Freiburg, RW 20–5/6, RüIn V, Stuttgart, 23. 1. 1940. BA Koblenz, R 41, 144, Der Stadtpräsident von Berlin an das RAM, 29. 4. 1940.
7 S. Statistik zur Beschäftigung deutscher Frauen von 1939–1944 im Stat. Anhang.
8 Ebd., BA Koblenz, R 58, 179, SD-Bericht 352, 21. 1. 1943, 13; MA Freiburg, Wi I F 5. 3690/2, WiRüAmt, 3. 2. 1942, Volkswirtschaftliche Kräftebilanz vom 31. 5. 1941: In der Zeit zwischen Ende Mai 1939 und 1941 ging die Beschäftigung deutscher Frauen in der Landwirtschaft um 610 200, bei Handel und Banken um 74 800, in der Industrie um 22 900 zurück. Verkehr, Energiesektor und Verwaltung nahmen 554 000 Frauen auf.
9 BA Koblenz, R 41, 228, Reichsgruppe Industrie, Statistik und Wirtschaftsbeobachtung Nr. 6, Dezember 1942. Leider unterscheiden die offiziellen Statistiken nur Wirtschaftssparten, nicht jedoch Arbeiter und Angestellte. So läßt sich dies Verhältnis nicht während des ganzen Krieges ermitteln. Die Beschäftigungsstatistik der Firma Siemens, s. Anhang, zeigt jedoch eindeutig von 1939 bis 1944 eine größere Zunahme der weiblichen Angestelltenzahl gegenüber den Arbeiterinnen.
10 Vgl. Studentenstatistik im Anhang.
11 RGBl. I 1940, 732, 20. 5. 1940, 2. Verordnung über Maßnahmen auf dem Gebiet des Beamtenrechts.
12 Gertrud Scholtz-Klink im Jahrbuch der Reichsfrauenführung, Berlin 1941, 122 ff.
13 BA Koblenz, R 43 II, 655, Besprechungsvermerk zum Erlaß des Führers über die Heranziehung von Arbeitskräften für die Reichsverteidigung, 2. 1. 1943.
14 Ebd., 651, Briefe Rusts an Sauckel, 2. 11. 1943, an Goebbels, 3. 8. 1944, und Lammers, 9. 8. 1944; auch abgedruckt in: Gersdorff, Kriegseinsatz. Auch Speer betonte im Juni 1944, als er den Arbeitseinsatz der Studentinnen forderte, daß diese bis zuletzt vom Abbruch der Studien verschont wurden und erst die gespannte Lage

des 5. Kriegsjahres solche Maßnahmen notwendig mache; ebd., R 36, 1573, Speer an Bormann, 19. 6. 1944.

15 Im Gegensatz hierzu vgl. Jill McIntyre, Women, 212 f. die aus dem kriegsbedingten Mehrbedarf von Akademikerinnen und Beamten um 1940 das irrtümliche Fazit für das Jahrzehnt von 1930 bis 1940 zieht, der Platz der Frau in qualifizierten Berufen hätte sich nicht nur als »ein individuelles Recht«, sondern auch als notwendig für die Gemeinschaft erwiesen, womit die Frauenideologie der Nationalsozialisten überwunden worden sei.

16 S. Anm. 12.

17 MA Freiburg, RW 20–5/6, Bericht der RüIn V, 9. 1. 1940 und 23. 1. 1940.

18 BA Koblenz, R 11, 1227, Industrie- und Handelskammer Nordhausen an Reichswirtschaftskammer Berlin, 27. 5. 1940.

19 Ebd., 147, LAA Bayern, Reg.-Dir. Ritter: Der Arbeitseinsatz im totalen Krieg, Januar 1942, 28.

20 MA Freiburg, RW 20–9/23, RüIn Kassel, 27. 3. 1940.

21 MAN Werksarchiv Augsburg, Akte: Belegschaft-Fraueneinsatz, Abt. Bb., 22. 4. 1940.

22 S. Anm. 19.

23 BA Koblenz, R 11, 1238, Wehrtechnische Arbeitsgemeinschaft im Verein Deutscher Ingenieure, 8. 3. 1940, Vortrag über: Fraueneinsatz im Werkzeugmaschinenbau. Ebd., 1237, Wirtschaftskammer Westmark an die Reichswirtschaftskammer, Hinweise für den verstärkten Fraueneinsatz in der Industrie, 29. 8. 1942. Ebd., 179, Reichswirtschaftskammer an die Reichsgruppen und Wirtschaftskammern, Merkblatt über den Fraueneinsatz in der Metallindustrie, 1. 4. 1942. Alfons Bury: Frauen im industriellen Kriegseinsatz, Die Meßtechnik 1943, 164–171.

24 Das Problem der Rationalisierung im »Dritten Reich« ist bis jetzt nicht erforscht. So können die vorstehenden Ausführungen auch nur Thesencharakter beanspruchen.

25 BA Koblenz, R 12 I, 288, Neuer Wirtschaftsdienst, Nr. 193, 3. 10. 1944: Unterführerinnen.

26 Ebd., 219, Industrie- und Handelskammer München an die Arbeitsgemeinschaft der Industrie- und Handelskammern in der Reichswirtschaftskammer, 3. 6. 1942.

27 Ebd., R 11, 192, Reichswirtschaftskammern an die Wirtschaftskammern und Reichsgruppen, 9. 3. 1945. Verkündet wird ein Erlaß des Reichswirtschaftsministers zu Berufsnachwuchsfragen, 11. 1. 1945.

28 Werksarchiv der Firma Siemens, München, Akte: 11/Lg 113 (Flir). Vermerk zur Elektroprüferin, 4. 5. 1944. Schreiben von Prof. Dr. Ing. Siemens, Direktor, an Direktor Siebelist, AEG, 26. 9. 1944.

29 BA Koblenz, NS 5 I, 282, DAF-Frauenamt, Zentralbüro, an die Gau-Abteilungen, 3. 6. 1942, Betr.: Erlaß des RAM vom 18. 5. 1942. Runderlaß des RMdI, 14. 7. 1942, MBliv. 1942, 1485.

30 MA Freiburg, Wi I F 5. 1217, GBA Sauckel an den Reichsminister für Bewaffnung und Munition, 14. 8. 1942.

31 Inst. für Zeitgeschichte, MA – 441/6, CDS III, SD-Bericht Nr. 306, 6. 8. 1942, V.

32 BA Koblenz, R 58, 154, SD-Bericht Nr. 120, 2. 9. 1940, 18.

33 MA Freiburg, Wi I F 5. 1217, RAM an OKW/WiRüAmt, 4. 5. 1940.

34 Ebd., Reichsarbeitsführer an das OKW, 5. 4. 1940.

35 Ebd., OKW/Chef der Heeresrüstung an OKW/WiRüAmt, 6. 5. 1940.

36 Ebd., Vermerk im WiRüAmt, 21. 5. 1940.

37 Ebd., Vortragsnotiz im OKW, 13. 8. 1940, die die chronologische Entwicklung des Streites um den RAD-Erlaß festhält. Gefolgt von Bemerkungen Keitels, Chef

d. OKW, 14. 8. 1940. Dann handschriftliche Notiz vom WiRüAmt über Görings Entscheidung. Ebd., 103a, WiRüAmt an OKW WFA/Abt. L, Mai 1940.

38 MA Freiburg, Wi I F 5. 1217, Reichsarbeitsführer an den Chef OKW, 19. 12. 1940.

39 BA Koblenz, R 43 II, 652, Vermerk über Besprechung in der Reichskanzlei, 24. 6. 1941.

40 Führererlaß über den weiteren Kriegseinsatz des weiblichen RAD, 29. 7. 1941, RGBl. I 1941, 463. Durchführungsverordnung, 13. 8. 1941, ebd., 491.

41 BA Koblenz, R 12 I, 301, Reichsminister für Bewaffnung und Munition an die Wehrkreisbeauftragten, 20. 8. 1941. MA Freiburg, Wi I F 5. 1217, Ders. an dies. 15. 4. 1942.

42 Institut für Zeitgeschichte, MA – 441/5, ed S/III, SD-Bericht, Nr. 246, 15. 12. 1941, V., ebd., MA – 441/6, SD-Bericht 299, 13. 7. 1942, MA – 441/8, SD-Bericht 376, 15. 4. 1943. BA Koblenz, R 41, 147, LAA Bayern, Reg.-Dir. Ritter: Der Arbeitseinsatz im totalen Krieg, Januar 1942, 13.

43 BA Koblenz, R 41, 147, s. Anm. 14. Ebd., Arbeitseinsatz im September 1941, Berichte der LAÄ. MA Freiburg, RW 20 – 13/13, RüIn XIII, 13. 10. 1941, 11.

44 BA Koblenz, R 41, 147, s. Anm. 42. Ebd., R 58, 167, SD-Bericht 246, 15. 12. 1941.

45 Ebd., R 58, SD-Bericht Nr. 272, 30. 3. 1942, 25. Ebd., R 36, 447, RIM an den Reichsarbeitsführer, 12. 2. 1942.

46 MA Freiburg, Wi I F 5. 2692, Bericht Sauckels in einer Sitzung im RAM, 15. 4. 1942.

47 S. Ulrich von Hassell: Vom andern Deutschland, Zürich/Freiburg 1950, 62; Melitta Maschmann: Fazit, Stuttgart 1963, 151 f.

48 BA Koblenz, R 12 I, 302, Reichsgruppe Industrie an die Wirtschaftskammern, Abt. Industie, 7. 5. 1942. Ebd., Dies. an dies., 18. 8. 1942.

49 Ebd., R 43 II, 657a, Hierl an Lammers, 12. 2. 1943. Ebd., Lammers an Hierl, 22. 3. 1943.

50 Ebd., NSG, 345, Einsatzbefehl Hierls, 12. 8. 1943. Ebd., R 2, 4529, Vermerk im Reichsfinanzministerium, 20. 12. 1943. Ebd., 4550, Vermerk über eine Besprechung im Reichsfinanzministerium vom 18. 8. 1944.

Kapitel VII

Der »totale Krieg«. Anspruch und Wirklichkeit

1 BA Koblenz, R 43 II, 655, Reichsministerium für Volksaufklärung und Propaganda an die Reichskanzlei, 2. 1. 1943. Ebd., Besprechung in der Reichskanzlei, 7. 1. 1943.

2 Ebd.

3 RGBl. I 1943, 67. Als Ergänzung sollte die »Verordnung zur Freimachung von Arbeitskräften für kriegswichtigen Einsatz«, 29. 1. 1943, RGBl. I 1943, 75, für die Stillegung von Betrieben sorgen.

4 H. Hildebrand, W. Ruedig: Die Mobilisierung von Arbeitsreserven aufgrund der Verordnung über die Meldung von Männern und Frauen für Aufgaben der Reichsverteidigung vom 27. 1. 1943 und zur Freimachung von Arbeitskräften für kriegswichtigen Einsatz vom 29. 1. 1943, München, Berlin 1943, 53 f.

5 BA Koblenz, R 43 II, 655, Reichswirtschaftsminister an die Reichskanzlei, 12. 1. 1943. Ebd., R 18, 5476, Reichsministerium des Innern an den GBA, 23. 1. 1943.

6 Ebd., R 43 II, 655, Besprechungsentwurf in der Reichskanzlei zur Meldepflichtverordnung, 2. 1. 1943, der sich auf Hitlers Auffassung bezieht.

7 William L. Shirer: Aufstieg und Fall des Dritten Reiches, Köln, Berlin 1961, 993.
8 BA Koblenz, R 58, 180, SD-Bericht Nr. 355, 4, Rede vom 18. 2. 1943.
9 Ebd., SD-Berichte Nr. 356 und 358, 4. und 11. 2. 1943.
10 Ebd., R 43 II, 657 a, Bormann an Lammers, 14. 2. 1943, mit Abschrift des Fernschreibens Reichspropagandaleitung an Bormann.
11 Ebd., R 58, 180, SD-Bericht Nr. 358. Ebd., 181, SD-Berichte Nr. 366, 11. 3. 1943, und Nr. 373, 5. 4. 1943.
12 Ebd., 181, SD-Bericht Nr. 366.
13 Ebd., NSG, 167, Rundschreiben der Parteikanzlei, 28. 5. 1943.
14 Siemens Werkarchiv München, DAF-Akte »Soziale Betriebsarbeiterin«, Besprechung zwischen Siemensdirektoren und DAF-Vertretern, 15. 4. 1943.
15 BA Koblenz, R 41, 28, Bericht des GBA über den Arbeitseinsatz vom 1. 1. bis 30. 6. 1943. Aus stillgelegten Betrieben wurden noch 72 000 Frauen »umgeschichtet« in die Kriegswirtschaft - Ebd., R 12 I, 305 a, Soziales Archiv, Bl. 2643.
16 MA Freiburg, Wi I F 5. 1234, Stabsbesprechung beim GBA Sauckel, 23. 3. 1943. BA Koblenz, R 41, 25 a, Protokoll der Stabsbesprechung, 10. 2. 1943.
17 BA Koblenz, R 43 II, 654, Vermerk des GBA über Vortrag beim Führer am 18. 11. 1943, 21. 11. 1943.
18 Vorstehende Ausführungen stützen sich auf: Ebd., R 58, 181, SD-Bericht 366, 11. 3. 1943 und 182, SD-Bericht 373, 5. 4. 1943. Siemens Werkarchiv München, DAF-Akte »Soziale Betriebsarbeiterin«, Besprechung zwischen Vertretern des Arbeitsamtes Berlin, dem DAF-Gauobmann sowie dem Stellvertreter Gauleiter, Berlin, und Sozialarbeiterinnen und DAF-Vertretern aus verschiedenen Berliner Betrieben, 3. 4. 1943. Vgl. auch: Wolfgang Bleyer: Staat und Monopole im totalen Krieg. Der staatsmonopolistische Machtapparat und die totale Mobilisierung im ersten Halbjahr 1943, Berlin 1970, 97 ff. Zur Halbtags- und Nachtarbeit s. Kap. VIII.
19 S. Akten Anm. 18.
20 Staatsarchiv Koblenz, 622.7, 6, Briefwechsel zwischen dem Ortsgruppenleiter von Wollmerschied/Rhg., dem Kreisleiter von St. Goarshausen und dem Arbeitsamt Rüdesheim, vom Juli 1943 bis Januar 1944.
21 BA Koblenz, R 11, 179, Reichswirtschaftskammer an die Wirtschaftskammern, 8. 5. 1943, Erlasse des GBA Sauckel vom 8. 4. 1943 und des Reichswirtschaftsministers, 24. 4. 1943. Außerdem Akten Anm. 18.
22 S. Anmerkung 17.
23 BA Koblenz, R 12 I, 225, E. Liesegang, Projektions- und Vergrößerungsapparate, an das Arbeitsamt Düsseldorf, 31. 12. 1943.
24 3. Durchführungsverordnung zur VO über die Beschränkung des Arbeitsplatzwechsels, 10. 7. 1941, RGBl. I 1941, 381.
25 BA Koblenz, R 58, 180, SD-Bericht Nr. 356 und 358, 11. 2. 1943. Nr. 42, 43 ebd. 181, SD-Bericht Nr. 366, 11. 3. 1943, ebd., 182, SD-Bericht Nr. 378, 22. 4. 1943.
26 Ebd., R 41, 25 a, Sauckel bei der Stabsbesprechung vom 10. 2. 1943, Protokoll.
27 Siehe Statistischer Anhang und Frankland Webster: The Strategic Air Offensive against Germany, Bd. VI, London 1961, 473; Wolfram Fischer: Deutsche Wirtschaftspolitik 1918–1945, Opladen 1968, 86.
28 Vgl. Homze, 219 ff.
29 Siehe Gregor Janssen: Das Ministerium Speer. Deutschlands Rüstung im Krieg, Berlin/Frankfurt a. M., Wien 1968, 128 f. und Speer, 333 f. Besprechung am 4. 1. 1944. Da Speer aber bei Hitler durchsetzte, daß die Rüstungsbetriebe in den

besetzten Gebieten, die ja für die deutsche Kriegswirtschaft arbeiteten, ausgenommen wurden von Sauckels Rekrutierungen, war eine Forderung nach 4 Millionen Fremdarbeitern irreal.

30 Janssen, 129 f. Sitzung vom 1. 3. 1944.

31 BA Koblenz R 3, 169 a, Ergebnisse der 54. Sitzung der Zentralen Planung, 1. 3. 1944.

32 Ebd., R 12 I, 312, Aufruf Sauckels zum »freiwilligen Ehrendienst« Anfang März 1944.

33 Ebd., NS 6, 407, Bericht des SD-Abschnittes Schwerin, 7. 3. 1944.

34 Staatsarchiv Koblenz, 662, 3, Nr. 73, Bericht der NS-Frauenschaftskreisleitung, Trier, an den Kreisleiter, Trier, 3. 6. 1944.

35 BA Koblenz, NS 6, vorl. 347, Rundschreiben des Leiters der Reichskanzlei, 7. 8. 1944, abgedruckt in: Gersdorff, 434 f. Auch Himmler mußte seine SS-Funktionäre ermahnen, darauf zu achten, daß ihre Frauen nicht eine unnötig große Anzahl von Hausangestellten beschäftigten. S. Heiber, 264.

36 Ebd., R 12 I, 226, Sonderbericht über die Arbeitsdisziplin im Gau Bayreuth, Frühjahr 1944. Ebd., NS 5 I, 58, DAF-Kreisobmann, Freiburg, an Gauobmann, Straßburg, 25. 7. 1944. Dienstverpflichtete Frauen schützten Krankheiten vor und fehlten ständig, um von der Arbeit befreit zu werden.

37 Ebd., R 3, 1509, Speers Niederschrift über die Sitzung vom 24. 4. 1944 im Führerhauptquartier, 27. 4. 1944. Zu der grundsätzlichen Arbeitsteilung zwischen Mann und Frau bekannte Hitler sich immer wieder, so in einem Tischgespräch am 8. 5. 1942, in dem er den »beruflichen Kampf« als Sache des Mannes und die »Ordnung des Hauses als der Burg, aus der heraus der Lebenskampf geführt« werde, als Angelegenheit der Frau erklärte. S. Picker, 321.

38 Vgl. den Briefwechsel zwischen Bormann und seiner Frau, in: Joseph Wulf, Leon Poliakov: Das Dritte Reich und seine Denker, Dokumente, Berlin 1959, 542. Nach Aussage des Gaustabsamtsleiters von Oberbayern, B. Gerdes, existierte sogar der Plan, wegen der hohen Menschenverluste der Deutschen alle ledigen und verheirateten Frauen darauf zu verpflichten, bis zum 35. Jahr mindestens vier Kinder zu gebären; ebd., 543. Vgl. auch: Felix Kersten: Totenkopf und Treue, Hamburg 1955. 230 ff., der über Himmlers »Lebensborn«projekte berichtet, die zur Zeugung unehelicher Kinder dienen sollten. Hitler scheint den Nachkriegsplan der Doppelehe für Kriegshelden gebilligt zu haben, ebd., 223.

39 Staatsarchiv Koblenz, 662.5, Nr. 120, Rundschreiben des Leiters der Parteikanzlei, Bormann, Nr. 84/44, 16. 4. 1944.

40 BA Koblenz, R 43 II, 655, Runderlaß des RIM, 14. 1. 1944.

41 Ebd., R 12 I, 225, Sitzung des Arbeitseinsatzausschusses der Reichswirtschaftskammer, 28. 5. 1944.

42 Ebd.

43 Vgl. Strafferer Fraueneinsatz, Das Reich 12, 1944, Nr. 22, 4.

44 BA Koblenz, R 3, 1573, Speer an Bormann, 10. 10. 1944.

45 Vgl. Homze, 225 f. Sauckel behielt lediglich formal seinen Titel, verlor aber seine Funktionen und jede Weisungsbefugnis.

46 BA Koblenz, R 3, 1597, Speer an Sauckel, 8. 7. 1944 und 14. 7. 1944.

47 Ebd., R 7 VII, 32, Pressestelle, Kommentar zum 15-Punkte-Arbeitseinsatzprogramm. Ebd., R 43 II, 654, 29. 7. 1944. Lammers an Goebbels.

48 Ebd., R 3, 1573, Speer an Bormann, 10. 10. 1944.

49 Ebd., R 43 II, 664 a, Konzept des vorgesehenen Vortrags des »Dreierausschusses« bei Hitler über den verstärkten Kriegseinsatz, 23. 7. 1944. Verfaßt nach einer Sitzung mit den hauptbeteiligten Ressortchefs am 22. 7. 1944.

50 Ebd., R 12 I, 225, Sitzung des Arbeitseinsatzausschusses der Reichswirtschaftskammer, 8. 9. 1944.

51 Ebd. NS 6, vorl. 348, Erlaß zur 7. Durchführungsverordnung zur Arbeitsplatzwechselverordnung, 11. 9. 1944. Abgedruckt in: v. Gersdorff, Kriegsdienst, 443 ff.

52 Ebd., R 3, 1573, Speer an Bormann, 6. 9. 1944.

53 Ebd., R 13 XII, 127, Wirtschaftsgruppe Chemische Industrie, Produktionsbüro, Rundschreiben an unterstellte Dienststellen, 14. 12. 1944. Beilage: Runderlaß des Reichsministers für Rüstung und Kriegsproduktion, 13. 11. 1944.

54 Ebd., Rundschreiben der Wirtschaftsgruppe Chemische Industrie, Abt. Arbeitseinsatz, Produktionsbüro, 9. 10. 1944.

55 Ebd., R 3, 1573, Speer an Bormann, 10. 10. 1944.

56 MA Freiburg, RW 4/ v. 505, Kreisleitung Rügen an die Ortsgruppe Saßnitz, 9. 11. 1944.

57 BA Koblenz, NS 5 I, 219, DAF-Luftgaudienststelle Münster an alle Divisions- und Bereichsfrauenwalterinnen, 23. 12. 1944. Richtlinien für die Ausbildung von Frauen zu Werfthelferinnen, 6. 12. 1944, abgedruckt: v. Gersdorff, 473 ff.

58 BA Koblenz, R 11, 192, Präsident der Gauwirtschaftskammer Rhein-Main an die Reichswirtschaftskammer, 14. 12. 1944.

59 S. Anm. 58.

60 S. Anm. 58.

61 BA Koblenz, R 3, 218, Der Gauleiter von Südhannover-Braunschweig an Speer, 12. 6. 1944.

62 S. Anmerkung 58.

63 BA Koblenz, R 11, 192, Reichswirtschaftskammer an die Gauwirtschaftskammer und Reichsgruppen, 13. 1. 1945.

64 Ebd., R 12 I, 224, Memorandum der Reichsgruppe Industrie zur neuen Arbeitslage, 9. 2. 1945.

Kapitel VIII

Arbeitsbedingungen im Krieg

1 Runderlasse ARG, 1941, 21, 11. 1. 1941.

2 Ebd., 1940, 3. 6. 1940, Beschäftigung von Frauen in Glashütten, 332. Ebd., 1943, 31. 5. 1943, Beschäftigung und Entlohnung von Frauen in der Industrie der Steine und Erden, 370. Ergänzungserlasse ebd., 10. 6. 1943, 400 und 15. 10. 1943, 125/42. NS 5 I, 281, Richtlinien des Reichswirtschaftsministers über den Einsatz weiblicher Arbeitskräfte deutschen und artverwandten Blutes im Bergbau, 20. 2. 1940. Weitere Erlasse: Runderlasse ARG, 1943, 9. 3. 1943, Beschäftigung von Frauen im Bergbau, 362/43 und 4. 5. 1943, 577/43, 289.

3 MA Freiburg, RW 20 – 11/24, Bericht der Wirtschaftsrüstungsinspektion XI, 27. 3. 1940.

4 Erlaß des RAM, RABl. III, 1940, 236, 20. 12. 1940.

5 Als Beispiele seien aufgeführt: RABl. III, 1940, 196, Erlaß vom 20. 8. 1940 schränkte Beschäftigung von Frauen bei Arbeiten mit Benzol ein. Ebd., 1941, 75, Erlaß vom 20. 1. 1941 verbot bestimmte Arbeiten in der Sprengstoffindustrie. Ebd., 1942, 357, Erlaß vom 2. 12. 1942, verbot Frauenarbeit in Granithärtereien (noch in Kraft). Runderlasse ARG, 1944, 312, Erlaß vom 27. 6. 1944 verbot für Frauen die meisten Arbeiten – vor allem mit Blei – in Akkumulatorenfabriken.

6 RABl. III, 1940, 283, Anordnung vom 30. 10. 1940. Runderlasse ARG, 1943, 409/43, Erlaß vom 23. 3. 1943.

7 BA Koblenz, R 12 I, 219, Arbeitstagungen der Reichsstelle für Arbeitsschutz im November 1940. Ebd., R 12 I, 302, Appell Sauckels in der Anordnung Nr. 3 des GBA über die Betreuung der deutschen Männer und Frauen vom 29. 4. 1942. Einen weiteren offiziellen Appell richtete Sauckel anläßlich der Meldepflichtverordnung am 20. 2. 1943 an Gewerbeaufsichts- und Gesundheitsämter, an Betriebsleitungen, Sicherheitsingenieure und Betriebsärzte: Runderlasse ARG, 1943, 133 f.

8 Gesetz zum Schutz der erwerbstätigen Mutter, vom 17. 5. 1942, RGBl. I, Nr. 53.

9 MA Freiburg, Wi I F 5. 331, Reichsarbeitsminister an das OKW, 29. 6. 1941.

10 Ebd., Interne Stellungnahme des OKW, 24. 10. 1941.

11 BA Koblenz, R 43 II, 527 a, Reichsarbeitsminister an den Reichsminister für Ernährung und Landwirtschaft, 14. 2. 1942. Ebd., Reichsminister für Ernährung und Landwirtschaft an den Reichsarbeitsminister, 3. 3. 1942. Seldte wußte Darré mit einem Zusatz zu beschwichtigen, daß für die Bauernfrauen und die in der Landwirtschaft mithelfenden Familienangehörigen »der Reichsarbeitsminister im Einvernehmen mit dem Reichsminister für Ernährung und Landwirtschaft Vorschriften über einen entsprechenden Mutterschutz erlassen« könne. S. ebd., Schreiben Seldtes an die Reichskanzlei, 21. 3. 1942.

12 BA Koblenz, R 43 II, 527 a, Parteikanzlei an Reichskanzlei, 27. 2. 1942.

13 Ebd., Handschriftliche Notiz vom 26. 3. aus der Reichskanzlei auf dem Schreiben des Reichsarbeitsministers an die Reichskanzlei, 21. 3. 1942.

14 Das kommende Sozialwerk, Deutsche Allgemeine Zeitung, 5. 11. 1940. Rede Leys vor der Belegschaft eines Berliner AEG-Werkes. Hitler hatte Ley bei Kriegsbeginn mit der Ausarbeitung eines neuen Modells zur Altersversorgung beauftragt. Eine entscheidende Mitarbeit der DAF am künftigen Sozialwerk war vorgesehen.

15 BA Koblenz, NS 5 I, 242, Ley an die NS-Frauenschaftsführerin Scholtz-Klink, 13. 5. 1942. Als Anlage: Schreiben Leys an die Parteikanzlei.

15a MA Freiburg, Wi I F 5. 1220, Auszug aus der Betriebszeitung, Juni 1940.

16 Ebd. Die freiwillige Zahlung der Differenz zwischen dem Lohn und dem Krankengeld für entbindende weibliche Arbeitskräfte wurde auch bei den Parteidienststellen praktiziert. BA Koblenz, NS 5 I, 73, DAF-Kreisverwaltung Regensburg an die Gausachabteilung Bayr.-Ostmark, 16. 1. 1941.

17 BA Koblenz, R 41, 60, Der GBA an die Reichstreuhänder der Arbeit, 25. 3. 1943.

18 Ebd., NS 5 I, 281, DAF-Zentralbüro, Frauenamt, an die DAF-Gauwaltung, Abt. Frauen, 7. 3. 1942.

19 Ebd., R 41, 69, Der Reichsarbeitsminister an die Reichstreuhänder der Arbeit, 28. 8. 1940.

20 Runderlasse ARG, 1942, 18. 12. 1941, 5.

21 BA Koblenz, NS 5 I, 74, Messerschmitt GmbH, Regensburg, Bekanntmachung des Betriebsführers, 12. 4. 1943.

22 Ebd., R 41, 69, Der GBA an die Reichstreuhänder der Arbeit, 28. 4. 1942.

23 Staatsarchiv Koblenz. 662.3, 10, Die Gaufrauenschaftsleiterin Moselland an alle Kreisfrauenschaftsleiterinnen, 24. 3. 1943.

24 BA Koblenz, R 11, 179, Rundbrief der Reichswirtschaftskammer, 19. 4. 1943. Runderlasse ARG, 1944, Erlaß des GBA, 14. 4. 1944, 179.

24a Das zähe Ringen zwischen DAF – teilweise auch NSV – und den Unternehmensleitungen um die Kompetenzen bei der innerbetrieblichen Sozialarbeit wird in einem Aufsatz von mir noch ausführlicher behandelt werden.

24b MA Freiburg, Wi I F 5, 1543, DAF-Anordnung 22/40, 7. 8. 1940.

25 Ebd., Wi I F 5, 1220, Todt an Thomas, 17. 4. 1940.

25a Ebd., Thomas an Chef AWA, 7. 5. 1940. Thomas an den Chef des Heeresverwaltungsamtes, 23. 4. 1940.

25b Sämtlicher Schriftverkehr über diese Angelegenheit zwischen Wehrmachtsdienststellen und DAF sind in der Akte Wi I F 5, 1220, vom April bis Juli 1940, zusammengefaßt. Zitat aus: Ebd., Thomas an Chef des Allgemeinen Heeresamtes, 25. 4. 1940.

26 Verordnung zur Abänderung und Ergänzung von Vorschriften auf dem Gebiet des Arbeitsrechtes, 1. 9. 1939, RGBl. I, 1939, 1683.

27 BA Koblenz, R 41, 158, Reichsminister des Innern an Reichsministerium, 28. 11. 1939. Vgl. auch Kap. III.

28 Verordnung über den Arbeitsschutz, 12. 12. 1939, RGBl. I, 1939, 2403. Durchführungserlaß des Reichsarbeitsministers, 12. 12. 1939, RABl. III, 1939, 380.

29 MA Freiburg, Wi I F 5, 103 b, Besprechung im RAM über Arbeitsschutzfragen, 6. 2. 1940.

30 Ebd., RW 20 – 4/11, Rüstungsinspektion Dresden, Berichte vom 6. 12. und 20. 12. 1939. Ebd., Wi I F 5. 2699, RüIn III, Bericht vom 11. 1. 1940. Die Rüstungsinspektion des Wehrkreises III (Berlin) protestierte dagegen, daß Arbeiterinnen nur noch acht Stunden täglich arbeiteten und wöchentlich einen freien Tag zur Hausarbeit erhielten, solange den Rüstungsbetrieben nicht mehr Arbeitskräfte gestellt wurden; ebd., Wi I F 5. 103 b, 4. 3. 1940.

31 MA Freiburg, RW 20 – 9/23, RüIn IX, 27. 3. 1940. Ebd., RW 20 – 5/7 RüIn V, 13. 6. 1940.

32 Ebd., Wi I F 5. 1220, Todt an das OKW/WiRüAmt und die Vorsitzenden der Munitionsausschüsse, 6. 5. 1940. Auf diese Anordnung hin wurden auch Anträge solch kriegswichtiger Firmen wie der Bayerischen Flugzeugwerke auf Arbeitsverlängerung für Frauen abschlägig beschieden. BA Koblenz, NS 5 I, 74, Gewerbeaufsichtsamt Regensburg, Durchschlag für Gauobmann und Kreiswaltung Regensburg, 1. 6. 1940.

33 Runderlasse ARG, 1940: Erlaß des RAM über »Freizeit für Frauen mit eigenem Hausstand«, 31. 7. 1940, über »Urlaub und Freizeit der werktätigen Frauen im öffentlichen Dienst«, 13. 8. 1940. Ebd., 1941, Erlaß des RAM über »Schichtwechsel für Frauen«, 13. 2. 1941. Danach mußte in mehrschichtig arbeitenden Betrieben die Schichtzeit für Frauen wöchentlich gewechselt werden, etwa zwischen Früh- und Spätschicht.

34 BA Koblenz, R 12 I, 217, Liste über Arbeitszeitregulierung, 26. 7. 1944.

35 Ebd., R 41, 29, Erlasse des Reichsministers für Bewaffnung und Munition vom 7. 2. und 2. 4. 1942, Rundschreiben des GBA, 20. 5. 1942.

36 Anordnung über die Mindestarbeitszeit für den öffentlichen Dienst vom 10. 4. 1942, RABl. II, 1942, 297. Vgl. auch die diesbezügliche Anordnung Görings vom 10. 3. 1943, RGBl. I, 1943, 141. BA Koblenz, R 58, 172, SD-Lagebericht Nr. 295, 29. 6. 1942.

37 Runderlasse ARG, 1943, Erlaß vom 19. 2. 1943, 229/43. Ebd., Erlaß vom 23. 3. 1943, 432/43.

38 RGBl. I, 1944, 191, 12. 3. 1944. BA Koblenz, NS 5 I, 219, DAF-Betriebsfrauenwalterin der Fliegerhorstkommandantur Kassel an den Betriebsführer des Fliegerhorstes, 21. 3. 1944.

38a Werkarchiv der Firma Siemens, Akte DAF-Berufserziehung I, Aktennotiz Dir. Witzlebens über Telefongespräch mit DAF-Beauftragten, 8. 6. 1944. Widersprüchliche Meinungen über die praktische Durchführung der 60-Stunden-Woche gab es scheinbar auch unter den Verantwortlichen der Wirtschaftsplanung.

39 BA Koblenz, NS 5 I, 219, DAF-Gauobmann von Kurhessen an den Wehrkreisob-
mann, Kassel, 19. 6. 1944.

40 Ebd., NS 5 I, 59, DAF-Kreisobmann von Freiburg an den Gauobmann, 25. 7. 1944.
Ebd., R 13 XII, 127, Rundschreiben 28/40 der Wirtschaftsgruppe Chemische
Industrie, 30. 6. 1944.

41 Ebd., R 12 I, 217, Internes Schriftstück der Reichsgruppe Industrie über Arbeitszeitregelung. Seit Frühjahr 1941 hatte das Reichsarbeitsministerium seine meisten
Kompetenzen an den Generalbevollmächtigten für den Arbeitseinsatz verloren.
Doch die verbliebenen Ressorts, wie Arbeitsschutz und Arbeitszeit, wurden um so
sorgfältiger gehütet.

42 RABl. V, 1944, 327. Nach Nicholas Kaldor: The German War Economy, Review of
Economic Studies, 1945/46, 13/1, 33–52, 39, ist es sehr fraglich, ob überhaupt die
60-Stundenwoche noch effektiv durchgeführt werden konnte.

43 Runderlasse ARG, 1944, 11. 8. 1944, 407. Ebd., 25. 10. 1944, 560. BA Koblenz, R 3,
1573, Speer an Bormann, 10. 10. 1944.

44 So sind auch die in der Literatur angegebenen durchschnittlichen Arbeitszeiten im
Krieg völlig unterschiedlich. Nach Kaldor, 39, erhöhte sich die Arbeitszeit zwischen
1939 und März 1944 nur um 4 %. Durchschnittlich hätten die Männer 50–52
Stunden, die Frauen 40–44 Stunden in der Woche gearbeitet. Nur in der
Schwerindustrie gab es bis zu 60 Stunden Arbeitszeit pro Woche. Wagenführ, 47,
gibt folgende wöchentliche Arbeitszeit an: 1941 war das Maximum mit 49,5 Stunden
erreicht, bis zum März 1944 gab es einen Rückgang auf 48,3 Stunden. In den
kriegswichtigen Industrien betrug die Höchstarbeitszeit (Sept. 1941) 50,3 Stunden in
der Woche. Bry, 48 f., führt eine wöchentliche Arbeitszeit von durchschnittlich 49,2
Stunden (März 1942) und für die Rüstungsindustrie bis zu 60 Stunden in der Woche
an. Dietmar Petzina: Die Mobilisierung deutscher Arbeitskräfte vor und während
des Zweiten Weltkrieges, VfZ, 18, 1970, 443–455, 454, stellt, ohne Quellenangabe,
fest, die Grenze der 50-Stunden-Woche sei zwischen 1941 und 1944 als durchschnittliche Arbeitszeit nicht überschritten worden.

45 MA Freiburg, RW 20 – 11/23, Bericht der RüIn XI, 27. 3. 1940.

46 BA Koblenz, R 26 IV, 46. Aus dem Entwurf eines Rundschreibens an die Gauleiter,
einem Schreiben der Geschäftsgruppe Ernährung an Bormann vom 13. 3. 1942
beigelegt. Die Frau eines Bäckermeisters oder Einzelhändlers hatte sicher auch mehr
als 56 Stunden in der Woche zu tun, um das Geschäft nach Einberufung des Mannes
weiterzuführen.

47 Ebd., R 58, 169, SD-Bericht Nr. 263, 26. 2. 1942.

48 Kriegswirtschaftsverordnung vom 12. 10. 1939, RGBl. I, 1939, 2028 ff., Ab-
schn. III: Kriegslöhne.

49 BA Koblenz, R 36, 515, Reichsarbeitsminister an den Reichstreuhänder der Arbeit
für das Wirtschaftsgebiet Mittelelbe, 2. 11. 1939. Erlaß über Frauenlöhne im
öffentlichen Dienst, 27. 10. 1939.

50 Ebd., Rundschreiben der Reichsverkehrsgruppe Schienenbahnen an die Mitglieder
der Fachgruppe Straßenbahnen, 13. 12. 1939.

51 Anordnung vom 30. 11. 1940, Amtliche Mitteilungen des Reichstreuhänders für den
öffentlichen Dienst, 15. 12. 1940, 318.

52 BA Koblenz, R 36, 515, Städtische Versorgungsbetriebe Fürstenwalde, Spree, an den
Deutschen Gemeindetag, 20. 9. 1941.

53 Ebd., R 58, 146, SD-Lagebericht 27, 11. 12. 1939. Ebd., R 41, 69, Beauftragter für
den Vierjahresplan an den Reichsarbeitsminister, 13. 12. 1939.

54 Ebd., R 41, 69, Reichsarbeitsminister an Göring, 21. 12. 1939.

55 MA Freiburg, Wi I F 5. 2699, RüIn III, 28. 3. 1940.

56 MA Freiburg, Wi I F 5. 1220, Besprechungsunterlage für die Sitzung am 8. 5. 1940. Eichholtz, 81 f., der kurz auf diese Sitzung eingeht, erklärt die 2,78 Milliarden Mehrkosten, die aus einer konsequenten Angleichung von Männer- und Frauenlöhnen entstanden wären, als »Überprofit, den die Monopole jährlich aus der Ausbeutung der weiblichen Werktätigen als Frauen zogen«. Dies ist falsch, da ja in den Branchen, in denen die Frauenarbeit überwog, die niedrigen Frauenlöhne auch die Preiskalkulation bestimmten. Höhere Frauenlöhne in den traditionellen Frauenindustrien hätten tatsächlich *zusätzliche* Kosten bedeutet, aber keinen *Überprofit*. Derartige Gewinne konnten aus der billigeren Frauenarbeitskraft nur gezogen werden, wenn sie einen höher entlohnten Mann auf seinem Arbeitsplatz ersetzte, was jedoch nur in typischen Männerindustrien, also Rüstungsindustrien, in Frage kam. Hier aber war die Zahl der Frauen geringer und vor allem auf ungelernte Arbeit konzentriert. Damit hielten sich Überprofite auch in der Rüstungsindustrie, die auf ungerechtem Frauenlohn für Männer basierten, wohl in bescheideneren Grenzen, obwohl sie sicher vorhanden waren.

57 MA Freiburg, Wi I F 5. 1220, Rundschreiben des Reichsarbeitsministers an alle Teilnehmer der Sitzung vom 8. 5. 1940, 10. 5. 1940.

58 Ebd., Aktenvermerk im Wehrwirtschafts- und Rüstungsamt über die Konferenz vom 8. 5. 1940, 9. 5. 1940.

59 Erlaß vom 15. 6. 1940, RABl. I, 301.

60 MA Freiburg, Wi I F 5. 1220, Besprechungsunterlage des RAM für die Sitzung am 8. 5. 1940.

61 Zur Gestaltung der Frauenlöhne im Krieg in England und USA s. den folgenden internationalen Vergleich.

62 Bry, 457 ff., bringt eine Tabelle der Tariflöhne – entnommen dem Statistischen Handbuch. Braunwarth, 58 ff., hat die Differenz der Männer- und Frauenlöhne in der Industrie insgesamt und nach Branchen errechnet – gestützt auf Angaben des Statistischen Reichsamts. Demnach näherten sich die Facharbeiterinnenlöhne der Tuchindustrie um 2,5 %, der Baumwollindustrie um 1,2 % den Männerlöhnen an. Gerade hier waren die Facharbeiterinnen auch am höchsten bezahlt, da sich in diesen traditionellen Frauenindustrien schon lange eine qualifizierte Frauenarbeit entwikkeln konnte. Gleichzeitig herrschte in der Textilindustrie aber auch der größte Mangel an männlichen Facharbeitern, die an die Rüstungsindustrie oder den Wehrdienst verlorengingen, wie an weiblichem Nachwuchs, da die jungen Mädchen von Rüstungsindustrie, Pflichtjahr, RAD, Kriegshilfsdienst und Wehrmacht aufgesogen wurden. Dementsprechend günstig gestalteten sich die Löhne des – teils schon überalterten – Stamms von Facharbeiterinnen.

63 BA Koblenz, R 41, 60, Rundschreiben des GBA an alle Reichstreuhänder der Arbeit, 22. 6. 1942. Die Frauenlöhne dienten sogar als Maßstab für die Lohnüberwachung der Betriebe in der Rüstungswirtschaft: Wenn ein Betrieb behauptete, daß bei ihm Frauen Arbeiten der höheren Lohngruppen verrichteten, galt dies als Indiz dafür, daß alle im Betrieb vorkommenden Arbeiten – auch Männerarbeiten – zu hoch eingestuft waren.

64 Ebd., R 41, 69, Rundschreiben des GBA an den Präsidenten des Gauarbeitsamts und Reichstreuhänder der Arbeit, Magdeburg-Anhalt und an die übrigen Reichstreuhänder der Arbeit, 12. 8. 1944.

65 MAN-Werksarchiv, Augsburg, Akte »Lohnangelegenheiten«, Betriebs-Rundschreiben Nr. 744, 4. 5. 1942.

66 MA Freiburg, RW 20 – 7/18, Bericht der RüIn VII, 12. 6. 1940.

67 Ebd., RW 20 – 5/7, Bericht der RüIn V, 14. 8. 1940.

68 Ebd., s. auch die entsprechenden Stellungnahmen des Reichsarbeitsministers und der übrigen Teilnehmer an der Sitzung über die Frauenlöhne im Krieg vom 8. 5. 1940.

69 BA Koblenz, R 41, 69, Rundschreiben des Reichstreuhänders der Arbeit von Hessen, 23. 10. 1941. Amtliche Mitteilungen des Reichstreuhänders der Arbeit von Brandenburg, 157, Bekanntmachung vom 1. 10. 1940.

70 Erste Lohnabzugsverordnung vom 1. 7. 1941, RGBl. I, 1941, 362. Einkommenssteuer-Durchführungsverordnung vom 7. 12. 1941, RGBl. I, 751.

71 BA Koblenz, R 58, 161, SD-Lagebericht Nr. 194, 16. 6. 1941.

72 Ebd., R 58, 146, SD-Bericht Nr. 27, 11. 12. 1939 und R 58, 169, SD-Bericht Nr. 263, 26. 2. 1942. Ebd., NS 5 I, 58, Arbeits- und Lagebericht des DAF-Kreisobmanns von Freiburg an die DAF-Gauwaltung vom Juni und September 1941.

73 Ebd., R 58, 146, SD-Bericht Nr. 27, 11. 12. 1939.

74 MA Freiburg, Wi I F 5. 2699, Bericht der RüIn III, 28. 3. 1940. Ebd., RW 20 – 6/21, Bericht der RüIn VI, 14. 6. 1941. S. auch die Berichte Anm. 72.

75 BA Koblenz, R 41, 60, GBA an den Reichstreuhänder von Niedersachsen, 24. 10. 1942. Wiedergabe zweier Erlasse des RAM über Entlohnung von Frauen im Baugewerbe vom 12. 9. und 28. 10. 1940. Ebd., GBA an den Reichstreuhänder der Arbeit in Wartheland, 8. 9. 1943, über Leistungslohn für Frauen im Baugewerbe. RABl. IV, 1941, 7, Tarifordnung für die feinkeramische Industrie vom 10. 12. 1940. Runderlasse ARG, 1943, 704/43, über Beschäftigung und Entlohnung von Frauen in der Industrie der Steine und Erden, 31. 5. 1943.

76 Picker, 359. Tischgespräch vom 20. 5. 1940, Wolfsschanze.

77 BA Koblenz, R 3, 1509, Speers Protokoll der Besprechung im Führerhauptquartier am 25. 4. 1944, ausgefertigt am 27. 4. 1944.

78 Vgl. hierzu Kap. III, Abschnitt 3 dieser Arbeit.

79 BA Koblenz, R 41, 69, GBA an die Herren Präsidenten der Gauarbeitsämter und Reichstreuhänder der Arbeit, 25. 5. 1944.

80 Die nationalsozialistischen Vorstellungen von »weiblichen« bzw. »mütterlichen« Berufen sind hinlänglich erörtert worden. Hitler erklärte in der Besprechung über Frauenlöhne vom April 1944 bekräftigend, daß er nach dem Krieg darüber hinaus bestimmte »unmännliche« Berufe für Männer »sperren lassen« wollte. Etwa den Beruf des Damenfriseurs, »denn es sei geradezu ein unwürdiger Beruf für einen Mann, eine Frau zu frisieren. Vor allem aber könne man zur Unterrichtung von Kindern bis zu einem bestimmten Lebensalter nur Lehrerinnen einstellen«, vgl. Anmerkung 77.

Kapitel IX

Zum Vergleich: Kriegsarbeit der Frau in anderen kriegführenden Ländern

1 Als Auswahl aus der – nicht sehr zahlreichen – Literatur sei genannt: Chafe, a. a. O., Clarence D. Long: The Labor Force in War and Transition. Four Countries, Occasional Paper, 36, 1952; The War and Women's Employment. The Experience of the United Kingdom and the United States, Montral 1946; Janet M. Hooks: British Policies and Methods in Employing Women in Wartime, Bulletin of the Women's Bureau of the US/Department of Labor 20, 1944; Angus Calder: The People's War. Britain 1939–45, London 1969. Neuerdings zu den USA: Chester W. Gregory:

Women in Defence Work during World War II. An Analysis of the Labor Problems and Women's Rights, New York 1974.

2 Vgl. Chafe, passim. Der Mythos von der »emanzipierten« Amerikanerin der zwanziger und dreißiger Jahre, der in Europa noch verbreiteter war und ist als in den USA selbst, wird von Chafe sachlich widerlegt.

3 S. War and Women's Employment, 1946, 166 f.

4 Ebd., 12 f.

5 Interview der New York Times mit dem Direktor der War Manpower Commission, NYTimes vom 14. 2. 1943, abgedruckt in: Women: Changing Roles, 219 f.

6 Chafe, 135 ff.

7 Bry, 315 ff.

8 Chalder, 234 ff.; Hooks, 18 ff.

9 Chalder, 267 ff.; Hooks, 19 f.

10 Hooks, 23, und Stat. Anhang.

11 Chafe, 158 ff.

12 Long, 41 ff. In Kanada, wo die Ehefrauen eine ähnlich hohe Unterstützung – 70 % des Einkommens ihrer Männer – erhielten wie die deutschen Frauen und wo ebenfalls vor Dienstverpflichtungen zurückgeschreckt wurde, erhöhte sich die Zahl der arbeitenden Frauen im Krieg auch nur wenig. Der Zusammenhang zwischen der Höhe der staatlichen Familienunterstützungen, und damit dem materiellen Anreiz bzw. Zwang zur Arbeit und der Anzahl der beschäftigten Frauen ist offenkundig.

13 Calder, 335; Chafe, 136; War and Women's Employment 51.

14 War and Women's Employment, 176 f.

15 Ebd., 178, Hooks, 5.

16 Calder, 335.

17 War and Women's Employment, 220 ff.; Chafe, 157 f.

18 The Labor Force in the First Year of Peace, Monthly Labor Review 63, 1946, 669–680; Chafe, 178 ff. Das immer noch gültige »seniority System« erwies sich auch während der Rezession 1974/75 in den USA für Frauen und Schwarze als verhängnisvoll, die im Zuge der Gleichberechtigungskampagnen der sechziger Jahre (Civil Rights Act) gerade erst Arbeit gefunden hatten. Recession's special Victims: Newly hired Blacks, Women, New York Times, 9. 3. 1975.

19 War and Women's Employment, 55 ff., bringt eine vollständige Liste. Calder, 334.

20 War and Women's Employment, 201.

21 Ebd., 173; Hooks, 25.

22 Hooks, 3 f.; Calder, 118, 329.

23 War and Women's Employment, 59 ff.

24 Ebd. 199 ff.

24a Chafe, 159 f.; Hooks, 10.

25 Calder, 388 ff., 436 f., 442 f., 394 ff. Wie typisch und gültig dieses Verhalten für Arbeitnehmer – auch in einer Demokratie – ist, beweist die Gegenwart erneut. Seit es keine Vollbeschäftigung mehr gibt und Arbeitnehmer wieder um ihre Arbeitsplätze fürchten müssen, werden vermehrte Pünktlichkeit, weniger Fehlen, ja sogar ein geringerer Krankenstand registriert.

26 Ebd.

27 Hooks, 23; Calder, 333, 401.

28 War and Women's Employment, 207 f.; Hooks, 28 ff. In den USA sank der Unterschied zwischen Männer- und Frauenlöhnen beim Stundenlohn um 3,2 % und beim Wochenlohn um 0,5 % – verglichen zwischen 1941 und 1944. In England verringerte sich diese Differenz der Wochenlöhne zwischen 1938 und 1943 um 4 %.

Allerdings hatten die Frauen in England längere Arbeitszeiten als in Amerika.

29 Hooks, 28 f.

30 War and Women's Employment, 219 ff., Chafe, 154 ff.

31 Calder, 402 ff.; Chafe, 155; Hooks, 30 f.

32 Über die gegenwärtige Praxis der Frauenarbeit in der Sowjetunion vgl. den sehr informativen Bericht von Marianne Butenschön: Aber glücklich sind sie nicht . . ., Die Zeit, 1975, 21. November 1975.

33 Bisher erschien zum Problem der Frauenarbeit unter dem Faschismus lediglich: Pierfrancesco Bandettini: The Employment of Women in Italy, 1881–1951, Comparative Studies in Society and History, 1959, 2, 369–74; Franco Archibugi: Recent Trends in Women's Work in Italy, International Labor Review, 81, 1960, 284–318; Livia Fornacciari: Osservazioni sull'anadmento del lavoro femminile in Italia negli ultimi cinguant' anni, Rivista internazionale di scienze sociali, 64, 1956, 222–240. Aufgrund der spärlichen Forschung soll dennoch versucht werden, die Besonderheiten in Entwicklung und Struktur der italienischen Frauenarbeit aufzuweisen, die einen echten Vergleich mit anderen westlichen Industriestaaten kaum zulassen. Diese Sonderentwicklung macht es besonders schwer, faschistische und nationalsozialistische Ideologie und Praxis gegenüber der Frauenarbeit auf einen Nenner zu bringen.

34 Zur Restriktionspolitik des faschistischen Regimes s. Kap. I, Abschnitt 3.

35 Als einzige mir verfügbare Spezialstudie in nicht japanischer Sprache s. Thomas R. H. Havens: Women and War in Japan, 1937–45, American Historical Review, 80, 1975, 913–934, dessen Schlußfolgerungen hier übernommen werden.

Zusammenfassung

1 Talcott Parsons, Demokratie, schreibt zwar in seinem 1942 veröffentlichen Aufsatz speziell Deutschland eine besonders patriarchalische Gesellschaft zu und sieht hierin eine der Wurzeln des Faschismus. Unbestritten ist der Patriarchalismus einer der vielen Faktoren der nationalsozialistischen Ideologie und ihres Erfolgs, doch er existierte als solcher genauso in anderen Ländern.

2 S. Mason, Lage der Frauen, 177 u. 193, und Eichholtz, 80 ff., die beide diese unhaltbaren Schlüsse nur aus der Entwicklung bis zum Sommer 1940 ziehen.

3 S. Mason, ebd., und Eichholtz, 80, welcher behauptet, daß ideologische Gründe in der Frage des Fraueneinsatzes nicht als Hemmnis angesehen wurden.

4 Vgl. Turner, der für die Zeit bis zur Machtergreifung Hitlers Ignoranz und vor allem Gleichgültigkeit gegenüber ökonomischen Problemen belegt.

5 S. Eichholtz, 86 ff., der nur diesen einen Grund für die Zurückhaltung beim Fraueneinsatz gelten läßt. Er ignoriert auch, daß in der von ihm behandelten Phase bis Mitte 1940 die Blitzkriegsstrategie noch keine großen Opfer von der Bevölkerung verlangte. Die These, daß die politische Führung in ständiger Furcht vor der Mißstimmung der Bevölkerung lebte und deshalb – aus rein innenpolitischen Gründen – von radikalen Kriegsmaßnahmen Abstand nahm, ist nicht neu. Sie wurde schon 1959 von Burton H. Klein und später – 1967 – von Edward L. Homze aufgestellt.

6 Die einzelnen kontroversen Meinungen und ihre Vertreter in diesem Problemkomplex wurden zuletzt von Klaus Hildebrand: Innenpolitische Antriebskräfte der nationalsozialistischen Außenpolitik, in: Sozialgeschichte heute, Festschrift für

Hans Rosenberg, H.-U. Wehler Hg., Göttingen 1974, 635–51, zusammengestellt und kommentiert.

7 Vgl. Mason, Zur Lage der Frauen, 176 f.

8 Vgl. Schoenbaum, Sozialgeschichte. Bracher, Diktatur, 367, spricht von einem »Abbau sozialer Bewußtseinsstrukturen« und einer psychologischen Veränderung der deutschen Gesellschaft.

9 S. Ralf Dahrendorf: Gesellschaft und Demokratie in Deutschland, München 1968. Diese These wird ebenfalls von Bracher und von Schoenbaum vertreten, s. o.

10 Dies behauptet Bracher, Diktatur, 368 f. Im selben Tenor auch Schoenbaum, Sozialgeschichte, 241.

Abkürzungsverzeichnis

Quellen- und Literaturverzeichnis

I. Ungedruckte Quellen
   (Hier werden nur diejenigen Aktenbestände pauschal genannt, die für diese Untersuchung Material hergaben. Es wäre wenig sinnvoll, jede einzelne Akte aufzuführen, da in den meisten Fällen jeweils wenige oder oft nur ein Schriftstück von thematischem Interesse in einem Aktenband enthalten ist. Die Fundorte dieses oft sehr verstreuten Materials sind in den Anmerkungen angegeben.)

Bundesarchiv Koblenz (BA):

R 2	= Reichsfinanzministerium
R 3	= Reichsministerium für Rüstung und Kriegsproduktion
R 11	= Reichswirtschaftskammer
R 12 I	= Reichsgruppe Industrie
R 13 I u. ff.	= Wirtschaftsgruppen
R 18	= Reichsministerium des Innern
R 36	= Deutscher Gemeindetag
R 41	= Reichsarbeitsministerium
R 43 II	= Reichskanzlei
R 58	= Sicherheitspolizei und politischer Nachrichtendienst (Reichssicherheitshauptamt)
NS 6	= Parteikanzlei
NS 5 I	= DAF (Akten)
NSD 50	= DAF (Druckgut, in: Zeitgeschichtliche Sammlungen des BA)
NSG	= DAF

Bundesarchiv/Militärarchiv Freiburg (MA):

Wi I F 5	= Wehrwirtschaftsstab im OKW bzw. Reichskriegsministerium
WO 1–8	= Wehrwirtschaftsinspektionen (Kriegstagebücher)
RW 20 – 2 bis 13	= Wöchentliche Berichte der Wehrwirtschafts- und Rüstungsinspektionen der Wehrkreise II bis XIII

Staatsarchiv Koblenz:
Einige verstreute Dokumente

Institut für Zeitgeschichte (IfZ):
Mikrofilme:

MA – 138	= NSDAP-Gaustabsamt Schleswig-Holstein
MA 441/5 u. 6 u. 8	= Berichte des Sicherheitsdienstes der SS

Firmenarchive:
Firmenarchiv Siemens, München
Werksarchiv der MAN (Maschinenfabrik Augsburg-Nürnberg), Augsburg
Firmenarchiv der BASF (Badische Anilin- und Sodafabrik), Mannheim

II. Gedruckte Quellen:

Periodika:

Das deutsche Frauenwerk

Die deutsche Frauenwarte

Die deutsche Kämpferin, 1933–1937

Die deutsche Volkswirtschaft. Nationalsozialistischer Wirtschaftsdienst, 1933 ff.

Die Frau, 1932 ff.

Die Frau am Werk. Monatsschrift der DAF, 1936 ff.

Jahresberichte der Gewerbeaufsichtsbeamten und Bergwerksbehörden 1932/33, 1933/34

Monatshefte für nationalsozialistische Sozialpolitik, 1933 ff.

Reichsarbeitsblatt, 1932 ff.

Reichsgesetzblatt, 1932 ff.

Runderlasse des Reichsarbeitsministers für die Arbeitseinsatz-, Reichstreuhänder- und Gewerbeaufsichtsverwaltung, 1934 ff.

Statistik des Deutschen Reiches

Statistisches Jahrbuch des Deutschen Reiches

Wirtschaft und Statistik

Nationalsozialistisches Schrifttum:

(Die Flut der Propagandaschriften zum Thema Frau, Nationalsozialismus und Frauenarbeit hier einzeln aufzuführen, führt zu weit und ist unnötig, da diese weitgehend in der Bibliographie: Die Frauenfrage in Deutschland 1931–1950, Deutscher Akademikerinnenbund Hg., Berlin 1951, zusammengestellt worden ist.)

Ilse Buresch-Riebe: Frauenleistung im Kriege, Schriftenreihe der NSDAP, Gruppe 2, Bd. 6, Berlin 1941

Guida Diehl: Die deutsche Frau und der Nationalsozialismus, Eisenach 1933

Joseph Goebbels: Signale der neuen Zeit, München 1934

Joseph Goebbels: Vom Kaiserhof zur Reichskanzlei, München 1939

Lydia Gottschewski: Männerbund und Frauenfrage. Die Frau im neuen Staat, München 1934

Adolf Hitler: Mein Kampf, München 1938

Lilli Marawske-Birkner: Der weibliche Arbeitsdienst. Seine Vorgeschichte und gegenwärtige Gestaltung, Diss. Leipzig 1942

Alfred Rosenberg: Der Mythus des 20. Jahrhunderts, München 1934

Curt Rosten: Das ABC des Nationalsozialismus, Berlin 1933

Gertrud Schwerdtfeger-Zypries: Der Arbeitsdienst für die weibliche Jugend, Schriften der Hochschule für Politik II, 17, Berlin 1942

Franz Seldte: Sozialpolitik im Dritten Reich, Berlin 1935

Werner Siebarth: Hitlers Wollen. Nach Kernsätzen aus seinen Schriften und Reden, München 1937

Gregor Strasser: Kampf um Deutschland, Berlin 1932

Walter Stothfang: Der Arbeitseinsatz im Kriege, Schriften für Politik und Auslandskunde, 53, Berlin

Friedrich Syrup: Arbeitseinsatz im Krieg und Frieden, Schriften der volkswirtschaftlichen Vereinigung im rheinisch-westfälischen Industriegebiet, 10, Essen 1942

Quellenpublikationen:

Max Domarus Hg.: Hitler. Reden und Proklamationen 1932–1945, Bd. 1 und 2, Würzburg 1963/64

Ursula von Gersdorff: Frauen im Kriegsdienst von 1914–1945, Stuttgart 1969

Helmut Heiber Hg.: Reichsführer! Briefe an und von Himmler, Stuttgart 1968

Henry Picker: Hitlers Tischgespräche, P. E. Schramm Hg., Stuttgart-Degerloch 1963

Women: Their Changing Roles. Contemporary Accounts from the New York Times, New York 1973

Memoiren und Aufzeichnungen von Zeitgenossen:
Albert Speer: Erinnerungen, Berlin, Frankfurt 1969
Friedrich Syrup: Hundert Jahre staatliche Sozialpolitik 1839–1939, Julius Scheuble Hg., Stuttgart 1957
Georg Thomas: Geschichte der deutschen Wehr- und Rüstungswirtschaft 1918 bis 1943/45, Wolfgang Birkenfeld Hg., Boppard 1966
Rudolf Wagenführ: Die deutsche Industrie im Kriege 1939–1945, Berlin 1963

III. Sekundärliteratur:
(An Sekundärliteratur werden nur Titel aufgeführt, die mit dem Thema dieser Arbeit in engem Zusammenhang stehen und mindestens zweimal zitiert wurden. Ansonsten wird auf die außerordentlich ausführliche Bibliographie bei Timothy W. Mason, Arbeiterklasse, verwiesen, die alle bisher erschienenen Titel sowohl zum Nationalsozialismus allgemein als zur nationalsozialistischen Wirtschafts- und Sozialpolitik im besonderen berücksichtigt.)

Sekundärliteratur vor 1945:
Robert Brady: The Rationalization Movement in German Industry, Berkeley 1933
Henry Fuss: Unemployment and Employment among Women, ILR 31, 1935, 463–497
Judith Grünfeldt: Rationalization and the Employment and Wages of Women in Germany, ILR 29, 1934, 605–632
C. W. Guillebaud: The Social Policy of Nazi Germany, Cambridge 1942
Gertrud Hanna: Women in the German Trade Union Movement, ILR 8, 1923, 22–37
Clifford Kirkpatrick: Nazi Germany, its Women and Family Life, Indianapolis 1938
Angela Meister: Die deutsche Industriearbeiterin. Ein Beitrag zum Problem der Frauenerwerbsarbeit, Diss. Jena 1939
Bruno Steinbrecht: Arbeitsverhältnisse und Organisation der häuslichen Dienstboten in Bayern, Diss. München 1921
Theodor Sonnemann: Die Frau in der Landesverteidigung. Ihr Einsatz in der Industrie, Oldenburg, Berlin 1939
Susanne Suhr: Die weiblichen Angestellten. Arbeits- und Lebensverhältnisse, Berlin 1930
Women's Work through the Depression. A Study of White Collar Employment, made by the American Women's Association, New York 1934

Sekundärliteratur nach 1945:
Franco Archibugi: Recent Trends in Women's Work in Italy, ILR, 81, 1960, 284–318
Pierfrancesco Bandettini: The Employment of Women in Italy 1881–1951, Comparative Studies in Society and History, 2, 1959–1960, 369–374
Wolfgang Bleyer: Staat und Monopole im totalen Krieg. Der Staatsmonopolistische Machtapparat und die totale Mobilisierung im ersten Halbjahr 1943, Berlin (Ost) 1970
Karl-Dietrich Bracher: Die deutsche Diktatur. Entstehung – Struktur – Folgen des Nationalsozialismus, Köln, Berlin 1969
Henry Braunwarth: Die Spanne zwischen Männer- und Frauenlöhnen. Tatsächliche Entwicklung und kritische Erörterung ihrer Berechtigung, Köln-Deutz 1955
Renate Bridenthal: Beyond Kinder, Küche, Kirche: Weimar Women at Work, Central European History 6, 1972, 148–166
Gerhard Bry: Wages in Germany 1871–1945, National Bureau of Economic Research, 68, General Series, Princeton 1960
Angus Calder: The People's War, Cape 1969

William H. Chafe: The American Woman. Her Changing Social, Economic and Political Role, 1920–1970, London, Oxford, New York 1972

Ross Davies: Women and Work, London 1975

Dietrich Eichholtz: Geschichte der deutschen Kriegswirtschaft 1939–1945, Bd. 1, Berlin 1969

René Erbe: Die nationalsozialistische Wirtschaftspolitik 1933–1939 im Lichte der modernen Theorie, Zürich 1958

Joachim C. Fest: Das Gesicht des 3. Reiches. Profile einer totalitären Herrschaft, München 1963

Wolfram Fischer: Deutsche Wirtschaftspolitik 1918–1945, Opladen 1968

Die Frauenfrage in Deutschland 1931–1950, Deutscher Akademikerinnenbund Hg., Berlin 1951

Hans-Jochen Gamm: Führung und Verführung, München 1964

Ursula v. Gersdorff: Frauen im Kriegsdienst von 1914–1945, Stuttgart 1969

Ursula v. Gersdorff: Frauenarbeit und Frauenemanzipation im Ersten Weltkrieg, 502–523, Francia II, 1975

Richard Grunberger: A Social History of the Third Reich, London 1971

Thomas R. Havens: Women and War in Japan, 1937–45, The American Historical Review, 80, 1975, 913–934

Edward L. Homze: Foreign Labor in Nazi Germany, Princeton 1967

Janet Montgomery Hooks: British Policy and Methods in Employing Women in Wartime, Washington D.C. 1947

Gregor Jannssen: Das Ministerium Speer. Deutschlands Rüstung im Krieg, Berlin 1968

Nicholas Kaldor: The German War Economy, Review of Economic Studies, 13/1, 1945/46, 33–52

Michael Kater: Krisis des Frauenstudiums in der Weimarer Republik, VSWG, 59, 1975, 207–250

Burton H. Klein: Germany's Economic Preparations for War, Cambridge Mass. 1959

Jürgen Kuczynski: Studien zur Geschichte der Lage der Arbeiterin in Deutschland von 1700 bis zur Gegenwart, Bd. 18, Berlin (Ost) 1963

Clarence D. Long: The Labor Force in War and Transition. Four Countries, National Bureau of Economic Research, Occasional Paper 36, 1952, 37 ff.

Timothy W. Mason: Arbeiterklasse und Volksgemeinschaft, Dokumente und Materialien zur deutschen Arbeiterpolitik 1936–1939, Opladen 1975

Timothy W. Mason: Zur Lage der Frauen in Deutschland 1930–1940: Wohlfahrt, Arbeit und Familie, Gesellschaft. Beiträge zur Marxschen Theorie 6, Eike Hennig Hg., 118–193

Jill McIntyre: Women and the Professions in Germany 1930–1940, in: Anthony Nicholls, Erich Matthias Hg., Oxford 1971, 175–213

Alan S. Milward: Die deutsche Kriegswirtschaft 1939–1945, Schriftenreihe der VfZG, 12, Stuttgart 1966

Dieter Petzina: Autarkiepolitik im Dritten Reich. Der nationalsozialistische Vierjahresplan, Stuttgart 1968

Dieter Petzina: Die Mobilisierung deutscher Arbeitskräfte vor und während des Zweiten Weltkrieges, VfZG, 18, 1970, 443–455

David Schoenbaum: Die braune Revolution. Eine Sozialgeschichte des Dritten Reiches, Köln, Berlin 1961

Jill Stephenson: Women in German Society, London 1975

W. Thönnessen: Die Frauenemanzipation in Politik und Literatur der deutschen Sozialdemokratie 1863–1933, Frankfurt 1969

Rudolf Wagenführ: Die deutsche Industrie im Kriege 1939–1945, Berlin 1963

Frieda Wunderlich: Farm Labor in Germany 1810–1945, Princeton 1961

Summary

The opposition against the employment of women in factories, shops and offices is as old as female labour outside the home: It began with the Industrial Revolution. Blue and white-collar workers as well as civil servants resented female labour since they looked upon it as unwelcome competition. Those feelings not withstanding, the employment of women, both married and unmarried, expanded continuously as the entrepreneurs were generally not inclined to do without this part of the labour force. This attitude reflected both the low standard of wages for women and the increasing demand for labour in industry and the service sector. After the Nazi seizure of power both these economic conditions and the entrepreneurs' interest in profit were crucial in thwarting all plans which aimed at substantially reducing the employment of women. A look at other European nations and the United States shows that in these countries, under the impact if massive unemployment, women were systematically removed from their jobs in order to provide work for men. In the »Third Reich«, however, the overheated armament boom until 1939 led to a remarkable increase in the absolute number of women employed. This did not entail, however, a wage increase or improved social opportunities for women.

This applies also to the war period. A general obligation to work for women, though it was asked for by the Wehrmacht, parts of the bureaucracy and some party leaders, never became reality. The pertinent plans failed since Hitler, for ideological reasons, was principally opposed to forcing women to work. On the other hand, the wage stop and rather generous allowances for the families of servicemen removed all material incentives for married women to accept a job voluntarily. In contrast to Germany, the number of working women in Great Britain and the United States inreased suddenly after the outbreak of the war. In these countries, families of servicemen got only small allowances or no money at all whereas their wages steadily grew. In England, a law introducing a general obligation to work, the National Service Act, was also instrumental in mobilizing female workers. But in Germany, too, the economy during the war needed the millions of working women even more than prior to 1939. As a result, women of a lower class background, who were already employed before 1939, had to work harder than ever before. Women of the upper strata, however, who had not worked before the war, were able to preserve their privileged position. The »people's community« of the »Third Reich« therefore remained a sheer myth. The mass of the population did not even feel that the Nazi leadership was seriously interested in achieving this goal.

Personenregister

HoCa-Wissenschaft

Soziologie

Hoffmann und Campe

HoCa-Wissenschaft
Soziologie

Claus Mühlfeld
Familiensoziologie
Eine systematische Einführung
Reihe »Kritische Wissenschaft«, 204 Seiten,
DM 24,–

Claus Mühlfeld/Michael Schmid
Soziologische Theorie
Reihe »Reader«, 626 Seiten

Claus Mühlfeld
Sprache und Sozialisation
Reihe »Kritische Wissenschaft«, 158 Seiten

Richard Münch
Gesellschaftstheorie und Ideologiekritik
Reihe »Kritische Wissenschaft«, 221 Seiten

Bruno Nikles/Johannes Weiß (Hrsg.)
Gesellschaft
Organismus – Totalität – System
Reihe »Reader«, 273 Seiten

Frank Rotter
Verfassung und sozialer Wandel
Studien zur systemtheoretischen
Rechtssoziologie
Reihe »Kritische Wissenschaft«, 162 Seiten

Peter Schmidt (Hrsg.)
Innovation
Diffusion und Neuerungen im sozialen
Bereich
Reihe »Reader«, 394 Seiten

Wolfgang Schulenberg (Hrsg.)
Reform in der Demokratie
Theoretische Ansätze – konkrete
Erfahrungen – politische Konsequenzen
Reihe »Kritische Wissenschaft«, 319 Seiten

Friedrich W. Stallberg (Hrsg.)
Abweichung und Kriminalität
Konzeption, Kritik, Analysen
Reihe »Reader«, 306 Seiten

Klaus Türk (Hrsg.)
Organisationstheorie
Reihe »Reader«, 289 Seiten

Ursula Wenzel/Matthias Hartig (Hrsg.)
Sprache – Persönlichkeit – Sozialstruktur
Reihe »Reader«, 296 Seiten

Bernhard Winterer
Traktat über Elend und Bedürfnis
Vorüberlegungen zu einer Theorie der
Verelendung
Reihe »Kritische Wissenschaft«, 166 Seiten

HoCa-Wissenschaft

Historische Perspektiven

Michael H. Kater
Studentenschaft und Rechtsradikalismus in Deutschland, 1918–1933
Band 1, 360 Seiten

Klaus-Jörg Ruhl
Spanien im Zweiten Weltkrieg
Franco, die Falange und das »Dritte Reich«
Band 2, 414 Seiten

Wolfgang Schieder (Hrsg.)
Faschismus als soziale Bewegung
Band 3, 212 Seiten

Folkert Meyer
Schule der Untertanen
Lehrer und Politik in Preußen 1848–1900
Band 4, 293 Seiten

Gerald D. Feldman unter Mitarbeit von Heidrun Homburg
Industrie und Inflation
Studien und Dokumente zur Politik der deutschen Unternehmer 1916–1923
Band 5, 422 Seiten

Hans-Jürgen Puhle (Hrsg.)
Lateinamerika
Historische Realität und Dependencia-Theorien
Band 6, 240 Seiten

Volker Losemann
Nationalsozialismus und Antike
Studien zur Entwicklung des Faches
Alte Geschichte 1933–1945
Band 7, 283 Seiten

Rainer Hoffmann
Maos Rebellen
Sozialgeschichte der chinesischen Kulturrevolution
Band 8, 350 Seiten

Dörte Winkler
Frauenarbeit im »Dritten Reich«
Band 9, 350 Seiten